U0579998

国家出版基金项目
NATIONAL PUBLICATION FOUNDATION

桑 兵 关晓红 主编

杨思机 著

近代中国国学编年史

第六卷

◎

1927 —— 1928

北京师范大学出版集团
BEIJING NORMAL UNIVERSITY PUBLISHING GROUP
北京师范大学出版社

目　录

总序、凡例、总目、索引、参考文献
请扫二维码查看

1927年（民国十六年　丁卯）

　　1月1日　无锡国学专修馆同学会编辑的《国学年刊》出版，王蘧常负责编辑，无锡五大印务局印刷。

　　《国学年刊》由学术、文苑（分为文、诗两部分）、特载等栏目构成，除《墨学十论序》一篇为无锡国专教授陈柱所作外，其余所收皆为国专同学会作品。唐文治丙寅（1926年）孟冬作弁言云：

> 　　往者吾师黄漱兰先生在江阴创设南菁书院，王益吾先生继之刊刻南菁讲舍文集，又别刊南菁丛书，一时彬彬称为极盛。吾馆创设于施君省之，孙君鹤卿，继之，自始及今，不过六年，先后刻文集初二编，不乏名作。今岁之春，同学会成立，又有年刊之举，盖足以佐文集之不逮，余甚嘉之。虽然，诸同学皆将明体而达用者也。世运之盈虚消息，观之稔矣。……天地扶阳抑阴之心，虽当衰乱之世，未尝稍泯。乐则行之，忧则违之。有道则见，无道则隐。其隐焉违焉者，即其见焉行焉者也。特患在我之无其具耳。然则考诸同学之学术文艺，以探其抱负之本原，盖自有致用者也。圣人云，如或知尔，则何以哉。其尚勉之哉。
>
> （《无锡国学专修馆同学会国学年刊弁言》,《国学年刊》, 1927年第1期）

　　此时无锡国专同学会人数实为122人，已故同学5人。毕业会员有相当部分为中学教员，在毕寿颐担任校长的上海经文公学尤多。该校乃江浙丝经同业1921年在盆汤弄公会内创办，同业子弟均可入学。"本届扩充校舍，增广学额，已于八月二十二日开学。所聘教员多绩学名宿，而于国文一科，尤为注重。日内报名来学者，殊为踊跃。"（《经文公学校舍扩充》，《申报》，1926年8月27日，第3张第10版）

　　以姓名笔画（繁体字）多寡为次序，分列无锡国专同学会的字、年龄、籍贯和近况。（《同学会会员姓氏录》，《国学年刊》，1927年第1期）尽管后来编撰的同学录与之有所重复，但近况信息有变化，故而不避烦芜，录为表1。

表1　同学会会员姓氏录（1927年初）

姓名	字	年龄	籍贯	近况
丁天兆	子厚	26	浙江余姚	上海钱业公学教员
丁儒侯	素堂	29	江苏太兴	创办泰兴国学专修馆预科
丁儒珍	玉如	23	江苏太兴	
丁汉英		24	安徽无为	在馆
王蘧常	瑗仲	26	浙江嘉兴	浙江教育厅顾问、本馆教育兼无锡中学教员
王鸿栻	式轩	29	江苏太仓	
王锺恩	仲雅	26	江苏昆山	
王道中	耀平	26	安徽无为	南京联军总司令部书记官
王震	子畏	30	江苏武进	
王士培	浙明	23	浙江杭县	
王志熊	禹九	29	江苏崇明	

续表

姓名	字	年龄	籍贯	近况
王承堪	守根	19	江苏太仓	
王省	默思	25	浙江龙游	在馆
王锡祜	戬斋	20	江苏高淳	在馆
王树槐	世泽	20	江苏武进	在馆
王文成	焕卿	28	陕西乾县	
方和靖	乐天	26	安徽桐城	安徽师范学校教员
方恺	舜元	24	安徽无为	在馆
白虚	心斋	29	江苏武进	上海钱业公学校校长
印文灿	醉棠	25	江苏泰兴	
朱宗洵	润夫	30	江苏无锡	
安锺祥	云五	28	江苏无锡	无锡农业试验场场长
吴其昌	子馨	28	浙江海宁	北京新民大学教授兼北京国立图书馆馆员
吴宝浚	云阁	26	江苏宝应	北京教育部会计科科员
吴鸿章	大声	23	江苏盐城	
何葆恩	芸孙	25	江苏常熟	
李家俊	章民	30	江苏太仓	
李耀春	和卿	22	江苏无锡	
李璜	渭澄	28	江苏盐城	盐城县立师范教员
周天游	滁中	28	江西临川	梧州第二中学教员
周岐	昌明	27	江苏无锡	
周渭泉	永清	26	江苏无锡	
周达泉	渊博	20	江苏无锡	在馆
周昶旦		21	广西容县	在馆

续表

姓名	字	年龄	籍贯	近况
郁祖安	康侯		江苏江阴	在馆
金凤鸣	仞千	25	江苏崇明	
易羲	象明	22	江苏南通	
芮良珍	聘之	27	江苏高淳	
政思兴	起豪	26	江苏太仓	
俞汉忆	志超	23	江苏无锡	无锡公益中学教员
胡集勋	绍周	24	江苏宝应	
胡述尧	葆初	22	安徽无为	
胡志高	企峰	21	江苏武进	在馆
姚继旭	仲诰	22	浙江杭县	上海江海关监督公署科员
施秉銮	颂平	24	江苏太仓	
夏敷章	祖禹	25	江苏武进	
孙执中	道权	26	江苏宝应	
孙品珩	卓吾	24	江苏太仓	
孙学静	绳祖	23	江苏武进	
张寿贤		22	江苏武进	
张文郁	从周	24	江苏高淳	
张述明	子睿	26	安徽南陵	
张惟明		21	江苏江阴	在馆
张彦华	秀夫	25	江苏高淳	在馆
侯塃	芸圻	26	安徽无为	肄业清华大学研究院
袁鹏骞	怒飞	26	江苏崇明	崇明弘达中学教员
袁镜人	悟我		安徽桐城	
殷幼驯	贽	21	江苏无锡	在馆

续表

姓名	字	年龄	籍贯	近况
郭其俊	峻峨	30	江苏崇明	
陆吕年	师尚	28	江苏川沙	上海钱业公学教员
陆遵义	次云	26	江苏太仓	上海钱业公学教员
陆庆熙	揖文	23	江苏太仓	肄业文生氏英文学校
陆文勋	舒华	19	浙江平湖	在馆
陈宝恭	思恩	24	江苏武进	上海经文公学教员兼三新纱厂职员
陈绍尧	慕唐	30	江苏盐城	陇海铁路工程监督局科员
陈学裘	尚同	22	广西北流	广西平南中学教员
陈实	实夫	25	广西北流	
陈渭犀	鑑亭	28	江苏高淳	高淳东壩中学教员
陈雪艇	铁真	25	江苏武进	
陈起予	觉先	22	广西北流	
陈起绍	介之	22	广西北流	
陈璧承	序西	23	浙江萧山	在馆
徐靖澜	少陵	26	安徽无为	
徐世城	万里	25	江苏无锡	无锡中学训育助理
徐玉成	襄亭	22	江苏武进	
徐献玙		23	江苏宝应	
徐友三		20	江苏无锡	在馆
徐迺昌	缦华	21	江苏盐城	在馆
倪铁如	次石	23	江苏无锡	
倪可均	志平	21	江苏无锡	
柴寿煦	韵和	23	江苏宝应	在馆
秦艾三	知唐	25	江苏江宁	

续表

姓名	字	年龄	籍贯	近况
唐兰	立厂	26	浙江嘉兴	
唐景升	尧夫	25	江苏南汇	江苏无锡中学教员
许师衡	心鲁	28	江苏无锡	江苏无锡公益中学教员
许岱云	宗岳	27	江苏无锡	在馆
章鹏若	扶九	21	江苏无锡	在馆
毕寿颐	贞甫	31	江苏太仓	上海经文公学校长兼上海振华水电厂文牍科主任
高作	述斋	24	江苏淮安	
庄锡元	彝鼎	22	江苏武进	
黄希真	璞厂	26	安徽无为	
黄文中	吉厂	21	安徽无为	
黄谟泰	渊卿	25	江西临川	南昌西江中学教员
黄谟沁	深卿	22	江西临川	南昌剑声中学教员
黄雨璠	鲁潡	24	江苏盐城	
冯励青	最纯	24	江苏武进	上海钱业公学教员
钮方义	季端	23	江苏兴化	
童咏南	舜琴	26	江苏高淳	
童义民	清贤	21	安徽无为	在馆
崔履宸	希拱	25	广西容县	在馆
潘金科		27	安徽南陵	在馆
杨养吾		28	江苏无锡	
杨焱	颂华	26	江苏太仓	上海经文公学教员兼实学专修馆教员
杨仁溥	克念	27	江苏无锡	
路式遵	子鸿	21	江苏宜兴	在馆
赵履坦	康庄	26	江苏无锡	

续表

姓名	字	年龄	籍贯	近况
刘文灏	翰修	23	江苏江阴	上海海洋渔业公署科员
刘作邦	颂善	36	江苏无锡	
钱国瑞	凤书	30	江苏无锡	上海经文公学教员
钱定安	静远	23	江苏无锡	肄业上海天游学院
钱萼孙	仲联	19	江苏常熟	
蒋庭曜	石渠	29	江苏武进	江苏无锡中学教员
蒋天枢	秉南	23	江苏丰县	本馆职员
谢宗玄	念修	29	江苏无锡	
戴恩溥	惠苍	22	江苏太仓	太检国英算专修馆教员
严济宽	伯乔	27	江苏无锡	
严云鹤	逸翰	27	江苏无锡	上海钱业公学教员
庞天爵	澹人	23	江苏常熟	
萧雪亮	国英	30	江苏武进	
顾季吉	绍随	26	江苏太仓	无锡中学教员
龚天玉	圣受	22	江苏武进	
龚孔思	梦姬	22	江苏武进	在馆
已故同学				
胡凤台	桐阁		江苏宝应	
陆润林	文波		安徽无为	
夏云庆	祥生		江苏江宁	
陈庭实	虚若		陕西乾县	
张光昭			江苏江阴	

△　北京国学丛刊社出版《国学丛刊》，仅出一期。

北京国学丛刊社编辑和发行，"专以研究国学为宗旨"。欢迎投稿，由北京魏家胡同三十四号转。庄蕴宽题写刊名，外交部印刷所负责印刷。分设图画、专著、遗文、文苑、诗录、词录、杂俎等栏目。专著载杨度《虎禅师论佛杂文》，马小进《诗学》，蒋隆埏《中国文字源流考》《金刚经注释》。遗文载曾国藩《与刘蓉书》，胡林翼《与蒋之纯书》，谢振定《知耻斋遗文选录》，王闿运《湘绮楼未刊稿》，周寿昌《蒋容川先生诗抄序》，王先谦《蒋容川先生诗抄序》，高震初《易补》，熊香海《岣嵝山堂诗话》，唐晏《书话》。文苑载章炳麟《腾越杜乱纪实跋》《鼎湖山题名记》，王先慎《戒庐先生七十初度诗序》，段祺瑞《田公神道碑》，蒋隆埏《罗忠节传赞》《李勇毅传赞》。

1月2日 梁启超与梁令娴等书中，提及为梁思永参加李济考古及在清华研究院教学等事。

梁思永回国任教清华之事，现尚未得李济回话。李济三日前已经由山西回到北京，但梁启超刚刚进城，还没有见到他。此次西阴村采掘大有所获，捆载了七十五箱东西回来，不久便在清华考古室（今年新成立）陈列。梁思永的事，本礼拜内准见着李，下次的信便有确答。又提及清华研究院教学情形，内称："清华功课有增无减，因为清华寒假后兼行导师制，（这是由各教授自愿的，我完全不理也可以，但我不肯如此。）每教授担任指导学生十人，大学部学生要求受我指导者已十六人，我不好拒绝。"（丁文江、赵丰田编：《梁启超年谱长编》，上海人民出版社，1983年，第1106页）梁思永此次回国一事，后以时局紧张作罢。

1月3日 鲁迅应广州中山大学之聘欲离厦门大学，学生因此而起风潮，厦门大学校长林文庆为推脱责任，说鲁迅之行系由国学研究院内部分为胡适派与鲁迅派之故。此言刊于1月3日《思明报》。（顾潮编著：《顾颉刚年谱》增订本，中华书局，2011年，第152页）

1月5日，为沈兼士、鲁迅辞职事及报纸所言，厦门大学国学研究院开会质问林文庆。（顾潮编著：《顾颉刚年谱》增订本，第152页）

△　梁启超致函金陵大学国学系主任陈钟凡，推荐门人程憬到金大工作。

函称："专启者，门人程仰之憬（本胡适之高足弟子）毕业北大后，在清华研究院复以最优成绩毕业，秋间就厦门大学之聘，因彼中缺乏图书，不能满足其所欲著之书，极思异地且教且学，以期大成。先生在金大主持国学，计当乐求友助，倘能罗致门下加以裁成，不独程君之幸，弟亦与有荣施也。"（姚柯夫编著：《陈中凡年谱》，书目文献出版社，1989年，第24页）

1月4日　正风中学附设中国国学院得到蒋智由、董康、孟森、蔡元培的赞助。

正风中学自王西神正式接办后，悉心筹划，所有从前教职员及办事人等全体改组，已聘定程瞻庐为国文主任。教务长聘定平湖朱君担任。前东南大学文科主任顾实与王西神合办之中国国学院，分院内、院外二部，即附设于正风之内，印有详章，函索即寄。蒋观云、董绥经、孟心史、蔡子民，均为赞助云。（《正风中学之进行》，《申报》，1927年1月4日，第2张第8版）

△　有读者在《时报》"读者讨论会"栏目刊文，主张国学研究的第一步便是选择书目，并根据梁启超的国学书目分类拟出供中学生使用的国学书目。

　　署名"雨畴"的读者提到近几年来在中学生中兴起对国学的兴味，谓："一般中等学生，以及和中等学生有同样程度的少年人，对于国学，渐渐生了研究的兴味。书坊里出版的适宜于国学研究的书，也一天比一天的多起来。这其中虽然不免有虚浮的去处，不能像前人治朴学的那种专一的精神，但总算得是一种好气象。"自己"正在努力于国学研究"，以为研究国学的经验，第一步即先预备书目。"这张书目，不过是替自己的意识，预先树上一个箭靶，并不像从前私塾先生的'发蒙单'，一本一本书的开着，读完这本，才去读那本，完全是束缚人的律例一派的作法。"

　　国学书目的范围广狭，各人不同。梁启超的《国学入门书要目》所列太多，《最低限度的必读书目》又太简单。依据梁启超的分类法，拟出一个简明书目如下：一、识字的书。《说文解字注》或《说文释例》。二、修养应用的书。除了眼前必读的几种经书外，再预备一部《经籍纂诂》，随时参考。三、纪事的书。先选择读四史之一二种，培养研讨史学的兴味。再读《通鉴》和《二十二史札记》，寻取史学常识。四、启发思想的书。"这一类书，我最爱读。所以开列的书名，比前三门多。"主要有《老子新注》《庄子集释》《日知录》《明夷待访录》《宋元学案》《明儒学案》《思问录》，以及《大同书》《仁学》《中国哲学史大纲》。五、文法书。先读《马氏文通》，再读《文心雕龙》《文学研究法》《畏庐论文》。六、具体的文学书。分为两种：其一有韵文。除《楚辞》必须全读外，《文选》《古今诗选》《十八家诗抄》《宋诗选》均可选读。唐代诗可多着力。宋词最好选择《清真词》《淮海词》《稼轩词》《东坡乐府》。宋以前，只读《花间集》。研究现代诗，再读《散原精舍诗》《海藏楼集》《湘绮楼集》。无韵文除八家文集外，还有《战国策》文字不错，和现代文风特别相近。八家集中，柳州集似比昌黎集好。七、随意读的书。在国学上并不占若何重要地位，而不可不读。梁任公《国学入门书要目》，原有临时涉览一门，很好，不过范围还嫌太宽，缩小一些，姑且定为《水经注》《世说新语》《述学》《文史通义》等数种。（雨畴：《研究国学的第一步》，《时报》，1927 年 1 月 4 日，第 3 张；1 月 5 日，第 2 张）

1 月 5 日　厦大国学研究院风潮起因之一，是北伐军入赣驱逐张天师、查封天师府引发的是否封建复古的论争。是日，顾颉刚恐道教法物从此失散，代表厦门大学国学研究院致电武汉国民政府转江西省政府，请其设立博物院保存。（顾潮编著：《顾颉刚年谱》增订本，第 151—152 页）函称："查道教有二千年历史，其府第建筑及符印、法服、道牒等物，足供观览及研究之处，不亚清宫。且中国道观向来直辖于天师，保存其档册亦足为政府稽考各地道观之用。在学术上，政治上，俱有重大关系。敢请即日派员前往，一律封存；再仿照故宫博物院成例，组织道教博物院委员会，从事查点登记，逐步开放。"（顾颉刚：《致武昌国民政府转江西省政府》，《顾颉刚全集·顾颉刚书信集》卷二，中华书局，2011 年，第 276 页；《请设道教博物院》，天津《大公报》，1927 年 1 月 16 日，第 3 版）

△　《厦门大学国学研究院周刊》创刊号出版，仅出三期。

顾颉刚所撰《〈厦门大学国学研究院周刊〉缘起》内称：当前新旧绝续之交，"少年人笑为敝精神于无益之地，老年人又斥为擅出主张，标新立异"，必须避免不断引起误会。为学问而学问的客观态度，乃是现代世界的学术潮流所昭示。

国学的材料虽是中国的，但整理这些材料的方法乃是世界的。所以我们既不能用自己的独断立出学问的主张，也不能唯唯听命于过去的学术界上的权威而埋没了自己的理性。我们只该勉力搜集许多材料，就搜集到的材料而加以分析和综合，探求这些事物的真相。因为这样，所以现在研究国学的结果，决不会象以前一般，造成许多政治家、道德家和文学家，而只能明白中国各地各代的事物的真相，造成许多历史家。

以前的学者"只以为书本和古代的东西是值得研究的"，本质上是不懂研究，只有信仰。现在"学问应以实物为对象，书本不过是实物的记录"，"目的不是求美善，乃是求真"。《厦门大学国学研究院周刊》既发表搜集到的"赤裸裸的材料"，也要征求所愿意得到的"赤裸裸的材料"。"我们不敢润色，也不怕忌讳，所希望的只是清楚地表显它们的本来的实在。""我们不是在故纸堆中找宝贝，乃是在我们的学问范围之内求知识。希望我们的同志常常帮助我们，使得我们有丰富的收获！希望一般人能够了解我们的态度，不要用'卫道的'、'实利的'成见来作无聊的责难！"（《〈厦门大学国学研究院周刊〉缘起》，厦门大学校史编委会：《厦大校史资料》第一辑1921—1937，厦门大学出版社，1987年，第142—143页）

周刊第2期载厦门大学国学研究院《征求本省家谱启事》，内称：

福建省的民族可以说是最复杂的。五胡的乱华，隋的平陈，宋的南渡，都是使中原民族迁到闽中的原因。另一方面，因为泉州是中世纪最大的商埠，阿刺伯，波斯，以及欧洲的人来的很多，数百年后都把他们的子孙融化成汉族了。……日本都是近邻，通婚嫁是常有的事情。明清以来，福建人到菲律宾，新加坡，爪哇等处，经营工商业的多极了，一定带来了许多南洋的血胤。我们若能把福建省的民族加以研究，必可在中国种族史上有极大的贡献；同时，也就是福建对于文化史上作一个大贡献。这想是福建省的人们所愿意做的。本院现在即从事此项工作，拟以搜集家谱为下手工夫。

寄赠家谱的办法：（一）如承赠送，本院当妥为保藏。（二）如不能见赠，请寄下一读。由本院同人择要抄出，原书于三个月内寄还。（三）如原书不能寄来，请将目录先行抄寄，当由本院选定应抄诸篇，委托寄件人雇工抄寄，抄写费由本院寄还。（四）如无家谱，或家谱遗失，而祖先事迹称道人口者，请写出寄下，不必润饰。（五）关于福建民族之专书及零碎之参考材料，同时收集，如承代购或代抄，均所欢迎，书价当照数寄还。（六）关于本省民族迁移及土地开拓之传说，无论是史迹或神话，本院均所乐受。（七）如有祖先遗物足资研究，可派员前往考察。（《厦门大学国学研究院周刊》，第 1 卷第 2 期，1927 年 1 月 12 日）

同时，向外征集各种材料。"无论是片段的传说，或是系统的记载，我们都很欢迎，收到后当陆续在本周刊发表，并以该周刊奉赠。"包括七项内容：一、海神、土地神及洛阳桥等等的传说；二、朱子、郑成功、郑和（三宝公）及倭寇的传说、遗迹，及一切实事的记载；三、歌谣、谜语、急口令及歇后语；四、儿童故事及游戏；五、通行于福建全省或一局部之富有地方性的戏剧及其剧本；

六、苗民（或散居各地之盘、雷、蓝等姓）之生活状况；七、关于各地古迹古物之调查记录。（《厦大国学院周刊社启事》，《厦门大学国学研究院周刊》，第1卷第3期，1927年1月19日）

该刊发表有顾颉刚《泉州的土地神》（泉州风俗调查记之一）、陈万里《泉州第一次游记》、林语堂《平闽十八洞所载的古迹》、王肇鼎《司马迁经济思想阐微》等数文而已，且多未载完。

1月7日　许啸天在上海写成《国故学讨论集》新序，反对"国故学"这个笼统无谓的名词，主张按照世界学术分类整理"国故学"，最后取消其称号。

许啸天首先批判了"国故学"这个含糊其词的假定名词，因其混有国粹保存论和东方文化论的思想。内称：

> "国故学"三个字，是一个极不彻底极无界线极浪漫极浑乱的假定名词；中国的有国故学，便足以证明中国人绝无学问，又足以证明中国人虽有学问而不能用。这样的惰性，这样的劣性，还不快快革除，却又去恭维他，说他是东方文化，又说他是大国的风度。……按到实在，这"国故学"三个字，还算是近来比较的头脑清晰的人所发明的；有的称"国学"，有的称"旧学"，有的称"国粹学"。在从前老前辈嘴里常常标榜的什么"经史之学"，"文献之学"，"汉学"，"宋学"；那班穷秀才，也要自附风雅，把那烂调的时文诗赋，也硬派在"国粹学"的门下。种种名目，搜罗起来，便成了今日所谓的"国故学"。但是我试问国学是什么东西？国故学是什么东西？

许啸天赞同柳诒徵在《汉学与宋学》一文中，所言"实则汉学、宋学两名词，皆不成为学术之名。类如有人号称英学或德学，人必笑之。若曰吾所研究者，为英国之文学，或德国之哲学，（此亦有语病）方成一个名词"。序《王船山集》亦曰：

> 说也可怜！我们做中国人的，莫说受不到中国的学问，倘然有人问我们"你们中国有些什么学问？"我简直的回答不出来。我若回答说"我们中国有六艺之学，有经史之学，还有那诸子百家之学"；这是滑稽的答语，也是一句笑话。试问"所谓经史之学，诸子百家之学，是一个什么学问？"我依旧是回答不出来。所以老实说一句，我们中国，莫说没有一种有统系的学问，可怜，连那学问的名词也还不能成立！如今外面闹的什么国故学，国学，国粹学，这种不合逻辑的名词，还是等于没有名词。试问国故是什么？国故学又是什么？况且立国在世界上，谁没有一个国故？谁没有一个历史？便是谁没有一个所谓国故学？谁没有一个所谓经史之学？这国故经史，是不是算一种学问？好似我姓许的能够背三代祖宗的名号履历，是不是算一种本领？是否算一种学问，是一个问题；这一种学问是否人类所需要，这又是一个问题。

学问须具有"精当而有统系"和"适于人生实用"两个基本条件。"国故学"既笼统而无方法，"从没像中国这样笼统而无方法的国故学，可以在学术界上独立一科的。倘然国故可以成功一种学术，那全地球上的各国，每一国都有他自己的国故；为什么却不听得有英国故学，法国故学，德国故学的名称传说"。又不能像天文、地理、哲学、文学那样解决人生的具体问题。

当然，中国人缺乏科学精神，有浅薄粗陋的弊病，并不等于没有学问。

> 国故里面，自有他的真学问在。倘然后代的学者，肯用一番苦功，加以整理，把一个囫囵的国故学，什么政治学、政治史、社会学、社会史、文学、文学史、哲学、哲学史，以及一切工业农业数理格物，一样一样的整理出来，再一样一样的归并在全世界的学术界里，把这虚无缥缈学术界上大耻辱的国故学名词取消。这样一做，不但中国的学术界上平添了无限的光荣，而且在全世界的学术上一定可以平添无上的助力。因为中国的文化，开辟在三千年以前，那六经全是中国文化的纪录；再加周秦时期思想的发展，种种发明，种种经历，都可以充得世界的导师，而与以无上的教训。

只有从国故中整理出具有统系的新科学，才能把中国学术扶持起来，一可于世界学术见面并融合，二可产生新科学，甚至改造世界现有科学。《国故学讨论集》作为中国学术门类的讨论，就是提供入学门径，以便认清国故学到底有何门类。(许啸天：《国故学讨论集新序》，许啸天辑：《国故学讨论集》，群学社，1927年1月)

《国故学讨论集》由许啸天编辑，孙雪飘校阅，沈继先发行。分通论、学的讨论、书的讨论、人的讨论四集。第一集通论，收录宽泛讨论国学问题的综合性文章，载梁启超《治国学的两条大路》，胡适《再谈谈整理国故》，吴文祺《重新估定国学之价值》，曹聚仁《国故学之意义与价值》《春雷初动中之国故学》，胡适《整理国学的三条途径》（即《国学季刊》发刊宣言）、《论国故学》。第二集"学的讨论"，载胡适《清代学者的治学方法》，梁启超《中国近三百年学术史》《先秦政治思想》，章太炎《经学之派别》，徐旭生《两汉经师传授系统表》，张纯一《墨学讨论》，黄近青《中国文学史的大概》，梁启超《文史学家的性格及其预备》，吴虞《道家法家均反对旧道德说》《儒家大同之义本于老子说》，曹子水《诗的文学》，许啸天《墨学的大概》，章行严《名墨訾应考》，江馥炎《坚白盈离辨》，阮毅成《我国法律之起源》，陈钟凡《论汉魏以来迄隋唐古诗》。第三集"书的讨论"，收查修《中文书籍分类法商榷》，张西堂《古书辨伪方法》，姚维锐《古书疑义举例补》，陆懋德《中国经书之分析》，胡适《对于国学书的讨论》，徐剑缘《评胡梁二先生所拟国学书目》，胡适《梁任公墨经校释序》，许啸天《史记的研究》，李笠《史记订补叙例》，许啸天《战国策研究》，顾颉刚《论诗经所录全为乐歌》，张西堂《春秋大义是什么》，胡适《读楚辞》，张九如《伴暨南诸生读孟子记》，吴虞《读荀子书后》，无观《墨子与科学》，胡光玮《离骚文例》。第四集"人的讨论"，收入甘蛰仙《宋明哲学家的人格活动》，范寿康《孔孟的根本思想》，徐剑缘《荀子的心理学说》，吴虞《消极革命之老庄》，唐钺《杨朱考》《杨朱考补证》，吴虞《墨子的劳农主义》，陈宗烈《商君政治哲学》，张西堂《尸子考证》，许啸天《王阳明思想的研究》《颜习斋思想的研究》，梁启超《颜李学派与现代教育思潮》，刘月林《颜习斋的哲学》，许啸天《黄黎洲思想的研究》《王船山思想的研究》《顾亭林思想的研究》《朱舜水思想的研究》，胡适《戴东原在中国哲学史上的位置》，贺麟编《戴东原研究指南》，陶鸿庆《读老子札记》，黎群铎《晦庵学说平义》，杨筠如《伊川学说研究》。1926年12月付印，1927年1月出版。

△《北京大学日刊》发布北京大学研究所国学门丛书之一，陈垣的《中西回史日历》预约广告。

《中西回史日历》起自西历元年，下至民国三十年，任举一日，皆可立知中西回历某日，及何甲子何星期，用处略如字典，检查极便，有此一部，可以十数年不置其他月份牌。预约者到原预约处取书。销售处有北京大学研究所国学门，琉璃厂直隶书局，青云阁富晋书社，东安市场佩文斋，隆福寺街修绠堂，马神庙景山书社，东皇城根北新书局。（《国立北京大学研究所国学门丛书陈氏中西回史日历预约阳历年底截止》，《北京大学日刊》，第2021号，1927年1月7日，第2版）

1月8日　北京大学研究所国学门委员会召开第八次会议，议决导师指导学生、学生成绩审查和评定及月讲等事。

议决重要事项如下：一、每学年开始，由国学门委员会支配指导各研究生之教员，并由国学门备函通知各导师，请其担任指导某某研究生，并认定到所指导之时间（每星期至少须有二小时），在北大日刊公布。二、每月五日举行专门学术演讲会一次，由国学门同人轮流担任，定名为研究所国学门月讲，公推刘半农担任月讲干事，办理一切关于月讲事务。三、研究生研究期满的论文，经国学门委员会审查评定，定为甚优、优良、合格三等，由国学门发给证书，不合格者不给证书。四、研究生所提出的论文，须由国学门委员会公推委员两人（或两人以上）负责审查，遇有不得已时，亦可由一人审查。(《第八次会议议决之重要事项》,《北京大学日刊》, 第 2043 号, 1927 年 2 月 22 日, 第 1 版)

△　清华研究院召开本年度第七次教务会议。到会者王国维、梁启超、赵元任、陈寅恪四教授, 由梅贻琦主持。

陈寅恪报告研究院学生有一方面在本院研究, 同时又将成绩提交北大国学研究所者, 其成绩应如何处置。议决: 此项学生应向其慎重说明, 不许同时在他处提交成绩。(刘桂生、欧阳军喜:《陈寅恪先生编年事辑补》, 王永兴编:《纪念陈寅恪先生百年诞辰学术论文集》, 江西教育出版社, 1994 年, 第 433 页)

梁启超提议, 梁漱溟对于儒家哲学研究颇深, 现正从事研究"人心与人生", 可否请其于寒假后来校作长期演讲, 即讲此题, 时间以题目长短为准, 每星期讲一次或两次。议决: 请校长处去函接洽, 寒假后开始演讲。研究院后聘梁漱溟为专任讲师, 执教一学期。1 月 23 日, 放寒假。(孙敦恒:《清华国学研究院纪事》, 葛兆光主编:《清华汉学研究》第一辑, 清华大学出版社, 1994 年, 第 314 页)

△　顾颉刚与鲁迅、林语堂、陈万里、章廷谦到民钟报社, 否认鲁迅辞职和厦门大学国学研究院内胡适派与鲁迅派教授的矛盾有关。

1 月 7 日, 厦大学生要求校长罢免理科主任兼大学秘书刘树杞, 限十二时答复。同日, 顾复函容庚, 辞谢燕京大学编辑学报职务时曾称, 厦门大学国学研究院"情形愈弄愈糟, 儳焉不可终日"。"只因理科教员排挤我们, 而校长又听信他们, 以致我们一切不能发展"。林语堂"有热心而无处事之才, 徒然对于校长生出许多恶感"。鲁迅到广东, 学生方面极惋惜, 原因是"理科之排挤及校长之不公"。"此次风潮破露，如我们不得胜利，则语堂先生势必一走，而我们亦不得不走。如语堂先生因胜利而不走，则我们亦不便走。"（顾颉刚：《顾颉刚全集·顾颉刚书信集》卷二，第169—170页）1月8日，学生罢课。1月12日，厦门大学提前放寒假。1月15日，顾颉刚到鲁迅处作别。（顾潮编著：《顾颉刚年谱》增订本，第152页）

厦门大学风潮发生原因颇为复杂，《申报》有过采访和分析报道。或谓："此次学潮远因，为教授派系暗争，近因鲁迅辞职，厦大国学研究院电鄂赣党政府，请保存张天师案，并组道教博物院。"（《专电》，《申报》，1927年1月9日，第3张第10版）1月12日，记者蜀生采访"国学院某当局"，据其谈话，分析"风潮之致因"谓：

> 刘树杞与校长林文庆私感颇佳，对校务有甚大之建议力，而其秘书之地位，又可预及全校事。今夏林文庆聘北大教授林语堂为文科主任，语堂乃荐北大教授兼国学研究院主任沈兼士，及北大教授顾颉刚、周树人（鲁迅）、陈万里、孙伏园、张星烺，创设国学研究院，文庆任院长，沈任主任，顾、陈、张任教授，孙任编辑，语堂兼秘书，周则为厦大文科教授。沈等原抱一国学研究之绝大愿望而来，拟以历年著作在北大无资刊行者，陆续在厦大出版。此外计画规模亦至宏大，故厦大秋季经费预算，国学院竟订至常年费一万四千元之多。九月沈兼士既来，拟具研究院章程，送校长，刘任秘书，加以改易，削主任之权，而院长总揽之，主任在院长指挥命令下行事。如最要之"本院教授由主任提出，请院长聘任"，刘改为"由主任呈请院长核准聘任"，沈已感不快，语人曰如是主任，任何人

均可作，不必我沈兼士耶。沈到不及二月，即以赴英国庚款委员会（沈为庚款委员）为由赴沪。沈之席不暇暖而去，其原因尚非以办事掣肘，而别有在。先是沈未来，原拟以生物院三楼为其下榻所，讵至则理科教授已居之，沈乃移其行箧入二楼空室，刘复以理科名义定其室为地质室，揭"地质室"之招于门首，林文庆出而转圜，以己之校长图书室让沈，理科教授复函校长反对（此函林语堂曾见之），沈至是乃不得不去矣，然尚拟复来也。嗣在沪得函，知国学院经费经校务会议由月一万四千元减为四百元（按此四百元似指杂费，教授薪当不在内，待查），刊行费顾等著作学校已表示无力，知已无可为，乃决不来（指学校当局方面谓国学院之核减经费，为陈嘉庚营业不佳，厦大经费全部缩减结果）。嗣孙伏园亦以与学校意见不合辞去，频行托鲁代领余薪。孙以十二月十八日去，校学［学校］致薪仅及十一月，鲁迅以为即不［付］十二月全薪，亦应计十八日之值以付。鲁迅本有去意，且已受中山大学之聘，遂亦于一月四日提出辞职，声明至十二月三十一日止，与厦大脱离关系。鲁迅故博厦大多数学生好感，学生于六日开欢送会，七日乃发生驱刘风潮矣。盖认凡此种种，均刘主之也。

国学研究院的林语堂、张星烺两人，曾经参与调停。1月6日欢送鲁迅大会之夕，厦大即发现"刘树杞不去厦大必无望已"之标语。1月7日晨开全体学生大会，由主动的学生征求全体意见，上书校长请解除刘树杞本兼各职。据学生会宣称，签名者达一百七十余人，组织驱刘委员会，推举委员，当选者为王方仁、朱斐、刘国壹、陈基志、廖立峨、蓝耀文、崔真吾、易谅坤、罗扬才九人，议决驱逐刘树杞，讨论对付方法五项，呈交林文庆。发表驱刘宣言，历数其把持校务、压迫学生、包围校长、排斥异己、品行卑劣等五宗罪。所谓保持校务，首条即"国学研究院和大学，谁都知道是相并立的，但刘树杞假代理大学秘书之头衔，擅自拆阅给国学研究院及院长的信，这不是刘树杞把持校务的证据吗？"学校方面，校长即召集行政委员会，讨论无甚结果。当晚八时，许雨阶、廖超照、陈灿、张星烺、孙贵定、黄开宗、田渊添、林语堂、周辨明、薛永黍、徐声金诸教授，函请驱刘执行委员会易谅坤、王方仁、刘国壹、廖立峨、蓝耀文、崔真吾、朱斐、罗扬才、陈基志等谈话，希望学生方面，稍为让步。易等以全体学生大会议决案，不能推翻相辞，并请诸教授转达校长。林文庆以刘树杞为"国内有数科学家"，任人"以人才为标准"，刘既已自行离职，不愿再下驱刘令。理科学生则因刘树杞对理科建树颇多，对其极好感，表示绝对拥护，声明与其同进退，先登报声明否认参与学潮，后与驱刘会数度交涉，且发表宣言，说明学潮真相，力陈刘的成绩与贡献。林文庆与驱刘会来往交涉数次，均无结果。1月11日，有孙印川、黄廷元、高振馨等出任调停，与学生一度接洽，复商校长约于是夜答复。（蜀生：《厦门大学发生学潮》，《申报》，1927年1月17日，第2张第8版）

厦大提前放假，本为消弭学潮的消极办法。1月12日，驱刘会召集全校学生大会。会中激烈派有主张驱逐林文庆，以多数学生不主扩大，未获通过。其时多数学生已经离校，在校者仅五六十人，驱刘会中坚于1月16日在前福建国民党临时省党部招待各界，乞求援助，到有国民党方面的十二团体。同日，厦门大学在厦门各报登载启事，澄清鲁迅等辞职别就，并非校方有意解职，也不是理科排斥，呼吁结束学潮。内称：

> 本校为提倡国学起见，商得校董部之同意，创设国学研究院，聘请名流，担任讲席。近因院中教授有辞职别就者，校长极力挽留无效，深怀歉仄，遂有少数学生，借此鼓动风潮，推举代表，向校长交涉。略谓理科主任兼代秘书长刘树杞博士把持校务，致使国学教授难行其志而辞职，要求罢免刘君本兼各职。校长以此举并非学生全体意见，且指斥刘君之劣迹，事无佐证，自未便听少数学生之要求，而为法外之处分。况学生血气方刚，有时为感情关系，往往各走极端。文科少数学生反对刘君，而理科全体学生则挽留刘君，相持不下，必至演成僵局。故风潮发生后，对于双方学生，再四解说，俾得了然于胸，然后发贴通告，提前放假。当风潮之起也，刘君以有人反对，即向校长表明自动辞职，虽经学校再四挽留，而刘君去志已决，是反对之目标已失，则兹事可以解决矣。惟恐外间不明真相，偏听一面之词，致生误会，特将经过情形粗陈崖略，诸希各界诸君子鉴察为幸。

1月17日，驱刘会质问林文庆"文科少数学生"何所指，林善慰之，推托本人并未参与启事的意见。（蜀生：《厦大学潮告一段落》，《申报》，1927年1月28日，第3张第10版）

此外，厦门大学国学研究院曾请国民党元老蔡元培参与调停学潮。顾颉刚于1月17日与容肇祖、潘家洵等离厦门，次日抵福州，为厦大国学研究院购书四百多元，购若干风俗物品。（顾潮编著：《顾颉刚年谱》增订本，第152页）1月20日，蔡元培到福州，厦门大学国学研究院派顾颉刚往迎。（《专电》，《申报》，1927年1月27日，第2张第8版）1月22日，顾颉刚、潘家洵等往访赴宁波出席浙江省政府会议途中为避军阀孙传芳而到福州的蔡元培、马叙伦，邀同往厦门。（顾潮编著：《顾颉刚年谱》增订本，第152页）顾颉刚致函胡适内称："孑民先生在浙江失败后，偕夷初先生从象山乘帆船到福州。那时我适在福州买书，便邀了他们同到厦门。他们因林校长离校，住在大学内恐受嫌疑，所以住在鼓浪屿。福建的北伐军现已出发，他们在此地等待捷报。或者阴历元宵之后，可由厦门径赴浙江。"（顾颉刚：《顾颉刚全集·顾颉刚书信集》卷一，第440页）1月23日，顾颉刚、潘家洵等在福州公宴蔡元培、马叙伦，并参观福建协和大学国学系。同席三十五人。顾颉刚与容肇祖应国民党福建政务委员会邀请，作学术讲演。顾颉刚讲"研究国学之方法"，容肇祖讲"思想与行为"。同时晤福建协和大学国学系陈锡襄、郑宾于，参观福建协和大学，为商组织闽学会事，亦邀彼等同往厦门。（顾潮编著：《顾颉刚年谱》增订本，第152—153页）1月26日，厦门大学国学研究院得顾颉刚自福州复电，称蔡元培等日内将来厦门。（《专电》，《申报》，1927年1月27日，第2张第8版）1月31日，顾颉刚陪蔡元培、马叙伦等人参观厦门大学国学研究院及生物学院。（顾潮编著：《顾颉刚年谱》增订本，第153页）

顾颉刚多次在致师友函中谈及对于厦门大学国学研究院风波的看法和态度，以2月2日致胡适函最为详细。根源首在经费困难：

厦大的风潮，起于理科与文科的倾轧，而成于鲁迅先生的辞职。这事说来很长。我们到此地来，原以为此间有许我们研究的诚意。到后知道陈嘉庚先生营业不佳，百事节缩，遂致百事停顿，当时亦只有自叹命运不济而已。那知事后我们知道，国学院经常费每月五千元，林校长是具条向陈嘉庚公司照领的，只是领来不给我们，又要我们体谅陈嘉庚先生，任何事不要做。甚而至于薪水之外，每月只给办公费四百元。林语堂先生因此愤而辞职。虽经校长挽留，并说明此后仍照预算办理，然校长与语堂先生之间已经种了一种恶感。

导致文理科意见不合，理科干预文科。

理科主任刘楚青先生，五六年前我已在先生处知道。此次来后，总以为他是可以和我们合作的，那知并不然。他是理科主任，怂恿理科教员秉农山先生等出来要求收回房屋（国学院房屋尚未建造，暂借生物学院三层楼办公，三层楼本来是空的）。国学院里添了几种木器，国学院里几个人请了假，他们都攻击。考古学会中陈设了北邙明器，他们也骂"这也配算做国学"。这类的无理取闹，实在使得我们瞧不起。

刘先生兼任大学秘书，语堂先生是国学研究院秘书。那么，关于研究院的文件当然由语堂先生拆阅，但刘先生却要越俎代拆，并代校长作批。因此，国学院中除了内部的日常事务之外，语堂先生全不得过问。预算得由他随意减，购置得由他随意批驳。所以，国学院中无论什么事都以困于经费而不得进行。科学研究院（刘氏所立）却正在筹备，而且在筹备期中，各教授已经支了薪水。这是无论什么人都要不平的，以语堂先生性子之爽直，当然更不可堪。（顾颉刚：《顾颉刚全集·顾颉刚书信集》卷一，第437—438页）

鲁迅辞职只是风潮的导火索，此外还夹杂校内闽南派与外江派的地方矛盾。

　　鲁迅先生受了广东中山大学之聘，向厦大辞职。他是很得学生的信仰的，大家觉得他走了非常可惜，因此怨毒钟于刘楚青，说他的走是刘氏夺权的结果。同时，各科主任对于刘氏亦作消极的攻击，对于学生的罢课风潮不加制止（各科主任多闽南人，闽南派甚排斥外江派，看刘氏以外江派而极得校长的信任，蓄意去之已久）。刘氏受教职员与学生之两重攻击，乃不得不去。于是刘楚青与鲁迅乃同时出校。（顾颉刚：《顾颉刚全集·顾颉刚书信集》卷一，第438页）

鲁迅、刘树杞走后，风潮转而演变到攻击林文庆，指其并无诚意办国学院。学生会把林告到省政府。风闻教职员又要行委员制，取消校长制。于是林便到南洋，向陈嘉庚告急。林去之后，人人自危，因为陈性子很刚愎，说不定要同集美一样关门。

　　或谓这一次林校长回厦时，一定把语堂先生撵走。有人同我说："林校长对于国学院同人，除了张亮丞先生和你以外，没有好感。希望将来你们两位不要被他们鼓动。"言下大有留我们二人而驱别人之意。但我立定主意，如语堂先生走，我也决不留。因为林校长并无办国学院的诚意，如果我们留了，将来也是办不好的。何况闽南派并不比刘楚青好，将来的倾轧正多着呢。

林校长办国学院的没有诚意，可以举几例。张亮丞先生的《马哥波罗游记》及《古代中西交通征信录》是近年的两部大著作，如果由厦门大学出版，便可提高厦大的地位。别人同他说了，他说费钱太多，不肯印。马寅初先生这次到厦，又同他说，他也只虚应了。国学院《季刊》，一期要一千余元印费，他不肯出。我们说，稿子已编齐了，他说，"那么，你们只出这一期罢，第二期待以后有钱再印好了"。我们为要征集风俗材料，要出《周刊》，他不肯答应，说："那里有许多文字？"我们说："我们既要出《周刊》，文字方面我们自有把握。"他说："何不并入了《厦大周刊》？"其实我们如果并入《厦大周刊》，便是国学院侵入了别方面的势力范围，更要受人攻击了。我们几人态度强硬，不得他的批准，就发印了。但款项上，他处处阻碍，一个月中只印成了两期。（顾颉刚：《顾颉刚全集·顾颉刚书信集》卷一，第438—439页）

归根到底，"厦大一班人的病根，在于没有学问的兴味，只懂得学习技能，却不知道什么叫做研究。国学研究院的成立由于他们学时髦，并不是由于学问上的要求"。（《顾颉刚全集·顾颉刚书信集》卷一，第439页）

当然，顾颉刚也不避讳与鲁迅的矛盾，系章廷谦挑拨所致。

章廷谦到了此地，大肆挑拨。此等小人，我要用力对待他，时间精神均未免可惜。所以我求去之念甚亟。只要燕京或武昌中大有一处允许了我的要求，我便立刻走。因为此间林校长及其他同事固无望其合作，即热心之林语堂先生，亦以章廷谦包围之故，对我已颇疑忌也。以前在北大时，我已受兼士先生的疑忌，为的是和先生亲近了。此种人心肠真狭窄，教我如何能佩服！（顾颉刚：《顾颉刚全集·顾颉刚书信集》卷一，第441页）

2月5日，顾颉刚致函陈垣，也直言厦大当局不知学问。函称："此间风潮，迄未解决。盖当局本不知学，但知装点面子；而与之抗者亦唯以凌折在位为高。在此小事变为大事，遂成相持不下之势。亮丞先生人过和易，屡为群小所狎侮，观之愤恨。"（《顾颉刚全集·顾颉刚书信集》卷二，第235页）同日致函冯沅君，则自我责备未能作文。函称："厦大起了风潮，而我仍须为他们的《周刊》《季刊》作文之故，实因我们来此半年，劳于筹办，尚无成绩发表，使即此离厦，未免使人笑为'徒哺啜'，故只要厦大不解散，总想在此半年中出版书籍数种，《周刊》《季刊》二十余册。到了暑假，我就一去不顾了。若他们要解散厦大，那么，我为厦大所作文便可送给北大。"（顾颉刚：《顾颉刚全集·顾颉刚书信集》卷二，第243页）

2月8日，厦门大学国学研究院同人开会欢迎蔡元培、马叙伦、陈锡襄、郑宾于四人。并议决由厦大国学研究院与协大国学系合组

大规模的闽学会，定办法六条，登于当时的厦门报纸。此事后因形势变化而未成。（顾潮编著：《顾颉刚年谱》增订本，第153页）

2月9日，厦门各界在教育会欢迎蔡元培、马叙伦。据闻陈嘉庚致电厦门大学，停办国学研究院及文科。（《专电》，《申报》，1927年2月11日，第3张第10版）

1月9日　《申报》称周云青笺注《四库全书提要叙》甚便于研究国学。

周云青笺注《四库全书提要叙》，由上海医学书局1926年12月初版。

胡适之等言，研究国学，宜先读《四库全书提要叙》。盖因六经传注之得失，诸史载笔之异同，子集流传之派别，以及术数方外之余，悉有定评，洵研究国学之南针也。顾其书征引渊博，非注不明。今周君此注，旁通曲证，援据详明。无锡国学专修馆长唐蔚芝言此书搜罗丰宏，实事求是。上海大夏大学国学系主任陈柱尊，言此书甚合高级中学及大学预科讲授国学概要之用，皆非虚语也。

全书上等道林纸印刷，共计一百余页，每册实价洋六角，上海梅白格路一二一号医学书局出版，商务印书馆、中华书局、文明书局均有寄售。（《四库全书提要叙笺注出版》，《申报》，1927年1月9日，本埠增刊第1版）

1月14日　《申报》登文感谢无锡国学专修馆赠送同学会第一期《国学年刊》，称赞内载"知名之士作品，实为研究国学者不可不备

之书也"。(《国学年刊出版》,《申报》,1927年1月14日,第3张第11版)

1月17日　粤东名宿欧阳惺常创办的上海老靶子路福生路德康里三十二号存粹女学以"专教国学,培养家庭教育"为宗旨,现扩充学额,添招新生。(《存粹女学扩充学额》,《申报》,1927年1月18日,第2张第8版)

1月20日　无锡国学专修馆开始上课,并招收第五班学生四十二人。(《本校大事记》,《国专校友会集刊》第1集,第3页;《无锡国学专修学校概况·大事记》,第1页;《私立无锡国学专修学校十五周纪念册·校史概略》,第2页)

第五班学生中,有未毕业的周木斋(名朴,字木斋,号树瑜,以字行,1910—1941)。(刘桂秋:《无锡国专编年事辑》,中国大百科全书出版社,2011年,第67页)

宗清元《杂文家周木斋》云:"(周木斋)1925年小学毕业考入江苏省立第一中学。周木斋读书非常用功,每次考试,成绩总是名列榜首。北伐革命军进入南京前夕,江苏省议会自行解散,省立一中停办,他父亲回到家乡,周木斋转到无锡国学专修馆学习。""周木斋在无锡国学专修馆读了两年,因家里交不起学费等原因离开学校,到上海大东书局任编辑,同时为《涛声》等刊物写稿,当时他只有18岁。"(万叶树主编:《阳湖流韵》,中国工人出版社,2005年,第213—214页)

据唐弢说,20世纪30年代,周木斋交往较多的朋友有恽逸群、徐懋庸、曹聚仁、陈望道等。"木斋早年就读于无锡国学专修馆,曹聚仁对他的旧学很佩服,遇到先秦诸子或者古典小说上的疑问,总要向木斋请教。"(唐弢:《鲁迅和周木斋——四十多年前文坛上的一桩公

案》，《唐弢文集》第6卷，社会科学文献出版社，1995年，第166—167页）

△ 于省吾向杨宇霆建议创办国学馆，为恢复萃升书院埋下伏笔。

奉张方面着意创设国学馆，基本宗旨有二。一是整顿国文教育，培养优秀秘书人才。1926年10月，报载张作霖：

近以从政需人，因于日前招集三省法政、师范毕业学生来省，经省长公署考试，取录五十余名，以备录用。迨榜揭后，张招入府面试，见录取各员，年龄既老幼不一（内多五六十岁者），试卷尤肤浅不成文理，乃对省长、教育厅长大加申斥。翌日通电奉吉黑三省省长，此后务须严饬各校注重国文。

其致三省省长原电如下：

国家培养人才，原期出为世用，大者干国练家，次亦粗通文学。乃此次考取三省法政、师范毕业诸生，遍阅各卷，完善无多。文理浅肤，字体草率，考试如此，平时之功课可知。优秀者如此，其普通者可知。该省岁费数十万金，乃竟养成一般无知无识之徒。人才缺乏，由于教育荒疏，实深浩叹。本上将军以国多事，军书旁午，不暇问及教育，尤深内疚。仰即严饬教育厅长，将国文一科，务宜切实整顿。如国文不佳，各种科学，十分及格，勿得滥取。本上将军并将不时派员调查，如该省学务，于国文仍不注意，即为该教育厅长是问，务期通经致用，体用兼赅，以副本上将军兴学育才之至意，仍将整顿

办法，妥拟具复云云。(《奉张令三省学校注重国文》,《时事新报》，1926年10月29日，第4版)

3月3日，实际控制北京政府的奉系军阀头目张作霖拟定"建国方策"，更是标榜要"重古文化，以进民德"；"保国权、国粹，以固邦基"。(中国科学院近代史研究所中华民国史组编：《中华民国史资料丛稿特刊》第1辑，中华书局，1974年，第56页)

另据1929年入萃升书院的冯国祥说，张学良的总参议杨宇霆在奉军南下时，曾充江苏督办。因为受到南方文风的影响，他认为东北各大机关里的秘书在写作方面远逊江南，即使东北大学国学系毕业的秘书，亦不过虚有其表，文笔不够漂亮。而军阀吴佩孚的秘书长、号称"江南四大公子"之一的杨云史，才是秘书的标准。杨宇霆向张学良建议，于东北大学国学系之外，另行创办专攻国学的学校，造就秘书人才，毕业之后，分发于军政各大机关担任秘书职务。杨宇霆的建议得到张学良首肯，遂以"招贤敬老"为号召，将隐居于北平的前清遗老、民国政客们卑礼厚币请到东北，担当教授。此举一方面能得"养天下之大老"的美名，另一方面又获造就人才之实效，名利双收，华实并茂，是一件大可人意的盛举。"萃升书院原来要命名为'东北国学院'、'沈水文学研究院'、'东北国学专修学校'等，杨宇霆认为这种新名称不足表明这个学校的特殊性，而且也不合老教师们的口味，便毅然力排众议，把'萃升书院'四个字原封不动地用下去。"(冯国祥：《萃升书院始末记》，中国人民政治协商会议全国委员会文史资料委员会编：《文史资料存稿选编》第24册"教育"，中国文史出版社，2002年，第226—227页)

二是网罗关内宿儒，培养高级国学人才。1月20日，《大公报》探得可靠消息，谓上年夏秋之际，杨宇霆幕中秘书于省吾向杨建议，"以晚近以来，国人醉心欧化，致吾华数千年圣哲贤儒所积贻之固有'国粹'，逐渐湮没于无闻。'吾辈'生丁斯世，实有维护国粹，保全'圣道'之必要。"因请杨创办国学馆，招收有志青年，入馆就学，延揽名儒，主持讲席，俾便实地造就国学人才，于以挽回国学之颓势。（曹营：《杨宇霆拟创办国学馆》，天津《大公报》，1927年1月23日，第2张第6版）《申报》不久报道更为详细：

> 晚近以来，国人醉心欧化，中学毕业生，经史子集绝未寓目，遑论诗词歌赋，以致数千年圣哲贤儒所遗之固有国粹，逐渐湮没于无闻。吾人生此乱离之时世，丁此礼教沦亡之潮流，实有维持国粹保全圣道之必要与责任，请杨转向奉张陈述创设国学馆之意，其办法招收有志青年入馆就学，聘请名儒硕彦，担任教授，以期造成国学人才，挽回国学之颓势。（艸夫：《天津将设立国学报》，《申报》，1927年2月20日，第3张第10版）

据《大公报》等称：杨宇霆颇韪其言，唯当时军务政治忙碌，无暇计此，事遂搁置。上年腊月初，杨宇霆忽忆此事，即令于省吾草拟组织纲要，并加详细说明，呈交核夺办理。于省吾奉命后，刻正着手起草，期在必行。于省吾乃奉天海城人，自幼嗜好古文，可以模仿桐城派，又尝与林琴南、章太炎等相往还。其所造诣，亦颇可观。此次杨宇霆创办国学馆，完全系于一人鼓吹之力。据于省吾语人云，国学馆乃仿书院制度的宗旨：

该馆组织略仿前清书院制，馆址在天津或奉天，现尚未定。生员名额拟取四十名上下，限中等以上学校之毕业生，或与此有同等学力者，亦可通融入馆。至讲师一层，规定四人，人选务取严格主义，必定优给待遇。至少每位每月须支现洋五百元之俸金云云。

于省吾又谓："此等学员，三年或六年毕业，俾得养成'国学之专门知识'。毕业后，即由此等人才，分散于各地，专以努力'国学'为职志，则吾国'国学'前途，庶乎有豸。"各报均评价道："所闻如是，至其将来如何，容该馆观成之日，再为续报。"（《杨宇霆拟创办国学馆》，天津《大公报》，1927年1月23日，第2张第6版；《杨宇霆拟创办国学馆》，北京《益世报》，1927年1月24日，第6版；《国学馆成立即在》，《东方时报》，1927年2月9日，第6版）

《申报》据2月13日天津通信，言颇详细。内称："此次杨宇霆晋京，于研究对豫军事问题，及应付外交政策之余，复向奉张建议设立国学馆，造就文治优秀人才，以重振吾国数千年来固有之文化与礼教。奉张深韪其言，即令着手筹备。""当时杨虽称善，第以军事外交内政，均甚忙碌，无暇及此。仅令于君草拟计画书，遇机兴办。迨至客腊，杨因入京之便，携计画书向张建议，张允俟军事稍有眉目再办，事遂搁置。最近杨又因事入都，并携该馆组织纲要，张始决令杨担任馆长，筹备开办。杨即派于君为筹备委员。闻地点决定设在天津，因为节省经费起见，暂收学生四十名，须具中等以上程度，经严格之考试。课程为经史子集诗词歌赋，六年毕业，毕业后派往各埠大中学校担任教师，以阐扬中国固有之文化。并闻决定聘请国内纯粹名儒四人，担任教师，每人月薪五百元，预算每年经费十万元，开办费十五万元。如有相当馆址之房屋，仅需五万元足矣。"（艸夫：《天津将设立国学馆》，《申报》，1927年2月20日，第3张第10版）

1月21日　北京大学注册部通告郑奠担任的国故概要课程考试安排变动。

通告称"预科国故概要一科，因乙部二年级教员郑介石先生有特别事故离京不得举行考试，现定预科甲乙部一年级国故概要之考试，一律并入第二学期举行。唯郑先生教授之国文文法，仍照章考试"。（《注册部布告》，《北京大学日刊》，第2034号，1927年1月22日，第1版）

1月22日　武汉国民政府江西政务委员会陈公博、姜济寰就保存张天师府组织道观博物院一事，复函厦门大学国学研究院。

函称："查本会取消张天师名义，委派专员，前往贵溪县没收其财产，充作农民协会经费，并令将神坛、法具、符箓、书籍等件一一抄解来省，借便陈列，以供众览，在案。"（《致武昌国民政府转江西省政府》，顾颉刚：《顾颉刚全集·顾颉刚书信集》卷二，第276—277页）

另据2月5日顾颉刚致陈垣函称："关于道教博物院事，江西省署来书，谓将运至南昌保存。然符箓法物任便易置亦足为研究之障害，最好仍置龙虎山天师府中。拟再去函详晰言之。未知有效否？"（陈智超编注：《陈垣来往书信集》增订本，生活·读书·新知三联书店，2010年，第199页）

1月25日　北京大学研究所国学门第八次委员会决议3月初开始举行月讲，寒暑假除外，并公布月讲题目。

按月讲时序，3月5日，陈垣讲"回回教进中国的源流"；4月5日，刘半农讲"从五音六律说到三百六十律"；5月5日，马裕藻讲

"戴东原对于古音学的贡献"；8月5日，沈兼士讲"求语根的一个方法"。此项演讲性质较为专门，故听讲座只设四十个，除本学门保留五个外，余三十五个编号印券，任人索取，以索完为止。听讲者请于每次讲演前一礼拜之内，向国学门登录室索券，并请留下姓名，函索者请附邮票。凡已索券而不能到者，至迟当于演讲之前一日将券寄还，以便另给他人。凡索券不到，而又不将券退回，至二次之多者，此后拒绝再来索券。演讲地点：国学门演讲室。时间：每月5日晚八时五分准。（《北京大学研究所国学门月讲题目》，《北京大学日刊》，第2036号，1927年1月25日，第1版）

至于暑假后的讲演人及题目，则尚未决定。（《北大研究所国学门举办月讲》，天津《益世报》，1927年2月11日，第5张第17版）

1月27日　实学专修馆添设国学专修科，教员多来自无锡国学专修馆毕业生。

报载上海梅白格路三德里实学专修馆自迁至成都路爱文义路后，校舍宽大，学生亦益形发达。"兹因该校所聘教员，多系无锡国学馆毕业生，故于下学期决添设国学专修科，以宏造就，现正从事招生。"（《实学专修馆添设国学专修科》，《新闻报》，1927年1月27日，第4张第4版）

1月29日　北京大学研究所国学门委员会召开第九次会议，议决学生报名资格、研究题目、成绩评定及在北大月刊刊文译音处理问题等事。

议决重要事项如下：一、凡已在国内外与研究所国学门同性质的研究机关作研究生，而兼入北大研究所的，北大研究所视其学力酌定去取，但已在他处提出的题目，不能再行提出。二、北大研究所组织大纲第六条所称"能力"二字，系包该成绩及研究计划书两项而言，此后即北大毕业生，亦须先缴成绩，然后付审查，无成绩者概不许报名。三、研究生李正奋所缴论文，经前次国学门委员会公推陈垣、袁同礼两委员会同审查，成绩优良，议决给予"优良"证书。四、凡北大月刊中关于须译音之辞，概用国语罗马字，须附加括弧，注明普通罗马字拼音。至于作者署名，应请作者自拼。（《第九次会议议决之重要事项》，《北京大学日刊》，第2043号，1927年2月22日，第1版）

1月31日 述学社刊物之一《国学月报》在停刊两年后继续出版第2卷第1号，由北京朴社出版社经理部发行，梁启超题写刊名，林风眠代绘封面。

述学社"以研究文艺学术为宗旨"。（《述学社简章》，《北京大学日刊》第1937号，1926年6月19日，第2版）该刊成为清华研究院学生发表作品阵地，陆续刊载姚名达《章实斋之史学》《余姚邵念鲁先生年谱序例》《章实斋遗书叙目》《会稽张氏章实斋先生年谱》《纪年经纬考序》《达人史话》，黄绥《两汉地方行政史自序》《唐代地方行政史自序》，陆侃如《古代诗史自序》《乐府的影响》《左传真伪考的译者引言》，卫聚贤《晋惠公卒年考》《万泉卫氏考》《春秋的研究》《释家补证》，谢国桢《清明寒食考》，陈守实《明清之际史料》，储皖峰《郭林宗生卒年月考》《词坛趣韵跋》《水经注碑录附考》《连社年月续考》，刘节《刘勰评传》《释皇篇补义》，姜亮夫《委蛇威仪说》《燕誉说》等文。王国维投湖自尽后，还出版"王静安先生专号"，专门请陈垣题写刊名。据每期《述学社启事》，可知清华研究院研究生卫聚贤（怀彬）、陈守实（漱石）、谢国桢（刚主）、北京大学研究所姚名达（达人）等都加入了朴社。

1月　王国维致信北京大学研究所国学门导师马衡，谈及李济山西考古成果。

本月14日，王国维撰成《南宋人所传蒙古史料考》，总结古代塞外民族史研究的史料来源及其真伪问题。

> 凡研究史学者，于某民族史，不得不依据他民族之记载。如中国塞外民族，若匈奴、若鲜卑、若西域诸国，除中国正史中之列传载记外，殆无所谓信史也。其次若契丹、若女真，其文化较进，记述亦较多，然因其文字已废，除汉人所编之辽、金二史外，亦几无所谓信史也。至于蒙古一族，虽在今日尚有广大之土地与行用之文字，然以其人民沉溺宗教，不事学问，故当时《纽察脱卜赤颜》（秘史）与《阿儿坛脱卜赤颜》之原本，已若存若亡，反藉汉文及波斯文本以传于世；且其国文字创于立国之后，于其国故事，除世系外，殆无所记载，故此族最古之史料，仍不能不于汉籍中求之。（袁英光、刘寅生：《王国维年谱长编（1877—1927）》，天津人民出版社，1996年，第501页）

故王国维致马衡函称："近研究蒙古初期史料，乃知南宋人伪造许多书籍，如《征蒙记》等皆宋人所造也。"又说："李济之自山西回，得石器陶器等数十箱，已运至此，其详尚未闻。"（孙敦恒：《清华国学研究院纪事》，葛兆光主编：《清华汉学研究》第一辑，第315页）

△　黑龙江省教育厅为尊重国学起见，嘉奖捐资购买《四部备要》的县知事。

指令称："该知事为尊重国学，嘉惠士林起见，特捐廉俸大洋六百三十元，订购《四部备要》，存贮县立图书馆，以供众览，而资考证，毅力热心，深堪嘉尚。按照捐费兴学条例，应请奖给银色褒章，以昭激劝。仰将应缴褒章公费大洋四元，并按式填具事实表，一并送厅，以凭核转。"（《本厅指令第二九五号》，《黑龙江教育行政公报》，第42期，1927年1月，命令）

△　李笠出版《三订国学用书撰要》。

该书出版后，遭到不少批评。李笠坦言，初稿甲部分群经哲学、诸子哲学、释氏哲学、哲学史四类，乙部分别史、通史、史志、史论四类，丙部分总集、专集、小说、文评四类，丁部分形义、声韵二类，戊部不分类，"当时随手掇拾，未及商量比次也"。虽经同里杨子林，永嘉李仲骞，学生陈绳甫等增补、商榷、校补，唯部类则仍未改易。（《三订国学用书撰要叙例》）

甲部、哲学与教育类。一、论著。（子）专著。《周易》《老子》《庄子》《鬻子》《文子》《关尹子》《列子》《墨子》《论语》《孝经》《孟子》《荀子》《管子》《商君书》《慎子》《尸子》《尹文子》《公孙龙子》《孙子》《吴子》《司马法》《鬼谷子》《鹖冠子》《邓析子》《申子》《韩非子》《黄帝内经》《孔丛子》《盐铁论》《潜夫论》《论衡》《新语》《贾子新书》《政论》《桓子新论》《申鉴》《太玄经》《扬子法言》《春秋繁露》《白虎通义》《昌言》《中论》《道论》《物理论》《傅子》《抱朴子》《金楼子》《颜氏家训》《刘子新论》《文中子》《因论》《张子全书》《周子通书》《二程全书》《朱子大全集》《象山集》《陈龙川集》《叶水心集》《习学记言》《至言》《木钟集》《郁离子》《读书录正续》《传习录文录》《胡子衡齐》《李氏焚书》《日知录》《明夷待访录》《思问录》《颜李遗书》《孟子字义疏

证》《检论》《国故论衡下》《东西文化及其哲学》。（丑）纂录。《大
戴礼记》《礼记》《吕氏春秋》《淮南子》。（寅）译述。《大方广佛华
严经》《大方广圆觉了义经》《维摩诘所说经》《大般若经》《大智度
论》《中观论》《百论》《十二门论》《大乘起信论》《般若灯论》《金
刚般若波罗蜜经》《般若波罗蜜多心经》《大佛顶首楞严经》《因明
入正理论》《因明正理门论》《观所缘缘论释》《百法明门论》《五蕴
论》《广五蕴论》《唯识二十论》《成唯识论》《摄大乘论》《阿毗达
摩杂集论》《瑜伽师地论》《解深密经》《大乘密严经》《显扬圣教
论》《大乘庄严论》《辨中边论》《阿弥陀经》《妙法莲华经》《小止
观》《六祖坛经》《佛遗教经》。二、评传。《晏子春秋》《孔子家语》
《孔子集语》《史汉儒林传》《宏明集》《高僧传》《宋元学案》《明儒
学案》《汉学师承记》《清代朴学大师列传》《中国哲学史大纲上卷》
《先秦政治思想史》《周秦哲学史》《清代学术概论》。

　　乙部、史学类。一、载笔。（子）别史。《尚书》《尚书大传》
《逸周书》《春秋左传》《公羊传》《穀梁传》《国语》《战国策》《吴
越春秋》《越绝书》《新序》《说苑》《列女传》《十六国春秋》《十国
春秋》《史记》《汉书》《后汉书》《三国志》《晋书》《南北史》《新
五代史》《明史》《东华录》。（丑）通史。《竹书纪年》《路史》《考
信录》《马氏绎史》《通鉴纪事本末》《宋元史纪事本末》《明史纪
事本末》《三藩纪事本末》《资治通鉴》《续资治通鉴》。（寅）史志。
（1）典制。《仪礼》《周礼》《通典》《通志》《文献通考》《五礼通
考》。（2）地志。《山海经》《穆天子传》《禹贡锥指》《水经注》《洛阳
伽蓝记》《三辅黄图》《荆楚岁时记》《太平寰宇记》《读史方舆纪要》。
（3）书目。《汉书艺文志》《补后汉书艺文志》《三国艺文志》《补晋

书艺文志》《隋书经籍志》《经典释文叙例》《旧唐书经籍志》《新唐书艺文志》《补五代史艺文志》《宋史艺文志》《宋史艺文志补》《补元史艺文志》《崇文总目》《郡斋读书志》《直斋书录解题》《千顷堂书目》《四库全书总目提要》《四库简明目录》《郑堂读书记》《经义考》《小学考》《读书敏求记》《汇刻书目》《续汇刻书目》《丛书举要》《书目答问》《书目举要》《古今伪书考》《七录序》《百宋一廛赋》。二、史论。《史通》《文史通义》《十七史商榷》《廿二史札记》《读通鉴论宋论》《中国历史研究法》。

丙部、文学类。一、作品。（子）诗文。《诗经》《全上古三代秦汉三国六朝文》《全三国晋南北朝诗》《文选》《玉台新咏》《古文苑》《续古文苑》《乐府诗集》《唐文粹》《文苑英华》《全唐诗》《全五代诗》《宋文鉴》《南宋文范》《宋诗钞》《金文最》《元文类》《元诗选》《明文在》《明诗综》《彊邨丛书》《历代赋汇》《古文辞类纂》《续古文辞类纂》《骈体文钞》《湖海文传》《近代诗钞》《楚辞》《朱熹楚辞集注》《蔡中郎集》《曹子建集》《陆士衡集》《嵇中散集》《陶渊明集》《谢康乐集》《谢宣城集》《鲍参军集》《江文通集》《庾子山集》《徐孝穆集》《李太白集》《杜工部集》《白香山诗集》《王右丞集》《孟襄阳集》《韦苏州集》《李文公集》《李长吉歌诗》《韩昌黎集》《玉溪生诗集》《温飞卿集》《苏东坡诗集》《黄山谷诗》《后山诗集》《王荆公诗集》《朱淑真词》《剑南诗稿》《元遗山诗集》《铁崖古乐府》《高青邱诗集》《空同诗集》《吴梅村诗集》《王渔洋诗集》《船山诗草》《述学外篇补遗别录》《卷施阁乙集》《更生斋乙集》《仪郑堂骈体文》《白华绛跗阁诗集》《湖塘林馆骈文》《石笥山房文集》《校礼堂文集》《问字堂外集》《定庵文集》《烟霞万古楼集》《瓶水斋诗集》《樗华馆骈文》《湘绮楼全集》《于湖小集》《安般簃诗钞》《渐西村人集》《曝书亭词》《茗柯文》。（丑）小说戏曲。《汉武内传》《列仙传》《西京杂记》《异苑》《世说新语》《续世说》《今世说》《国史补》《教坊记》《明皇杂录》《宣和遗事》《归田录》《侯鲭录》《癸辛杂识》《辍耕录》《山居新语》《何氏语林》。以上小说。《琵琶记》《弦索西厢记》《桃花扇》《长生殿》《燕子笺》《玉茗堂四梦》《红雪楼九种传奇》《笠翁十种曲》。以上剧曲。《唐人说荟》《顾氏文房小说》《太平广记》《元曲选》《缀白裘》《盛明杂剧》。二、文评。（子）总论。《文心雕龙》《文章缘起》《宋书谢灵运传论》《南齐书文学传论》《隋唐文学传序》《文章辨体》《文体明辨》《艺概》《文史通义》《中古文学史》《国故论衡中卷》《中国文学批平》。（丑）专论。《金石例》《墓铭举例》《金石要例》《汉魏六朝唐代志墓例》《诗品》《苕溪渔隐丛话》《诗人玉屑》《声调三谱》《剧说》《词律》《钦定曲谱》《宋元戏曲史》。

　　丁部、文字学类。一、形义。（子）诠文。《尔雅》《仓颉篇》《字林考逸》《说文解字》《释名》《续释名》《小尔雅》《广雅》《玉篇》《类篇》《复古编》《续复古编》《字鉴》《六书故》《石鼓文音释》。（丑）论著。《古书疑义举例》《经义述闻通说》《经传释词》《助字辨略》《马氏文通》《小学答问》。（寅）考证。《经典通用考》《古本字考》《名原》《契文举例》《殷虚书契考释》《戬寿堂龟文考释》。（卯）捃摭。《薛氏钟鼎款识》《积古斋钟鼎款识》《隶释隶续》《愙斋集古录》《金石文字辨异》《金石文字辨异补编》《经籍纂诂》。二、音韵。（子）著录。（1）方言。《方言》《续方言》《新方言》（2）时代音。《广韵》《集韵》《汉魏音》《唐韵》《韵补》《古今韵略》《词林韵释》《词韵》《中原音韵》。（丑）研究。（1）图表。《字源》《切韵指掌图》《古音表》《古韵标准》《四声切韵表》《六书音韵表》。（2）考证。《声韵考》《声类》《古韵发明》《说文通训定声》《说文声系》《汉学谐声古音论》《古今通韵》《文始》。（3）通论。《音论》《音学辨微》《古韵二十一部说》《古韵通说》《国故论衡上卷》。

戊部、类书辞典类。一、通用组。（子）以事分者。《北堂书钞》《艺文类聚》《初学记》《太平御览》《事文类聚》《册府元龟》《白孔六帖》《事类赋》《订讹类编》。（丑）以文字分者。《佩文韵府》《骈字类编》《读书记数略》。二、专门组。（子）以事分者。《佩文斋书画谱》《齿谱》。（丑）以文字分者。《元和姓纂》《姓氏急就篇》《万姓统谱》《史姓韵编》《纪元编》《舆地韵编》《历代地理韵编》《佛学大辞典》《一切经音义》。（李笠：《三订国学用书撰要》，朴社，1927 年 1 月初版，1931 年 4 月再版）

2 月 6 日　《北京大学日刊》发布北京大学研究所国学门《清九朝京省报销册目录》第一册出版广告。

目录按照清会典排定，先京后省，列为总目。复依总目，列以细目。总分地丁、户口、漕白、盐课、屯粮、兵马、勘合、火牌数目、大狱重囚、颜料织造，以及各部寺用过钱粮等类。倘据斯编按类按地按时钩稽综合，诚属研究经济史绝好材料。第一册业已出版，用上等毛边纸精印，定价一元。北大三院研究所国学门发行处发行，北大售书课学代售。（《研究所国学门清九朝京省报销册目录第一册顺治康熙朝》，《北京大学日刊》，第 2041 号，1927 年 2 月 6 日，第 2 版）

2月7日 胡适撰成《整理国故与"打鬼"》一文，后载于《现代评论》。胡适反驳彭学沛所说整理国故造成"非驴非马"的白话文，肯定整理国故有其贡献，目的与功用在于"捉妖""打鬼"，为解放思想鸣锣开道，真正践行重估一切价值的理念。

胡适提倡整理国故，本为吸收外来学说、重估固有价值、创造新文明的必要环节，结果许多人误以为思想倒退，迫使胡适一方面反思其流弊，号召青年向科学的活路走去，以减轻责难；另一方面不断借机申述自己的理念，驳斥反对者的误解，为其新思潮运动辩护。

胡适归纳彭学沛所说半文半白的白话文有三种来源，都和整理国故无关。"第一是做惯古文的人，改做白话，往往不能脱胎换骨，所以弄成半古半今的文体。"梁启超的白话文属于这一类，胡适自己的白话文有时候也不能免俗，但都是传统转型的客观限制使然，"应该原谅"。"第二是有意夹点古文调子，添点风趣，加点滑稽意味。"吴稚晖的文章有时因为前一种原因，有时是有意开玩笑。鲁迅的文章，有时是故意学日本人做汉文的文体，大概是打趣"《顺天时报》派"。钱玄同是这两方面都有一点。"第三是学时髦的不长进的少年。他们本没有什么自觉的主张，又没有文学的感觉，随笔乱写，既可省做文章的工力，又可以借吴老先生作幌子。这种懒鬼，本来不会走上文学的路去，由他们去自生自灭罢。"坦承自己文中保留有古文的痕迹，不容易做到完全用白话文写作。"大概我们这一辈'半途出身'的作者都不是做纯粹国语文的人。新文学的创造者应该出在我们的儿女的一辈里。他们是'正途出身'的；国语是他们的第一语言；他们大概可以避免我们这一辈人的缺点了。"（季羡林主编：《胡适全集》第3卷，安徽教育出版社，2003年，第

144—145 页）

同时，也不苟同彭学沛"国故学者判断旧文化无用的结论可以使少年人一心一意去寻求新知识与新道德"的观点，强调整理国故的事业还处于刚开始阶段，有其必要性。

> 那"最后一刀"究竟还得让国故学者来下手。等他们用点真工夫，充分采用科学方法，把那几千年的烂账算清楚了，报告出来，叫人们知道儒是什么，墨是什么，道家与道教是什么，释迦达摩又是什么，理学是什么，骈文律诗是什么，那时候才是"最后的一刀"收效的日子。

"输入新知识与新思想固是要紧，然而'打鬼'更是要紧。"胡适自己钻到烂纸堆，到巴黎不去参观柏思德研究所而去敦煌烂纸堆混了十六天，"只为了我十分相信'烂纸堆'里有无数无数的老鬼，能吃人，能迷人，害人的厉害胜过柏斯德（Pasteur）发见的种种病菌。只为了我自己自信，虽然不能杀菌，却颇能'捉妖''打鬼'。"此次到巴黎、伦敦，搜得不少"据款结案"的证据，可以打出达摩、慧能以至"西天二十八祖"的原形。"据款结案，即是'打鬼'。打出原形，即是'捉妖'。"这样的整理国故途径和目的仍在于思想解放，免受不良影响。

> 用精密的方法，考出古文化的真相；用明白晓畅的文字报告出来，叫有眼的都可以看见，有脑筋的都可以明白。这是化黑暗为光明，化神奇为臭腐，化玄妙为平常，化神圣为凡庸：

这才是"重新估定一切价值"。他的功用可以解放人心，可以保护人们不受鬼怪迷惑。（季羡林主编：《胡适全集》第3卷，第145—147页）

陈西滢批评胡适拉车向后，从提倡革命、扫除旧思想、建设新文学，转向编著哲学史。尽管"做的还是破坏的功夫，'捉妖''打鬼'的事业"，但是丢开了披荆斩棘的先锋、熟识道途的引导者的工作，结果导致"大部分的人只得立住了脚，不知道怎样好。更不幸的，一般近视眼的先生，不知道胡先生是回去扫除邪孽，清算烂账的，只道连胡先生都回去了，他们更不可不回去了。于是一个个都钻到烂纸堆里去"，"弄得乌烟瘴气，迷濛天地"。如同吴稚晖所言，胡适《中国哲学史大纲》的流弊抵消了大部分的革命效果。根源在于，胡适以其思想解放的特殊地位，不应当整理国故。

老实说，我对于"整理国故"这个勾当，压根儿就不赞成。本来，一个人喜欢研究国故，犹之另一个人喜欢研究化学，第三人喜欢研究昆虫，他有绝对的自由，用不着我们来赞成或反对。可是研究化学的人，在试验室静悄悄的做他的试验。研究昆虫的人，不声不响的在田野搜集他的标本。只有研究国故的人整日价的摇旗呐喊，金鼓震天，吵得我们这种无辜的人不能安居乐业，叫人不得不干涉。国故学者总以为研究国故是"匹夫有责"的：适之先生自己就给我们开了一个最低限度的国学书目，梁任公先生更进一步，说无论什么人没有读他开的书单，就"不能算中国的学人"；国立大学拿"整理国故"做入学试题；副刊杂志看国故文字为最时髦的题目。结果是线装书的价钱，十年以来，涨了二三倍。……那"最后一刀"的结论，适之先生已经不敢承认了，虽然他说"究竟还得让国故学者来下手"。可是……除了适之先生自己和顾颉刚、唐擘黄、钱玄同等三四位先生外，那一个国故学者在"磨刀霍霍"呢？唉，那一个不是在进汤灌药，割肉补疮呢！那一个不是在垃圾桶里掏宝，灰土堆中搜珍奇呢？青年们本来大都是"学时髦的不长进的少年"。"整理国故"既然这样时髦，也难怪他们随声附和了。

国故就像旧房子里的破烂家具，无论怎样清查、整理、搬动、烧劈老朽、重估价值，结果还是破旧东西，而且久而不觉腐臭。当务之急，是要打开新窗户，欢迎新道德、新知识、新艺术。旧的东西自然淘汰，然后才能"杀最后的一刀"，不能倒因为果。且现在的国故学者不配整理国故，因为以科学方法整理国故者"与用'外国文知识'做工具，去翻译西方的各种学识一样的可笑，一样的荒唐"。奉劝他们"都去研究经济、政治、宗教、文艺等种种方面的新思想、新知识、新艺术"，"介绍种种欧美各国已经研究了许久，已经有心得的新思想、新知识、新艺术"之后，有余力有闲暇"再说'整理国故'"。（季羡林主编：《胡适全集》第 3 卷，第 149—153 页）

胡适认为，陈西滢的批评有误会和偏见，未能领悟哲学史的革命意义。"但我自信，中国治哲学史，我是开山的人，这一件事要算是中国一件大幸事。这一部书的功用能使中国哲学史变色。以后无论国内国外研究这一门学问的人都躲不了这一部书的影响，凡不能用这种方法和态度的，我可以断言，休想站得住。"又举梁漱溟书里所言："依胡先生的说法，中国哲学也不过如此而已。（原文记不起了，大意如此。）"这正是自己整理国故的"大成绩"。"我所以要整理国故，只是要人明白这些东西原来'也不过如此'！本来'不过如此'，我所以还他一个'不过如此'。这叫做'化神奇为臭腐，化玄妙为平常'。"（季羡林主编：《胡适全集》第3卷，第147—148页）

4月1日，魏建功以笔名"天行"，在《语丝》发表《猫捕鼠喻》一文，认为整理国故是胡适的本分，也是最适合他的工作，反驳陈西滢对于胡适的误解。整理国故的意义在于"打鬼"，与输入新知并行不悖，甚至乃后者的前提。

> "国故"这顽意儿真好比一个大耗子巢，"整理国故"的也得要肖属猫的才能胜任。明白的说，没有拿耗子的本领不必冒充做猫！不能做猫也就不必管猫拿耗子的事；譬如一只狗来拿耗子未尝不好，不过决不如猫来的安详稳静。与其放开看门的事来闹乱子，倒不如守一些狗的本分。这便是我对于"整理国故"的争议的浅薄的见解，提空了说的比喻。

从形式上看，《胡适文存》的主要成绩不是陈西滢所说的提倡革命、扫除旧思想、建设新文学的文字，而是充满了《水浒传》《红楼梦》《儒林外史》考证和清代学者之学的方法的文字，其大贡献是让人明了"历史观念""科学方法""怀疑态度""实验精神"。《中国哲学史大纲》和《胡适文存》的价值没有高下之分，"这两部东西的内容纵有不同，著者的精神和态度恐怕《哲学史》还要比文存来的强有力。"总之，"胡适之是应当'整理国故'，简直这是他的本分！"而胡适的这种"特殊地位"，是"自己创造出来"的。

同时，魏建功也赞同整理国故如吴稚晖所说主观用意是要革命，客观上容易发生流弊，但原因不在整理国故本身，而是胡适没有持续努力。"我只有怪胡先生不应该不把《哲学史》编完，只有怪他不应该忽然立停了脚，去做'好人政府'的梦"。因为旧鬼不打倒，新的道德、知识、艺术无从产生。"胡适之努胡适之的力，陈西滢求陈西滢的新"，各不妨碍。"整理国故也好像修理车轮——一只老轮盘；——寻求新的道德，知识，艺术就好比装配车轮——一只新轮盘。造新轮子的要人，修旧轮子的也要人；然后才能'运转自如'。……现在的病根不在干'整理国故'的勾当，而在干各种勾当的人的不守本分，不尽本分！"（天行：《猫捕鼠喻》，《语丝》，第125期，1927年4月1日，第3—6页）

2月8日 国民大学本学期国学系学程有十九门。

据说国民大学于2月12日招考大学各科，16日开学。"闻本学期拟开之课程，均照新章办理，颇臻完备，已由教务长何炳松会同各系主任商酌。"国学类学程有"国学概要、文选、诸子、五经、文字、文字学、古书校读法、国学研究、文学、词学、小说、中国文学史、诗学、韵学、中国史、史学、目录学，合计十九学程。教授胡朴安、何炳松等。"（《国大本学期拟开之学程》，《申报》，1927年2月8日，第3张第10版）其中，目录学聘请"国学专家陈乃乾氏"担任。（《国大新聘之教授》，《申报》，1927年3月13日，第2张第8版）

此外，国民大学还开办夜校，于3月1日正式上课。"学生到者亦甚多。闻该校尚有余额可补"。学程有"中文选及中作文、国学研究、文字、史学，由胡朴安、何炳松硕士等教授"。（《学校消息汇

志》，《申报》，1927年3月2日，第2张第8版）

2月10日 共和女校注重国学，扩充规模。

上海北西藏路蒙古路口公益里共和女校开办十六载，"历届注重国学，成绩斐然可观。今届因中小两级及国文专科人数过多，不得不扩充课室，添聘教员，以无负求学者上进之心。宿膳亦清洁，交通便利，十八路无轨电车，可以直达，好国学者盍往求之"。（《共和女校之扩充》，《申报》，1927年2月10日，本埠增刊第1版）

8月1日，该校宣布办学宗旨云：

> 本校科目，始终以国学为主体，其余各科为辅。盖以旧学为新知之基础，新知即旧学之发端，若不于旧学具有根柢，窃恐新知新识，易入歧途，故虽不合时流，而此心此志，历久不渝，世之留心国学之家长，盍一验之云云。（《共和女校宣布办学宗旨》，《申报》，1927年8月2日，本埠增刊第1版）

校长聘定杨新础、萧茂硕、梁志贞、孙润等分别担任各级教务，"注重国学，加以新知"。而于歌舞两科亦甚注意，并设立图书馆，书籍由高晓山捐助外，购置各种书籍甚多。（《共和女校之新设施》，《申报》，1927年8月6日，本埠增刊第2版）

2月14日 厦门大学校董陈嘉庚、校长林文庆自新加坡致电厦大停办国学研究院。

是日，厦门大学代理大学秘书长黄开宗宣布陈嘉庚、林文庆自新加坡来电，令国学研究院停办，所有教职员，除留顾颉刚、张星烺管理国学研究院外，余均辞退。（《本馆专电》，《申报》，1927年2月15

日，第2张第6版；蜀生：《厦大宣布停办国学研究院》，《申报》，1927年2月28日，第4张第13版）

有舆论认为，厦大学生驱逐理科主任刘树杞，陈嘉庚以与国学研究院教职员有关，遂有下令停办该院之举，"意为釜底抽薪之计"。本月14日，厦大学生快邮代电致电身在新加坡的陈嘉庚，辩称未经别人嗾使，请求全面恢复。内称：

> 夫国学院之创办，在一学期前，无论如何，不应忽创忽停，出尔反尔，视教育如儿戏，引外界以口实。至若其他工医教商各科，在此国立学校因经济限制不能发展之际，亦当善为办理，以副先生兴学救国之意，岂可停办，逞刘氏之私愿哉。
>
> （《厦门大学停办国学研究院》，《新闻报》，1927年2月27日，第4张第3版）

春节后厦大宣告展期开学，因学潮未得解决前，学生再度聚集，将益扩大。蔡元培等抵厦调解集美学潮后，有人欲蔡再度调解厦大学潮。蔡以其内容复杂，双方意见距离过远，迄无表示。2月15日，国学研究院职教员接函后"态度极为冷静"，"联袂赴黄开宗宅，表示得函后，均急欲离厦，要求学校履行契约上之义务。盖学校聘各职教员时，均订有一年二年之期限，欲请其给予全部薪金"。黄开宗"答以未奉校长命令，无由答复。旋又以电话询陈嘉庚在厦设之商行集通号经理孙国栋，亦无结果"。职教员表示，"学校于三日内对履行契约无明确办法，致诸人不能启程离厦，则此后所有直接或间接损失，须由学校负责"。据闻"国学研究院职教员十余人，陈林来电惟留教授顾颉刚、张星烺二人管理该院。据幕中人云，国学院中人与校长发生龃龉，顾氏颇不赞之，张则中心空洞，无所主张，故学校方面特留之"。"上次学潮动因，由于国学院与理科因预算案起争执，而有学生之驱刘风潮，学生罢课宣言中，有为国学院鸣不平语云。"（蜀生：《厦大宣布停办国学研究院》，《申报》，1927年2月28日，第4张第13版）

2月16日，顾颉刚读报获知厦门大学国学研究院业已停办，唯留自己及张星烺二人，在游漳州归途中，与蔡元培、马叙伦、容肇祖、黄坚等商量应付办法。（顾潮编著：《顾颉刚年谱》增订本，第154页）

2月17日，厦门大学开会商量国学研究院一事，与会者有蔡元培、马叙伦、林语堂、黄坚、潘家洵、容肇祖、章廷谦、罗常培等。马叙伦劝顾颉刚勿辞职，主张先向校长林文庆质问停办国学院及辞退院中各教员之理由，俟其答复而后再辞职。会中全体无异议，顾于是暂不辞职。（顾潮编著：《顾颉刚年谱》增订本，第154页）

2月18日，顾颉刚起草《顾颉刚为厦门大学停办国学研究院事质问林文庆校长书》，明确反对停办国学研究院。次日，送厦门大学校长室寄新加坡。（顾潮编著：《顾颉刚年谱》增订本，第154页）函谓：

> 国学院自去秋创办以来，筚路蓝缕，辛苦经营；迄今半载，规模粗具。如《季刊》《周刊》之编录，学术讲演之举行，中国图书志之纂辑，东亚考古学协会之合作，福建民族与家谱之研究，各地风俗古物之调查，皆已按日程功，积稿可观；加以岁月，不难大成。至于保存史料、报纸以研究近代史，发掘河南、山西、陕西诸省古物以研究古代史，搜集账簿、报销册以研究经济史，购置旧医书药方以研究医学史，亦正在拟议之

中，当可于短时期间求其实现。最近福州协和大学国学系主任陈锡襄先生莅厦，创为闽学会，集合研究福建省之民族、言语、历史、地理、风俗、传说、歌谣之材料于一机关，以协和大学司闽北，本院司闽南；交换物品，流通考察。斯事果成，更为巨观。颉刚等方意从此以后，本院日有进展，一切计画俱可施行，使我厦门大学确能成为闽南文化之中心，以报答嘉庚先生兴学之伟愿与先生办学之毅力。岂料风波忽起，遽尔中断，掘井不及寒泉，为山止于一篑，使半年之时间精力悉掷虚牝。此心伤痛，殆不可言。

顾颉刚质疑林文庆出尔反尔，诸多阻挠，处事不公。国学院成立之后，以种种因缘牵掣，不特开办费未发分文，即经常费亦未尝有一月依照预算办理。林语堂秉性真诚，不欲有违提倡学术之初衷，更不忍违背对于我辈之宿诺，屡有强谏之言，遂启谤书之箧。在林文庆受陈嘉庚付托之重，不欲妄费一钱，而在林语堂受林文庆当初之任命，欲以国学院提高厦大在学术界之地位，同属公忠，本来不难相谅。然而，只以庸夫趋权逐势，推波助澜，遂使流言蜂起，积疑成猜，用致嫌隙。嗣后学生驱刘风潮将作，即有停办国学院之风说腾传人口。本年 1 月 5 日下午，院中开会之际，有以此事相质询者，林文庆力辨其诬，并谓："机关既已设立，即无取销之理；且国学院为我所主张而竭力怂恿嘉庚先生开办者，讵能出尔反尔，视同儿戏。"万不料不及四旬，竟自停办国学研究院及辞退院中各教职员。此次风潮可能有国学院中同人牵涉，即便如此，亦只罪及个人之身，与全体同人无与，与其所属机关更无与，不应以少数人之逆命，而蔽其罪于全体，且消灭所属机关。如说学校经费不足，国学院无法维持，则去年11月，林语堂因灭削预算而辞职时，林文庆曾将每月办公费四百元增为一千元。本年1月7日，林文庆为欲免除各方误会起见，又出布告言业将国学院全年预算再加一千元，共为六万元。凡此表明，林文庆对经费早有确实把握。况自国学院成立之后，有矿科之筹备，有科学研究院之设立，不啻示人"惟有自然科学机关可以发展，而国学机关则不足与比齿"之感。国学院时间虽短，但已有相当成绩。其中如造型出版诸部，皆以经费不足，未有所兴举。《季刊》第一期业已编就，林文庆认为可缓出，故至今未发印。《周刊》一事，虽非林文庆之意，但组织大纲中原有月刊之规定，今唯匀分一册为四册。若编辑、图书、陈列诸部，同人固皆勤于业务，日有增益，似无过失可言。研究部中，以时日短浅，尚无成绩；然同人到校以前之稿本，如张星烺之《古代中西交通征信录》等五六种，已呈尊览，拟刊之丛书中，特采得报可而已。种种情形，均表明国学院无取消之理，希望林文庆明白告知国学研究院所以停办之由及院中各教职员所以辞退之故。最后强调：

> 颉刚笃志艺文，惮婴人事，倘容我读书，将驱之不去。如欲强其立于不分明之地位，以生内疚而增外谗，则唯有绝裾却走耳。愿先生喻此志，明以教我。或去或留，片言可决。承嘱保管国学院一切图书物品，颉刚在未得声明停办国学院与辞退教职员二事理由之前，实不敢冒昧奉命。（顾颉刚：《顾颉刚全集·顾颉刚书信集》卷二，第279—282页）

其时容肇祖自漳州回到东莞老家，接到厦大秘书处通知，云陈嘉庚来电，国学院停办。2月18日，容肇祖致函陈垣称：

> 北大同人皆无留恋意，一俟薪水领到，并发行一经过之册子外，即各散四方。亮尘先生其始尚欲维持，然停办已成事实，当亦不得不去。虽有校长特留张、顾二人之事，然顾去志已坚决，张亦不能唱独脚戏也。此时肇祖稍事屏当一切，即拟回粤。

并将停办根源归于：

> 资本家办学，究竟是外行，意见之偏，随意便可开可停。厦大科数之多，比之北大为远过，而学生只有三百人。内容之糟，皆陈陈相因，莫可发覆。此次停办国学院，便是新旧派别之竞争。旧派之于新派，积妒恨之衷，便为一网打尽之举。此时亮尘先生尚欲顾拾破樽，抑亦惑矣。（陈智超编注：《陈垣来往书信集》增订本，第298页）

本日，蔡元培、马叙伦离开厦门。（《专电》，《申报》，1927年2月18日，第3张第10版）

陈万里曾经在《闽南游记》中描述在厦门大学国学研究院的经历及其停顿情形。

> 国学研究院之成立，语堂先生实主持之。语堂热心任事，

不辞劳怨，且胸无城府，坦白率直，因此不容于现代潮流，愤而去厦，余甚惜之！亮丞潜心于中西交通史者数十年，颉刚治学，事事求实际，其用功之刻苦，只有令人拜服而已。研究院得此二公，岂仅闽南文化之幸，不意竟连带去职。事之痛心，孰有甚于斯者！余以末学，参加其间，五阅月中往游泉州三次，极想继续努力，搜集材料，著《宋代石刻录》，并为何朝宗成一专集；何意北来后，消息日趋险恶，同人咸退出厦大，空负此愿，复有何说！惟旅厦数月中，拾贝而外，读书时间颇多，曾就《云冈影片拓本》，稍加整理，拟即付刊，草《云冈石窟小纪》一文，以为弁言；倭寇事迹，就《图书集成》《通志》《明史》《四夷馆考》以及其他载籍中搜集材料，亦颇不少，而《中国历代医政考》一书，适于年前编就，亦一可喜事也。（陈万里：《闽南游记》，开明书店，1930年3月，第65—66页）

国学研究院停顿，对当时厦门大学文科发展的实际影响并不大。据1928年的厦大校史称：

十五年秋季，本校创设国学研究院，虽与文科不无脉络贯通之处，然于文科内容，实无增损。十五〔六〕年春季，该院复归停办，同年秋集美国学专门部移附本校，于本校文科之组织及课程内容，亦毫无影响。

此后，文科设备除普通图书外，国学研究院购有古书古物分别陈列，可供学生考证，学美术者则有标本模型，学音乐者则有钢琴及军乐器具。（厦门大学编印：《厦门大学七周纪念特刊》，1928年4月6日，第13—14页）据1931年厦大校史记载："十年以来，除十五、十六两年因增办国学研究院，每月平均费用多至四万余元外，自十六年以后，规模虽渐扩大，而每月开支，平均亦未超过二万余元。"（厦门大学编印：《厦门大学十周年纪念刊》，1931年，第77页）

国学研究院搜集古物多种，贮藏生物院古物陈列室，由文科派人整理。分类如下：（一）明品类都凡二百一十五件：内计三代及汉魏品用类二十一件，鸟兽类八件，俑类二十九件；六朝、隋、唐器用类十一件，鸟兽类二十二件，神像介士俑类一百二十四件。（二）古玩类都凡六十七件：内计明朝壁画二件，人物一件。其他器用类一十七件；清康熙器用类二件，雍正器用类三件，乾隆器用类十七件，道光器用类二件；洪宪器用类二件；年代未详之观自在佛及其他铜，瓷，木，石，玻璃等器用类二十一件。（三）钱币类都凡四十七匣，大小七百一十九枚。此外尚有台湾生番标本如刀，枪，弓，箭，盔，帽，贝币，神盒等物，共计六十余种，百余件。（厦门大学编印：《厦门大学九周纪念刊》，1930年，第9—10页）

2月16日 清华研究院新学期开始上课。

据本年出版《清华大学一览》，研究院教授有王国维、陈寅恪、梁启超、赵元任，讲师李济。助教梁廷灿、浦江清、王庸。（齐家莹编撰：《清华人文学科年谱》，清华大学出版社，1999年，第53页）

寒假结束，清华研究院课程略有增改。王国维除原有普通讲演外，于每星期四加授《仪礼》一小时。梁启超《历史研究法》暂时停止，改讲《从历史到现实问题》第1至第5讲《经济制度改革新问题》。"此题对于现时情形，极为重要，故性质公开，除本院学生，必须听讲外，大学部及旧制学生，均可旁听，俟此题讲完后，仍续讲《历史研究法》。"李济的《普通人类学》改为《考古学》。陈寅恪于每星期二加授"梵文"一课，以《金刚经》为课本。此外，聘请梁漱溟任一学期专题讲师，讲题为《人心与人生》，时间为每星期五下午四至六时。（《研究院纪事》，《国学论丛》，1927年第1卷第2号）

关于陈寅恪的授课情形，戴家祥致蒋天枢函称："陈师讲'佛经翻译文学'，他自己取名曰'梵文汉读法'，用汉译六种《能断金刚般若经》，对着晒蓝本梵文讲解，助教浦江清为刻讲义。同学之中除戴家祥坚持半年，略知梵语音读外，其余同学都半途而废。""先生说某人祝贺他任研究院教授之荣，写了一联答他：'训蒙不足，养老有余。'上联是指教同学初学梵文的困难程度，下联是指出自己还处在年富力强的有为时期。"（卞僧慧纂：《陈寅恪先生年谱长编（初稿）》，中华书局，2010年，第100—101页）

2月17日　梁漱溟受邀开始在清华研究院演讲《人心与人生》，主张国学研究应从书本向问题转变，方有特色和成功希望。梁启超陪同。

演讲于是晚举行。《人心与人生》的题目是梁启超拟定的，梁漱溟自己还要讲别的东西，最后合成两本书。演讲开始前，梁启超介绍说，"现代青年所同感到的劈头大问题"，是在校内既要求知识，又要追问求知识之根源，生活才有意味和乐趣，即安身立命之处。此外更进一层，还要"心的力量"，亦即孟子所谓"浩然之气"，然后做事始成功。中国儒家，自孔子以后，孟子、程朱、陆王都是发挥这个道理。"他们所供献的至少是世界上解决这种问题

的方法的一种，这种是要自己去求，别人不能助你的。不过师友的
接触亦可给的指示，鼓励，不能看轻。因为先辈许多用功的人，拿
他的经验来指导我们，是最有益的。""梁先生是巨川先生之公子，
学是家传的，定能与我们以许多的助力。今天他来为我们讲学，实
是一不易得的机会。"

梁漱溟认为梁启超的推崇介绍反而增加自己与学生之间的隔
膜，两者的态度可见对于国学认识的差异。梁漱溟强调自己是很平
淡无奇的人，并没有什么了不得，梁启超加上"工夫""家传"等
名词，仿佛加上许多颜色。此次演讲，原本就是要把人家加给的
颜色洗掉，因为学问家、学者、哲学家、讲国学、讲儒家思想等头
衔，完全都是别人特别加的头衔，与事实不相符合。

说我是国学家三个字，更和我相去极远。我老实说，我
从来不生这一种念头，自十二三岁时起，我不曾有过，说我想
要给人讲学问，直到今天这个观念还没有；说我是哲学家，更
不对，我在《东西文化及其哲学》书中曾说到，我不是故意
要来讲哲学，我是不知不觉谈到这一点罢了。后来人家告诉我
说，你这就是哲学呀，我才知道这就叫哲学。所以学问家，哲
学家，等等名词和我绝对不生关系的。我为什么要这样呢？老
实说，我仅是中学毕业生，未曾入过高等学校，科学方面，求
学的工具方面：西文，我都一点不晓，都是很贫乏的。那么国
学根基呢，更是没有。像我这样大年岁并不算小，连四书五经
都没读过，直到现在还没有读过，这是实话。四书未开过本，
背诵过，除非是参考时才翻一翻，要引一句孟子的话，还要翻

书，有时也许找不到，所以说不到学问。还有一层，我在最初
有意识的时候，实在是最菲薄学问的一个人，这与我先君有点
关系，任公说我受有家学，不是事实。但如果说我受点我先君
的影响，那么要在十二三至十四五岁的时候，这个影响就是菲
薄学问，这点理想不一定对，但不能不直告大家。

梁济最不喜欢清代考据学，以为考据死求书本，终不能得古
人精神，与学问没大关系，而宋学则太拘，不合时宜。二十年前正
是国家危急时期，梁济认为新学最急，菲薄辞章，尤其是八股，以
为"玩艺儿"，无价值。并有一种成见，最看不起翰林，以为人进
了翰林，就立即成了废人，不必再提。同时主张做"会做事"的
人，当一个有用处的人，"有用处"三字时时不离口。梁漱溟受其
影响，思想与其说是儒家，莫如说是墨家，在思想上、在行为上都
是墨家的"尚功利""重功利"。梁漱溟进而把自己思想历程分为三
个时期，十二三岁至十七岁为西洋思想时期。受乃父思想影响，以
现在眼光衡量，则完全是十八世纪英国人边沁、穆勒之类的功利派
思想。一以贯之的是有态度，有见解。因此，看书就不是单纯看
书，而是找自己的问题解答。"学问这东西，不是我要去求他，乃
是由于某一问题之生而要解答的要求，并非无故。""对于一问题
我有我的见解，假于大家说这样便是学问，我也可以叫'有学问'，
大家若说能知多少书本才是学问，那我便是无学问，所以我是无意
来讲哲学，研究国学的，乃是自己不觉的转到这步来的。"
"做国学研究不大合式"，不合己意，因为学问是从事实上来
的，不是从书本上来的。书固然要读，但若只读书本子，终不会有

学问。所谓学问，就是有问题来能解决，先有问题，后有解答；没学问就是问题来到不能解决，光翻书本。即便书是答案，要留心问题，才能懂得答案。有学问的人是看见的问题多，不是看书多，没学问的人，不是没道理，而是道理一肚子，但问题却没有一个。因此，必须"留心问题，留心事实"，下功夫寻求解决问题。例如，1923 年张君劢在清华讲《人生观》，引起许多争论，最后吴稚晖撰文说玄学为漆黑一团的问题。胡适为《科学与人生观》作序，不赞成吴稚晖的态度。然而，吴稚晖的话，凡是懂点哲学的人，都视为平常。胡适不以为然，是因为没有把从前的哲学问题看得清楚，完全忽略近代哲学对古代哲学的批评。同样，梁漱溟也批评清华研究院太注重书本知识的考订，

> 但要真正的发挥中国的学术，一定不是书本子的工夫。要使中国学术在什么时候影响到外国，就是要返回书本子到留心问题的时候，因为人家在那里谈的是实事，你仅仅在背诵古人的名词，话头，无论到什么时候，是不会和人家会谈的。

光记着"良知""良能"等名词，不去研究事实真相，那是讲空话。一辈子讲空话，必定没有人理会。如李石岑《人生哲学》东西并列，但恐怕连"什么是阳明""什么是禅宗"都回答不出，都是别人的意思，完全没有自己的见解。（梁漱溟：《人心与人生》，《山东教育月刊》，1927 年，第 6 卷第 1 号）

△　上海同孚路西威海卫路润德里民智公学现设日夜两校，日校分译学馆，国学主任殷寿光。（《民智公学近况》，《申报》，1927 年 2 月

18日，第3张第10版）

2月19日　上海法租界国学专修函授学院开办，聘前松太两属清乡驻办严槐林为总教授。

国学专修函授学院位于法租界巨籁达路钜兴里七号，聘请前清科甲严槐林为总教授。"严氏以少年科甲，从政江南，鸿文巨制，传诵一时。故连日函索简章报名入院从游者，日必数十起。该院深庆得人，此亦研究国学者之极好机会也。"（《国学专修函授学院之组织》，《新闻报》，1927年2月19日，第4张第3版）严槐林"文学优美，为各界所推许。此次担任总教授，闻名索章入学者，异常踊跃。闻原定学额二百名，学费极廉，不日即将满额"。（《国学专修函授学院之总教授》，《申报》，1927年3月2日，第2张第8版）

到4月下旬，"原定学额将次满足，现由总教授分别函知各学员，限令照章办理，否则即以旷课除名论。一面仍拟续招新生，以补各科缺额，不日即须公布。至学费一节，该院为鼓励求学及减省经济起见，已规定每三个月先减学费六元，以示体恤。"（《国学专修函授学院补招缺额》，《新闻报》，1927年4月23日，第3张第2版）

2月20日　顾颉刚致函沈尹默、沈兼士，询问孔德学校或中日学院等机构是否有意购买原为厦门大学国学研究院添买的六百元图书。

顾颉刚告诉沈兼士，虽然厦门大学留己，但留此无聊，早晚必走。俟林文庆答复，再行辞职。

上月游福州，为国学院买书六百元。归后向学校取钱，乃谓林校长离校，无人负责签字，至今书籍仍置福州。兹将书单奉览。此行所得志书及福建人之文集甚多，又有汲古阁《十七史》一部，共价六百元，颇不贵。未知孔德或中日学院需此否？如要，请将款项寄至福州协和大学陈锡襄先生处，能电汇最好，因书贾盼望已久也。书价共六百卅元，最好加寄四五十元，请锡襄觅转运公司运京。如孔德不要，未知北京图书馆要否？景山书社要否？请就近与守和、缉熙诸兄一商。如孔德要，但须剔出许多已有的书，刚亦可将剔出之书自己买下，惟书价须俟到京时再奉还耳。（顾颉刚：《顾颉刚全集·顾颉刚书信集》卷二，第288页）

鉴于林文庆3月5日回厦，顾又去函明确提出孔德学校对于此项书籍要与不要，均请来一简短之电。"如北京有人要，刚便可告他阅时已久，书估不耐，业已退去。如无人要，刚亦当逼其付款也。刚所以希望北京方面买，因厦大方面毫无学问气味，不值得留在此地也。"（顾颉刚：《顾颉刚全集·顾颉刚书信集》卷二，第288—289页）

同日，顾颉刚致冯友兰函称：

燕大文科招弟专作研究，非常合意。弟在此地位非不高，人望非不归，但因此使我无读书之暇，日在酬酢场中敷衍。到此半载，未尝作得一篇论文。每思及此，觉前途大可悲，故久欲脱然舍去。上月学校中起风潮，林校长与语堂先生各走极端，至上星期而国学研究院停办之布告发出矣。弟虽承林校长慰留，且有邀作国学系主任之风说，但此间根本无改善之望，弟又不耐管事，故求去之心更亟。现已提出质问书，俟其答复

后再提出辞职书。大约一二月中，弟必可到京相见矣。（顾颉
刚：《顾颉刚全集·顾颉刚书信集》卷二，第227—228页）

2月22日，顾颉刚退回厦门大学文科名誉讲师聘书，致函容庚
称："此间风潮起后，国学院竟致停办，令弟已拟返粤；弟则为校
中所留，一时暂难摆脱，然此间已无望，终当一走也。一二月后或
可于北京相见。"（顾颉刚：《顾颉刚全集·顾颉刚书信集》卷二，第170页）
同日，顾收到武昌中山大学聘书，致函钱玄同，批评闽南地方文化
浅薄。

闽南人脑筋简单，办事颟顸鲁莽，他们是不足责的。我们
这一辈人，分子太不齐整了。固然像我这样怕管事，不是新潮
流中人物，但既到国学研究院里来，终应沾染些研究国学的意
味。然而他们不能，只有挑拨，只有放野火。语堂先生人是极
忠厚的，听得他们会说漂亮话，会说激烈话，就以为他们是好
人，是忠于他的，是忠于厦门大学的，于是二林之间就如水火
之不相容了。林校长是胆小而糊涂，语堂先生是胆大而糊涂，
他们手下各有一班兴风鼓浪的人，以致各走极端，以至于国学
研究院不到一年就停办了。——这种话是不能向人说的，一说
就是"反革命"。我到此后，曾在兼士、语堂二先生前说川岛
不适宜于研究院，这是为公，但他们告与川岛知道，于是我便
坐了"向林校长暗送秋波"的罪名了！望先生不要告人，以增
加我的罪戾。

遵照蔡元培、马叙伦的建议，暂不辞职，改而质问林文庆。"现在质问书已发出了，看校长方面态度怎样。若是他自己觉得无理，肯恢复国学院，我还可敷衍到暑假；否则下月必走。或者在两个月之中，可以和先生相见了。"（顾颉刚：《顾颉刚全集·顾颉刚书信集》卷一，第561—562页）

21日，黄开宗出示林文庆复电，改任顾颉刚为文科教授，内载Appoint Kuchikang Associate Professor。22日，顾复函林文庆，以此举违背不愿教课的初衷，进一步质问称：

> 颉刚此来，本缘厦门大学设立国学研究院，与宿志研究之范围正合，为研究工作便利计，故应先生之聘，初非志于教课也。到厦之后，尊意必欲其兼文科教授，语堂先生亦复敦劝，迫于感情，勉应经学专书研究一课，每周仅两小时，犹不欲以为固定之职责，故任职名誉讲师，不支薪给，颉刚之志亦大可见矣！

若将国学研究院研究教授改任文科教授，实与宿志相违，非所敢当。若欲在国学研究院研究教授之外更任文科教授，则职责过重，更不愿担任。"为免除误会计，谨将去年所受文科名誉讲师聘书随函奉缴"。（顾颉刚：《顾颉刚全集·顾颉刚书信集》卷二，282页）

2月21日　北京大学研究所国学门通告导师陈寅恪将于3月2日（星期三）上午十一时至十二时，就所提出的四条研究题目在国学门讲演室指导研究，并商订以后继续指导的时间，报名者务请准时前来听讲为要。（《研究所国学门通告》，《北京大学日刊》，第2043号，1927年2月22日，第1版）

"闻报名研究者，颇不乏人，现已定于三月二日起，在该所讲演室开始指导研究云。"（《北大研究所研究题目》，《晨报》，1927年2月23日，第6版）

2月24日 清华研究院举行本学年第八次教务会议，由梅贻琦主持，到会者有王国维、梁启超、赵元任、陈寅恪、李济，讨论购书问题及听取李济山西考古报告。

梅贻琦报告清华学校评议会决定：研究院预算不能增加，仍在五万元之内；添聘教授事暂不提及。经过讨论，议定：研究院日文一课，暂请郑宗棨担任。

关于购书问题，梅贻琦报告说：研究院购书已超过一万元之预算，故暂停购书。本年购书经费，规定为一万元，故对中国善本古书极力搜集。至上学期止，中文书籍一项，已经购有三百部，用款约四千元。具体分为：经类21部，史类53部，舆地方志类21部，子类31部，集类123部，丛书类15部，金石类36部，总计300部。此外，满蒙藏文经典书籍及欧美日本书籍杂志，亦购得多种，以便教授及学生研究。综计研究院自1925年秋开办以来，所购中文书籍不下七八百部。其中大部书如《道藏举要》《频伽精舍藏经》《大正藏经》；丛书如《续古逸丛书》《适园丛书》《聚学轩丛书》《豫章丛书》；明板书如《古今逸史》《翼学编》《六十种曲》《初学记》《方舆胜略》等，均为最重要者。罗振玉所著书及所刻书，全部六七十种，董刻诸书十余种，陶刻诸书七八种，贵池刘氏所刻书十余种，亦均陆续购得。

李济与袁复礼已经返京，报告了山西考古的情形及所得。"古物七十六箱，亦已运校。中外人士注意考古学者，多来此参观。惟以件数过多，整理困难，故现陈列于考古学室者，尚不足十分之一。"当李济等寻觅古物至西阴村时，即发现黄色花瓦残块数件，与前年安特生在河南甘肃所发现指为石器时代物者完全相同。李等经过精细审查，遂决定在此开掘。每日雇用人工数人，用小铲逐层掘取，亲自督察，以免损坏古物。费时三月，所得古物如花瓦、如石块、兽骨、骨针等甚多。"其中最引人注意者，一即为腐烂蚕茧半个，一即为泥制小杯一枚。蚕茧之何以能保存至今日，尚须经化学试验，方可断定。关于详细情形，闻李先生尚有报告发表也。"（《研究院纪事》，《国学论丛》，1927 年第 1 卷第 2 号）

由李济等编撰的考古发掘报告《西阴村史前的遗存》，1927 年以清华学校研究院丛书第三种出版，是中国人自己领导的第一次成功的田野考古工作的初步总结。据戴家祥回忆，清华研究院曾在 1926 年度期中一次学生做东的茶话会上开会欢迎李济。"教务长梅贻琦透露消息，说李老师带回考古资料四十九箱（尊著说七十六箱恐系传闻之误）。梁任公带头鼓掌，并建议开个欢迎会，由办事处主办。"在欢迎会上，李济说明选择山西为工作对象的动机，是尧舜禹都城均在山西。助教王庸端了一盒子遗物上来，其中有被割裂过的半个蚕茧，同学都伸长了脖子看。

有人说，我不相信，年代那么久，还是这样白（实际是用棉衬托着）；有人说，既然是新石器时期的遗物，究竟用什么工具割它？静安先生说，那时候未始没有金属工具；同时提到加拿大人明义士的话，他说牛骨、龟骨是用耗子牙齿刻的。李老师拿出一块仿佛石英一样的石片，说这种石头可以刻的……

　　王国维以二重证据法，提出不同建议说："我主张找一个有历史根据的地方进行发掘，一层层掘下去，看它的文化堆积好吗？"其他老师并无插话。最后陈寅恪提议，请李济弹一阕古琴作为余兴。（戴家祥：《致李光谟》，李光谟编：《李济与清华》，清华大学出版社，1994年，第170—171页）

　　戴家祥致蒋天枢函亦称，李济首言选择山西作考古对象，是由于"尧都平阳""舜都蒲阪""禹都安邑"，地址都在山西境内，可见山西很早就成为历史名都。西阴村在夏县，夏县命名，当有所本。王国维不同意其说，云：

> 自上古以来，帝王之都皆在东方，太皞之墟在陈，大庭氏之厍在鲁，黄帝邑于涿鹿之阿，少皞与颛顼之墟皆在鲁卫。夏自太康以后，以迄后桀，其都邑及他地名之见于经典者，率皆在东土，与商人错居河、济间，盖数百年。平阳、蒲阪、安邑是否在今山西，尚在不可知之数。我主张选择一个有历史根据的地点挖下去，比较靠得住。

　　王国维这次发言，实际上为以后小屯遗址的科学发掘定下了方向。（卞僧慧纂：《陈寅恪先生年谱长编（初稿）》，第99页）

　　2月26日、28日　国民党厦门市党部筹备处、海军警备司令部参谋长林国庆调停厦门大学学潮。恢复厦门大学国学研究院是学生方面提出的调停条件之一，而学校方面则坚持停办国学院是经费原因，与学潮无关。

　　《申报》记者蜀生注意到："上次学潮，学生本以国学院经费被裁，代抱不平为词，至是反感愈甚。"此次风潮学生罗扬才、朱斐、易谅坤、王方仁、崔真吾、李光藻、谷中龙、张维渊、曾量造、庄如松、杜煌、朱辉煌、陈攀英、刘国壹、廖立峨、陈剑锵、谢玉生、陈基志、蓝耀文十九人，大多为驱刘委员会执行委员，其中十一人为国民党员，由于被黄开宗开除，风潮继续扩大，学生向国民党方面求援。2月26日，海军警备司令部代表在国民党厦门市党部召集学生代表磋商，代表提出当日厦门学生联合会议决对于厦大学潮解决六项条件，第五项是"恢复国学院，及学校原有机关"。2月28日，经国民党厦门市党部与司令部折冲，联合与厦门大学磋商结果，缩减为四项条件，第四项即"恢复国学研究院及已裁机关，须电陈嘉庚请示办法"。（蜀生：《厦大学潮尚未解决》，《申报》，1937年3月8日，第2张第7版）厦大代表陈、李二人在司令部向学生说："国学院暂停，系受经济影响，与学潮无关，经济稍裕，当然恢复。"同日，国民党厦门市党部筹备处致函厦门大学，提出调停学潮条件，中谓："至国学院停办，系国家文化损失，亦请从速恢复，以慰众望。"（蜀生：《厦大学潮调停解决》，《申报》，1927年3月11日，第2张第8版）

3月1日，黄开宗复函国民党厦门市党部筹备处、海军警备司令部，称调停条件及国学研究院恢复一事，已转呈并请示校董陈嘉庚和校长林文庆。同时再次表示，停办国学研究院系因无经费。（蜀生：《厦大学潮调停解决》，《申报》，1927年3月11日，第2张第8版；《专电》，《申报》，1927年3月4日，第4张第13版；《专电》，《申报》，1927年3月6日，第2张第7版）

此事直至3月3日仍未解决。"至国学院等之停办，在学校方面已成为已定事实，惟将来可声明停办原因，为无经费，与学潮无涉。又文科主任国学院秘书林语堂，近有致林文庆函，在厦报发表，述国学院兴废经过，及被厄于刘树杞各节，颇多牢骚语也。"（蜀生：《厦大学潮尚未解决》，《申报》，1927年3月8日，第2张第7版）3月7日，王伯祥日记亦载："颉刚有信来，谓三月底将离厦返京。盖厦大风潮之后，北去者乃星散，渠已不得不行也。颉刚此次去留，颇系京友之视听，如果不行，似陷孤境矣。予意，亦以径去为佳。"（张廷银、刘应梅整理：《王伯祥日记》第二册，第80页，中华书局，2020年）

2月28日　梁启超在清华研究院讲堂发表政治主张，听任院内国共两党学生的政治活动发展。

梁启超致女儿函称，已经立定主意，于最近期间内发表政治上全部的具体主张，现在先在清华讲堂上讲起，分经济制度问题、政治组织问题、社会组织问题、教育问题四项。每礼拜一晚在旧礼堂讲演，已经讲过两回，今日赶回学校，也专为此。"以这两回听讲情形而论，像还很好。第二次比前一次听众增加，内中国民党员乃至共产党员听了，（研究院便有共产党二人，国民党七八人。）像都首肯。现在同学颇有人想自组织一精神最紧密之团体（周传儒、方壮猷等），一面讲学，一面作政治运动，我只好听他们做去再看。"（丁文江、赵丰田编：《梁启超年谱长编》，第1118页）

△　述学社《国学月报》新增清华研究院学生为社员。

《述学社启事》提到新增四名述学社社员：姚名达（达人），北京大学研究所；陈守实（漱石），清华研究院；谢国桢（刚主），清华研究院；李绍崇（绍崇），法政大学。本期载有陆侃如《乐府的影响》、卫聚贤《晋惠公卒年考》、谢国桢《寒食清明考》、姚名达《章实斋之史学》（续）、姚名达《邵念鲁年谱叙例》等。

2月 黑龙江呼兰同善社董事长李广闻，董事魏恩荣、裴永元、赵文荣等呈请黑龙江省教育厅，为附设国学专修馆备案。

黑龙江呼兰同善社发起人荣锦亭、赵文荣、徐砺夫、杨成章、阎凌志、博学之、杨文科、魏恩荣、裴永元、张廷玉、裴志亭、丁富有、王锡三、阎永纯、张岱芝、杜星垣、李广闻、王永廷、范国臣、李镇藩，声称遵照北京国学专修馆章程，在呼兰同善社内设立国学专修馆。所需经费已由李广闻等自行筹集，呈请俯赐备案。任秀心作序。李广闻撰写缘起云：

> 慨自西风东渐，科学昌明，我国学子醉心欧化，遂靡然向风，尽弃其所学。而学焉于是，斯文凋敝，人道沦亡，弃八德如敝屣，视四维等弁毛。其极至于上下征利，同室操戈，天怒人怨，海内骚然，疫疠荐至，岁比不登。屈指自光宣以来，兵燹疫疠，饥馑灾几于无时无地无之，天心如此，亦可概见。尝思欧洲为科学策源之地，而生存竞争之说，卒酿成欧战之惨剧，波及者遍天下，鏖战者六七年，迄于今日，疮痍未复，抚心犹痛。夫以策源之地犹如是，其效颦者更可知矣。且夫圣人岂不知乐富贵悲贫贱趋安逸避劳苦之适于人情而便于四体之安也，其所以去彼而取此者，非好恶异变，乃先导之明耳。古先圣哲之所以谆谆于人心道心，叮咛于维精维一，反复告诫，而不释者，岂偶然哉，岂偶然哉。广闻学识不足以窥圣人之门墙，唯是蒿目时艰，伤心世道，知科学不足以治国，而国教正所以福民也。于是纠集同志，酿金鸠工，于举办同善社之后，更于社所之侧辟房数椽，附设国学专修馆。复捐大洋六千元，

权其子母，作本馆经费，以为入社子弟求学之所，勤修内体，以宏大法，广育人才，而修道才心长，海内贤达幸垂教焉。

呼兰县国学专修馆以"养成学童之德性"及"培植国学之根基"为宗旨，地址在呼兰同善社内，暂招生一百名。同善社社员捐助经费，及发起人，皆为董事。董事公推董事长一人、副董事二人，其余议员临时指定。董事会于每季开学前一月开例会一次，遇有特别事情，由董事长临时招集。董事会职权有筹备经费、规定预算、聘辞总教、修添校舍及其他要务。董事会通过事件，由董事长知会馆长实行。设馆长一人，由善长兼充。总教一人，总理本馆一切事业。每级设主教一人，主理各该级事务。助教无定数，以学生多寡酌聘。教务会议由国学馆教职员组织，总教为主席。于每星期六下午开例会一次，会议一切进行及应兴应革各事宜。遇有要事，得以临时招集。国学馆一切行政，由教务会议可决施行。国学馆经费由董事会筹备，不收学费，但学生所用书籍杂费，均归自备。分初中高三级，初级三年，中级三年，高级二年，按级毕业，以次递升。凡同善社社员子弟，年在八岁以上二十岁以下，品行端正，身体健全，均得入馆修业。学生有品行恶劣，不堪造就，经本馆认为有退学必要时，得令退学。学生对于所学课程，经学期考试不及格，得令留级复习；成绩优异者，酌量给奖，以示鼓励。学生修业期满，经本馆考试及格，准予毕业，发给证书。每年夏历二月初一日开学，六月十五日放暑假，七月十五日开学，十二月初一日放年假。休假日有孔子圣诞一日、本馆纪念日一日、国庆纪念一日、清明节五日、重阳节五日、中秋节五日。（《呈一件为呼兰同善社附设国学

专修馆请鉴核由》，《黑龙江教育行政公报》，1927年第45期，命令）

时至4月，黑龙江省教育厅批示："查此案另据该社董事长李广闻等径呈到厅，当以该馆既经呈准教育部有案，应将原批抄送到厅，再行核办。"（《本厅指令第七三〇号》，《黑龙江教育行政公报》，1927年第45期，命令）

天津《大公报》记者发现，黑龙江省教育设施最奇异的，莫过于平民教育发达逾于奉吉两省。然而，亦有三大劣点。其一，"近来更有一宗奇事，即同善社开办国学馆，广招生徒，由八龄以至十余岁之幼儿，广招入校者络绎不绝。此等措置，既违教育系统，又足以戕害青年。（因幼儿普通知识，尚未完全，奚足以语专门。）不宜听之如此也"。（征鸿：《优劣参半之黑省教育》，天津《大公报》，1927年5月6日，第2张第6版）

3月2日　北京大学研究所国学门发布第一次月讲演讲信息，由导师陈垣演讲"回回教进中国的源流"。

时间是3月5日上午八时，地点北大第三院研究所国学门讲演室。听讲券尚存五张，请欲听讲者速到国学门登录室索取。（《研究所国学门通告》，《北京大学日刊》，第2050号，1927年3月2日，第1版）

陈垣在演讲中，总结回回教势力在华传播的原因有六：商贾之远征、兵力之强盛、本族之繁衍、客族之同化、在中国不传教、不攻击儒教。"陈研究宗教史有素，对回回历法研究尤为精审，订正前人著述中记载回回教进中国年月之错误甚多。此次讲到［演］，并利用该所讲演室所设备之幻灯，提示其所搜集之重要材料。听讲者计北大教职员学生二十五人，中外政学各界十五人。其讲演内容，由冯沅君女士笔记，闻将来拟印为单行本。"（《回回教进中国的源

流——陈垣在北大研究所讲演》,《晨报》, 1927年3月8日, 第6版）

　　△ 署名"天庐"者在《晨报副镌》发表《从人类学说到研究国故》一文,认为研究国故应该重视人类学学科及其方法,观察中国文化由野蛮进化为文明的通例及其特殊性。

　　该文不满于整理国故多停留在文献典籍整理,或所用科学方法与乾嘉考据混用的现象,试图将西方科学方法具体化,为整理国故的价值和出路提供更多选择。就学科性质和领域对象而言,人类学（Anthropology）是"近世所发生的社会科学中,其范围最为广泛的,内容最为繁复而又多方面的",主要研究初民文化及其演变的历史文化,以求人类文化的"共同点"或"通例"。"从历史的观点上说,人类学不妨直谓为人类的历史的研究。"人类学者根据地理关系的不同而研究某一民族的特殊文化,是为民族学（Ethnology）。"但人类学和民族学并不是两家,彼此是要互通声气的,研究一个民族的文化仍旧不能忘却了它的历史的演变,而研究历史的原始及演变,也不能忽视地理环境的差异,所以可说人类学与民族学是名二而实一的学科。"

　　人类学对于国故研究的作用,就在于文化演进的通例,说明中国不能自外于世界。

　　　　咱们中国既是世界历史较长的民族之一。倘若不是自己挖苦自己的话,咱们的"国粹"及"国渣"里,当然有无限文化未开展前的材料,足供人类学者之研究的。别人家民族曾经有过拜祖狂Ancestor-Worship的信仰,咱们也不必客气说没有,别人家民族曾经有过抢婚制的习俗,咱们民族也不必忌讳。世界各民族的文化既都是由野蛮状况渐进而为文明，我们独何能相反。可惜我们的国故学者从来不承认这一个文化演进的观念，所以发掘支那民族的远古文化，只有由 Royal Asiatic Society 诸君子庖代了。

中国不亡，国故的研究总不会衰微的，这倒不必我们杞忧。我们所虑的是国故弄来弄去，还是在一条乖道上。远如刘光汉之办《国粹学报》，固可不论，即以胡适之的倡议整理国故说，其结果是什么呢？一部《中国哲学史大纲》卷上，引出无数《庄子哲学》《老子哲学》，甚而至于《戴震的心理学》来。我们并不是说作《哲学史大纲》的方法不好，我们是说这只能算整理国故方法之一端，倘若据此一端便以为尽了整理国故之能事，那便把国故的生命葬送了。

出路是使用"靠得住的研究方法"，"就是指拿国故当作科学说，应用科学的方法来从事国故的研究。换句话说，就是当作中国民族历史上的研究。更不妨套着说，当作中国人类学的研究。"研究中国文化现象及其演变，既可扫除"唯古是尊"的谬见，又实现"为学术而研究学术，为求真理而求真理"的目的，从而避免了宣扬国粹、传播古代荒谬思想、陷害青年的批评和责任问题。

这样的研究国故论，自不乏解人；顾颉刚君在北大国学门周刊的始刊词里已经说明到这一点意思。他知道研究国学是不受制于时代的古今，阶级的尊卑，价格的贵贱的；他知道钟鼎诏谕和骨牌小脚弓鞋同样有学术的价值；他知道国学就是中国的历史，是历史科学的中国一部；但他却忘了干干脆脆说，国学是世界人类学的一部，研究国学该跟人类学沟通一片来研究。世界人类学者所搜集的事实，有许多可以对证研究国故的材料，人类学者所得来的各民族文化演进的通例，有许多可以说明我国文化上的事实。反而来说，我国的先民的遗物、遗籍又有许多材料可以供给人类学者之研究的。

换句话说，国故的人类学研究必先树立学科意识，明了其方法。中国既是世界最古民族之一，也有许多人类学的资料，世界人类学者正期待着发现，中国人有天赋之操使中国语言和文字的便利，理应担负由国故中掘发出一切材料贡献给世界人类学者的责任。除了乡宴仪式、女子出门掩面习俗、舞与坐的艺术等之外，最为重要的是中国文献丰富。至如我国古器物、古文字、书籍可供人类学者研究的，也不知凡几。例如甲骨钟鼎文字可供古文字学家研究；《十三经》中三礼所记载的先民野蛮典祀及法术信念，可供人类学者之宗教研究；《春秋》三传所记载古代部落酋长争斗盟会的事迹，可供人类学者之初民社会组织研究。下而至于汉人的论记，也都可供给人类学者研究不少的材料。可惜中国国故学者的观念更新却跟不上世界潮流，国故学者很少有所建树。"梁任公先生的《中国文化史》（我只见到社会组织篇及总目）似乎是沿着这一条走的，无奈他注意的是全部历史的进程，古代初民文化只占全部一端。在研究的机关，大学校国学系的教授依然不过给学生念念《道德经》，教学生写几个篆字，国故的研究终于如是罢了。"（天庐：《从人类学说到研究国故》，《晨报副刊》，第1528号，1927年3月2日，第1—3页）

3月6日　顾颉刚致函容庚谈厦门大学国学研究院停办后，校长林文庆尚未归，自己因有经手事件，一时不能摆脱。容肇祖已于昨日回粤。并附质问林文庆书，供欲了解近况者参考。（顾颉刚：《顾颉刚全集·顾颉刚书信集》卷二，第171页）

3月9日　厦门大学学生驱刘会致函国民党厦门市党部，遵守调停条件，停止驱刘工作，学潮结束。厦门大学国学研究院教职员在厦门教育会招待各界，声述学潮及该院停办经过。（《专电》，《申报》，1927年3月10日，第2张第8版）

3月11日　北京政府教育总长任可澄递交辞呈，内有"睹江河之颓下，揽手徒伤；惧国学之沦胥，藐躬有责"之语。（《教育界消息》，天津《大公报》，1927年3月12日，第3版）

3月16日　顾颉刚致信厦门大学校长林文庆，辞去教职，退还聘书。

是日，顾颉刚顷晤张星烺，知悉厦大开学迄无定期，国学研究院恢复之事尚未能正式公布。以在此既不为校中服务，又易引起旁人之攻讦，精神上甚感不安，有不得复留之势，致函林文庆，强调为林语堂引进之人，固当与之同进退。（顾颉刚：《顾颉刚全集·顾颉刚书信集》卷二，第283页）3月18日，林文庆遣人送回顾颉刚聘书，并托张星烺挽留。3月19日，顾作第二次辞职书《顾颉刚辞厦门大学国学研究院教授职致林文庆校长书》。22日先到民钟报社，访其编辑，将辞函面致，嘱其付印；而后到厦门大学校长处辞职，事乃成。（顾潮编著：《顾颉刚年谱》增订本，第138—139页）

顾颉刚函中历述辞职的三个理由，一是林文庆始终没有宣布停办国学院的原因。当国学院停办之时，曾有质问书，揭之报端。林文庆回厦之后，奉命趋谒，首请将停办理由宣示大众，幸蒙面允。越二日而事不行，因奉书请早日发表。迄今五日，犹不见报。上月停办国学院时既无理由宣布，今林文庆归来，犹复不欲表示。（顾颉刚：《顾颉刚全集·顾颉刚书信集》卷二，第284页）当时亦有报载，称顾颉刚不满林文庆不宣布停办理由。

二是不该以职员有纠纷而随意辞退。厦大"创办国学院，原欲提高历史科学之讲习，而诸同人之就聘则为应用其专门之知识技能，凡学校所需求与同人所供应皆以学术为衡。至于个人之品性与当局之爱憎，固与机关不相涉"。日前趋谒林文庆，即以挽留院中同人为言，林亦甚首肯。越日函请林对于未去厦之同人可留者面留，并电招旋里者，书去不报。会张星烺造府，得见陈嘉庚来电，谓辞退之教职员与开除之学生皆绝不可留，归而述之，顾颉刚为之气沮，知被辞者无复挽回之望。"夫国学之范围綦广，或文，或史，或语，或玄，非一二人之力所可穷其究竟，故有赖于研究之机关，集合若干人而分工治之。"但林文庆"国学院缺人，可就文科教员中聘数人兼任之"的主张，以文科国学系重教学，则不可行。实际上，文科教员邃于国学者，国学院前已聘之为顾问，不邀其任主要职务，盖因上课钟点既多，自未能专心从事研究。借日能之，则当初发展文科足矣，或以国学院附属于文科足矣，不必于文科之外特设国学院。（顾颉刚：《顾颉刚全集·顾颉刚书信集》卷二，第284—285页）

三是经费分配文理不平，且不合实际。国学院开办时，规定预算为每年五万九千元，计划事务悉依照此数分配。嗣后林文庆谓陈嘉庚营业微损，嘱为裁减，出版、发掘诸事遂全未着手。然而，与国学院同时开办者有医工诸科，听闻陈嘉庚谓既已创设，即当顾全信用，不加减削。而筹备矿科、设立科学研究院，则并在国学院减削预算之后，一若挹此以注彼。自然科学为一切学术之基本，诚属重要，厦大尽可明揭宗旨，唯提倡自然科学而不研究国学。不过，国学院之设立是厦大所主张，俱应秉承原定计划进行，不当以爱憎之情为厚薄之判。国学院经费存在精减之处，尝与张星烺言之，如事务位置多于研究方面，诚无必要。可合并众部为一事务部，设一办事员，两书记员佐之，即以裁减之费扩充研究部，多购图书器物以供参考。如此，则所有经费十八九用于研究，自可有专精著作，而事务部缩小，亦可屏除游闲之徒，使勿复混迹。而林文庆对所提"经费究定若干，乞示数目以便规画"之函请，"数日以来，亦无明答"。（顾颉刚：《顾颉刚全集·顾颉刚书信集》卷二，第285—286页）

顾颉刚历数失望之情后，激动表达去意已决，函称：

> 颉刚为语堂先生引进之人，义当与之同进退。又去年同来之师友，或遁或逐，至今且尽，亦复何心留此。所以夷犹不即行者，盖以国学院为半年来辛苦创造之机关，不忍视其与烟烬同消灭。蔡子民先生游厦，亦劝其为机关而留，勿为个人而去，师言挚切，不敢不应。而颉刚游福州、漳州、泉州诸处，接见当地人士，皆以厦门大学设立国学院足以振起闽南之文化，致使欢欣鼓舞之情，亦甚欲有以慰其望。故停办令既下，即以质问书奉达，甚盼先生暨嘉庚先生览此，有挽回之余地也。本月十一日，星烺先生来，谓先生已由新加坡回国，国学院已定恢复，颉刚闻之不胜喜慰，谓诚如是，自当维持至暑假，在此三个月中勉为国学院打好根柢，使后

来者有辙迹可寻，不致一蹶遂绝；暑假之后，即奉身而退。如是，则既不负厦门大学之见召，亦可以对去职之师友。故屡请先生宣布停办及恢复之理由，招回有专门才具之教职员，明白规定经费之总额，使本院中断之事业可以复续。并谓此三事如不即解决，则夜长梦多，颉刚对于谤讟之言将无以自明，维持之志遂恐不继。自谓如此曲全，亦足以报先生之厚谊矣。今先生回厦已历一周，而颉刚所质询所请求者曾无一语切实之答复。自国学院停办以来，颉刚守此不去，待答复耳。今既终不可得先生之言，而坐享厚禄，优游无为，纵不敢以豕交兽畜轻于自疑，亦将何以求谅于天下后世乎？迫不得已，惟有辞职，庶精神痛苦得少蠲除。（顾颉刚：《顾颉刚全集·顾颉刚书信集》卷二，第286—287页）

在厦门大学半年期间，顾颉刚所做事情很少。2月2日，致函胡适称："这半年中，因研究院初创，琐事甚多，又任了经学功课，须编讲义，费时甚多。除作了一次《孔子何以成为圣人》讲演外，殆未作文（现作《周易中的古史》一文尚未毕，此文甚有新见解）。""风潮起后，事务既多，生活尤觉不安。所可告慰者，曾作福州、泉州之游，广了许多见闻。一旬后，尚拟游漳州。去厦之前，如能到台湾一游，更快。对于福建文化，虽未作细密之研究，但已得到一个大体的观念。""我到此后，甚受福建人的注意，捧我的甚多。我若是已有较深的修养，我便可号召福建人，启发福建文化。但我自己觉得学力太差，而又研究的兴味太重，不甚愿作社会的活动。所以这个机会恐怕只有错过了（现在上堂教书，登坛演说，已颇习惯，这是半年中唯一的成绩）。"（顾颉刚：《顾颉刚全集·顾颉刚书信集》卷一，第440页）4月28日，致函胡适代向蒋梦麟致歉，称："《东壁遗书》序，去年初到厦门，创办国学院，事务忙得很，没有时间做。到了今年，又是厦大起风潮，我辞职，到处受排挤，精神上没有一天安宁，所以竟没有做。"（顾颉刚：《顾颉刚全集·顾颉刚书信集》卷一，第443—444页）

顾颉刚自3月1日接傅斯年信后，3月16日又接傅信，招赴广州中山大学任史学系教授。适顾孟余也告知武昌中山大学经费设备俱感缺乏，嘱到广州中大，顾颉刚遂决去穗。（顾潮编著：《顾颉刚年谱》增订本，第138页）3月19日，顾颉刚致函容庚称："弟以广州中大傅孟真兄极意相招，已定赴粤。彼方正欲创办'东方言语历史科学研究所'，故招弟往。"（顾颉刚：《顾颉刚全集·顾颉刚书信集》卷二，第171—172页）

△　教育部特派代表罗庸、沈兼士、马衡等人出发前往日本东京参加东亚考古学会。

教育部特派参加东亚考古学会代表罗庸及北京大学研究所教授沈兼士、马衡，决定3月16日上午八时由京奉通车出京。日本考古学会代表小林胖生，已于3月14日乘早车赴大连，并约定17日早与罗庸、沈兼士、马衡三人在奉天晤面，即于是日下午乘车到釜山上船，抵马关上陆，20日下午八时可抵东京。（《参加东亚考古学会代表明早出发》，北京《益世报》，1927年3月15日，第7版）

3月17日　北京大学研究所国学门公布本年第二次月讲信息，由刘半农演讲"从五音六律说到三百六十律"，时间为4月5日晚八时，地点在北京大学第三院研究所国学门讲演室。（《研究所国学门第二次月讲》,《北京大学日刊》第2065号，1927年3月19日，第1版;《北大研究所第二次月讲》,《晨报》,1927年3月23日，第6版)

3月21日 集美学校改部为校，所属国学专门学校开学。

先是，集美学校爆发学潮，一度停课，学生会及各部学生于2月21日电恳陈嘉庚续办。3月17日，陈嘉庚复电提出复办条件，改部为校，组织各校校务执行委员会负责管理。叶采真（叶渊，福建安溪人）是校董兼主席委员，兼管国学专门学校。范希曾（孝丰，男，湖南湘乡人）、阮真（阮乐真，男，浙江绍兴人），1927年上学期亦担任校务执行委员。国学专门学校于3月21日开学。（集美学校:《集美学校编年小史》，集美学校校董会，1948年5月，第12—13页）

3月29日 清华研究院举行本学年第九次教务会议，到会者王国维、梁启超、赵元任、陈寅恪和李济，由梅贻琦主持。

梅贻琦报告，朝阳大学李毓田赠研究院考古室明代统铳二门。研究院同学会来函，请求修业期限改为二年。讨论结果:研究院《章程》原有可继续一年的规定，似不必限定二年，欲留校一年者，或不愿留校者，均可听其本意。同时决定本年奖学金改为赠书。研究院章程及招考办法，经过多次教务会议讨论，略有改订。除前面已经述及者外，主要有二:（一）备取生。本年招考，可酌量情形，录取备取生数名，以便有缺额时递补。开学后，请求补考入校者不能通融。（二）留校生。研究院章程规定，学生研究期限，原以一年为率。但遇有研究题目较难，范围较广，而成绩较优者，经教授许可，得续行留校，研究一年或二年。本年仍斟酌情形允许学生请求留校。唯经教授许可后，即须按照下学年开学时间，报告听讲。如在一定时期内，不来校者即以备取生补入。（《研究院纪事》,《国学

论丛》，第1卷第2号）

此外，还讨论瑞典斯文·赫定往新疆测气象及考古之事。陈寅恪主张由清华补助袁复礼同去考古，以维持在国防、学术上之地位，不必作消极的反对。讨论结果，请袁复礼来校后再行共同讨论。（刘桂生、欧阳军喜：《陈寅恪先生编年事辑补》，王永兴编：《纪念陈寅恪先生百年诞辰学术论文集》，第433页）

3月 无锡国学专修馆因扩充规模，改组为无锡国文大学，不久被解散，其间停课两月。6月恢复，7月改名为无锡国学专门学院。

本月"改名无锡国文大学，修改章程"。（《本校大事记》，《国专校友会集刊》第1集，第3页）

《时报》据2月20日通信称，馆长唐文治"已于本年将馆章课程两项，详细订定，改组无锡国文大学校。近已抄录课程章程，函送县署，请予备案。现在原有学生两班，作为特班，暂行照旧。俟下学期招生，另定毕业年限"。（《国学专修馆改组大学》，《时报》，1927年2月27日，第2张第7版）又有报载唐文治"近以四方来学者日众，原有教材不适于用，爰即召集同人一再会议，当经议决，将该馆改组为无锡国文大学，重订馆章、课程，以宏造就。原有学生改为特班，暂行照旧授课，俟下学期招生，另定毕业年限"。议定后，即由唐文治致函无锡县知事，请求备案。函称：

敝馆自设立以来，瞬经六载，仰托神庥，日益发达。比来肄业者争先恐后，经同人等一再商议，佥谓当兹晦明风雨之时，非提高程度，树之风声，不足以厌众望，而宏造就。爰将馆章、课程两项详细改定，即将国学专修馆改组为无锡国文大学校。集各方之学者，撷四部之菁华，私淑东林，于成德达材，收效万一。谨抄录章程、课程，送呈左右教正，并祈俯赐备案，至纫公谊。再敝校原有学生两班，现作为特班，暂行照旧，俟下学期招生，另定毕业年限，合并附闻。（《国学专修馆改组志闻》，《新无锡》，1927年2月19日，第3版，转引自刘桂秋：《无锡国专编年事辑》，第67—68页）

此次改组，显系北伐军进驻无锡所致。"是年三月匪人徐梦影用无锡教育局长名义，突将本校勒令解散，驱逐员生，驻扎军队，事起仓促，损失极巨。诸生临别摄影，为泣别图，星散而去，停课二月余。"（《私立无锡国学专修学校十五周纪念册·校史概略》，第2页）《本校大事记》载："徐梦影为无锡教育局长，勒令解散本校，校长、教授等一律辞职。诸同学摄影，作泣别图，陆续散归。"（《国专校友会集刊》第1集，第3页）唐文治亦记云：

革命军之入苏也，锡邑教育局长徐梦影，本不以专修馆为然。有朱某者具呈，请封闭专修馆。徐梦影遂令解散。馆生崔履宸、张惟明、路式遵等赴县署力争，不能挽回，余即于二月二十六日辞职。又有童某者，讦告余把持无锡中学校务。余遂一并辞去。维时外间盛传余为保皇党、复辟党，又有将封余住屋之说，颇岌岌可危。余以镇定处之。后以主持公论者颇多，始得无事。其后徐梦影逃上海。（唐文治著，唐庆诒补：《茹经先生自订年谱》，沈云龙主编：《近代中国史料丛刊》第3编第9辑，文海出版社，1986年，第95页）

1936年，唐文治《国学专修学校十五周之过去与未来》记云："迨民国十六年春……徐梦影用无锡教育局长名义，突将学校勒令解散，驱逐员生，驻扎军队。事起仓卒，诸生临别摄影，为泣别图，星散而去。惟时马腾于舍，粪污于堂，书籍零散，薪木毁伤，停课近三月。"（原载《新无锡》，1936年6月20—22日，第4版，引自陆阳：《唐文治年谱》，上海三联书店，2013年，第363页）

刘桂秋综合《无锡国学专修学校概况·大事记》《国专校友会集刊·本校大事记》及《新无锡》的相关报道，指出晚至1927年3月，无锡国学专修馆确曾改名为无锡国文大学。3月21日，国民革命军第十四军进驻无锡。此后不久，无锡县行政委员会成立，徐梦影担任其中的教育委员。徐梦影上任后，随即着手进行教育改革。其中一项内容，是解散无锡国专。校长唐文治于3月29日（农历二月二十六日）提出辞职。无锡国专因此关闭、停课两个多月。1927年6月，无锡国文大学重新复校。7月，又改校名为无锡国学专门学院。因此，"无锡国文大学"校名使用时间极短。此次改校名之事，历来亦不太为外界人士所闻知。（刘桂秋：《无锡国专编年事辑》，第68—70页）

国民革命背景下展开的无锡教育改革，不是专门针对国学专修馆。徐梦影（1901—1927），又名徐明如，江苏无锡开源乡人。1921年在家乡创办"启民社"（又称启民小学）。1924年底，参加青年进步团体"孤星社"。1925年参加"五卅"运动。1926年初，加入中国共产党。同时以个人身份加入国民党，被选为国民党无锡县党部农民部长。在开源乡创建了无锡第一个农民协会（又称农民俱乐部）。1927年3月21日北伐军进驻无锡，被任命为县政府教育局长。大革命失败后，因遭反动当局通缉而转移上海，6月13日被捕，6月29

日被枪杀于上海枫林桥。（叶绪昌主编：《江苏革命史词典》，南京出版社，1993年，第682页）

北伐军抵达无锡后，徐梦影率领"启民社"学生和农民协会会员手举彩色纸旗，徒步至城参加欢迎仪式。第二天，中共无锡县委组织十万群众在火车站广场举行欢迎北伐军的军民联欢会。会上，徐梦影被推为无锡县政府教育委员。到职后，积极进行教育改革，连续召开全县中小学校长会议，讨论改革课程。决定废除修身课、设立公民课；教会学校废除圣经课，改设公民课；规定学校增设政治教育活动，教唱《国际歌》《少年先锋歌》《国民革命歌》等革命歌曲。"为了让广大贫苦工农子弟增加就学机会，他还多次向县政府提出没收庵、观、寺、院财产，拨充教育局办学校，他为发展革命教育事业呕尽了心血。"（中共无锡市、县委党史办公室，无锡市档案局编：《无锡革命史料选辑》第8辑，1986年，第139—140页）

4月2日　梁启超因时局等关系，拟离开清华研究院，避往天津。

梁启超致女儿函称："我大约必须亡命，但以现在情形而论，或者可以捱到暑假。本来打算这几天便回天津，现在拟稍迟乃行。"（丁文江、赵丰田编：《梁启超年谱长编》，第1123页）

4月3日　山西太原阳兴中学国学会拟出《国学研究》杂志。

阳兴中学国学会日前在该校第一教室开会，除将职员照章推选外，又议定将每月研究材料，出一杂志，供献社会，名曰《国学研究》。所需经费，除由各会员分担外，并已得该校各职员赞助。（《国学研究将出版》，《来复》，第434期，1927年4月3日）

4月5日　刘半农在北京大学研究所国学门演讲《从五音六律说到三百六十律》。

这是刘半农研究中国旧乐律的第一种报告，其性质在于用科学方法证明中国旧乐律是建筑在何种条件之上，同时扫清杂乱不经的旧说，使将来研究时不至走入迷途。"刘对于语音乐律两科，研究极有心得，为社会所素知。此次讲演，将研究上所用材料及所得结果，制成精密图表，利用幻灯提示，极为明晰。"讲词中最要之点有二：一，"为证明中国乐律之完全出于宫徵相生"；二，"为证明十二正律十一补律外加十一附律为最完备的理想律"。"是晚大雨滂沱，听讲者仍极踊跃。计中外政学各界三十九人（因该讲演室只设听讲座四十个），其详细讲稿，该所拟单行出版。"（《刘复讲演纪略》，《晨报》，1927年4月8日，第6版）

4月7日　顾颉刚在厦门青年会讲演《研究国学的方法》。

此次演讲以福州所讲为基础，稍加增饰，注重打倒帝系、道统、圣经。顾颉刚以半年内学术上的"破坏工作"，至此得到一个系统认识，心情甚快。（顾潮编著：《顾颉刚年谱》增订本，第156页）

4月9日　清华研究院举行本年度第十次教务会议，梅贻琦主持，王国维、梁启超、赵元任、李济出席，继续讨论与瑞典斯文·赫定合作考古问题。

陈寅恪提出，政治变化甚多，新疆考古期限二年，此二年内设有情形改变，如何办法。又谓如无的款，殊不妥当，对于袁复礼个人危险甚大。故现时之问题有二：一就现时预算能抽出此款否？或有其他方法筹款否？援休假及留美之例可否？二有变化时款项不继为之奈何？袁先生在地质调查所任事，若往新疆，此方面事自不能兼顾，回京后无事又如何办法？（卞僧慧纂：《陈寅恪先生年谱长编（初稿）》，第101页）

4月16日　北京大学研究所国学门通告经国学门委员会审查合格的研究生，共有十人。他们是楚图南、叶含章、孔繁熙、吴世拱、叶俊生、闵孙奭、甘大文、陈仲益、黄绶、姚名达。

楚图南，云南文山县人，北京高等师范史地部毕业，题目是"纬书"；叶含章，江西玉山县人，北大中国文学系三年级学生，题目是"汉朝的道家"；孔繁熙，四川巴县人，中国大学国文系三年级学生，题目是"中国古代性学史"；吴世拱，江苏盐城县人，南京公立国学专门学校毕业，题目是"古音韵"；叶俊生，福建闽侯县人，厦门大学助教，题目是"文字学名词诠释""闽音古微""闽方言正续考"；闵孙奭，江苏江都县人，北大中国文学系毕业，题目是"治说文学者传略"；甘大文，四川大竹县人，北大中国文学系毕业，题目是"史记研究"；陈仲益，广东新会县人，翊教女子中学教员，题目是"明初海外诸藩考"；黄绶，四川西充县人，清华研究院肄业，题目是"两汉地方行政史"；姚名达，江西兴国县人，清华研究院肄业，题目是"中国史籍考"。（《研究所国学门通告》，《北京大学日刊》，第2086号，1927年4月16日，第1版；《北大研究所本届审查合格之研究生》，北京《益世报》，1927年4月18日，第7版；《北大研究所审查合格者十人》，天津《大公报》，1927年4月18日，第3版）

4月19日　清华研究院举行本学年第十次教务会议，到会者王国维、梁启超、赵元任、陈寅恪和李济，梅贻琦主持，讨论聘请袁复礼参加中瑞合作西北考古一事。

关于与瑞典斯文·赫定合作考古问题，李济报告北京学术团体反对瑞典远征队考古之事，现已略见缓和，正在商量合作条件。大概我国可派五人随同前往，打算给清华一个名额。陈寅恪建议，仍聘请袁复礼参加，以维持清华在国际学术上的地位。上报学校评议会，评议会议决，聘袁复礼为清华大学部地质学系教授，由研究院派赴新疆考察。袁复礼受聘后，即赴甘肃、新疆考察。（孙敦恒：《清华国学研究院纪事》，葛兆光主编：《清华汉学研究》第一辑，第318—319页）

根据 4 月 29 日《清华周刊》披露之梅贻琦谈话，研究院在大学院未成立以前，办法无大变更。大学院成立之后，则斟酌情形，添设别科门。此时尚难预定。（梅月涵先生口述：《清华发展计画》，《清华周刊》，第408期，1927年4月29日）

同期登载署名"任史"之《研究院现状》，分教授及课程、学生、出版品及考古学室四项，简单概述了清华学校研究院的成立历史。现时教授有王国维、梁启超、赵元任、陈寅恪、李济。

王先生国维，浙江海宁人。著作有《观堂集林》，《释币》，《流沙坠简考释补正》等书，不下百数十种。梁任公先生，广东新会人，著作极富。赵先生元任，江苏常州人。著作有《中西星名图考》（*Continvity-A Study in Methodology*），《国语留声机片课本》等书。陈寅恪先生，江西义宁人。留欧十余年，通英德法俄及东方语言文字，如满文，蒙文，梵文，巴利文，藏文，回纥文等。李济之先生，湖北钟祥人，为中国研究人类学者之第一人。

课程方面，可分为普通演讲及专题研究两种。普通演讲，由教授选定题目，每星期演讲二次或三次。此外，又有临时演讲一种。

演讲者或为研究院教授，或为外间国学名家。1925—1926年度临时演讲，有梁启超《指导之方针及选择研究题目之商榷》《印度之佛教》《研究院之目的及我对于本院前途之志愿》数种。本年度，则有梁漱溟之长期演讲《人心与人生》，王国维演讲《嘉量》及《中国历代之尺度》。

　　研究院学生，计第一年（1925—1926年度）取录32人，报到者29人。清华旧制毕业来院做特别生者3人，共计32人。修业期满时，提交成绩给予证书者有29人。第二年（即本年度）留校生8人，取录新生到校者28人，共计36人。学生省籍统计如表2所示，统计学生总数为60人。

表2　清华研究院学生省籍分布

省别	1925年度	1926年度	两年共计	减去留校生重复	实计
浙江	6	6	12	3	9
江苏	5	4	9	1	8
四川	4	3	7	1	6
河南	4	2	6	1	5
安徽	3	3	6	1	5
湖北	1	2	3		3
湖南	5	3	8		8
江西	2	1	3	1	2
直隶	1	1	2		2
山西		1	1		1
山东		1	1		1
广东		2	2		2

续表

省别	1925 年度	1926 年度	两年共计	减去留校生重复	实计
广西		1	1		1
奉天		1	1		1
吉林	1		1		1
甘肃		2	2		2
云南		3	3		3
共计	32	36	68	8	60

　　根据研究院学生以前履历统计，招考学生资格，原为国内外大学毕业生，各校教员各机关服务人员及自修之士，故考取入院者，亦均以服务教育界中有经验及学有根柢者为最多。而教育界中，又以教员为最多。统计两年来入校学生履历，33 人曾当教员。除去留校生重复数 5 人，还有 28 人。3 人曾当中小学校长及教务长，2 人在教育局服务，22 人为各校毕业或肄业学生。除出留校生重复 3 人，还有 19 人。此外，3 人当报界编辑，2 人任图书管理员，1 人服务政界，2 人在家庭自修。统计学生入院前履历，教员 46.7%，各校学生 31.7%，校长及教务长 5%，报界及编辑 5%，教育局服务 3%，图书馆员 3%，家庭自修 3%，政界 1.7%。若以经验论，则曾有教育经验者，已占 57.7%。"以学有根柢，及富有教育经验之士，来此幽静之清华，潜心研究，将来所得之成绩，以贡献于社会者，或非浅鲜也。"

　　研究院出版品分丛书及季刊两种。丛书第一种已出版，为教授王国维著《蒙古史料四种校注》。丛书第二种为国立图书馆合印，尚未出版。季刊定名为《国学论丛》，每年出四册。内容除研究院各教授著作外，还有学生成绩经教授会同审查，认为有价值者，及课外作品最佳者。现第一、二两期，均已付印，由商务印书馆发行。除了王国维的著述外，还有第二种《大宝积经论》正在印刷中。"此经中译文由后魏北印度三藏菩提流支译出。本院所印行者，为西藏文中文对照本。此书由北海、北京图书馆合资刊印。出版后，国外各大图书馆及科学院，拟分赠一部，借以宣传东方固有之文化也。"《国学论丛》，"由梁任公先生主撰"。(《研究院纪事》，《国学论丛》，1927年第1卷第1号)

考古学室的创办。近年来，吾国各地发现古物甚多，对于古代历史文化有极大影响。而外国人士来华考古，亦接踵而至，如伯希和、安特生等。即最近瑞典远征队，亦一部分为考古目的。良以吾国为最古文化之邦，有数千年历史，此种古物搜掘，于学术上有莫大贡献。研究院为研究国学之所，对于国故整理、古物搜集，当为一种不可缓之职责。故于本年开学之时，即设立考古学室，以经费关系，先从搜罗拓本入手。同时李济之与大学部讲师袁复礼，曾费三月精力，于山西夏县西阴村发现石器时代瓦器石器甚多，共计"七十六箱"，装运返校，现已取出一部分陈列于考古室内。一俟研究结果，即可开一古物展览会。(任史：《研究院现状》，《清华周刊》，第408期，1927年4月29日)陆懋德草拟《历史系发展计画概略》，亦提及："与本校研究院合办考古学陈列室，现已采集各种金石拓片、历代兵器、钱币、土俑及上古石制、骨制、铜制箭头甚多。"(陆懋德：《历史系发展计画概略》，《清华周刊》，第408期，1927年4月29日)

4月26日　中瑞西北科学考察团合作办法在北京大学研究所国学门签字。

瑞典人斯文·赫定带领一个外国考察团欲往新疆考古，且蒙北京政府批准的消息传出后，北大国学门同人群情激昂，担心二十年前敦煌文物外流的历史重演。为了阻止外国人自行在中国境内进行考古发掘及带走古生物标本，马衡、刘半农等积极联络及运动北京学术界同人，一起抵制斯文·赫定的考察计划。1927 年 3 月 10 日至 4 月 26 日期间，经过十几次协商，确定中瑞西北科学考察团合作办法，周肇祥作为协会代表，与斯文·赫定在国学门签字，呈报北京政府外交、内务、教育、农商等部备案。（陈以爱：《中国现代学术研究机构的兴起》，江西教育出版社，2002 年，第 135—136 页）协会由国立北京大学研究所国学门、国立历史博物馆、国立京师图书馆、中央观象台、古物陈列所、故宫博物院、清华学校研究院、中国天文学会、中国地质学会、北京图书馆、中国画学研究会、中华图书馆协会组织而成，暂借北京大学研究所国学门为会址。（《中瑞合组西北科学考察团（续）》，《申报》，1927 年 5 月 11 日，第 2 张第 7 版）

中方考察团团员共为十人，计北京大学二人，历史博物馆等四机关各一人，余四人则在外招致，凡有志投考者，均可向北京大学之国学研究所报名。考察办法，分为测量气候、考察地质、搜集古物三组。所有经费，归五机关分任，来往期间预计为二年。（《北京五机关组织考古团》，《申报》，1927 年 5 月 2 日，第 2 张第 8 版）具体是学者五人，即徐旭生（代表北大）、袁复礼（代表清华）、黄文弼（代表北大考古学会）、丁道衡（代表北京地质调查所）及詹蕃勋（代表京师图书馆）。徐旭生本是国学门委员。黄文弼曾经从柯劭忞问学，以国学门助教身份代表国学门参加这次考察活动。袁复礼虽然代表清华，却也是国学门考古学会的常务干事。另五人多为北大学生。因此，中方考察团成员是以北大国学门同人为骨干。（陈以爱：《中国

现代学术研究机构的兴起》，第137页）

5月9日，北京大学研究所国学门开会欢送西北考察团。上午九时前，中国方面徐旭生、黄文弼、龚元忠、马叶谦、李宪之、刘衍淮、崔鹤峰诸团员，齐集北京大学三院研究所国学门。十一时许，乘汽车往西直门京绥车站。瑞典人斯文·赫定等亦到。继因西人行李车中途轮坏，所乘专车本定十时五十分开出，后延至十二时半方开。国学门送行者有沈兼士、刘半农、庄尚严、李振郑、李子开、刘浚哲、金希贤、常惠、冯沅君诸人。其余各团员亲友，到站送行者尤多。更有周肇祥撰《新出塞曲》，以为纪念。（《本学门欢送西北考察团纪事》，《北京大学研究所国学门月刊》，第1卷第6期）据黄文弼日记，送行者有朱希祖、沈士远、沈尹默、刘半农、余育三等，沈兼士并置酒饯行。（黄文弼遗著，黄烈整理：《黄文弼蒙新考察日记》，文物出版社，1990年，第1页）

4月28日　顾颉刚致信胡适，述及与章廷谦、鲁迅等在厦门大学国学研究院爆发的矛盾，绵延至广州中山大学。

鲁迅虽然公开反对青年从事国学研究，主张不读中国古书，自己却常回到古代，较多看佛典、抄古碑、辑故书，注重《穆天子传》《搜神记》《神异经》等古代史家不屑道者。鲁迅和顾颉刚具有注重风俗文化、扬弃以经学为正宗的共同点，但一重史学，一重文学。诚如顾颉刚自称自己之性长于研究，而鲁迅之性长于创作，原本各适其适，不相过问。然而，双方的矛盾延续到了中山大学，几乎势同水火。顾颉刚曾劝林语堂不要聘鲁迅的"死冤家"章廷谦，林不听。

　　川岛到厦之后，千方百计替我造谣，说我和张亮丞先生抢做主任哪，说我向林文庆暗送秋波哪，说我单独欢迎蔡先生哪，说我阴谋倒戈、赞成开除学生哪，想不到像我这样瘦弱无才的人骤然添了这许多排挤谄媚的本领。语堂先生信其谗言，骎骎疏远，后来竟不见面了。我为保全国学院机关计，直至林校长由南洋归来，声明不能招回辞退之教职员而后辞职，自问此心甚为坦白。

　　辞退之后，傅斯年招顾，因拟到粤。鲁迅在粤任中大教务主任，宣言谓顾某若来，周某即去。适厦门邮局罢工十天，傅来书未能接到，顾单身到粤观看情形。傅告鲁迅后，鲁迅立时辞职，其党徒粘贴匿名揭帖，诬顾为研究系，傅亦辞职。纷乱一星期，尚未解决。幸鲁迅党徒不多，中大学生开会结果，主张三人皆留。"大约鲁迅是不会回来的，但绍原因系川岛介绍，联带辞职，甚为可惜。不知先生有何善法，使他不走？"（顾颉刚：《顾颉刚全集·顾颉刚书信集》卷一，第443页）

　　广州中山大学经费充足而书籍颇少，派顾颉刚到京沪收买旧书。顾比较了与厦门大学的差异：

　　　　广州气象极好，各机关中的职员认真办事，非常可爱。使厦门大学国学院亦能如此，我便不至如此负谤。现在竭力骂我的几个人都是最不做工作的，所以与其说是胡适之派与鲁迅派的倾轧（这是见诸报纸的），不如说是工作派和不工作派的倾轧。

不然，潘介泉不是鲁迅派，竟也和顾过不去。"他到了研究院七个月，只翻译了一篇珂罗掘伦的《形声字的研究》，反向人说：'这次停办国学院，是因为我们想工作而校中当局不要我们工作。'亏他好意思说得出来！"（顾颉刚：《顾颉刚全集·顾颉刚书信集》卷一，第443—444页）

4月30日 光华大学附中迁入大西路新校舍以后，对于校务竭力整顿，近新聘大学部国学教授钱基博兼任附中主任。（《新聘中学主任》，《申报》，1927年4月30日，第2张第7版）

朱承勋提到光华大学教授和附中主任钱基博在五卅开追悼会演讲，很恳切很激昂地详述从前洋奴学校的国文程度恶劣和离校的种种情形。最值得注意的，要算关于"国文"一段，令人十二分同情。以前教会学校差不多不读中文，即便有也等于上英文课和小说课一样，中文教员待遇尤其不平等。在外人看来，中文书好比亡国文字，中文教员好比亡国奴。国学在教会学校轻如鸿毛，令人慨叹和愤怒。但是现在中国人对于中文实在太不留意，甚至外国留学博士、硕士、学士，写出来的信满篇别字，狗屁不通，难怪前辈老先生们要抱"道之将废"的悲观。

为此，对光华提高国文提出三点注意事项：一是教师方面，应当注意教材，尤其是注重文章的意思，不必注重形式上。许多人说旧文学好，新文学不成东西，要不得，实则新旧均各有优点。只有靠教师用科学方法、客观态度来解识，使学生明白。教师既负有领导学生的重责，就非有新颖的脑筋、远大的眼光不可。二是学生方面，功课应当注重社会需要。学生毕业终是要到社会上干事，因此功课要格外注意社会方面，不要学与社会不相干的和一无所用的东西。否则一旦毕业，出去办事，必然要莫名其妙。何况学生还有责任去维持和改良社会的国文教育。三是教学方面，改良教授和练习文法。高中和大学读的有许多是"玄学鬼"的干燥无味的东西，多数的人读这类书，要么睡觉，要么看旁的书报，应该设法使得一般读者有兴味，方可有进步。最好叫学生们自己去自习，不懂可以去问先生。上课的时候，先生可以发挥意义，证明国学的精意，使学生们可以静心地听着，不致再有他项不注意的事情。如先生指定几种书，叫学生自己去读，有不懂的地方尽可去问，一月期满，每位同学要做一个报告，好比心得的记录一样。学生要把良心放在中间，千万不要抄袭。照三方面做去，学校设法竭力鼓励和提倡，不出一年工夫，光华大学的国文程度必然更加进步。（朱承勋：《六三与国学》，《光华周报》，第1卷第8期，1927年5月）

△ 王国维编撰《清华学校研究院讲义》（民国十四年至十六年四月）油印本一册，清华研究院办公室代辑出版。

讲义包括《古史新证》《中国历代之尺度》《莽量释文》《散氏盘考释》《盂鼎铭考释》《克鼎铭考释》《毛公鼎铭考释》《蜀石经残拓本跋》《释乐次》《小盂鼎释文》《弓甲盘释文》《虢季子白盘释文》《不殷敦释文》《师麦敦释文》《宗周钟释文》《䵼侯驭方鼎释文》《白犀父卣释文》《录卣释文》《齐镈释文》《王孙遗诸钟释文》《沇儿钟释文》《邾公牼钟释文》《虢叔旅钟释文》《克钟释文》《说文今叙篆文合以古籀说》《史籀篇疏证序》《战国时秦用籀文六国用古文说》《西吴徐氏印谱序》。（孙敦恒：《清华国学研究院纪事》，葛兆光主编：《清华汉学研究》第一辑，第319页）

5月1日 黑龙江同善社社长梁子明、副社长魏罄若呈请教育部，创设国学专修馆。

梁子明、魏馨若"慨中华文化最古，孔孟集其大成，今世儇薄者流争新学，艺取皮毛，至古圣先贤经天纬地之伦常大道，弃之若遗，以致四维不张，劫乱相寻，灭亡惨祸，迫于眉睫，因趁此国学不绝如缕之秋，思所以保全之故，毅然有组织国学专修馆，现已呈部备案，招考合格学生十余名，开学授业"。经梁子明召集会议，讨论组织手续及经费问题，由梁子明提倡首先捐助现大洋一千元，其他社员"无不感动，量力资助"。督署秘书长娄心田捐助大洋三百五十元，以次不等，以为开办费。常年大费除善长任克庄历年自认捐助洋五百元外，以次随意认捐者亦复不少。经费一项，虽不充裕，亦无困难。先择定同善社近处公园后身赵宅为临时开学馆址，一俟办有成效，再图发展。职教由社员中公推延聘，担任捐助经费者，均为学董。已由学董中公推魏馨若为馆长，娄心田为名誉馆长，张益三为总教。教授已聘订姬某担任，助教若干人亦经嘱通俗教育社长赵善卿物色延聘。学生须社员子弟，方准入学肄业，并不取费，其他摈而不录。

其章程要点：（一）宗旨。精研古学，阐扬文化，从国文根柢入手；（二）科目。分文学、武学、理学、医学四科；（三）教员。延聘中国专门宿学先生担任；（四）生徒。考试合格者，方准入馆肄业，以试验及格为准，不定年限；（五）学费。以敦劝正学起见，不论贫富，概予免费；（六）职教。馆长由学董会推举，总教由馆长遴聘；（七）教授。无定额，以学生班次多寡为衡，由馆长总教酌定；（八）助教。亦无定额，与教授办法同；（九）管理。学生管理法由馆长总教会订；（十）课程归□教核定；（十一）经费。由社

员学董担任筹备。(《创设国学专修馆》,《盛京时报》, 1927 年 5 月 1 日, 第 4 版）

5 月 5 日 北京大学研究所国学门邀请马裕藻演讲《戴东原对于古音学的贡献》, 后刊载于《国学季刊》第 2 卷第 2 号。

上月 28 日, 北京大学研究所国学门再次公布本次月讲信息。(《研究所国学门第三次月讲》,《北京大学日刊》, 第 2099 号, 1927 年 5 月 2 日, 第 1 版）晚八时演讲, 首由刘半农教授致介绍词, 继由马裕藻演讲, 大纲是: 一、戴氏古音学说的渊源和他的影响。二、戴氏古音学之概要:（甲）九类二十五部之创设;（乙）广韵的分析;（丙）转语二十章的发明。三、古音以外关于六书训诂的学说一斑。"后以时间不够, 乙项与三项未讲。学界来听者三十余人, 至夜十一时许始散。讲稿将由该所月刊发表云。"(《北大国学研究所讲演》,《晨报》, 1927 年 5 月 7 日, 第 6 版）

△ 北京大学研究所国学门考古学会、国立历史博物馆联合派员参与日本学者组织的大连西汉以前堡垒的考古发掘等学术活动。

我国出席日本东方考古学会代表上月尚在东京时, 日本方面即提出 5 月上旬拟在关东举行大规模之古物发掘, 请我国派人参加。日本东京帝国大学教授岛村孝三郎、原田淑人, 京都帝国大学教授滨田耕作, 朝鲜京城总督府博物馆代表小泉显夫诸氏, 业于日前抵大连, 在普兰店之貔子窝准备发掘。特推岛村氏来京接洽, 我国出席代表业已推定北京大学研究所国学门导师陈垣, 考古学教授马衡, 历史博物馆编辑主任罗庸, 顾问董光忠四氏出席。陈、罗、董三氏业于 5 月 5 日下午赴津, 马氏则于 7 日随岛村同往。发掘竣事后, 尚拟便道赴旅顺关东厅博物馆参观。(《我国发掘古物代表》,《晨

报》，1927年5月6日，第6版）

　　陈、罗、董系5月9日到发掘地大连东北火神庙屯，马衡及岛村等5月10日到发掘地。至13日竣工，马衡等又在貔子窝附近江土城调查，得有古钱等。14日赴双山访元张百户墓址及屯田地。15日归大连，16日参观旅顺关东厅博物馆，17日首途回京。据罗庸说，发掘地点在大连北约一百八十里，普兰店东北八十余里貔子窝，再东北三十余里东老滩火神庙屯。此地原为海岛，现海底变成陆地作盐田遂为山。详为考查，掘出钱刀等件，多为战国西汉时之物。该地确系西汉以前堡垒，日本经修南湾路时，即经发觉。旋经详为探考，并出书册甚多，乃决定今年发掘。故发掘之后，二尺之内，即现古物，最深亦不过七尺。发掘从事者，日本之滨田耕作（京都帝大）、岛村、原田（东京帝大）、田泽金吾、宫阪保次。助手为朝鲜京城总督府博物馆代表小泉显夫，旅顺关东厅博物馆代表森修，考古学会干事小林胖生。中国之陈垣、马衡、罗庸、董光忠。俄国之满蒙研究会考古学部长陀尔玛柴甫。中外参观者，南满铁路株式会社人员，关东厅儿玉长官，关东军参谋长斋藤恒，亚东印画协会樱井一郎等担任照相，中国蔡廷干。发掘日期，由4月杪至5月13日共两星期。发掘共两处。东面一处，得人骨二具及古陶器。西面一处，得明刀钱一。刀钱、货布、半两、钱、铜、镞、弩、机、铜剑、纺器、右庖丁、石斧、古陶器，共约千数百件。发掘所得暂由京都帝大运回整理，俟整理后，运送北京一部分，交北大国学门考古学会及历史博物馆陈列。又发掘时摄制电影，亦将于日内运来北京映演。（《貔子窝发掘战国西汉间之千余古物》，北京《益世报》，1927年5月25日，第7版）

△　梁启超致梁令娴等函中论及自己的政治态度，及清华国学研究院学生的政治活动，决定本学期结束，即离清华。

南北、国共两党斗争，时局纷乱。部分人……认为非有别的团体出来收拾时局不可，群推梁启超为首领。其中进行最猛烈的是国家主义团体，其次是国民党右派部分人，再次是实业界，等等，主张在梁统率下成立一种大同盟。他们全力运动梁及其朋友、研究院学生，张君劢、陈博生、胡石青等极端赞成，丁文江、林宰平极端反对。"总之，赞成派认为这回事情比洪宪更重大万倍，断断不能旁观；反对派也承认这是一种理由。其所以反对，专就我本人身上说，第一是身体支持不了这种劳苦，第二是性格不宜于政党活动。"为此颇矛盾，踌躇一月，决定自己的立场是，先将自己有关经济制度的断片思想整理一番，使成信仰。对于政治上的具体办法，则确信代议制和政党政治都不能用，非打破不可。鉴于此，打算最近期间将全部主张堂堂正正著出一两部书。绝对不加入团体组织，根本不相信团体组织能救中国。"我再过两礼拜，本学年功课便已结束，我便离开清华，用两个月做成我这项新工作。"（丁文江、赵丰田编：《梁启超年谱长编》，第1129—1130页）

5月11日，梁启超与梁令娴书中提及，再过两个礼拜，便离开清华学校，仍到北戴河去。（丁文江、赵丰田编：《梁启超年谱长编》，第1134页）

5月6日　范皕诲撰成《二千五百年来之国学》一文，阐明五经即为中国国学代表，经学是国学总会，可用西方学术分科标准分析。

先是，张亦镜为《真光》杂志二十五周年纪念特号邀请范皕诲作文，拟定题目为"二十五年来中国的国学"。范拒绝，原因一是其喜欢研究的国学存在于二十五年以前，二是二十五年来，西方文化侵入我国最盛，人人都在读横行书，国学久已踹在脚底下。张坚持要范莳诲作文，题目随意，遂有此文。

范莳诲阐明了国学从孔子讲起的原因，即中国的文化渊源，自然始自在二千五百年前的更早二千五百年，把远古文化理董为有系统的学问，现在所能考见的，则在老子、孔子以后。故有老孔，方有国学。从总体影响而言，老子《道德》五千言，虽然在思想哲学方面影响中国很多，关系中国很大，总不及孔子。而孔子影响和关系中国之处，在于删定六经，可以西方现代学术分科解析其内容。经类包含学问，最重要的有：《易经》包含宇宙哲学、性命哲学、伦理哲学、象数哲学；《书经》包含历史学、政治学、伦理哲学、性命哲学、宗教学、刑法学、天文学、地理学、金石甲骨学；《诗经》包含文学、历史学、政治学、伦理哲学、性命哲学、天文学、地理学、植物学、音乐学、声韵学。礼有《周礼》，包含政治学、制度学、经济学、工业学，《仪礼》包含商业学、农田学、兵制学、音乐学，《大小戴记》包含算数学、伦理哲学、性命哲学、宗教学、医学；《春秋》三传，《左传》包含历史学、政治学、国际学、兵法学，《公羊》包含宗教学、天文学、地理学、伦理哲学，《穀梁》包含性命哲学、文学。经乃一切学问的根本，内容包罗万象，相互关联，故须将里面所有学问，一一研究，方能算为彻底了解，方能通经致用。学问是一代一代积起来的，后人的学问原不应为古经所"限止"，但是在孔门时代，所定经典已把各学汇集于各部书上，可以说没有什么缺憾。

这样看来，五经是国学的代表，经学是国学的总会。后代无论那种学问，不能够跳出经学范围之外。世人谬以经学为迂疏的，空虚无物的，像煞孔子删定六经，是一种没关紧要，可以丢在字纸篓里的著作，那是大错而特错了。"（范丽诲：《二千五百年来之国学》，《真光》杂志，第 26 卷第 6 号，1927 年 6 月）

《真光》杂志同期有高蕙石的《今日中国之国粹问题》，以一问一答形式，表明国粹在文字、语言、绘画、音乐等方面的特点，及支持保存国粹的态度。"要而论之，吾国旧道德，旧文学，旧艺术，皆有其特长，学者取人之长以为己益可也，乃浅者震竿蔗之一击，人曰愿将军捐弃故技。更进要道，遂尽舍己之长以从之，亦为不善学矣。"（蕙石：《今日中国之国粹问题》，《真光》杂志，第 26 卷第 6 号，1927 年 6 月）

5 月 10 日　清华学校举行第三十六次评议会，议决研究院讲师李济下年度待遇问题。

先是，李济函询下年度待遇。会议议决：如毕士博方面仍续约，则清华继续聘李济为研究院讲师，否则聘为大学部教授。结果，李济下年度仍任研究院讲师。（孙敦恒：《清华国学研究院纪事》，葛兆光主编：《清华汉学研究》第一辑，第 319 页）

5 月 12 日　清华研究院学生与史学系学生联合创立史学会，研究院教授梁启超、王国维、陈寅恪，讲师李济等出席。

姚名达为组织者之一。忆称：

先是，名达感于中国史之范围过大而材料特丰也，非通力合作，则人自为战，永无成功之希望。若在外国，则国虽小而学会林立，所以裨益学问者无所不至，而史学会之为用尤显。吾国则他学容有学会，史学会独无闻焉，抑可怪也。间尝语之我师友，以谓吾院治史者众，又得梁、王、陈、李诸先生为之师，益以大学部史学系师生，不下四五十人，苟能联络组织，分工合作，其为功效，宜有可期。若更扩之于北京，充之于全国，以大规模之团体，作有计画之事业，则不出十年，中国史学，必当一变昔日之偏蔽而为昂进之发展，可断言也。今年夏，更言之于刘寿民先生。适史学系同学亦有斯意。双方接洽，史学会遂以成立。

是日，梁启超、陈寅恪与王国维皆出席，各致己见于众。"静安先生则谓宜多开读书会，先有根柢而后可言发展。席间议论云兴，最后乃折中一致，先生微嫌薄之。既散，与寅恪先生同行，颇用怀疑，以为斯会别有用意，而不知其实欲有所贡献于史学也。呜呼！于今虽欲得先生怀疑而督进之，将何从矣。"（姚名达：《哀余断忆（五则）》，陈平原、王风编：《追忆王国维》增订本，生活·读书·新知三联书店，2009年，第179页）

5月17日　清华研究院举行本年度第十一次教务会议，陈寅恪参加。（卞僧慧纂：《陈寅恪先生年谱长编（初稿）》，第101页）

　　△　直隶省长公署向教育厅发布训令，以教育之兴，尤重国学，必须重视国文。

　　是日，直隶省长公署颁布两道训令，一不准男女同校，一必须重视国文。内称：

照得风俗污隆，有关教育，而教育之兴，尤重国学。汉文为国学之一，人未有汉文不通，而能明于国学者，亦未有国学不明，而能研及各种科学者。近自研究科学之说兴，而吾国国学，几将尽束高阁。又自语体文，新式标点之说创，而吾国汉文，乃更弃若弁髦。查吾国汉文本极普通，专攻者或力求深造，适用者则只曰辞达。学子自入校以来，欲求得普通学识，则非多读汉文，讲解文义，必不能授以五经四书，使其明瞭。

前曾通令各学校，注重读经，并饬教育厅规定读经程序，令行遵照。"兹查国文一科，既于应读各经，有互相发明之效，即讲求各科学，亦非了解汉文，不能使心里明白，不误歧趋。除登报通令外，合行令仰该厅查照，转饬中等以上各学校，并行各县转令各教育机关一体遵照勿违云云。"（素丝：《省署昨日之皇皇二训令》，天津《益世报》，1927 年 5 月 18 日，第 4 张第 16 版）

5 月 21 日　署名"舞天"者在孙伏园主编的武汉《中央副刊》载文，呼吁国民政府充当刽子手的角色，下命令搜集已经判死刑的国故，拉到太平洋沉入海底，彻底消灭。

本年 2 月 18 日，当时任教中山大学的鲁迅前往香港基督教青年会演讲《无声之中国》。3 月 23 日，汉口《中央日报》副刊转载，改题为《无声的中国》。针对港英当局提倡尊孔，崇尚"国粹"，鼓吹封建文化，反对革命与进步的政治目的，指出中国封建统治阶级"将文章当作古董"，文禁素严，实行文化专制主义，终使中国寂然无声。"现在的人们大可以不必看古书"，"我们要活过来，首先就须由青年们不再说孔子孟子和韩愈柳宗元们的话"。因为"时代不同，情形也两样"，所以"我们要说现代的，自己的话；用活着的白话，将自己的思想，感情直白地说出来"。中国只有两条路，要么"情愿保存古文而甘灭亡"，要么"牺牲古文而会生存"。号召广大青年不但要进行文学改革，更重要的是进行社会革新。2月19日，鲁迅又代替孙伏园演讲《老调子已经唱完》，批判以孔孟之道为核心的封建文化是"将中国唱完"的"老调子"，是杀人不觉死的"软刀子"。侵略者也鼓吹中国封建文化，目的是"利用了我们的腐败文化，来治理我们这腐败民族。他们对于中国人，是毫不爱惜的"。古今中外的反动统治者提倡保存旧文化，"是要中国人永远做侍奉主子的材料，苦下去，苦下去"。号召革命人民要冲破封建文化的精神桎梏，去开辟新的道路，寻找新的真理。（鲁迅博物馆、鲁迅研究室编：《鲁迅年谱》第二卷，人民文学出版社，1983年，第373—374页；李伟江：《鲁迅粤港时期史实考述》，岳麓书社，2007年，第250—251页）

　　武汉《中央副刊》积极呼应鲁迅的非古主张，批评广州、武汉的革命气息不够，发表了许多鼓吹新思想和文学革命的篇章。当时傅斯年担任广州中山大学文科主任，孙伏园对这位五四干将寄予厚望，谓傅斯年"想做三篇文字，想了好久还没有动手的，一篇是绝国故，一篇是废哲学，又一篇是溺儒冠"。"我劝他赶紧写出来发表。他说你武汉的报上敢登吗？我说你在广州尚且敢写，我在武汉岂有不敢登的。"希望鲁迅和傅斯年，"一位教务主任，一位文科主任，秉总理'革命尚未成功，同志仍须努力'的教训，一定可以把那广州中山大学乃至全国的思想界文艺界，烧的烧，扫的扫，大大的捣宽一场的。"（伏园：《忆鲁迅孟真》，《中央副刊》，第3期，1927年3月24日）

　　傅斯年或许基于鲁迅、孙伏园等是"文人"，没有坦露完整的学术理念。5 月 16 日，傅斯年致函李石曾和吴稚晖，内称"中大情形甚可乐观"。已请之北大文科教授，则有马叔平、李玄伯、丁山、魏建功、刘半农、周作人、徐旭生等。

> 盖中大经费较充裕，而自改革以后，一张白纸，可以我们经历所见，作些甚新之试验。先生不要疑心里面也有文科，又是提倡洋八股，这是不会的。稚晖先生每提到洋八股，常常牵骂到斯年身上，久思抗议而无机会。五年前，在欧时，见到中国之大兴国学，大谈其所谓文化，思著一小书，姑名为"斯文扫地论"，其中章四：一、绝国故，二、废哲学，三、放文人，四、存野化。Dedicated 于秦丞相李斯，或吴稚晖先生。后以为时间已过，不复用此，遂未下笔，亦由懒惰。杀洋八股之釜底抽薪法，在把凡可为八股之材料，送入历史博物馆去，于是乃欢迎顾颉刚一类贤者之至。至于不得不有之国文系，已改为中国语言文学系，但思为中学校造几个教中国话——不容易——的教员而已。斯年在此负文科责任，必使斯文扫地而后已。谓予不信，请二位先生看一年后之结局，是不是实行了吴稚晖主义！（《致李石曾、吴稚晖》，欧阳哲生主编：《傅斯年全集》第 7 卷，湖南教育出版社，2002 年，第 48—49 页）

虽然"放文人"的理念与鲁迅多少有些冲突，但"绝国故"的主张则与鲁迅的反封建文化仍有共同点，故双方大体仍能合作。

署名"舞天"者认为，鲁迅等已经为"国粹""国故"判了死刑，可惜没有提出具体方法，不知是"刀割"还是"手扯"。

武汉是革命的新根据地，这是众口一词称道的；可是此间有没有还在唱老调子的，还在弹洙泗之音的呢？恐怕没有一个人敢说个没字，而且还多哩！举例来说：仍有人唱老调子，弹洙泗之音。如中山大学，算是最高的革命化的教育机关，但是里面还有人大声的唱老调子，最显著的，就是公然反对白话文的。他说白话文不好，不适于用，没有古文整齐畅达有声有色的好。这么一来，那文法学、训诂学、经学……自然亦就少不得了。

既然多数人承认国故是无用而有害的，不能以此迷醉后生小子，那么要一笔勾销几千年的遗毒，就非做刽子手不可。而钱玄同所主张之扔下毛厕①，或者拿去火烧，都不彻底。"唯一的办法，只有一齐搜集来，一船一船的拖到太平洋，抛下海里去，汪洋大水，当然可以容纳得下。而且遗老遗少，无所施其偷儿的把戏；好叫他们望洋兴叹，大哭一场，那是再好没有的。"秦始皇焚书的做法不彻底，"现在为斩草除根计，不能不采用这最后的办法。国故消灭了，那末封建思想，宗法社会，以及消磨人性的东西，自然是失所依凭，而易于廓清了"。故而号召："同志们，起来做消灭国故的运动罢！国民政府，下一道毁国故的命令罢！"（舞天：《再进一步消灭国故》，《中央副刊》，第58期，1927年5月21日）

毛一波自称"新少年"，却不以《新潮》时代的健将傅斯年、鲁迅的"绝国故"，及鲁迅的"敌人"陈西滢"提倡不读中国书"

---

① 原文说钱玄同，疑为吴稚晖之误。

的态度为然，主张必须大力整理国故。原因一是学问平等。

> 我以为国故在现在不但不能"绝"，而且应当有人去整理它。假定你说国故中找不出有价值的东西；那末，我又要请问你在西洋的故纸堆中又能找出些甚么？我说，如果你以为中国的旧书全无研究之价值时，那末，同样的道理，西洋的旧书（甚至于新书）也无研究之价值（除了少数真有"事实科学"的根据之著作而外）。你以为中国的孔子、王阳明等便是混蛋么？同理，西洋的亚理士多德，佛洛德乃至詹姆士等，也是一样的混蛋！

二是获得过去的知识。赞同顾颉刚为学问而学问的主张："我们所以要研究他，是想获得一点我们对于过去一切的知识。比如顾颉刚先生对于古史的努力，他给了我们很大的一个帮助，使我们明白了太古时代的情景，使我们有了一种对于尧舜禹时代的知识。"（毛一波《论国学》,《真美善》，第4卷第3期，1929年6月16日）

5月27日　北京大学研究所国学门公布第四次月讲信息，由沈兼士教授演讲"求语根的一个方法"，时间为6月5日晚八时，地点在北京大学第三院研究所国学门讲演室。凡愿听讲者，请到研究所国学门登录室领取听讲券。（《研究所国学门第四次月讲》,《北京大学日刊》，第2121号，1927年5月28日，第1版；《北大第四次月讲》,《晨报》，1927年5月29日，第6版）

5月31日　梁启超致梁令娴等函中，告以时局紧张，即将离开清华避变。

函称："本拟从容到暑假时乃离校，这两天北方局势骤变，昨今两日连接城里电话，催促急行，乃仓皇而遁，可笑之至。好在校阅成绩恰已完功，本年学课总算全始全终，良心上十分过得去。"（丁文江、赵丰田编：《梁启超年谱长编》，第1137页）

5月底 清华研究院教授王国维门生谢国桢因毕业即将别离，请其在折扇上题词留念。

王国维欣然承诺，乃书七律四首相赠，一时竞相研诵。四首中，二首为唐韩偓（致尧）之诗，另二首则为陈宝琛《落花诗》。陈宝琛《落花诗》本四首，仅录其三、四首，以明其志向。前首是："倚天照海倏成空，脆薄元知不耐风。忍见化萍随柳絮，倘因集蓼惹挑虫。到头蝶梦谁真觉，刺耳鹃声恐未终。苦学挚皋事浇灌，绿阴涕尺种花翁。"后首是："北胜南强较去留，泪波直注海东头。槐柯梦短殊多事，花槛春移不自由。从此路迷渔父棹，可无人坠石家楼。故林好在烦珍护，莫再飘摇断送休。"吴宓说："王静安先生书扇者即此《落花诗》之第三、第四两首，但所书与原稿微有不同，写时当由记忆，故未能尽确欤！"后来，梁启超听说王国维给学生书扇之事，也购一檀香木折扇，照录此二诗与学生周传儒，而告以"以此兼纪念王师"。（孙敦恒：《清华国学研究院纪事》，葛兆光主编：《清华汉学研究》第一辑，第320页）

5月 中国学术讨论社编辑的《中国学术讨论集》，由无锡方东亮发行，上海群众图书公司出版。内载陈柱《设立国学研究院之我见》一文，主张创办国学研究院，兼取无锡国学专修馆注重作文和清华研究院注重专题研究的优长，延长年限，以整理古籍为主要工作，既可训练学生，又可增进中国文化。

中国学术讨论社"以研究中国固有的各种思想学说、艺术及其社会政治之组织，阐发其义蕴，平论其得失，借以促进中国文化之发展为宗旨"，"为纯粹研究学术之团体，不含其他目的。为保持思想自由、言论自由计，不作政治运动，不与任何非学术团体发生关系"。分为季刊编辑股、丛书编辑股、研究股。为实事求是起见，各股事宜暂由发起人担任，不设社长、主任等名目，亦无选举手续。社员由发起人介绍入社后，须按期投稿季刊，或担任编辑丛书，或提出研究题目，按期送交各股编辑处。季刊由发起人陈柱担任编辑，每期于2月、5月、8月、11月收稿，准于1月、4月、7月、10月发行。凡社员投稿季刊，视稿件多寡，赠送季刊一册以至十册，不录者恕不退还，申明退还者亦可照办。丛书由发起人陈钟凡担任编辑，凡关于审查、出版等事宜，概由其负责办理。打算先从编辑丛书，发行季刊两事着手进行。编辑丛书范围是：搜集遗佚、辑订类书、考订古史、注释群经诸子、研究纯文学、商榷学术、编辑学术通史、考核典制、采访金石、考订古物、采讨中国古代言语语音文字及近代方言、搜集古代美术（图画、建筑、雕刻等）、旁稽古代历数、整理古代各种杂技（医药、音乐等）、编制各种书目以及其他。拟每年召集大会一次，预择地点，于暑假中举行。会中举行研究问题，宣读论文及其他各种游艺，会费临时由出席会员公认。社址分三处，一是上海戈登路劳勃生路致和里二十四号，二是无锡学前国学馆，三是南京鼓楼南金陵大学农场西清晖山馆。丛书事宜与南京分社陈钟凡接洽，季刊事宜与无锡或上海陈柱尊接洽。（《中国学术讨论社简章》，中国学术讨论社：《中国学术讨论集》第一集，上海群众图书公司，1927年，第

181—183页）"比丛书已编就多种，将次弟［第］刊布。季刊为社员随时发表意见，及与海内外学者商榷之文字，名曰《中国学术讨论集》。"暂由群众书局代印，各界函投稿及关于编辑交换杂志联系人，是上海大夏大学陈柱尊、无锡国学馆陈柱尊、南京金陵大学陈钟凡（斠玄）。并拟自办印刷所和自办图书馆，为将来办研究所之预备。（《中国学术讨论社启事一》，中国学术讨论社：《中国学术讨论集》第一集）

第一集宣言称：

> 学术本天下之公器，非一家之私言。本集同人，有鉴于此，特本客观之精神，用科学之方法，研究本国学术，义理制度，则务别其是非，训诂辞章，亦务究其正谬，鲁莽掊击之词，固所弗取，抑扬导谀之语，尤所力除。词务远夫鄙倍，论唯蕲夫持平，如是而已。若夫一题之论，彼此或乖，一字之诂，尔我各异，意倘异夫嚣讼，事可资于讨论，亦并录焉，以俟质正。总斯诸旨，辑成是编，命之曰《中国学术讨论集》云尔。百尔君子，监此宣言。（《宣言》，中国学术讨论社：《中国学术讨论集》第一集）

具体分图画、诸子讨论、古史讨论、文字学讨论、目录学讨论和泛论等栏。作者主要是陈柱，此外还有刘师培（遗著）、吴敬轩、陈钟凡、王蘧常、唐文治、刘纪泽、陈一百。从《本集同人所著书及校刊书出版预告》可知，陈钟凡著《中国文学批评史》，中华书局印，不日出售。陈钟凡著《中国文学批评》，中华书局印，不日出售。陈柱著《老子集训》，商务印书馆印刷中。陈柱著《墨子十论》，商务印书馆印刷中。陈柱著《定本墨子闲诂补正》，北京朴社印刷中。苏时学著《墨子刊误》，附陈柱《〈墨子刊误〉刊误》，北京朴社印刷中。刘师培、陶鸿庆等著，陈钟凡校编《荀学三种》，北京朴社印刷中。刘师培等著，陈钟凡编校《楚辞学丛刻》，北京朴社印刷中。陈柱著《国学锥沧》，不日付印。陈柱著《老子八论》，不日付印。陈一百著《曹子建诗研究》，不日付印。陈柱编《粤西十四家诗钞》，华南印书社印刷中。

陈柱在《设立国学研究院之我见》一文中指出："西学东来，我国旧有学术，始则受其打击，暂见动摇，继乃以彼邦科学之法，整理国学，于是涂径大辟，反与西学相得益彰，而国人研究国学之声浪，亦愈高矣。""近来各处多有国学研月［究］院、国学专修馆之设，其中内容多未深悉，不敢妄论。就我所知，最足以注意者，莫若无锡之国学馆，及清华大学之研究院，深有讨论之价值。"比较而言，无锡国学馆的特点是，肄业生定三年毕业，授以经史子集。上课授受，及一切办法，均与学校无异。唯每月文课，以三与十八两日为试期，颇有旧时书院气味。然作文时间只有半日，有教师在堂监考，仍与学校无大异。"教师虽分授经史子集，然考试时教师皆可自由命题，题目多四五条，至少二三条，不必定在其所授课之范围之内。学生作文，亦极自由，止于数题之中，而择其一题耳。"清华研究院梁、王诸人，"固重演讲，尤重于咨问。学生分题研究，而有专门教授为之指导，定一年毕业"。"以上两者，自开办以来，已成绩斐然可观。观国学馆之演讲录及清华之《实学》杂志，已可见其一斑。其毕业生之著述，则尤有足多者，兹不赘言。"

二者也有缺点，即"规模尚未能宏大"。"国学馆作文必在课堂，无论一日半日，为时均太速，虽可以养成敏捷之文才，然实苦无时日以为深湛之研究，故其结果，则文学之士多，而实学之人才较少。"清华研究院采分题研究办法，"固有充分研究之时间矣，然修业期限，止于一年，则未免太过短促。离校以后，贫贱者逼于饥寒，富贵者流于逸豫，此士之恒情也，能免此几何人乎？则其成就之数，当亦有限"。

主张设立"国学研究院"，招收国学已有根柢的学生，修业期限至少四年。头两年采取无锡国学馆教法，稍作变通。每日授课四小时，每月月考二次，一次在堂，教授监考，训练敏捷，一次预先两星期出题，从容研究，养成精博。两年以后，略如清华研究院，注意临时讲演及专门指导，而以整理国学书籍为最要课程。我国古籍渊博，已为世界公认。考订训诂，至清代诸儒已大放光明，古籍泰半可读，但或为专家之书，不便初学，或为札记之体，难于采掇。例如，正续《皇清经解》，罕有适合中学生及大学生治学之书。即便四书五经向来家弦户诵之书，今日也不适合教学。国学研究院宜聘请宏通之士为教授，发凡起例，令诸生整理，或令人为一书，或数人十数人合为一书，略如孙诒让《墨子间诂》，王先谦《荀子集解》《庄子集解》之类，参互博采，由经至子史集，次第编订，复由教授监定，刊行于世。昔人已经整理，但历时已久，新知日益，如上述三书，亦不妨再作补正。"如是则肄业者既有根柢，又因编订古籍，而益增其学，其所得成绩，亦于海内有莫大之供献。由是为之，十年之后，中国文化必大有进步，岂区区执书讲解，与命题作课者，所能望其肩背乎，是不得不深有望于当今之提倡国学

者矣"。（陈柱：《设立国学研究院之我见》，中国学术讨论社：《中国学术讨论集》第一集，第 161—164 页）

△　厦门大学前国学研究院人类学教授史禄国偕夫人到集美学校，测验男女体格，为比较研究之材料，预定两星期蒇事。（集美学校：《集美学校编年小史》，第 15 页）

夏　北平铁路大学辛未级毕业生组织国学研究会，英文名为 CHINESE LITERARY CLUB。

参与其事的吴遵晦于 1931 年时回忆称：

> 吾国为先进之邦，文化发达最早，文学深奥，世无与匹，徒以国势蜩螗，未能普及世界，深可慨也。我校对于国学，向极注重，正课而外，复有国文特试以提倡之，所以不乞怜之醮，而毁家之宝也。历年同学，颇饶有研究国学之兴趣者，欲于涉猎西学之余暇，钻仰国故。而此民十六年夏成立最先之国学研究会，亦因之而扩充发达，以迄于今。

本年 2 月，国学研究会改组，新添会员凡五十余人。除原有指导陈任中、宗之潢二教授外，复聘袁序安、马振彪、崔杰三教授为指导。研究目标，则别为文章、辞赋、经、史四大类。"良以述言纪事，义理蕴于文章，通志发情，感慨系之辞赋，习经以穷理究性，读史而彰往察来。明此诸端，足以应世矣。"（北平铁路大学编印：《北平铁路大学辛未年刊》，1931 年）

6 月 1 日　清华国学研究院举行第二届学生毕业典礼和师生叙别会。

布席凡四，梁启超、王国维、陈寅恪、赵元任四教授各人一席，餐前聚坐，师生畅谈别情。戴家祥记述："座中（王国维）先生为吾侪言蒙古杂事甚畅，其雍容淡雅之态，感人甚深。私念先生年未及衰，治学之意兴甚豪，自后受教之日长，今虽小别，同学或有感时叹息，戚戚焉，若大患之将临者，而某初未尝有寥落失意之思也。"宴席将散，梁启超起立致辞，历述同学们之研究成绩，谓："吾院苟继续努力，必成国学重镇无疑。"众皆聆听，王亦点头表示同意此论。席散，王与众作别如平时，然后随陈至南院陈宅，二人畅谈至傍晚。其时有学生姚名达、朱广福、冯国瑞三人去其家中拜访，接电话后即回，对来访弟子亦如往常，"恳恳切切，博问而精答，相语竟一小时"。晚饭已列，姚名达等乃告辞。晚，王阅批学生试卷如常。（孙敦恒：《清华国学研究院纪事》，葛兆光主编：《清华汉学研究》第一辑，第320—321页）

△　无锡国学专修馆师生回校复课，本届毕业生延迟半年毕业。

直至5月24日，前驻无锡国学专修馆内的国民革命军第十四军工兵第一营，转驻无锡车站货房。（《地方通信·无锡》，《申报》，1927年5月25日，第2张第7版）

《私立无锡国学专修学校十五周纪念册·校史概略》："六月一日，学生崔履宸、路式遵等公请校长复职，悲喜交集，爰议定诸生毕业期展缓半年。"另据唐文治记云：

> 五月二日，馆生崔履宸、路式遵迎余复职，同人咸回馆；而沈君健生自专修馆解散后，常住余家，照料一切，始终未去，尤为可感。馆中因军队驻扎，房屋墙壁颇有损坏。此次恢

复，崔、路二生之功居多。崔，广西人；路，宜兴人。（唐文治
著，唐庆诒补：《茹经先生自订年谱》，第 95 页）

《本校大事记》载："越两月……徐梦影事败脱逃。同学会代
表蒋庭曜、王蘧常等赴南京教育厅具呈，请求恢复。在锡同学崔履
宸、路式遵等亦奔走相助。旋奉教育厅令，饬无锡县政府出示保
护。爰于六月一日，公请校长等复职，诸同学先后来校上课。"（《国
专校友会集刊》第 1 集，第 3 页）

1936 年，唐文治忆称："五月徐梦影在沪就逮，六月一日，学
生崔履宸、路式遵等，请余及各教授复职，屋无长物，满目苍凉，
而孙君犹韬晦不敢出。余假百余金支持至暑假……"（唐文治：《国学
专修学校十五周之过去与未来》，引自陆阳：《唐文治年谱》，第 363 页）

△　刘英育在《云阳旅省学会会刊》"学艺"栏发表《国学
中之历代经学沿革谈》，主张国学虽然包罗甚富，但研究须以经学
为主。

刘光教，字英育，当时年 23 岁，四川省立国学专门学校学生，
1926 年加入云阳旅省学会。（《十五年度本会新会员一览表》，《云阳旅省
学会会刊》，第 2 期，1927 年 6 月 1 日）他认为，历代经学书籍汗牛充栋，
治经必自五经始。不过，儒家狭隘主义造成我国学术不能进步，当
此大同世界、共和国体之下，已经解脱专制时代狭隘主义的余毒，
明白世界学说的广博。（刘英育：《国学中之历代经学沿革谈》，《云阳旅省
学会会刊》，第 2 期，1927 年 6 月 1 日）

6月2日　清华研究院教授王国维投颐和园昆明湖自尽，遗嘱
书籍托陈寅恪和吴宓处理。清华校长曹云祥、教务长梅贻琦和研究

院师生至颐和园接回遗体。

据吴宓日记，当天晚饭后，陈寅恪到吴宓处闲谈。赵万里来，寻觅王国维，因其晨出，至今未归，家人惊疑。吴以王国维独赴颐和园，恐即效屈原故事。不久侯厚培向吴报告，王已于上午十时至十一时之间，投颐和园昆明湖中自尽。吴晚赴陈宅，而研究院学生纷纷来谈王事。晚九时，吴和陈及曹云祥、梅贻琦、研究院教授和学生三十余人，共乘二汽车，至颐和园，欲抚视王遗体。而守门者承驻军某连长之命，坚不肯开门。再四交涉，候一小时余，始允曹、梅及乌守卫长三人入内。王此次舍身，为殉清室无疑。大节孤忠，与梁巨川同一旨趣。若谓虑一身安危，惧为党军或学生所辱，犹为未能知其人。盖旬日前，王曾与陈寅恪在吴宓室中商避难事。吴劝其暑假中独游日本。陈劝其移家入京居住，己身亦不必出京。王言"我不能走"。一身旅资，才数百元。区区之数，友朋与学校，均可凑集。其云我不能走者，必非缘于经费无着。"今王先生既尽节矣，悠悠之口，讥讪责难，或妄相推测，亦只可任之而已，若夫我辈素主维持中国礼教，对于王先生之弃世，只有敬服哀悼已耳。"（吴宓著，吴学昭整理：《吴宓日记　第3册：1925～1927》，生活·读书·新知三联书店，1998年，第344—345页）

6月3日　清华研究院停课一日，处理教授王国维后事。

吴宓日记写道，上午十时，见教务长梅贻琦。又至陈寅恪宅中，遇梁启超等，谈王国维事。知其昨日就义，至为从容。故家人友朋，事前毫无疑虑。旋同梁等同见校长曹云祥，商谈为王请抚恤金。吴未就座，独先出。遇研究院学生吴其昌等二十余人于校门外，遂同步行至颐和园。在门外久坐，候众均到，乃入。至排云殿西鱼藻轩王投湖水尽节之所。遗体卧砖地上，覆以破污芦席。揭席瞻视，衣裳面色如生，至为凄惨。已而清华研究院及大学部学生三四十人，及家族友好，均来集。吴饥甚，独至轩后食堂，进咖啡面包少许。如是直待至下午四时半后，北京检察厅某检察官始至，仍须解衣检验，并一一询问证人。时天阴欲雨，屡闻雷声。遗体渐胀大，众殊急虑。五时许，舁遗体至清宴舫后，园西北隅小门外三间空屋内，以前清冠服入殓。而候至晚八时半，柩始运到。吴饥不能忍，乃与戴元龄等四人，在青龙桥镇中一小店内进面食糕饼等。饱餐之后，乃随众送殡。研究院学生执素纸灯以随，直至清华园南二三里刚果寺。停放既妥，即设祭。吴随同陈寅恪，行跪拜礼。学生等亦踵效。

宓思前年来京，清华学校命宓迎请王先生到此讲学。今甫二载，而送王先生灵榇至此庙中。宓始终裹随其间，亦云惨矣。宓又思宓年已及王先生之三分之二，而学不及先生十之一。王先生忠事清室，宓之身世境遇不同。然宓固愿以维持中国文化道德礼教之精神为己任者，今敢誓于王先生之灵，他年苟不能实行所志，而溘忍以没；或为中国文化道德礼教之敌所逼迫，义无苟全者，则必当效王先生之行事，从容就死。惟王先生实冥鉴之。

下午四时半，检验遗体之际，于内衣袋中搜得遗嘱一封，及现银四元余。外书"西院十八号王贞明先生收启"，王贞明为王国维第三子。吴以受王遗命，与陈寅恪共同整理其书籍为莫大荣幸。（吴

宓著，吴学昭整理：《吴宓日记　第3册：1925～1927》，第345—346页）

王国维遗嘱如下：

　　五十之年，只欠一死。经此世变，义无再辱。我死后当草
草棺殓，即行藁葬于清华茔地。汝等不能南归，亦可暂于城内
居住。汝兄亦不必奔丧，因道路不通，渠又不曾出门故也。书
籍可托陈、吴二先生处理。家人自有人料理，必不至于不能南
归。我虽无财产分文遗汝等，然苟谨慎勤俭，亦必不至饿死也。

　　五月初二日，父字。（吴宓著，吴学昭整理：《吴宓日记　第3册：
1925～1927》，第346页）

王国维遗著的整理出版，陈寅恪出力尤多。据戴家祥说：

　　王先生遗嘱，遗书请陈、吴两先生整理，陈即指寅恪师，
吴指吴宓。陈师把王先生遗著托赵万里整理，赵又把经学、小
学一部分材料托戴家祥校对，送交天津罗振玉，即所谓《王忠
悫公遗书》。又和北京图书馆长袁同礼商量，由北京图书馆买
进王先生所有藏书，以免散失。议价一万元。袁氏检查其中一
部分为市面通行本，馆中已有复本，建议折价剔除，出价五千
元。陈师最后裁定，由袁氏先选，所遗部分让研究院同人及王
先生亲友选购，留作纪念。不管得值多少，北京图书馆负责补
足万元。因其中多王先生眉批校语存焉。盖大学问家之书，足
以启迪学者，固不以多少计值也。（卞僧慧纂：《陈寅恪先生年谱长
编（初稿）》，第102页）

6月4日　新闻媒体纷纷发表清华研究院教授王国维自杀报道，谣诼纷传。

《申报》要电据3日晚十点消息，称"王国维在颐和园投河死"。（《本馆要电二》，《申报》，1927年6月4日，第2张第6版）亦发表《清华教授王国维自尽记》，报道投河经过详情，并谓："三日王之死耗传至清华，该校研究院学生受王诱掖，感情最厚，闻之无不大恸，遂齐赴颐和园，有抚尸哭失声者。其感人之深，令人景慕之切，可以想见矣。""闻清华研究院生本届毕业，例有奖金，各生均将捐作王氏葬费。"并首次在媒体发表王国维遗嘱，误称受托整理其遗籍者"陈吴二先生"为陈衡恪、吴宓，称"王与陈尤相得"。末谓："据其门人谢国桢云：'先生之学，博通中外，首倡尼采学说，实为介绍西哲之学入中国之第一人。'日人亦多知王氏者，连日赴清华搜求遗书遗迹者极多。"（《清华教授王国维自尽记》，《申报》，1927年6月12日，第3张第10版）

其他没有获悉王国维遗嘱的报纸纷纷猜测。北京《益世报》据某报告简单描述自杀前后经过后，谓："至王氏何故自杀，至今尚在一般推测中，因王事前绝［无］表示，死后又无遗文遗嘱之发见，中外学术界对王之死，已受甚大之震动。因王在近代东方学者中，占相当之地位与声望，忽发生如斯之巨变，殊出人意表之甚者也。"（《清华教授王国维自杀》，北京《益世报》，1927年6月4日，第7版）

北京《晨报》认为，王国维是我国的"世界"学者、"有数之国学家"。"端午佳节，家家遍插蒲艾之时，记者不能不报告一近来最可惨之新闻，实属遗憾之极。我国唯一之龟甲文学者王国维，竟因悲世而自投于颐和园之昆明湖。当此惨报传出之后，王之知交及门人纷往王处吊问（在清华学校校内），颇与人心以较大刺激。""王之自杀原因如何，则因尚未发见遗书，不知何在。唯以王平日之为人则之，或系对于世事有所愤慨，致悲观而出此欤？"末附王国维生平，内云：

> 氏之思想如何，姑不必论，专就学问而言，则不独为我国现代有数之国学家，亦为世界的绝无仅有之大学者也。今日世界之能读龟甲文者，氏可称为硕果仅存矣。吾人于接受惨报之余，不禁感觉我国学术界前途之寂寞矣。后之游颐和园者，过昆明湖畔，得无追念氏之学术，而有无穷之感慨耶？昆明湖或将因氏而承其名于史册矣。（《我国之世界的学者王国维投昆明湖自杀》，《晨报》，1927年6月4日，第6版）

有些报纸认为，4月11日，湖南民党对旧学家叶德辉执行死刑，是王自杀之诱因。天津《黄报》据长沙通信云：

> 此间前商会会长叶德辉氏，日前被国民政府逮捕后，旋即提交特别法庭审讯，结果判决死刑，于昨十一日执行枪决。至其被杀原因，系被人指为旧派势力之代表，遂为民党所恨，实则毫无死刑之罪。湖南民党之专横暴戾，于此可见一斑，良可叹也。按叶氏号焕彬，一字渔水，别号郋园，为旧学名宿，尤精于小学。在前清时，由进士出身，曾任吏部主事。晚年在湘教养子弟，兼收门弟子甚众。家中藏书甚多，价值二十余万。叶长于记忆，所阅书籍，过目不忘。湘省旧学大家，自王湘绮

之后，应推叶为第一。又精于子平，惟不常为人轻言休咎，盖叶固以研究学术为前提也。日本文学博士盐谷温氏，亦曾受教于叶之门下。其学问之淹博，可想而知。近年以来，兼营实业，曾被举为长沙商会会长。去岁党军入湘，人多劝其暂避，叶竟泰然自若，不愿作亡命之徒。今果不幸惨遭杀戮，诚中国学术界之大不幸也。(《湘民党之残毒——旧学家叶德辉遭惨杀》，《黄报》，1927 年 4 月 22 日，第 3 版)

王国维自杀后，《黄报》称其为"保皇党"："平常对时局，多抱悲观。近南军势张，王颇虑将来于宣统有何不利，故愤而自戕云。"(《清华教授王国维自杀》，北京《益世报》，1927 年 6 月 4 日，第 3 版)

天津《大公报》亦据 6 月 3 日北京特信称："本月一日，王尚与梁任公会晤，彼此谈及目下时局，均谓难抱乐观。梁告以即将避地出京，王尤戚戚，未尝去怀。因王平日对国事即抱悲观，恐党军北上，视为叶德辉第二。而京中谣言，又谓党军不久将至。""闻王氏此次自杀，并无遗嘱，但确为对时局抱悲观而死，京中学界，对王氏之死，无不惋惜云。"(《国学家王国维在颐和园石舫投水》，天津《大公报》，1927 年 6 月 4 日，第 2 版)

6 月 4 日，《顺天时报》报道王国维自杀消息，内称"前清曾充宣统师傅，为保皇党之一人，入民国后，仍留发辫不肯去，平常对时局，多抱悲观，近南军势张，王顾虑将来于宣统有何不利，故愤而自戕"。王国维曾赠"立言不朽"四字，为该报七千号纪念。述其履历，内称："民国十二年来京，在清宫南书房行走，为宣统帝讲学。其学问渊博，为时人所推重，为北京大学研究门聘为导师。

当冯玉祥逼宫时，愤然离北大，闭门谢客，惟专心问学。昨年复为清华学校所聘，以迄于今。如斯毕生之心血，均用之于著述，故著作等身，皆为中国现时之精粹，有世界的价值，为内外人所推重。对于清室，亦以曾食其禄之故，忠诚之念极笃，其名节之高，当代罕睹。其学问之深，人格之高，无论复辟派抑国民党，均相尊重。今夏虑清帝之安危，不堪烦闷，遂自投昆明湖，诚与屈平后先辉映。"（《王国维投昆明湖自杀》，《顺天时报》，1927年6月4日，第7版）

　　同日，周作人看到《顺天时报》谓王国维"保皇党"，斥为"荒谬绝伦"，认为"以头脑清晰的学者而去做遗老弄经学，结果是思想的冲突与精神的苦闷"，才是自杀主因。"王君是国学家，但他也研究过西洋学问，知道文学哲学的意义，并不是专做古人的徒弟的"。然而政治上选择做"遗老"，学问上"钻到'朴学家'的壳里去，全然抛弃了哲学文学去治经史"。"在王君这样理知发达的人，不会不发见自己生活的矛盾与工作的偏颇，或者简直这都与他的趣味倾向相反而感到一种苦闷——是的，只要略有美感的人决不会自己愿留这一支辫发的，徒以情势牵连莫能解脱，终至进退维谷，不能不出于破灭之一途了"。（岂明：《闲话拾遗》"偶感之二"，《语丝》第135期，1927年6月11日）

　　同为新文化阵营，相比周作人，胡适对王国维更显同情和尊重。6月6日，胡适日记也写道："前天报纸登出王静庵（国维）投河自杀的消息，朋友读了都很不好过。此老真是可爱可敬的，其学问之博而有要，在今日几乎没有第二人。"（季羡林主编：《胡适全集》第30卷，第487页）与王国维的文化立场相近者，则无不悲戚。下午四时，黄节访吴宓，后者迎入述王国维死事。黄节"大悲泣，泪涔泫下"，认为王之死，"必为不忍见中国从古传来之文化礼教道德精神，今将日全行澌灭，故而自戕其生"。吴宓又详述遗嘱种种，黄节转谓"如是则王先生志在殉清，与彼之志稍异"。吴宓认为，"二先生所主张虽不同，而礼教道德之精神，固与忠节之行事，表里相维，结为一体，不可区分者也。特因各人之身世境遇及性情见解不同，故有轻此重彼者耳。善为采择而发扬之，是吾侪之责也。"6日7日，吴宓上书黄节，"劝其不必悲观，而率导后生，积极为中国文化礼教道德精神尽力"。（吴宓著，吴学昭整理：《吴宓日记 第3册：1925 ~ 1927》，第347、350页）

6月5日 天津《大公报》头版发表社评《悼王国维》，称为中国学术之不幸。

社评先评王国维之治学理念，内称：

> 海宁初治哲学，通东西语。后治元明文学，著《曲录》《宋元戏曲史》。最后专治经史，旁及声音文字之学，著作尤富。其论学有曰："道咸以降，学者尚承乾嘉之风，然其时政治风俗已渐变于昔，国势亦稍稍不振。士大夫有忧之，而不知所出，乃或托于先秦西汉之学，以图变革一切。然颇不循国初及乾嘉诸老为学之成法，其所陈夫古者，不必尽如古人之真，而其所以切今者，亦未必适中当世之弊。其言可以情感，而不能尽以理究。"海宁之意，以为学问之品类不同，而其方法则一。为学者当具龚璱人魏默深忧时之心，循戴东原钱竹汀治学之术，而后古今交融，情理并茂，此足见其治学大概。

　　论其治学特点，谓蒋汝藻《观堂集林》之序，称王国维"其术甚精，其识甚锐，故能以旧史料释新史料，复以新史料释旧史料，辗转相生，所得乃如是之夥也"。实则"其言肤泛，未为知海宁"；罗振玉论其学近于程易畴，亦未必符合王之意。至谓其与伏生、申公同游，则"去海宁意当益远"。

　　　　海宁治学，极重条理，虽规抚钱戴，而科学意识，特为显著。惜其所诣，遽止于此。此非海宁之不幸，而中国学术之不幸也。吾人于海宁，初无一面缘，主张亦与海宁不侔。前于海宁之死，可纪者，莫若康长素，可哀者，莫如叶焕彬，而独于海宁之死，不胜其悲悼者，非独为中国学术惜也。使海宁而忍死著书，其成就何可量。虽然，海宁中国文士也。海宁而不以名节自立，如中国何，如中国文士何，呜呼。（《悼王国维》，天津《大公报》，1927年6月5日，"社评"，第1版）

　　同日《大公报》第2版"续据友人谈称"，详述王国维自杀动机：

　　　　王平日为人极澹泊，在该校研究院任教授已二年余，对清室素矢忠诚。自时局变化，常抱悲观，久存愤世心，徒以北方近日，旧道德尚表面尊崇，故允在清华讲学，一面得致力于著作。王之作品甚多，除《人间词话》《宋元戏曲史》《蒙古史料四种》等，久已脍炙人口外，近作之《观堂集林》一书，尤为研究国学者所赞佩。今岁新年，王诣溥仪贺岁，曾以此书相赠。

武汉局变后，深恐党人势力伸入京津，将不利于溥仪。自叶德辉被害，复不免有兔死狐悲之感。以不忍见溥仪之穷，及唯恐本身为叶德辉之继，所以早存一必死之心。近因豫战变化，谣诼纷起，有人告王以奉张将出关消息，适闻梁任公将东渡日本，王益信时局有变，认为死期已至，而自杀动机，遂起于此矣。

论王国维治学演变：

　　幼攻哲学，通英日文。嗣改治经史小学，浙名宿沈子培所赏识，胡适亦极服膺其学问，尝谓中国当世学者共有三人，即章太炎、罗振玉与王也。最近王专力于著作元史，与日本有名汉学者狩野博士等研究，称莫逆。对柯劭忞所著之《新元史》，颇致不满。惜著述未竣，遗憾滋多。王于宣统时，曾在南书房行走，故自矢忠于清，然在学校讲学，则决不涉政治，所以学生乐与亲近。清华研究院教授共五人，嗜王及梁任公之学者最多。兹以时局关系，王既悲愤而自杀，梁又将出国离京，一死一去，与该校研究院前途，影响亦殊不少也云云。（《呜呼王国维》，天津《大公报》，1927年6月5日，第2版）

　　所谓"友人"，或即吴宓。上午，吴作函邮寄《顺天时报》总编辑，详述王国维死节情形，意在改正其新闻错误，并附录遗嘱原文。函署"清华学校一分子，爱敬王先生之一人启"。（吴宓著，吴学昭整理：《吴宓日记　第3册：1925～1927》，第347—348页；吴学昭：《吴宓与陈寅恪》增补本，生活·读书·新知三联书店，2014年，第79—81页）6

月7日，该报以"清华学校某君来函"，详述经过和遗嘱。(《王国维在颐和园投河自尽之详情》,《顺天时报》, 1927年6月7日，第7版)

山西《来复报》据北京通信得知"国学大师"王国维死讯，"天下震动"。基本转述《大公报》报道后，内称："先生于前清宣统时，曾在南书房行走，故矢忠清室，彻始彻终，可称真遗老之一，以视欺世盗名之梁鼎芬、林纾辈，实有薰莸之别，真可惜也"。(《时事采集》,《来复报》第444号, 1927年6月13日) 有人以英汉对照的方式，在英文杂志报道国学家王国维之死的消息，将其担任职务写错。其英文内容是：

Peking, June 8.—Mr. Wang Kuo-wei, the famous sinologist, committed suicide on June 2 by drowning himself in the lake of the Summer Palace, Peking. Mr. Wang had lately been a professor at Tsing Hua College, Peking, where he was head of the Chinese Research Institute. He was an expert on Chinese history and archaeology, and had written many books.

对应的中文内容为："北京，六月八日——我国著名国学家王国维先生，突于本月二日在北京颐和园投湖自尽。按先生晚近曾充北京清华大学教授，主任国学研究院院务，先生精于中国历史学及考古学，著作甚富云。"[徐世光: *Famous Sinologist's Suicide*(《国学名家自尽》),《英语周刊》, 第609期, 1927年6月18日]

△ 西北考察团团员徐旭生致函北京大学研究所国学门主任沈兼士及马衡，报告近况。

当时考察团已至内蒙古茂明安旗，发现材料到处都是。团员曾到百灵庙考察，因喇嘛索贿，只能参观正殿，请求征得北京政府蒙藏事务院公函，寄到甘肃毛目县，方便日后参观。此前徐旭生曾致函胡适，请其在中英庚款中设法拨款。"款项困难，到处荆棘，将来外国人所发表底非常成功，而我们所发表的太不像样，每次念及，异常踌躇。如果适之能在英款中想出法子，有米才能炊饭也。"（《西北科学考察团消息》，《北京大学研究所国学门月刊》，第1卷第7、8期合刊，1927年11月20日）

△　周中五在《申报》介绍胡适逸事，论及胡适"国学无生气"之语。

内称胡适"游学美国，初习农，不得志，改考文科，得哥仑比亚学士位。复研哲学，得康奈尔博士。返国受北大聘，为文科主任，生平崇尚实际主义，尝谓国学无生气，乃首倡文学革命，实行文言统一。同时唱新体诗，风行海内，遂推为新文学巨子。今之学校课本与社会文字，一律改用语体文者，皆博士之功也"。（周中五：《胡适之轶事》，《申报》，1927年6月5日，第4张第16版）

6月7日　清华研究院举行本学年第十二次教务会议，到会者赵元任、陈寅恪和李济，梅贻琦主持，审查毕业学生成绩。

梅贻琦报告，本年毕业成绩业经王国维、梁启超、赵元任、陈寅恪诸教授会同详细批阅，提请教务会议审查。审查认为合格者有30人，均应给毕业证书。他们是：刘盼遂、吴其昌、姚名达、赵邦彦、黄淬伯，均为第二年；谢国桢、刘节、陆侃如、毕相辉、郑宗荣、陈守实、高镜芹、谢念灰、王耘庄、宋玉嘉、戴家祥、司秋沄、王力、全哲、朱广福、颜虚心、冯国瑞、杨鸿烈、卫聚贤、管效先、黄绶、姜寅清、陶国贤、侯堮、朱芳圃。吴金鼎成绩补齐后，亦给予了毕业。徐继荣中途退学，未予毕业。本届没有排成绩等级；举行了成绩展览。（孙敦恒：《清华国学研究院纪事》，葛兆光主编：《清华汉学研究》第一辑，第322—323页）

吴金鼎师从李济，起初没有毕业证书。据戴家祥忆说："李老师所讲的考古学与我们过去所讲的考古，或者挖古董、收藏古董，实在相去十万八千里。"在第二届同学中，只有吴金鼎一个人选择这门专业。吴是山东人，毕业齐鲁大学，看样子实在是个木讷君子，整天拿着本巨型的外文书。据陈寅恪背地对戴说："吴金鼎英文好极了！"可是他没有写出论文，1927年暑假没有拿到毕业证书。"这可能是因为当时找不到一个考古发掘的现场。"（戴家祥：《致李光谟》，李光谟编：《李济与清华》，第171—172页）

△　江苏省立第二师范学校国学研究会请顾钺僧讲演"周末唯心唯物两派思想之研究"。

江苏省立第二师范学校国学研究会定于今日上午八时，请前东南大学"国学教授"，现沪江大学"国学教授"顾钺僧演讲，讲题为"周末唯心唯物两派思想之研究"。（《二师国学会请顾君演讲》，《新闻报》，1927年6月7日，第3张第4版）

6月8日　北京大学研究所国学门通告沈兼士、马衡赴日参加东方考古协会带回之印刷品清单。

计有东京帝国大学乐浪郡王旰墓发掘品目录一件，东京帝国大学下总姥山贝嫁发掘调查豫报一册，东京帝室博物馆案内绘画部一册，《东洋文库沿革略》一册，*Rough history and deseriktion of the orientoe library* 一册，*Memoris of the research department of the toyo* bunko 一册,《宫内省图书寮增加帝室和汉图书目录》一册,《游就馆陈列品一览》一册, 游就馆内陈列品绘叶书十九张, 游就馆外陈列品绘叶书十张, 日本风俗绘叶书五十张, 太夫道中（官妓行列）绘叶书十张,《恩赐京都博物馆讲演集》第一、二、三号三册,《恩赐京都博物馆美术品目录》绘画之部第一、二、三号三册,《恩赐京都博物馆美术品目录》雕刻建筑之部一册, 恩赐京都博物馆绘叶书五张, 佛法最初之伽蓝京都太秦广隆寺国宝绘叶书佛像第一、二辑二十张, 佛法最初之伽蓝京都太秦广隆寺国宝绘叶书佛书文书之部十张, 佛法最初之伽蓝京都太秦广隆寺建造物绘叶书十张, 牛祭绘叶书五张, Ryokoku university bulletin 二部,《龙谷大学一览》（大正十四年六月至现在）一册（附大正十五年度龙谷大学文学部开讲学科细表一件）, 本派本愿寺书院滴翠园画家姓名一张, 木户达摩堂绘叶书六张,《有邻馆记》一册, 京都祇园歌舞会（照片）五张,《东西合同大歌舞伎照相》一册, Nara（奈良旅行指南）一册,《奈良帝室博物馆室别陈列品目录》雕刻及历史品工艺品之部一册,《奈良帝室博物馆图书一览》一册,《奈良帝室博物馆书迹一览》一册,《奈良帝室博物馆雕刻一览》一册,《奈良帝室博物馆绘画一览》一册,《正仓院宝物古裂类临时陈列目录》一册, 奈良十六景绘叶书十六张, Catalogue of historical objects in the Nara imperial museum 一册, Catalogue of sculpture in the Nara imperial museum 一册, 正仓院式文样集古裂之部第一、二、三、四、五集五函共一百页, 官弊大社春日神社绘叶书第一、二、三辑二十四张, 药师寺绘叶书第一、二、三、四、五、六辑, 共三十六页, 附药师寺案内记。东大寺日本精华特别辑三张, 附日本精华特别辑目次一件。东大寺绘叶书第一、二、三、四、五辑二十五张。戒坛院绘叶书五张。法华堂佛像绘叶书十张。法华堂建筑绘叶书五张。法华堂文样绘叶书五张，附法华堂由绪概略一纸。中宫寺照片三张。中宫寺绘叶书十二张。法隆寺壁画聚附解说，一函十张。法隆寺国宝聚附解说，一函二十张。《大安寺伽蓝缘起并流记资财账》一册，《法隆寺伽蓝缘起并流记资财账》一册，《朝鲜总督府博物馆报》一册，《朝鲜雅乐乐器沿革》一册，附朝鲜雅乐大要一纸，雅乐典目一纸。《教文ノ朝鲜京城帝国大学开学纪念号》一册。朝鲜风俗绘叶书，二函二十一张。日光ノ琴，一张。日光山雨社全图，一张。日光东照宫绘书帖（二十页），一册。眠猫三猿刻绘叶书，二张。日光东照宫神供（一包）二件。二荒山神社御供物（一包）二件。日光山大猷庙参拜券，十二件。日光山药师堂绘叶书，七张。严岛神社宝物绘叶书第一、二辑，十六张。严岛案内，一件。《佛教美术社大和特建国宝石佛》一册。古圣物影印片五张。《唯识三十颂》《大乘百法明门论》二部，二册。《文镜秘府论》三册。《朝鲜ノ人文地理学的诸问题》一册。《男鹿半岛ニ於クル二ッノ港町ノ特色》一册。《村落社会研究ノ地理学的倾向》一册。《朝鲜部落调查ノ过程》一册。《朝鲜社会ノ动向》一册。《村落ヲ通ジテノ樺太ノ生活观》一册。《人文地理》（同），四页。《奉天名胜绘叶书》四张。（《研究所国学门通告》，《北京大学日刊》，第2134号，1927年6月25日，第1—2版）

6月15日 梁启超与梁令娴等书中提及王国维之死，并分析原因。

梁启超本月3日离开清华，本想立刻回津，4日获悉王国维自杀噩耗，又复奔回清华，料理王的后事及研究院未完事宜，直至8日才返到津寓。梁启超认为，王自杀的动机，如遗嘱上所说："五十之年，只欠一死，遭此世变，义无再辱。"王平日对于时局悲观，本极深刻。最近刺激，则由两湖学者叶德辉、王葆心被枪毙。叶德辉平日为人本不自爱，学问却甚好，也还可说是有自取之道。王葆心是七十岁的老先生，在乡里德望甚重，只因通信有"此间是地狱"一语，被暴徒拽出，极端棰辱，卒致死地。王国维深痛之，故效屈子沉渊，一瞑不复视。"此公治学方法，极新极密，今年仅五十一岁，若再延寿十年，为中国学界发明，当不可限量。今竟为恶社会所杀，海内外识与不识莫不痛悼。研究院学生皆痛哭失声，我之受刺激更不待言了。"（丁文江、赵丰田编：《梁启超年谱长编》，第1145页）

湖北国学馆停办后，王葆心于去年秋被聘为国立武昌大学国文教授，所谓被杀乃属谣传，但梁启超所言非空穴来风，未必无因。据5月26日《益世报》和《黄报》载：

湖北罗田王葆心，词章考据，冠绝时流，为张文襄之高足。癸卯举孝廉以后，即在京师大学等处担任经史教员。民国元年，并经汤济武聘充《天民报》主撰，中间曾历任教育部编审员、湖北国学馆馆长职务，凡鄂中稍识之无者，莫不知王之学问文章也。徐谦、邓演达在鄂主政，王因寒素，不能迁移，乃寄居武昌。本月某日，寄信京友卢慎之，内有君等在北京不啻天堂，我居武昌，无异地狱。函发之后，被检查员查出扣留，呈报赤化政府，即于次日将王捕出游行，旋即枪毙。王年近七旬，生平著述最多，遭此奇祸，旅京鄂人，皆为堕泪，并拟日内开会追悼云。（《一封信送一条命——王葆心作了汉皋新鬼》，

天津《益世报》，1927年5月26日，第4版；《湖北名儒王葆心遇害说》，
北京《益世报》，1927年5月26日，第2张第6版；《赤化政府惨杀鄂省
名儒》，《黄报》，1927年5月26日，第3版）

梁启超所言可能来自捕风捉影的新闻报道。关于王国维的死
因，外界从未停止猜测。

△　国民政府教育行政委员会公布大学教员资格条例，大学教
员名称分一、二、三、四四个等级，依次称教授、副教授、讲师、
助教，均对于"国学"有明确要求。

大学教员资格条例及大学教员薪俸表，以去年张乃燕所拟为
准。（《大学教员资格及薪俸已规定》，《申报》，1927年6月21日，第2张第7
版）大学教员资格，除规定学位等级、教龄长短、成绩大小等要求
外，还需要对于"国学"有研究或贡献。例如，助教须"于国学上
有研究者"，讲师须"于国学上有贡献者"，副教授须"于国学上有
特殊之贡献者"。教授则"副教授完满两年以上之教务，而有特别
成绩者"方可申请。[《南京国民政府教育行政委员会公布大学教员资格条
例》，中国第二历史档案馆编：《中华民国史档案资料汇编》第五辑第一编教
育（一），江苏古籍出版社，1994年，第168—169页]

在大学教员资格条例中规定国学要求的做法，还影响到中学教
员资格等新规。江苏省教育厅订定江苏省立中等学校教职员聘任及
待遇暂行条例，规定高级中学教师必须具备三项条件，其中一项是
"国学或艺术上富有研究者"。（《苏省中等校教职员聘任待遇条例》，《申
报》，1927年9月8日，第2张第8版）国立第四中山大学为扩充教育，制
定各县通俗教育馆、各县公共图书馆暂行条例，第六条规定，各县

公共图书馆馆长，必须人格高尚，服膺国民党党义，具体在大学或专门学校毕业，并于图书馆学有相当研究，或中等学校毕业，并曾在图书馆专科学校毕业，或"国学确有根柢"，而于图书馆学及社会教育有相当研究。(《四中大扩充教育之两条》，《申报》，1927 年 12 月 26 日，第 3 张第 10 版)

6月16日　北京文化学术界人士及浙江同乡在下斜街全浙会馆举行悼祭清华研究院教授王国维仪式，共收到哀挽诗联数百副。

赵万里《王静安先生年谱》载："罗先生（振玉）又来京经纪其丧事。五月十七日假全浙会馆设位致吊，共收得哀挽诗联数百副。"(《国学论丛》，1927 年第 1 卷第 3 号，第 133 页)

清华师生挽联挽词中，梁启超《挽王静安先生联》："其学以通方知类为宗，不仅奇字译鞮，创通龟契；一死明行己有耻之义，莫将凡情恩怨，猜拟鹓雏。"吴宓《挽王静安先生》："离宫犹是前朝，主辱臣忧，汨罗异代沉屈子；浩劫正逢此日，人亡国瘁，海宇同声哭郑君。"陈寅恪《挽王静庵先生》："敢将私谊哭斯人，文化神州丧一身。越甲未应公独耻，湘累宁与俗同尘。吾侪所学关天意，并世相知妒道真。赢得大清干净水，年年呜咽说灵均。"姚名达《挽王师联》："绝学不传，师胡早死；群嚣未息，吾欲无言。"王力《挽王静安师诗》："海内大师谁称首？海宁王公驰名久。樗材何幸列门墙，昕夕亲炙承相厚。日月跳丸将一年，心盲才拙枉钻研。犹冀常随幸一得，争知此后竟无缘。黄尘扰扰羽书急，万里朱殷天地泣。胜朝遗老久伤心，经此世变增于邑。损躯诸事早安排，犹勤功课诲吾侪。无知小子相猜度，不闻理乱故开怀。一朝报道无踪迹，家人弟子忙寻觅。颐和园内得公尸，身首淋漓裹破席。竟把昆明当汨罗，长辞亲友赴清波。取义舍生欣得所，不顾人间唤奈何。湖畔新荷畅生意，柳枝点水成深翠。枝头好鸟鸣钩辀，岸上有人独酸鼻。似此良师何处求？山颓梁坏恨悠悠。一自童时哭亡父，十年忍泪为公流。"（孙敦恒：《清华国学研究院纪事》，葛兆光主编：《清华汉学研究》第一辑，第323页）

6月24日　日本学者狩野直喜、内藤湖南等开会追悼清华研究院教授王国维。

赵万里《王静安先生年谱》载："是月二十四日，先生日本友人，狩野、内藤诸先生，假座京都袋中庵，诵经追悼。日本《艺文杂志》并为特刊追悼号。海内外学人，知与不知，无不同声哀悼。"（《国学论丛》，第1卷第3号）

6月29日　顾颉刚无法回复北京大学研究所国学门助教职务。

顾颉刚致函沈兼士称："北大研究所的职务，我已无法回复了，拟请沅君女士即真。未知先生以为然否？请即日核夺示知。北大尚欠刚薪水七百余元，如将来可拿到，乞先生费神代领，因刚尚欠人一千五百元，甚愿早日还清也。（我对于北大研究所，始终爱护。我实在不愿走。但有何法可留呢？鲁迅因为我曾任研究所助教，在匿名揭帖上说我在北大中只作书记，这不必辨。我决不在这资格上计较，先生亦不必以此相疑。我只要北大能给我现洋月一百五十元，我还是愿来作助教的。）"（顾颉刚：《顾颉刚全集·顾颉刚书信集》卷一，第521页）

6月30日　梁启超偕清华研究院学生为北海之游，发表谈话，勉励学生的道德修养和知识修养，两方面必须结合。

谈话要点有二："（一）是做人的方法——在社会上造成一种不

逐时流的新人。（二）做学问的方法——在学术界上造成一种适应新潮的国学。"梁启超继续批评现代学校制度的不良，强调借鉴儒家注重精神修养的改造方法，而以清华为试验场所。现代学校过于机械，只顾及智识。学生入学只为毕业文凭，没有意志，也没有机会从事其他。部分有志青年虽然不满，但不能跳出圈套。因此，社会上改造教育的要求日益迫切。两年来到清华的抱负，即欲在此新机关中，参合旧精神，在学校功课方面，体现儒家修养。智识和人格修养，均须且可以采用科学方法。现代学校完全偏在智识一边，而老先生又统统偏重修养一边，失之太空，必须斟酌两者，使打成一片，达成平衡。

我很痴心想把清华做这种理想的试验场所。但照这两年的经过看来，我的目的并未能达到多少。第一个原因，全国学风都走到急功近利，及片段的智识相夸耀，谈到儒家道术的修养，都以为迂阔不入耳。在这种氛围之下，想以一个学校极少数人打出一条血路，实在是不容易。第二件，清华学校自有他的历史，自有他的风气，我不过是几十位教员中之一位。当未约到多数教员合作以前，一个人很难为力的。第三件，我自己也因智识方面嗜好太多，在堂上讲课与在私室和诸君接谈时，多半也驰骛于断片的智识，不能把精神集中于一点。

检讨自己在清华研究院指导学生情形，一是知识没有专长，仅为学问引路人。

研究院的形式，很有点道尔顿制的教育，各人自己研究各人的嗜好，而请教授指导指导。老实说我对于任何学问并没有专门的特长，所以对于诸同学的工作中间也有我所知道的，我当然很高兴地帮帮他们的忙，也许有我们同学的专门工作比我还做得好，这到不是客气话。外国研究院中的教授，于很隘小范围内的学问，他真个可以指导研究，而除此隘小范围以外，他都不管。而我今日在研究院中的地位却是糟了。同学以为我什么都懂得，所以很亲密的天天来请教我，而我自己觉得很惭愧，没有充分帮助。不过虽然如此，而我的希望仍是很浓厚着，仍努力继续下去。什么希望呢？假定要我指导某种学问的最高境界，我简直是不能，可以说我对于专门学问深刻的研究在我们同事诸教授中，谁都比我强，我谁都赶不上他。但是我情愿每天在讲堂上讲做学问的方法；或者同学从前所用的方法不十分对，我可以略略加以纠正；或者他本来已得到方法，可以为相当的补助，这一点我在智识上对于诸同学可以说是有若干的暗示，也许同学得到我这种的暗示，可以得到做学问的路，或者可以加增一点勇气。

二是人格的磨炼及扩充，却时刻不放松，使同学得到许多勇气。梁启超反复论述道德修养的重要性，批评现代将道德标准统统破坏无遗，青年之间主要有"袁世凯派"的复古和"孙中山派"的革命两条道路，结果不外沉沦和投机。告诫诸生从人格修养做起，以改造社会风气为责任。

在学问著述方面改造自己，那么因我个人对于史学有特别兴趣，所以昔时曾经发过一个野心，要想发愤从新改造一部中国史。现在知道这是绝对不是一个人的力量所可办到的，非分工合作，是断不能做成的。所以我在清华，也是这个目的，希望用了我的方法，遇到和我有同等兴味的几位朋友，合起来工作，忠实的切实的努力一下。我常常这样的想，假定有同志约二三十人，用下二三十年工夫去，终可以得到一部比较好的中国史。我在清华二年，也总可说已经得到几个了，将来或聚在一块，或散在各方，但是终有合作的可能。我希望他们得我多少暗示的帮助，将来他们的成绩比我强几倍。（丁文江、赵丰田编：《梁启超年谱长编》，第 1137—1144 页）

吴其昌称：

先生每于暑期将近时，约同学诸君作北海之游，俯仰咏啸于快雪浴兰之堂，亦往往邀名师讲学其间。去年夏，宝山张君劢先生因事来京，为诸同学讲宋贤名理，盖穆然有鹅湖、鹿洞之遗风焉。今夏复赓盛游，以时故，诸贤因不能莅止。先生恐无以孚此嘉会，故自述此篇，以为诸同学之勉策云尔。（丁文江、赵丰田编：《梁启超年谱长编》，第 1137—1138 页）

蓝文徵《清华大学国学研究院始末》亦云：

研究院的特点，是治学与做人并重，各位先生传业态度的庄严恳挚，诸同学问道心志的诚敬殷切，穆然有鹅湖、鹿洞遗风。每当春秋佳日，随侍诸师，徜徉湖山，俯仰吟啸，无限春风舞雩之乐。院中都以学问道义相期，故师弟之间，恩若骨肉，同门之谊，亲如手足，常引起许多人的羡慕。因同学分研中国文、史、哲诸学，故皆酷爱中国历史文化，视同性命。（张杰、杨燕丽选编：《追忆陈寅恪》，社会科学文献出版社，1999年，第82页）

△　扬州学塾公会拟改名为国学学社联合会。

报载扬州学塾公会创于民国初元，系扬州私塾师联合组织。兹因时势趋向，着手筹备改组，拟定名称为"国学学社联合会"，一俟手续粗定，即照章开筹备会，推举筹备委员进行。（《筹备学社联合会》，《申报》，1927年6月30日，第3张第10版）

6月《燕京学报》创刊，"以发表研究中国学术之译著为主旨"，燕京大学国学研究所研究员为撰述主干，欢迎校内外投稿。

《燕京学报简章》规定："本报以发表研究中国学术之译著为主旨，由燕京大学同人担任撰述。校外学者投稿，亦所欢迎。惟已经登载之稿，请勿见寄。"年出两期，随时增刊专号。文体不拘文言白话，但格式一律横行，并用新式标点。登载之稿，酌酬稿费，或书券与单行本，由撰稿者自定。来稿请交北京海甸燕京大学燕京学报编辑室。根据目录，编辑委员会主任容庚，委员有赵紫宸、许地山、冯友兰、黄子通、谢婉莹、洪业、吴雷川。（《燕京学报简章》，《燕京学报》，第1期，1927年6月）《大公报·文学副刊》称其为"北平燕京大学国学研究所"出版。（《燕京学报第七期》，《大公报·文学副刊》，第137期，1930年8月25日）编辑委员会委员时有更动，如第四期赵紫宸、冯友兰、洪业、吴雷川退出，增加陈垣、郭绍虞。第五期增加吴雷川、刘廷芳、马鉴。第六期增加顾颉刚、张星烺，没有谢婉莹。第七期增加钢和泰、博晨光、王克私。

第一期载有王国维《金界壕考》，谢婉莹《元代的曲》，冯友兰《中国哲学中之神秘主义》，张荫麟《〈秦妇吟〉之考证与校释》，容庚《殷周礼乐器考略》，俞平伯《葺芷缭衡室读诗杂记》，叶树坤《福州旧历新年风俗之调查》等文章。北京大学研究所国学门称："燕京大学近于其周刊外，别出季刊，定名为《燕京学报》，以研究、阐扬国学为主。执笔者多当今绩学之士。其第一期已于元月出版，中有王静安先生之《金界壕考》，谢冰心女士之《元代的曲》等文。"（《北京大学研究所国学门月刊》，第 1 卷第 7—8 号合刊，1927 年 11 月 20 日）

△　中国大学国学系第二班学生毕业，计有任化远、冯渊、隋庆生、张金汤、邓宗汉、蒋培荃六人。（《历届毕业同学姓名录》，《一九三五之北平中大》）

△　厦门大学国学系第一届学生毕业，仅龚达清（男，福建闽侯人）一人。（厦门大学校史编委会：《厦大校史资料》第六辑，厦门大学出版社，1999 年，第 4 页）

△　四川公立国学专门学校国文和哲学两系在校同学组织创办《四川公立国学专门学校学生会季刊》，以"讲明学术，研精文艺，阐发国学"为宗旨，拟于每季度出版一期。

分为通论、专著、学术、文苑、诗林、杂录、杂评、记述、遗著九类栏目，第一期学术论文有蒋维馨《国学之真价值》，刘华甫《文学的工具》，郭荣辉《管子的经济论》，董惠民《六经史略》，陈俊民《我对于楚辞的见解》等。

蒋维馨在《国学之真价值》里针对国学的研究对象发表意见称：

> 自东西吻接，于是东方小识之流，眩新恶故，起而攀附西学，此固为食谷忘牛之劳，亦不免舍人捉影之诮也。安知五千年蕴蓄之富，六大洲引领莫及也。然阮籍虽好异而走，终有途穷返身之时；哥伦布探源不懈，当知南北美之相邻也。故予于异学争鸣，未尝作杞忧，而尤鼓励其勇进也。（转引自谢桃坊：《四川国学小史》，巴蜀书社，2009年，第14—15页）

西学虽然成为一时潮流，但最后人们会发现中学与西学有相通之处，再回到中国传统文化——国学。他从中国的文字、哲学、医药、体育四方面详述其中的堪称"国粹"的东西，希望能引起人们"发扬国粹之精神"。蒋维馨理解的"国粹之精神"已不再是儒家的政治伦理价值观念，这是一种进步。这个刊物在投稿简章里申明欢迎翻译稿件，"不拘文言白话""须加新式标点符号"，而且第一期已出现白话的新式标点符号的国学论文。这反映了新文化思想和新国学思潮已传播到四川，并且在旧学势力盘踞的国学界有所突破，新学术的曙光已经升起。令人惋惜的是，该刊仅出版一期，四川公立国学专门学校便合并为四川大学。（谢桃坊：《四川国学小史》，第15页）

△　清华研究院编辑的季刊《国学论丛》第1卷第1号由商务印书馆出版。1930年12月出至第2卷第2号停刊。

△　梁启超为燕京大学讲授《古书真伪及其年代》一学期，由

清华国学研究院学生周传儒、姚名达、吴其昌等人记录，辑为一书。（孙敦恒：《清华国学研究院纪事》，葛兆光主编：《清华汉学研究》第一辑，第 325 页）

7 月 1 日　林修竹就任北京政府教育部次长，主张教育首在注重保存中国文等国粹。

林修竹（1884—1948），字茂泉，实业教育家。是日，在北京政府教育部大礼堂与刘哲等相见。就职演说云：

> 惟个人意见，目前教育界情形复杂，原因由方针未定，一俟有暇，定赞助刘总长，约同北京教育界名流，公决一教育方针。教育惟［为］国家之根本，中国文系一国之粹。现有许多大学毕业生，对于中国文学，尚多漠然。余意今后教育第一在注重国粹。东西文化，自应借助，宜以其所长，补我所短，不可以伪乱真云云。（《林修竹昨日就教次》，《东方时报》，1927 年 7 月 2 日，第 7 版）

此后林修竹协助刘哲，将北京国立九校合并为国立京师大学校，并应聘兼任法科学长。

7 月 2 日　柳诒徵致函江苏省教育厅和江苏大学筹备委员会，批评江苏省立第一图书馆现有藏书范围过于狭窄，即使专门研究国学，也嫌不足，提出改革江苏省立第一图书馆计划，扩大范围，增加经费，为改设国学图书馆埋下伏笔。

柳诒徵、赵鸿谦于 7 月 1 日奉江苏省教育厅令接收江苏省立第一图书馆。7 月 2 日，赵鸿谦向教育厅呈报接收情形。（赵鸿谦：《呈教

育厅》，《中央大学国学图书馆第一年刊》，1928年11月，"案牍"第1页）

　　计划书指出，江苏省立第一图书馆藏书号称美富，校勘收藏，足资探索，但以专门学术衡量，则尚嫌不足。图书馆与学术相关书籍可以分为四类：一、国内各图书馆及私家所藏孤本、抄本，如《永乐大典》《宋会要》等以及四库之书，皆所未有。二、晚近新出新印之书，如武进董氏、上虞罗氏、南浔刘氏刊印各书，以及近人著作，各省丛刻，各学校团体所辑文艺科学各种杂志官私印辑统计规章报告图表之类，皆所未备。三、东西各国学者研究吾国历史地理文艺美术，以及调查吾国状况，叙述东方情势之书，概未购置。四、各国旧书名著新刊要籍，尤为绝无仅有。另据原来保管员报告，该馆藏书仅分为：善本书59880卷，17588册，续提善本书90174卷，31968册，阅览书卷数未详，96685册。此外尚有各处赠书1722册，书画441件，图4张，碑4页。善本书目，1918年印行现存416部。又有江南图书馆书目一本，现存540部。范氏书目二本，现存160部。书画目一本，现存231部。向皆由馆保存，参观之人并不发售。现拟定价发售。其续提善本书及普通阅览书，皆无刊印目录，只有抄本目录，编次芜杂，未为定本。改革之道，除了添购，还要另设专员负责传抄和访购事宜。

　　以此观之，来此馆读书者，不独不能通知中外，贯澈古今也，即仅仅研究国学或国学中之一门，亦不足以供所需要，虽曰汗牛充栋，其实不赅不备。故此馆之书，止可目为供给专门学者研究之书之基础，不能不从此基础而扩大之。鄙意现有之书，固宜宝存，凡所未备，必须添购。馆中职员，向只分保管、阅览两部，谓宜另设专员，分任传钞、访购诸事。传钞者，如浙江图书馆钞《四库全书》之例，常年派人或出资赴各馆或私家钞录，他馆欲录本馆孤本，亦由传钞者司其事。访购则先宜访求国内外各地书目，以及冷摊故肆家刻塾本，分别缓急，视学术之需要，陆续购置。

此外，亟宜印行馆中书籍，另设印行专员。馆中善本，不啻鸿宝，任人阅览，既易损失（宋元旧本藏庋多年，一有损坏，无从另求），什袭珍藏则等窖币兵火之劫，盗易之弊，虫蠹之患，在在堪虞。他如传抄孤本，有关学术者仅恃手抄，事难功鲜，故欲恢张国故，便利学人，宜取善本孤本影印发行，则如一人化身千亿恒干之外，子孙繁多，一面可以嘉惠艺林，一面可以获取重值。近年董罗诸氏印售旧籍，虽索高资，风行海外。本馆有此秘藏，而向来当事者计不及此，诚憾事也。往者商务印书馆印行《四部丛刊》，虽借馆书印行多种，唯书贾牟利，不善鉴别，所印者或改易原式，或不适实用。若馆中自行印布善本，则依原书尺寸，抄本则排印，精校聚之，则为丛书，分之亦可单售，较之假手书贾，必有良楛之别。本馆与江南官书局向有连带关系，该局发售淮南书局、江楚编译局各书，定案，以余利归馆中，现储岑刻《旧唐书》版及石印机器，即淮南书局、江楚编译局所存。现在各项书版片，皆须修补整理，将来如印行各书，即可发江南官书局代售。（柳诒徵：《函致教育厅、大学筹备委员会改良省立第一图书馆计划书》，《中央大学国学图书馆第一年刊》，"案牍"第3—10页）

△　南京市教育局设立暑期学校，中学国学入门课程由陈钟凡

担任。

南京市教育局为利用暑假时期，推行党化教育起见，设立暑期学校。该校内部一切事宜，业经筹备就绪，7月1日开始报名，所设学程除三民主义、国民党组织及其政策、孙文主义之研究等课外，中学教育组有国学入门一科，由陈钟凡担任。（《南京市教育局暑校之课程》，《申报》，1927年7月2日，第3张第11版）

7月8日　无锡国学专修馆改设为国学专门学院，并成立董事会，呈请江苏省教育厅备案。

唐文治记云："六月，改国学专修馆为国学专门学院，添招新生三十名。惟经费不敷，拟募捐以济之。"（唐文治著，唐庆诒补：《茹经先生自订年谱》，第95页）

黄汉文《记唐文治先生》云：

> 第一次国内革命，因国民党的破坏而失败。国民党以"实行孙中山先生遗教"为幌子，在南京建立国民政府。唐先生对这一复杂的形势是认识不足的，认为国民政府比北洋军阀高明得多。同时，毕业生已有几届，他们在就业时，书院式的专修馆到底算哪一等学历，难以确定，国民政府的教育机构对各级教员的学历又查得很严。面对这样的现实，一九二七年夏，无锡国学专修馆遂改名为无锡国学专门学院。（中国人民政治协商会议江苏省委员会文史资料研究委员会编：《江苏文史资料选辑》第19辑，江苏古籍出版社，1987年，第112页）

《新无锡》所载颇详细，内称：

学前街国文大学原由旅锡耆绅唐蔚芝先生所创办。近因时代关系，业由唐先生将该校改组为无锡国学专门学院，一切设施，大为刷新。所订课程，以三民主义、五权宪法、中国文化史、历代学术概要、诸子哲学、华化外被史、中华民族考、中外文化比较论以及文字学、诗词歌赋骈散等文之作文研究，皆为甚有价值之学科。并敦请蔡子民（元培）、郑晓沧（又名宗海）、马君武、陈柱尊等大名家十数人作讲师。锡地有此学府，以为文化中心，湖山均为生色。更拟敦聘薛溱舲、孙新吾、卫质文、孙静庵、施织苏、顾彬生、邹广恒、屠克强、张树声、朱六才等十余人为赞成人，更番担任宣传党化，使新智旧学，冶为一炉。已托其门生蔡虎臣君分头接洽，俟各方允洽，即行备函敦请云。（《国文大学之改组谭》，《新无锡》，1927 年 7 月 8 日，第 2 版，转引自刘桂秋：《无锡国专编年事辑》，第 71—72 页）

上海各报均有报道。《申报》载：

前无锡国学专修馆今春因图扩充起见，改为国文大学校，因组织仓促，尚未完竣，适遭解散，事遂中止。近闻该校自恢复后，业已向教育厅备案，改为国学专门学院，院长仍为唐文治，重行组织。现定于本月十六日添招插班生二十余人云。（《无锡国大改为国学专门学院》，《申报》，1927 年 7 月 8 日，第 2 张第 7 版）

8月20日，私立无锡国学专门学院院董会获准设立。(《院董会呈中央大学校长公函（2）》，陈国安、钱可里、王国平编：《无锡国专史料选辑》，苏州大学出版社，2012年，第8页）"院董事会成立，议改名无锡国学专门学院，呈请教育厅备案。"(《本校大事记》，《国专校友会集刊》第1集，第3页；《无锡国学专修学校概况·大事记》）唐文治会同唐保谦（字滋镇，孙鹤卿谢世后的继任者）多方联络，组成董事会。无锡国学专门学院院董会成立后，分经济和教育两股，经济股校董有唐保谦、穆藕初、荣宗锦、荣宗铨、杨寿楣、刘鸿生等；教育股校董有丁福保、钱基博、高阳、陆仁寿、钮永建、吴敬恒等。董事长为唐保谦，后由其子唐炳源（字星海）担任。(陆振岳：《无锡国学专修学校述略》，《苏州大学学报（哲学社会科学版）》，2000年第2期）

从1927年无锡国专成立董事会始，到抗日战争爆发时止，先后受聘担任校董的有钱孙卿（名基厚，字孙卿，以字行，1887—1973）、俞复（字仲还，1886—1931）、顾述之（名倬，字述之，1872—1938）、顾宝琛（字彬生，1880—1960）、丁福保（字仲祐，号梅轩，1874—1952）、邹家麟（字同一，生卒年不详）、蔡其标（字虎臣，生卒年不详）、孙家复（字飚香，生卒年不详）、钱基博（字子泉，1887—1957）、穆藕初（名湘玥，字藕初，以字行，1876—1943）、荣德生（名宗铨，字德生，以字行，1875—1952）、唐保谦（字滋镇，1866—1936）、华绎之（名士巽，字绎之，1893—1956）、程炳若（1892—？）、蔡兼三（名文鑫，字兼三，一作缄三，以字行，1868—1937）、荣宗敬（名宗锦，字宗敬，以字行，1873—1938）、杨翰西（号寿楣，1877—1954）、刘鸿生（1888—1956）、丁彦章（字梓仁，1866—？）、陆仁寿（1903—1956）、陈纶（字谷岑，1887—1970）、秦冕钧（字祖同，1873—1942）、陶达三（名守恒，字达三，以字行，1871—1951）、杨味云（名寿枏，初名寿械，字味云，以字行，1868—1948）、任传榜（字筱珊，1877—？）、孙宗海（生卒年不详）、高阳（字践四，1892—1943）、周毓莘（字伊耕，1891—1952）、冯振（字振心，1897—1983）、惠美珊（1897—1962）、侯鸿鉴（字葆三，1872—1961）、杨仁溥（生卒年不详）等人。（刘桂秋：《无锡国专编年事辑》，第72—73页）另据1933年度《无锡国专概况》可知，前任校董有籍贯江苏无锡的邹家麟、俞复、丁福保、蔡其标、陆仁寿，籍贯江苏上海的穆湘玥、刘鸿生。（刘桂秋：《无锡国专编年事辑》，第72—73页；《无锡国专概况》，1933年，第28—29页）

唐文治写于1936年6月的《国学专修学校十五周之过去与未来》一文中，曾有一节讲到无锡国专前十五年的主要办学经费来源。

> 若夫经济之艰窘，有更难仆数者。开办时为施君所担任，孙君继之。因商业不振，庚癸频呼，岁杪仰屋，屡濒于危。十七年夏，孙君归道山，更形棘手。幸赖同邑蔡君兼三、华君绎之、唐君保谦，倡议除聘请教育校董十人外，更请定经济校董十人，每年集得五千元，又呈请省款补助，每年得三千元，藉资挹注；又因同学来者每岁加增，近年达二百五六十人，收费较多。（陆阳：《唐文治年谱》，第363页）

《私立无锡国学专修学校十五周纪念册·校董会章程》第四

条:"本会分经济校董及教育校董两股。教育校董任期为两年,经济校董任期为四年。期满后各于开常会时改选半数,但得连举连任。"第六条:"经济校董每年每人担任本校经费五百元……教育校董负计画指导本校教育之责任。"因为要定期改选,所以历年中校董的人选构成会有不断的变化。苏州大学档案馆所藏《私立无锡国学专修学校校董会议决事项、聘请教育、经济董事、校董台衔和有关信函》中有一份《本院院董台衔》,记载1927年请定的校董有钱基厚、俞复、顾倬、顾宝琛、丁福保、邹家麟、蔡其标、孙家复、钱基博等九人,1928年请定的校董有穆藕初、荣德生、唐保谦、华绎之、程炳若、蔡兼三、荣宗敬、杨翰西等八人,1929年请定的校董有刘鸿生、丁彦章等二人。除以上十九人外,《私立无锡国学专修学校十五周纪念册·校董名录》所载的"前任校董"中,曾经担任过无锡国专校董的还有陆仁寿、陈纶、秦冕钧、陶守恒等人。又《私立无锡国学专修学校十五周纪念册·校董名录》所载的"现任校董"中,经济股有唐滋镇、蔡文鑫、华士巽、杨寿楠、任传榜、孙宗海等六人,教育股有钱基博、钱孙卿、顾倬、高阳、孙家复、周毓莘、冯振、惠美珊、侯鸿鉴、杨仁溥等十人,1935年由经济股改为教育股者有荣宗敬、荣德生、杨寿楣、丁彦章等四人。以上大致能够反映无锡国专自校董会成立到抗日战争爆发前,校董会的人选构成及变化的情况。(刘桂秋:《无锡国专编年事辑》,第72—74页)

7月13日 天津河东祈祷楼私立模范学校国学讲演会拟邀请陈哲甫演讲。

天津河东祈祷楼私立模范学校国学讲演会,乘暑假之机,特约名儒陈哲甫，于本星期五（十五日）午后四时至六时、晚八时至十时，莅校讲演"国学沿革史"及"小学实施法"。除职教员外，该校已约河东各校教职员加入。（《国学讲演会陈哲甫登坛》，天津《益世报》，1927年7月13日，第4张第16版；《学校消息汇志》，天津《大公报》，1927年7月13日，第7版）

7月15日　东北大学国学系有本科学生一年级一班二十四人。

东北大学国学系本科一年级二十四名学生中，籍贯奉天21人，黑龙江3人。详见表3。（《各科学生题名录》，第8页，《东北大学一览》，1926年）

表3　东北大学国学系本科一年级学生籍贯分布

姓名	别号	籍贯	姓名	别号	籍贯
吴庭让	诒三	奉天辽阳	齐彦儒	介夫	奉天绥中
接燕枕	倬青	奉天金县	那凯方	立中	奉天沈阳
李蓉盛	得民	奉天复县	李审用	汝霖	奉天开原
单鸿吉	儒林	奉天复县	佟崧荫	问梅	奉天沈阳
钟秀崎	蕴声	奉天本溪	赵德咸	惟一	奉天新民
王之綍	帅六	奉天辽阳	何钟秀	筠实	奉天昌图
倪文斗	柄南	奉天兴京	那铭书	警吾	奉天沈阳
许恩洲	筱岚	黑龙江呼兰	王永丰	雪村	奉天新民
巨映雪	效康	黑龙江林甸	张德广	心元	黑龙江绥东
萧和宣	赫谊	奉天梨树	王德生	洽民	奉天金县
罗明文	星潭	奉天东丰	潘承恩	义山	奉天复县
陈永涛	靖寰	奉天复县	王贤憬	少源	奉天金县

7月16日 报载上海孔教青年会举行国文经史等国学的义务教授。

"陈炳谦、邓仲泽等所筹备之孔教青年会，近日更由赵兰石、吴子垣等，分任义务国文经史教授，每晚在老靶子路粤侨商业联合会公开宣讲，加入者非常踊跃"。"国文经史课文阅卷义务教员，乃由该会发起人杜侃毚，梁伯翰等，分期担任"。（《孔教青年会提倡经史国学》，《时报》，1927年7月16日，第3张第10版）

7月17日 江苏江都国学社假米业公所召开筹备会议。

下午三时开会，首由主席阮亚民报告开会宗旨，次周某报告筹备情形，次顾余生、张少哲等相继演说，次推古味芝、张少哲、陶治青、戚云奇、赵澜加、陈子文、周俊臣、汪荫卿、周晋藩、顾余生等十一人为筹备执行委员。（《国学社筹备会成立》，《申报》，1927年7月20日，第3张第10版）

7月30日 清华研究院举行本学年第十四次教务会议，讨论添聘教授等事。

王国维去世当月，清华研究院内就有拟聘章太炎接替王国维之议。蓝文徵认为，聘章动议出自陈寅恪。

> 陈寅恪先生为发展研究院计，遂请校方聘章炳麟、罗振玉、陈垣三氏为导师，马叔平（衡）为特别讲师，校方一一致聘，章、罗二氏均不就，陈氏自以"不足继梁、王二先生之后"为词，再三恳辞，唯马先生应聘。校方以国学大师数少而难请，又不愿降格聘人，使曾煊赫一时的研究院，因而变质，遂经评议会（类似校务会议）决议，研究院至明年暑假停办，

故是年招生，仅录取王璧如同学一人。秋季开学，前几届同学回院继续研究者只十六人，宿舍半空，倍感冷落。师长中，赵元任先生常赴各地调查方言，李济之先生出外主持发掘或赴美参加考古学会议，两先生每学期回院讲学不过数周。院中办公厅主任吴雨僧（宓）先生，已于十六年夏辞职，专主清华外文系，从此不设主任，事务由诸助教禀承陈先生意旨，共同处理。故研究院末期，所有指导研究生，指挥助教办事，联系离校同学或函复其请教的诸问题，事无巨细，全集于陈先生一身，辛劳忙碌，自不待言。（蓝文徵：《清华大学国学研究院始末》，张杰、杨燕丽选编：《追忆陈寅恪》，第81页）

所言有诸多失实之处，如吴宓不是1927年夏辞职，而是1926年初辞职。

戴家祥则说，聘请章太炎出自梁启超的动议。戴家祥致蒋天枢函指出，王国维自沉后，梁启超于本月自津致陈寅恪，内称："海宁学贯中西，誉载欧亚，环顾海内，惟太炎先生勉可继其讲席，望世兄请元任先生向校部推荐。……"陈将此信向研究院同学传阅，并云："太炎先生是否肯就，是先决问题。"同学闻言，无不欢欣鼓舞。吴其昌自告奋勇，马上到上海促驾。刘节告以章太炎在沪地址，并且说："万一已迁居，请问胡朴安先生。"吴其昌去后，陈告诉戴家祥："有人不同意。太炎不像静安先生，脾气不好，人家有点怕他。"谁知吴来信，内称章可以受聘，并向梁启超问候："梁卓如多年不见，我也想念他。"同时询问了许多有关研究院近况问题。吴并把章给他的信件抄寄给研究院同学会，要同学会马上向校部要聘书，趁还在上海时当面送去。同学会转告陈因为时在暑假期间，聘请教授又必须校评议会通过。事情就搁浅了（连同设院长问题在内）。至于聘罗振玉，不但没有此事，且梁启超对罗振玉并无好感，特别是罗在天津发表的《祭王忠悫公文》，梁将其转告陈，并撰写挽联投给天津某报，且刊在《国学论丛》第三号。况且，罗自恃提携王的老师身份，也不会想到清华。罗振玉本人并不希望在清华研究院占一席地，他在《王忠悫公传》中，一再强调王在日本，北面执弟子礼；一再强调王如何从一个穷苦书生被培养为国学大师，如何成为一完节的人。"现在返过头来，接替门弟的讲席，怎能保持自己的尊严？这也是情理中事。"

此外，罗振玉想将自己购买的假古董卖给清华研究院，事为陈寅恪所止。罗在《国学论丛》上看见研究院有购书专款，本来由王与陈分管，王去世后，估计今后将由陈负全责，遂致函陈，要把自己所藏的"夜雨楚公钟"卖给清华考古陈列室，索价十万元。此器出于苏州古董商人伪造。罗氏自己上了当，尚不服输；后来真相大白，急于脱手。陈一笑置之。后来又托陈出卖盛昱所藏郁华阁金文拓片，索价三千元。（该书后为燕京大学购进，容庚经手，削价至二千元成交。）以上种种，在学术界受到藐视。虽然陈寅恪"自称平生最佩服的是王静安先生，其次是陈垣。陈垣学问踏实，德才兼优"，"但是没有听说要推荐他为清华研究院教授"。（下僧慧纂：《陈寅恪先生年谱长编（初稿）》，第103—104页）

据《清华大学校刊》之报道，清华研究院确有聘罗振玉为通讯导师的传闻。此举很可能出自学生的要求，不是梁启超、陈寅恪等人的主张。吴其昌受梁启超之命推举良师，其《梁任公先生晚年言行记》云：

> 观堂先师从屈原游，先生为之请于当局者至再，终至见格。先师益咤嗟无聊，命其昌辈推举良师，其昌代达诸同学意，推章太炎（炳麟）先生、罗叔言（振玉）先生。先师欢然曰："二公，皆吾之好友也。"先生尤惓念章先生尝一人负手，盘走室中，忽顾予曰："子馨，汝提起太炎，好极！使我回忆二十年前在日本时，吾二人友谊，固极厚也。太炎而今亦老矣，如肯来，当大乐！因汝一提，使我此二三日来，恒念太炎。"其昌因奉校命，北走大连，谒罗先生于鲁诗堂。南走沪，谒章先生于同孚里第。章罗二先生固昔尝请业问学，特未展弟子之贽耳。初时罗章二先生均有允意，章先生撚其稀疏之须而笑："任公尚念我乎！"且有亲笔函至浙，报"可"。然后皆不果。罗先生致余书，自比于"爱居入海"，章先生致余书，有"衰年怀土"之语。（吴其昌：《子馨文在》第3卷《思桥集》，沈云龙编：《近代中国史料丛刊》续编，第81辑之808，文海出版社，1981年，第449—450页）

7月30日晚上，举行教务会议，讨论添聘章太炎为教授一事。讨论结果，添聘教授，评议会恐难通过，且前以代王国维请多支一年薪俸之故，更不便向评议会提议。公请陈寅恪往沪之便，过天津时往梁启超处说明并互商办法。（刘桂生、欧阳军喜：《陈寅恪先生编年事辑补》，第433页）可见，清华研究院未能聘请章太炎，不是暑期需要学校评议会通过的程序阻碍，是研究院考虑到经费问题不可能通过而自动终止。

此外，议决同意刘盼遂、姚名达、吴其昌、宋玉嘉、颜虚心、刘节、戴家祥、司秋沄、朱芳圃、谢念灰、侯堮十一人留校继续研究一年。（孙敦恒：《清华国学研究院纪事》，葛兆光主编：《清华汉学研究》第一辑，第325页）蓝文徵《清华大学国学研究院始末》云：

> 院中规定，学生研究一年须缴论文一篇，经导师核可，即准予毕业。毕业证书，是由清华校长及全体导师署名盖章。研究生愿继续研究者，仍可留院，每研究一年即毕业一次，研究年数并无限制，同学中研究二年者为最多，三年者次之，四年及一年者为最少。那时尚无研究生学位授予法，故研究期满，论文及格，即予毕业，而不授学位，研究生也都力求实学，并不重视虚名。（张杰、杨燕丽选编：《追忆陈寅恪》，第80页）

离校同学，间有出国者，如张昌圻、蓝文徵等去日本，王力等赴法，周传儒去英。（蒋天枢撰：《陈寅恪先生编年事辑》增订本，上海古籍出版社，1997年，第64页）

7月31日　述学社《国学月报》第2卷第7号预告出版纪念王国维专号。

《王静安先生专号出版预告》云："本报准于八、九、十期出王静安先生专号，材料极为丰富。计有陈寅恪、马叔平、梁任公、罗叔言、朱耘僧诸位先生作品十余篇，关于王先生治学方法及思想流变（有年表及著述表），均推阐无遗。并将王先生手批《观堂集林》制成《误正》《删》《表》三表，凡已购《观堂集林》者，尤应人手一编，以资参正。后附王先生未发表之遗著，如《古史新证》《散氏盘考释》等十数篇，俾读者由此逐渐认识学术界上伟大的王先生。"

8月2日　报载严修等决定在天津组织崇化学会，作为补习国学机关。

直至天津解放初期，崇化学会继续存在，转变为天津崇化中学，即后来天津市第三十一中学前身。

是日，有新闻舆论谓"严修、华世奎、赵元礼、林墨青等二十余人，前曾反对法租界国民饭店福禄林跳舞无效，甚愤，决组织崇化学会，提倡旧文学旧道德旧礼教"。（《京津杂讯》，《申报》，1927年8月5日，第4版）此种观感，稍嫌狭隘。

8月16日，崇化学会正式成立。"并闻为一般青年讲求国学补学校所未及起见，特设讲习科，定于今日起，招考学员。报名地点，在社会教育办事处云。"（《崇化学会正式成立》，天津《大公报》，1927年8月17日，第7版）发起人有直隶省学绅严修、华世奎、赵元礼、林兆翰、徐世光、周登皞、高凌雯、王守恂、李金藻、刘嘉琛、王仁沛、杜禹铭、赵德珍、金钺、杨鸿绶等。"鉴于近年教育取法欧美，日求改进，而于国学，不暇兼顾，致乏通才，因集合同志，募款组织学会，以讲求国学，补学校之不足，定名为崇化学会"。发起之始，褚玉璞首捐基金五千元。现在各方捐款，渐有成数。并已延聘讲师，招集学生，即行开讲。并拟定简章，呈请教育厅备案。教育厅当即批准备案，函复大加奖励，谓：

现今人心日瓶，杀劫迭乘，食今不化之病，实占强半。公

等以耆年宿学，诱启后生。募款鸠资，组织学会。补偏救弊，
挽既倒之狂澜，起废扶衰，冀通才之致用。会见登高一呼，众
山响应。挽回劫运，丕变国风，伫望前途，无任佩慰。（素丝：
《以"讲求国学"自负之崇化学会成立》，天津《益世报》，1927年8月20
日，第4张第16版）

　　严修在清末以奏请改革学制、兴办新学著称，曾经偕同林墨青
最早在天津创办官立男小学十六处、女小学十一处，利用庙宇作学
舍，成绩突出，为各省之冠。在兴学形势下，天津各处原有私塾逐
渐被淘汰，新创办的小学虽然初期仍有《论语》《孟子》等旧学课
程，但因侧重提倡科学教育，学习经书者日见减少，出现了重理轻
文现象。严修等人"鉴于国学日微，将有道丧文敝之惧"，于是倡
议恢复读经，以维护国学不亡。天津崇化学会，就是在这种历史背
景下产生。1927年，经天津士绅和文坛名流严修（范孙）、华世奎
（壁臣）、林兆翰（墨青）、赵元礼（幼梅）、刘嘉琛（幼樵）、高凌
雯（彤皆）、徐世光（友梅）、王守恂（仁安）、李金藻（琴湘）、王
仁沛（辛农）、杜禹铭（克臣）、赵德珍（聘卿）、杨鸿绶（子若）、
金钺（凌宣）等发起筹设。取汉诏"崇乡党之化，以厉贤才"之
意，故名"崇化"。（刘炎臣：《严范孙与崇化学会》，中国人民政治协商会
议天津市委员会文史资料研究委员会编：《天津文史资料选辑》第38辑，天津
人民出版社，1987年10月，第113—114页）

　　天津崇化学会初成立时，组织上设主讲一人，由董事会聘请流
寓天津的苏州旧式学者章式之（钰）担任。董事会由32人组成，发
起人均列为董事。经全体董事推举，严修、华世奎、赵元礼、林

兆翰、徐世光、周登皞、高凌雯、王守恂、李金藻、刘嘉琛、王仁沛、杜禹铭、赵德珍、金钺、杨鸿绥等15人为常川董事，再由常川董事推举严修为首席董事。另外，推举保管基金董事2人，其余12位常董轮流值日，协助主讲讲课。任期均为一年，规定每年改选一次，可以连任。学会设有司事1人，经理账目、文牍、庶务等项工作，由董事会遴选王斗瞻（文光）担任。另设书记1人，由董事会遴选，负责缮写兼保管文件。崇化学会由董事会广向各方劝募基金，首先得到当时直隶省督办兼省长褚玉璞捐助基金五千元，接着各方响应，陆续认捐者很多，学会基金很快筹集起来。筹集基金后，即由常川董事严修等15人具名，分向直隶省长公署、直隶省教育厅、天津警察厅和天津县公署等机关办理备案手续。直隶省长公署在批示准予备案指令中提到："当此邪说横行之日，全赖诸君子阐扬正谊，用挽狂澜。"事实上成为国民革命军向北方推进时，军阀末日来临、惧怕革命，幻想借旧的诗书礼教抵抗北伐战争的表现。（刘炎臣：《严范孙与崇化学会》，中国人民政治协商会议天津市委员会文史资料研究委员会编：《天津文史资料选辑》第38辑，第114—115页）

崇化学会以招集会员，专门研究国学为主。凡年在十六岁以上、三十岁以下，国文通顺，能作四五百字以上文章者，不拘省籍，皆可报名参加应试，合格者即可被吸收为学员。不收学费，对于学习成绩优秀者，发给奖金，以资鼓励。学习科目设有义理、训诂、掌故三门，学员可以根据个人文化水平和志趣，自选一门，或兼学三门。对于以上三门，如学有门径者，可以自定一书为日课，再博求其他书籍，供作参考，在自学中随时做出札记。如是初学，义理门以"四子书"，训诂门以《诗经注疏》为日课根本书籍。掌故门因为缺少简要书籍，以《九通》为源泉。为了避免茫无头绪，初学者先从事于正经正史的学习，修业期为三年。开办伊始，由于考取学员程度不一，难以立即分班讲授，即先设补习班，自1927年冬季起，预习冬三月。1928年春，开始学习。认定书目，包括《论语》《史记》《汉书》《诗经注疏》《通鉴辑览》《段氏说文》，等等。开课后，严修和卢木斋之弟卢慎之，为提供参考资料，分别捐献了许多研究国学的书籍。1947年3月，前江西督军蔡成勋的家属将个人所有图书，尽数捐于崇化学会，供众阅览。1947年6月，藏书家金敬瑭（致淇）也将半生辛苦收藏的图书，扫数赠与崇化学会。（刘炎臣：《严范孙与崇化学会》，中国人民政治协商会议天津市委员会文史资料研究委员会编：《天津文史资料选辑》第38辑，第115—116页）

8月7日 上海《文学周报》出版纪念王国维专号，作者包括顾颉刚、徐中舒、周予同、贺昌群、陈乃乾、史达、陆侃如等。

外间多数认为王国维是遗老，而史达则强调罗振玉的经济压迫才是王国维致死的"近因"。（史达：《王静庵先生致死的真因》，陈平原、王风编：《追忆王国维》增订本，第56—58页）同为籍贯海宁的陈乃乾称王国维"是我唯一敬爱的一个同乡老友"，其去世"或将使全国治国学者的革命生机宣告死刑"。（陈乃乾：《关于王静庵先生逝世的史料》，陈平原、王风编：《追忆王国维》增订本，第60页）

顾颉刚对康有为去世"淡然置之"，因为"他的学问只起了一个头，没有继续加功"。康有为"教我勇""教我大刀阔斧"，而王国维则"教我怯""教我细针密缕"。王国维的学问绝非如一般人所谓"保存国粹"：

学问的新旧决不在材料上，而在方法上、思想上。……静安先生在廿余年前治哲学、文学、心理学、法学等，他的研究学问的方法已经上了世界学术界的公路。自从跟了罗氏到日本，始把这些东西一齐丢掉，专力于考古学及史学。他对于商代甲骨、周秦铜器、汉晋简牍、唐人写本、古代生活、种族历史、社会制度，都要研究，他用的方法便是西洋人研究史学的方法，不过这一点他因为和遗老的牌子有些冲突，所以讳莫如深而已。他对于学术界最大的功绩，便是经书不当作经书（圣道）看而当作史料看，圣贤不当圣贤（超人）看而当作凡人看；他把龟甲文、钟鼎文、经籍、实物，作打通的研究，说明古代的史迹；他已经把古代的神秘拆穿了许多。……所以，我们单看静安先生的形状，他确是一个旧思想的代表者；但细察他的实在，他却是一个旧思想的破坏者。如果他能再活上二三十年，给他继续拆穿的神秘一定很不少，中国古史的真相就暴露得更多，而思想革命也就易于成功了。因为这样，我对于他的学问，不承认他是旧学，承认他是新创的中国古史学。

故深以王国维"没有死的道理"而悲叹，为免将来类似者重蹈覆辙，提出两项建议。一、"各大学中应该替专门研究学问的人设想，在平常的办事与教课的教授之外，请若干人专作研究，不担任学校里的任何责任，更不强迫他们加入某某党派。""学校中人一齐不问政治固然不对，但容许几个对于学问有特别兴味的人专作研究也未始说不过去。"二、"我们应当造成一种风气，把学者们脱离士大夫阶级而归入工人阶级。"（顾颉刚：《悼王静安先生》，陈平原、王风

编：《追忆王国维》增订本，第111—117页）

朱应鹏原本对王国维的身世不甚明了，仅在《国粹学报》见其文章，以为自杀是革命影响下的新旧思想冲突导致，通过顾颉刚的悼念文章，才明白此观点不免有部分错误，并不十分确实。朱认同顾对王国维之死的判断，但反对顾为学问而学问的态度。盖因近世文学和艺术，不能不以社会问题为中心。"我觉得'专求学问，不谈政治'的话，正是中国学者欺人自欺之谈。中华民族缺少政治观念，社会观念，这种学者，应该负一大部分的责任。"因此，王国维"如果真是真有一部分政治责任而死"，其实"也不失为一个硬汉，现在，倒落得一个在环境中难以自拔的悲惨结果，这当然是一件不幸的事情"。（朱应鹏：《王国维先生之死》，《艺术界周刊》，1927年第24期）

该纪念号多从情感方面表达对王国维去世的悲痛，周予同注意到：

> 最近几位国故学者的殂灭，如经今文学者康有为客死于青岛，目录学者叶德辉被害于长沙，都不能引起我的哀感；但是六月四日在上海《申报》看见王国维（静安）自沉于北京昆明湖的电讯，却不禁为之黯然。在政治思想方面，或者简直说是在常识方面，他固然是时代的落伍者；但是在学术方面，他的确自有其超越的地位，值得我们的赞颂与哀悼。

唯周予同也稍注重总结王国维的学术成就，谓"他对于文学，史学，考古学，文字学，都有其特殊的创见与成就；这在并世的学者，这样地渊博而笃实，着实找不到几位伴侣"，皆以文字学为根本。王国维在政治思想及社会思想方面虽然是一位悲观者或反动者，但是在文字学方面却表现十分勇敢的革命性。王国维奋勇地推翻旧说，固敢地提出新说，而又缜密地以多种证据证实假说。"他能怀疑，他能自信；他能破坏，他能建设；在他的著作里，他只是不绝地表现着乐观的态度与左倾的意味。在这一点上，无论如何鄙视他的思想的青年，也似乎不能不有相当的尊敬。"文字学包括训诂、音韵、形体三部分，王国维在训诂与音韵两部分没有什么大创见，革命性贡献表现在形体方面，如打破史籀造字之说、训释"古文"一词、纠正《说文》错误等。（周予同：《追悼一个文字学的革命者——王静安先生》，《文学周报》，第276—277期合刊，1927年8月7日）

8月8日　清华研究院举行第三年度第一次教务会议，由梅贻琦主持，到会者赵元任、李济。议决录取新生11人。

新生分别是王省、吴宝凌（云阁）、叶去非、罗根泽（漱冰）、蒋天枢（秉南）、葛天民、储皖峰（逸盦）、张昌圻（弘伯）、门启明、蓝文徵（孟博）、马庆霈。另外，1925年录取的裴学海（会川）、1926年录取的马鸿勋，亦准予入学。9月3日开学后，共有新生13人，留校研究者11人，第三届学生共计24人。（孙敦恒：《清华国学研究院纪事》，葛兆光主编：《清华汉学研究》第一辑，第325—326页）

以王国维名义招入的学生，改由他人分担指导，或改换研究题目。据蓝文徵说，本年夏，清华研究院增聘鄞县马衡、闽侯林宰平（志钧）为研究院"特别讲师"，讲授金石学、哲学。（蒋天枢撰：《陈寅恪先生编年事辑》增订本，第67页；蓝文徵：《清华大学国学研究院始末》，张杰、杨燕丽选编：《追忆陈寅恪》，第80页）聘请林宰平时间是本年秋，当在暑假开学之初。戴家祥说："马衡是聘为讲师在一九二九年，比林宰平晚半年。林先生为梁任公推荐，他本来是个法律学家，业余从事哲学，梁先生称他诗作得极好。他们也都是一般的讲师。每周来校一次，并没有什么'特别讲师'。"（卞僧慧纂：《陈寅恪先生年谱长编（初稿）》，第 104 页）

8 月 11 日　大夏大学"秋季大事扩充，闻新添教授多人。其已正式聘定者，均系海内知名之士"。国文系"国学教授马宗霍，为前东南大学及江苏法政大学国文教授"。（《大夏大学秋季添聘新教授》，《申报》，1927 年 8 月 11 日，第 3 张第 11 版）

8 月 20 日　上海"总商会商业夜校自徐校长主持以来，校务逐渐发达"。"本学期章程业已出版，新旧生之前往报名入学者络绎不绝，所聘教员均系大学毕业名流。"本学期特聘人员中，"前清优贡生、前南方大学诗学教授、东南大学国学教授"曹恂卿为国文教员。（《上海总商会商业夜校将开课》，《申报》，1927 年 8 月 20 日，第 2 张第 7 版）

8 月 22 日　正风中学学生多数选择国学专修科。

"正风中学本学期学生共有二百余人，入国学专修科者尤为多数"。"校舍不敷应用，已租定大吉路永庆里五号巨厦为第二宿舍。现定发行校刊一种，即以正风二字为名，师生合作，每周一次，内容极为丰富。编辑者教员方面为王西神、程瞻庐、朱梦梅、陈午钦、朱大可五人。学生方面为王铁华、郭兰馨二人。每月并附印英文一张，编辑者为平海澜、杨安麟二君。刻正积极准备，并闻日来报名者仍络绎不绝云"。（《正风中学发行校刊》，《申报》，1927 年 8 月 22 日，第 2 张第 8 版）

8月23日　何遂初创办的粤侨循循学校，专教国学，开设夜校。

上海"虹江路新广东街循循学校，专教国学，系粤人何遂初创办，只二年，成绩大著。本学期学生，早已满额，开学后报名者，尚接踵而至。现添设国文国语夜学两科，俾学生乘暇选科补习云"。（《粤侨循循学校添设夜学》，《申报》，1927年8月23日，本埠增刊第1版）

8月24日　卡德路寰球中国学生会近受外省某大学委托，介绍"国学教授"一席，月薪上海通用洋二百元至二百五十元，川资由校津贴，以"品学兼优，于国学界素负时望者"为合格。有愿意应聘者，可与该会接洽。（《寰球会代聘国学教授》，《时事新报》，1927年8月24日，第2张第4版；《申报》，1927年8月24日，本埠增刊第1版）

8月27日　远东大学添聘赵公修担任高师国学等科教员。

上海卢家湾远东大学已于8月25日开课，大学部设文、法、商三科，高师有国学、教育、教理、商学四系，各科除原有教职员都继续外，又新聘"前清贡生赵公修担任国学等科"。（《远东大学添聘教授》，《申报》，1927年8月27日，本埠增刊第1版）该校国学类课程有：邹登泰授文选、史学概论、教授法，郑公明授近代思潮、欧洲文学史，吴耳似授音韵学、古书校读法，鲍益清女士授图书概论，许昭授小说学、戏剧学，孙苑清授诗词歌曲、中国文学史，赵公修授国学概论、文学概论、诸子各论、学案，许明斋授群经通论、训诂学。（《远东大学各科学程暨教授》，《申报》，1927年9月21日，第2张第8版）

8月　《中华图书馆协会会报》刊文评价李笠撰《三订国学用书撰要》。

署名"有"者肯定李笠之书在应用方面比《经籍举要》《书目

答问》等好得多，同时提出几个征引书有误之处：

一、列举错误。文字学类"时代音"下，《广韵》后列《唐韵》，《唐韵》下附顾炎武《唐韵正》。从时代先后讲，《唐韵》在《广韵》之前，《唐韵正》应附在《广韵》下。李笠于每书下皆著版本，唯独在《唐韵》下不著，恐因《唐韵》久已散佚。清末蒋伯斧曾经得到残韵书，以为陆法言《切韵》原本，久已印行。王国维以为即《唐韵》，说见《观堂集林》，于此可备一说。《淮南子》参考书有闻益《淮南杂识》，实则此乃笔记体书，因闻益居住淮南得名，并非指《淮南子》。李笠以刘文典《淮南鸿烈集解》不引此书为憾，诚属错误。

二、个别疏忽。王念孙《读书杂识余编》无《列子》，而于《列子》参考书内著之。《清经解》内有《经义述闻》，通说却谓没有。刘台拱《方言校补》一卷在《刘氏遗书》内，而云未见，但《淮南子》下则举刘台拱《刘氏遗书》本《淮南校补》。王懋竑《庄子存校》在《读书记疑》内，而说原刊本。《读书记疑》内尚有多种诸子诸史的存校，都未列举，可知李笠未见原书。《胡适文存》是通行书，李笠稍一疏忽，便说是商务印书馆出版。《荀子》下说："萧穆《敬孚类稿》叙跋类载，日本田重礼来书，自言其家藏有冈本保孝《荀子考》，未知尚有传本否也。"而故宫博物院图书分馆有《荀子考》。《楚辞》下为桐城马其昶著，《屈赋微》未刊，实则久已刊行。此外，所举参考书，比较重要但遗落的甚多，不便一一列举。

三、轻重不分或不类。如史学类不举新旧《唐书》《宋史》《元史》，反而列举《十六国春秋》《十国春秋》等，《宏明集》《广宏明集》列入评传,《百宋一廛赋》《七录序》并称。总之, 目录必须 "手到眼到, 方能减少错误, 欲求完备, 更须经历富, 见闻广"。（有:《读三订国学用书撰要》,《中华图书馆协会会报》, 第 3 卷第 1 期, 1927年 8 月）

　　△ 王国维家属遵照遗命, 将其葬于清华园东二里许之七间房之原, 墓碑由辽阳杨留坨（钟羲）撰文, 武进袁中舟（励准）书丹。

　　赵万里《王静安先生年谱》载: "遗书遗稿藏于家。罗先生为校理其遗著, 凡四集, 署曰《海宁王忠悫公遗书》, 现尚在校印中。"（《国学论丛》, 1927 年第 1 卷第 3 号）

　　1958 年, 清华大学扩建校园, 迁墓于福田公墓, 原墓碑已不复存。1988 年秋, 北京市文物局出资重修 "海宁王国维先生之墓" 于福田公墓, 并树新墓碑。（孙敦恒:《清华国学研究院纪事》, 葛兆光主编:《清华汉学研究》第一辑, 第 326 页）

　　9 月 3 日　戴季陶在广州东山为王治心著《三民主义在中国文化上的根据》一书作序。是书由国学社 1927 年出版, 钮永建题写封面。

　　戴季陶说, 人生受时地支配, 因而世界各种特殊民族各自有不同的文化。人类同是最进化的动物, 虽然有种族的差别, 但人性没有两样, 因而一切民族文化也有相同的内容和相同的外表。中国文化与外国文化不完全是一个东西, 也绝非不相契合, 世界人类交通到自由普遍之时, 必将创造人类大同文化。而孙中山, 正是东西文化沟通交融的代表。

　　中山先生是中国文化上继往开来的圣哲, 同时是沟通东西洋文化, 而努力创造世界大同文化的先觉。我们要了解他的学说，我们在智识上面，不好忘记他是手不释卷而又学贯中西的学者。不好忘记他是由研究个体的生理病理，进而研究社会的生理病理，由医生而进为革命的政治家。在信仰上面，我们不好忘记他是一个发扬中国道德文化的热烈的爱国者，而同时又是一个真诚的基督教徒。误解他要不得，曲解他更要不得。

王治心试图沟通基督教、中国国学，为三民主义寻找文化根据和现代价值之举。"王治心君以基督教徒而研究中国国学，更热心研究中山先生的思想言行，既著成中国思想史，又努力著《三民主义在中国文化上的根据》，是现在不可多得的。"（《序》，王治心：《三民主义在中国文化上的根据》，国学社，1927年，第1—3页）

△ 京师大学校通知各科部，分送组织总纲，定期（九月二十日）开学，严密查课，以及归并班次。北京大学研究所国学门名义上结束。北京师范大学归并学系后仅剩四系，"国学"系为其一。

从1922年到1927年，在国学门中任职的学者有所长蔡元培（蒋梦麟、余文灿先后代理），主任沈兼士，委员会委员蔡元培、顾孟余、沈兼士、李大钊、马裕藻、朱希祖、胡适、钱玄同、周作人、蒋梦麟、皮宗石、单不庵、马衡、周树人、徐旭生、张凤举、刘半农、陈垣、李宗侗、李四光、袁同礼、沈尹默。歌谣研究会主席周作人，明清史料整理会主席陈垣，考古学会主席马衡，常务干事马衡、沈兼士、陈垣、李宗侗、袁复礼，风俗调查会主席江绍原（原为张竞生），方言调查会主席刘半农（原为林语堂）。

导师王国维（后退出）、陈垣、钢和泰（俄）、伊凤阁（俄）、柯劭忞、夏曾佑（后去世）、陈寅恪。通信员罗振玉（后退出）、伯希和（法）、今西龙（日）、泽村专太郎（日）、吴克德（丹麦）、阿脑尔特（法）、卫礼贤（德）、田边尚雄（日）。短短五年间，国学门不但已和法国、德国、俄国、日本学者建立起关系，而且也网罗了国内一批学有专长的学者。根据学术履历和治学旨趣，国学门主要是由留日的太炎门生响应胡适"整理国故"的号召而成立的，但发展过程中陆续吸纳了欧美留学生加入，共同为国学研究开创出新的局面，如徐旭生、刘半农、李宗侗、张竞生，都是留法学者，与沈兼士等政治立场接近，人际关系也融洽。国学门中的具体事务，诸如学会的活动、研究室的管理、出版物的编辑，则皆由沈兼士委派专人办理。担任过助教与干事者，有顾颉刚、常惠、台静农、黄文弼、胡鸣盛、庄尚严、楼幼静、欧阳道达、魏建功、容庚、董作宾等。（陈以爱：《中国现代学术研究机构的兴起》，第82—84页）

五年间，国学门审查合格的研究生至少有46人。他们提交的研究范围，课题相当广泛，其中以文学、语言文字学及学术思想（诸子）方面的研究最多，此外亦有关于甲骨金文、历史地理、边疆民族史、刑法史、经济、风俗等领域的研究。不过，这些研究生多以通讯研究的方式报名，故最后能提交论文者不多，仅有10人，成绩计有14种。具体见表4。（陈以爱：《中国现代学术研究机构的兴起》，第86—89页）

表4　北京大学研究所国学门学生及其研究题目一览

序号	姓名	资历	研究题目
1	罗庸	北京大学国文系毕业	《尹文子》校释（提交报告）/清代小学家书目提要及其治学之方法
2	张煦	北京大学国文系毕业	《公孙龙子》注（提交报告）/《老子》校注（提交报告）/《广韵》理董
3	郑天挺	北京大学国文系毕业	音义起源考（钱玄同指导）
4	段颐	北京大学英文系毕业	黄河变迁考（提交报告）
5	曾载帱	北京大学国文系毕业	中日交涉地理
6	高荣魁	北京高等师范学校毕业	西北民族对中国之关系
7	王道昌	北京高等师范学校毕业	清代文学家年表
8	陈锡襄	福建协和大学毕业	中国伦理学史
9	冯淑兰	北京女子高等师范学校毕业	《楚辞》研究（提交报告，后出版）
10	容庚	广东东莞县立中学教员	金文编（提交报告，由国学门出版）
11	章维燮	北京大学国文系毕业	晋二俊诗学
12	蔡人龙	湖南高等师范文史科毕业	《老子》义证
13	杨定宇	安徽省立第六师范学校教员	陶渊明研究
14	商承祚		殷墟甲骨文字类编（提交报告，后出版）
15	周怡然	北京大学法律系四年级	中国刑罚思想之变迁
16	董作宾	北京大学旁听生	历代名人生卒年表
17	王有德	北京大学德文系毕业	元曲发达史
18	张鹏翘	北京大学哲学系毕业	古琴曲谱之系统的研究

序号	姓名	资历	研究题目
19	蒋善国	天津南开大学修业	《三百篇》演论（提交报告）
20	陆侃如	北京大学国文系修业	宋玉研究
21	方勇	安徽省立第五中学教员	《说文》读若考（提交报告，该文"例言"载于《国学门周刊》）
22	张辅铨	不详	中国刑法之沿革
23	孙少仙	不详	云南风俗志
24	郑孝观	不详	《说文解字》羡异考
25	黄继文	不详	中国谷价通考
26	丁丁山	京师大同中学国文教员	中国原始象形文字考/释名释
27	刘嘉镕	不详	《诗经》的研究
28	李正奋	不详	隋代《艺文志》（提交报告）/补《后汉书·艺文志》（提交报告）/《魏书》源流考（提交报告）
29	李嘉善	不详	五胡十九国考（提交报告，部分内容刊登于《国学门月刊》）/井田之研究上编（提交报告）
30	韦奋鹰	不详	不详
31	魏建功	北京大学国文系毕业	扬雄《方言》释音释训释地例
32	楚图南	北京高等师范史地部毕业	纬书
33	叶含章	北京大学国文系三年级	汉朝的道家
34	孔繁熙	中国大学国文系三年级	中国古代性学史
35	吴世拱	南京公立国学专门学校毕业	古音韵
36	叶俊生	厦门大学助教	文字学名词诠释
37	闵孙奭	北京大学国文系毕业	治《说文》学者传略

续表

序号	姓名	资历	研究题目
38	甘大文	北京大学国文系毕业	《史记》研究
39	陈仲益	翊教女子中学教员	明初海外诸藩考
40	黄绶	清华研究院肄业	两汉地方行政史
41	姚名达	清华研究院肄业	中国史籍考
42	刘秀生	北京师范大学国文研究科毕业	《说文》读若有同声转声考
43	段泽杭	成都公学毕业	贵州苗族之历史与其语言文字
44	董□	北京师范大学国文研究科毕业	《说苑》集解
45	顾敦鍒	之江大学附属中学教员	李笠翁戏曲研究
46	吕大桓	不详	《诗》《书》中联绵字之研究（提交报告）

　　据说京师大学校经费经校长刘哲，教育部人员韩瑞汾、陈任中、史萧等审议，分发标准以班次多寡而定。"至北大附设之研究所国学门及古物研究所，仍将改组设立，以为继续研究参考"。（《京师大学新况》，天津《大公报》，1927年9月8日，第2版）本年8月28日，顾颉刚致函沈兼士称："接赐书，悉九校改组，先生已与研究所脱离关系，七年之功，废于一旦，思之怅叹。未知彼方接收之后，研究所能否续办，为念。"（顾颉刚：《顾颉刚全集·顾颉刚书信集》卷一，第523页）

　　经分别议定，京大内容因师范部班次最多，月三万余元，法科有三十二班，月需两万余元，工科次之，其余各科部大都在一万一千左右，美术部不足一万元。除了争取俄款十万元节前提用，不足之五万元向交通部交涉，提出阁议，明白规定。于是，师范部面临"减政"。其一是合并学系，如数理化，原分为三系，今合为一系。如史地、国文，原亦分为三系，今亦合为一系。合并后，师范部只有国学、英文、理科、生物四系。(《京大定二十日开学》，北京《益世报》，1927 年 9 月 5 日，第 7 版)

9 月 4 日　报载上海开明书店因发行《一般》《新女性》《文学周报》《北京大学国学门月刊》四大杂志，大受读者欢迎，营业非常发达。(《开明书店即日迁移》，《申报》，1927 年 9 月 4 日，本埠增刊第 5 版)

9 月 6 日　苏州振华女学校改进，国学名流王佩诤参与革新。

苏州振华女学校，自去年校长孟荷尔愉理硕士王季玉出席太平洋国民会议，并历赴欧美考察教育归国以来，会同芝加哥大学教育研究毕业生许张镜，暨"国学名流"、前东吴大学教授王佩诤，计划经年，大加革新。于本学期起，分设文学、数理、师范、国专四科。"国学家选修门，新设经史、哲学、骈文、诗词曲专班，并制国学阅读书目流列表，以便学子分别选习，以仿作、笔录、札记、考绩四项，平均分数为得学分之标准。"前次招考录取者在百人以上，而远道学生，因交通关系，报名而不及应考者甚多。现续行招考一次，定 9 月 12 日为考期。(《苏州振华女学校之改进》，《申报》，1927 年 9 月 6 日，第 2 张第 7 版)

暑假期间，清华学校发生风潮。7 月 18 日、21 日，清华学校部分教授，为留美预备部高三、高二级八十余人，未届毕业期限，竟将提前出洋，挪用巨额基金，违背校章，未经评议会讨论决定，先后发表宣言以示反对，并致董事会公开信要求澄清事实。具名者有陈寅恪、赵元任、吴宓、唐钺、叶企孙、金岳霖诸教授。据戴家祥

《致蒋秉南》函称："四月中，北伐形势迅速发展，当时一些达官贵人，生怕北伐军一旦成功，他们的子弟可能失去留美权利，纷纷要求提前结业，与应届毕业生一起出国。由于官官相庇，曹云祥迅予上报，这就必须动用庚款基金三十几万美金。新报大学部学生认为这样无疑会给清华大学带来经济灾难，群起反对。而曹云祥上报的经济预算又弄虚作假。王荫泰等人，东研西究，冲破重重包围，最后否定了提前出国的申请，责令学生安心学习，按时毕业。研究院同学支持大学本科的正义斗争，与大学本科同学赢得了胜利"。（卞僧慧纂：《陈寅恪先生年谱长编（初稿）》，第104—105页）

9月7日 暑假结束，清华研究院新学年开始。学生报到，并开始选定研究题目。（孙敦恒：《清华国学研究院纪事》，葛兆光主编：《清华汉学研究》第一辑，第326页）

9月8日 北京政府教育部通令各省教育厅禁止国文教授使用白话文，以重国学。

令称：

> 查比岁以来，各学校教授国文，类多重用语体，弁髦文言，教师相诩为标新，学子借此而藏拙，坐令俚鄙流传，斯文将丧。长此不改，怒焉堪忧。合亟令仰该厅长通饬所辖中学以上各校所有国文一课，无论编纂何项讲义及课本，均不准再用白话文体，以昭划一，而重国学，其各遵照，毋违此令。（《奉天教育厅训令第八百十八号》，《奉天公报》，第5550期，1927年9月21日）

9月21日，奉天教育厅长祁彦树接令后饬令各省县视学、省立学校和县知事，内称："查各校教授国文采用语体，本厅十三年曾奉省令，概行停止，在案。奉令前因，合再登报，令仰该视学、校、县知照，随时认真查视，转行遵照。"（《奉天教育厅训令第八百十八号》，《奉天公报》，第5550期）

△　清华研究院开始吴语方言调查工作，地点选择赵元任老家江苏。（赵新那、黄培云编：《赵元任年谱》，商务印书馆，2001年，第146—147页）

9月9日　中华职业教育社附设上海职业指导所将于翌日开幕，所受嘱托代聘职业中，福建托物色大学国文教授一人，要求"国学湛深，有研究成绩者"。（《职业指导所介绍职业之第一声》，《申报》，1927年9月9日，第3张第10版）

9月10日　清华研究院学生朱芳圃撰成《述先师王静安先生治学之方法及国学上之贡献》一文，总结王国维的治学方法和国学贡献各四个方面的内容。

朱芳圃从治学态度、研究方法、学术成果等方面总结说：

> 先师治学，缜密谨严，奄有清代二百余年文字，声韵，训诂，目录，校勘，金石，舆地之长而变化之，恢宏之，其所见新出史料亦最夥。又精英，日，法诸国文字，深通科学方法。故每树一义，考一事，精赅无伦，得未曾有。其著述之量，虽稍逊清代大儒，然新得之富，创获之多，谓之前无古人可也。师友中能了解其学识者，首推罗振玉氏。

1923年春，罗振玉《观堂集林》序言，已从学问渊源、交情

著述、治学态度、前程远大等方面，描述王一生行谊思想，未及王
国维晚年元史研究。朱芳圃总结王氏治学方法四个方面：一、考之
史事与制度文物以知其时代之情状；二、本之《诗》《书》以求其
文之义例；三、考之古音以通其义之假借；四、参之彝器以验其文
字之变化。而"国学上之贡献"，则主要体现在古文字学、史地学、
古物学和文学四个方面。（朱芳圃：《述先师王静安先生治学之方法及国学
上之贡献》，《东方杂志》，第24卷第19号，1927年9月10日）

　　△　上海新龙华惠灵学校今秋开学，对于教授训育方面均有大
规模刷新。教务方面，除聘请汪泰经为教务主任外，还聘请金陵大
学"国学教授"方观海等多人。（《惠灵学校之刷新》，《申报》，1927年9
月10日，第2张第7版）

　　9月16日　清华研究院同学会开会联欢。

　　清华研究院同学会，因同学会旧职员多已离校，特由新旧同学
发起开会，本日晚在清华一院楼下该会会议室召集全体大会，到会
人数共计18人。新旧同学各用白布条书姓名悬于襟上，免得彼此互
询履历麻烦。对于研究院进行事宜，多有商榷。并备茶点，尽欢而
散。并议决宣布开会宗旨，选读旧简章并全体通过，选举职员，正
干事莫去非，副干事罗根泽，文书储皖峰，会计马鸿勋。（《研究院同
学会开会纪略》，《清华周刊》，第414期，1927年9月30日）

　　△　署名"梦飞"者在天津《益世报》刊文，批评研求国学成
为时髦的不良现象。

　　该文乃质问"梦天"而发，内称："国故自经头脑过新者目为
垃圾堆后，除一般所谓老腐败外，绝少人顾及，今乃一跃而为'旺
地'，而研求'国学'，乃为最时髦之工作矣。"出版界"《国学专

刊》《国学季刊》《国学年刊》"固然不论，"即普通之杂志，日常
之新闻纸，以及种种刊物，率皆插入一二篇国学之研究，以为非
若是，不足以示其时髦者。即新文化运动中之健将胡适之先生，亦
不时有研求国学之作，不识其偶一回忆五几年前情形，作有如何感
想。""夫时髦云云，其意云何。束发之辈，少小之流，于国学几或
一知半解，乃胆敢率尔操觚，以其似是而非耳食之谈，幼稚不科学
的方法，发为文章，以自欺欺人。或其议论，即不致影响他人，而
其自身且将因是自足，为国学前途计，未始不可惜也。"（梦飞：《研
求国学之时髦》，天津《益世报》，1927 年 9 月 16 日，第 4 张第 14 版）

9 月 20 日　梁启超在清华研究院教授王国维墓前致悼词。

梁启超在悼词中指出，从道德上讲，自杀在欧洲人看来是怯
弱行为，而且基督教认作一种罪恶，但中国人却不如此。王国维自
杀，正如孔子说"不降其志，不辱其身，伯夷叔齐欤"，因为既不
能屈服社会，亦不能屈服于社会，所以终究要自杀，表现极大的
勇气。

若说起王先生在学问上的贡献，那是不为中国所有而是全
世界的。其最显著的实在是发明甲骨文。和他同时因甲骨文而
著名的虽有人，但其实有许多重要著作都是他一人做的。以后
研究甲骨文的自然有，而能矫正他的绝少。这是他的绝学！不
过他的学问绝对不只这点。我挽他的联有"其学以通方知类为
宗"一语，通方知类四字能够表现他的学问全体。他观察各方
面都很周到，不以一部分名家。他了解各种学问的关系，而逐
次努力做一种学问。本来，凡做学问，都应如此。不可贪多，

亦不可味全，看全部要清楚，做一部要猛勇。我们看王先生的《观堂集林》，几乎篇篇都有新发明，只因他能用最科学而合理的方法，所以他的成就极大。此外的著作，亦无不能找出新问题，而得好结果。其辨证最准确而态度最温和，完全是大学者的气象。他为学的方法和道德，实在有过人的地方。

然梁更看重王国维引领学风的作用，近两年来在研究院和师生朝夕相处，令人领受莫大的感化，渐渐形成一种学风。"这种学风，若再扩充下去，可以成功中国学界的重镇。他年过五十而毫不衰疲，自杀的前一天，还讨论学问，若加以十年，在学问上一定还有多量的发明和建设，尤其对于研究院不知尚有若干奇伟的造就和贡献。"（梁启超：《王静安先生墓前悼辞》，《国学月报》，第2卷第8—10号合刊"王静安先生专号"，1927年10月31日）

△　清华研究院举行第三学年第二次教务会议，到会者梁启超、赵元任、陈寅恪、李济，梅贻琦主持。

下午开会。梁启超提议，研究院第一年毕业生余永梁古文字甚佳，自王国维逝世后，甲骨文钟鼎文字之学已成绝业，余君若再加用功，或可继续研究王先生之学问，可否以助教名义，请来院做事。议决照办。后来，余永梁来校担任研究院助教。会议还议决，《国学论丛》第1卷第3号为"王国维先生专号"；梁启超因病不能常住校内，《国学论丛》事情，陈寅恪代为主持，赵万里分担部分编辑工作。（孙敦恒：《清华国学研究院纪事》，葛兆光主编：《清华汉学研究》第一辑，第326—327页）因赵万里兼任图书馆编目登录、本院购买图书事务，梁又不能常住校内，请陈寅恪暂时代为主持。（刘桂生、

欧阳军喜：《陈寅恪先生编年事辑补》，第434页）

△　东吴大学法律学院前教授卢兴原在开学典礼上劝勉学生注重国学。

下午五时，东吴大学法律学院假昆山路景林堂补行本学期开学礼，列席者除本院教授学生外，并有来宾十余人。行礼毕，院长吴经熊致辞。次由临时法院院长，该院前教授卢兴原演说，劝勉学生"注重国学"。此后有该院教授胡适等演讲。（《东吴法学院行开学礼》，《申报》，1927年9月22日，第2张第7版）

△　《北京大学研究所国学门月刊》编辑部以每期有不少系统的长篇论文，拟择其中最重要者编为本刊丛书。计有《考古学论集》（周刊一二两卷及月刊关于考古文章）及《古音学之大辩论》《说文古本考校勘记》《清宫剧戏剧十二种校勘记》等，不久可付印。

9月中旬　江苏昆山县立师范学校学生王德裕、李汉初、郁豪、张绍纲等，鉴于国学应用之广，并为鼓励同学课余修养起见，发起组织国学研究社。（《组织国学研究社》，《昆山县立师范学校季刊》，1927年1期，1927年2月1日）

王德裕撰宣言：

夫欲一国国民，洞悉己国之过去未来，以延续其国性，发扬其文化，使之列于富强之域，舍研究国学不为功。盖国学者，一国文化精神之结晶品也。故凡欲灭人国者，必先亡其国学，如英灭印度而梵音绝，日灭朝鲜而韩文禁。是使其国学沦亡，而绝其爱国之心也。至于我国国学之华美雅驯，素称世界第一。然自兴学以来，学校教科，门类繁多，莘莘学子，不能专攻一科，于是国学日见衰微，驯致不能应用于社会，识者憾焉。我师范生，他日既欲教育儿童，服务于社会，安可轻忽视之。用是同人等，不揣固陋，组织国学研究社，于课余之暇，互相切磋，非特弥补往日之缺憾，亦为绸缪未来之计。（王德裕：《国学研究社发起宣言》，《昆山县立师范学校季刊》，1927年1期，1927年2月1日）

昆师国学研究社以"保存国粹，发扬文化，增加同学课余修养，预备服务社会"为宗旨，社址设于学校书报室。凡本校同学赞成宗旨，皆得加入。内容分研究、练习二类。研究类一是精读。选择文章优美而精要者熟读，如《史记》《左传》等。二是略读。选择相当教材浏览，以补文思发挥及预备将来研究高深科学的基础。如文字学、音韵学等。三是讲演。选择有关系国学者，随时介绍，以广见闻。练习，文题以普通文为主，酬酢文为副，以及其他诗词学等。以上两类均由教师负责。研究时间是四时一刻至五时，三项轮流；练习是五时至五时一刻，又分文言、语体两系轮流。组织设立总务部、文牍部、事务部，各部均设干事二人。文牍部事务多，安排四人，均由大会选出。社费半年小洋一角，遇有特别用途，得临时募集。每月召开两次会议，于朔望日四时一刻举行。遇有意外事故，如假日星期等，再行更改，遇有特别事故，临时召集。（《昆师国学研究社简章》，《昆山县立师范学校季刊》，1927年1期，1927年2月1日）

9月21日　北京大学研究所国学门随北大归并京师大学校，在叶恭绰帮助下改设国学研究馆。

与北京政府各派系均有交往的叶恭绰，对于北京大学研究所国学门改名为国学馆，起了重要作用。《叶遐庵先生年谱》载：

> （1927年）秋长北京大学国学研究馆，开学致演说词。时
> 刘哲长教育部，兼长北大，欲废研究所国学门，师生求计于先
> 生，请于刘改组国学研究馆，先生自任馆长，刘允之，仅月给
> 经费三百元。先生乃以私财附益之。艰苦支持，并聘当代鸿
> 硕，如陈寅恪、陈垣、徐炳昶、徐鸿宝、马衡、李四光、钱玄
> 同、刘复、袁同礼、朱希祖等为导师。研究生中董作宾、陆侃
> 如、商承祚、储皖峰、魏建功、姚名达、容庚等，皆一时之
> 选。国学研究馆成立，内分总务、研究、编辑三部。总务部分
> 事务、陈列、图书三室。研究部分哲学、史学、文学、考古
> 学、语言文字学、艺术及其他七组。编辑部分第一、二、三三
> 室。风雨飘摇中，弦诵不辍，众皆属望焉。（遐庵年谱、汇稿编印
> 会：《叶遐庵先生年谱》，1946年10月，第299—300页）

当然，国学门改设国学馆一事，也包含奉张举办国学馆的初
衷。本年7月，奉系军阀张作霖派刘哲改组北京大学，称为"京师
大学校"。9月21日，中华民国安国军政府总理潘复宴请叶恭绰、任
毓麟等，席间已略有表示，聘叶恭绰担任馆长，聘书于当晚由教育
总长刘哲具名发出。（《京津杂讯》，《申报》，1927年9月22日，第2张第
5版；《叶恭绰将任国学馆长》，天津《益世报》，1927年9月22日，第1张第
4版；《京大设立国学馆》，北京《益世报》，1927年9月22日，第2张第7版；
《京大设国学馆》，《黄报》，1927年9月22日，第3版）据说国学馆所需经
费，月定六百元，在京师大学办公处全校二千六百元办公费中支

给。(《国学研究所改组国学馆》,《顺天时报》, 1927 年 9 月 22 日, 第 7 版;《京大设国学馆》,《晨报》, 1927 年 9 月 22 日, 第 3 版)因此, 王伯祥在日记中写道:"北京政府似甚雍容, 不但京师大学及时开学, 而礼制馆、国史馆之建置及改北大研究所为国学馆, 尤见粉饰升平也。礼馆长闻为李盛铎, 史馆长柯绍忞, 国学馆长则叶恭绰也。"(张廷银、刘应梅整理:《王伯祥日记》第四册, 第 279 页)

9 月 24 日, 叶恭绰在京师大学校三院正式就任国学馆长, 并带樊守执等秘书, 详细参观旧日作品, 上午十时到, 午后一时始去。据《益世报》《晨报》《大公报》等载:

> 京师大学国学研究馆长一席, 由教育部聘请叶恭绰担任, 已见前报。据闻该馆系由前北大国学研究所改组而来, 原来所长, 即系大学校长。现大学校长, 由教育总长兼充, 国学馆事, 难于兼顾, 用特敦聘叶氏担任。叶近年对各事多消极, 唯早岁从事教育生涯颇久, 于国学具有心得, 且富兴趣。据叶对人表示:(一)年来颇愿做穷酸生活。(二)拟提倡达官在野之一种职业生活, 以挽政界颓风。(三)研究所成绩甚佳, 旧日人员, 多有声气之雅, 故允为从事。大约日内即可着手组织, 惟限于经费, 暂时恐难发展云。(《叶恭绰愿做穷酸生活》, 北京《益世报》, 1927 年 9 月 24 日, 第 3 版;《叶恭绰昨已就职》,《晨报》, 1927 年 9 月 25 日, 第 7 版;《叶恭绰就国学馆之聘》, 天津《大公报》, 1927 年 9 月 24 日, 第 2 版)

参观临行前, 叶恭绰嘱旧日办事员庄尚严, 安心供职。至于经

费问题等，当尽快筹划。(《叶恭绰昨就国学馆长》，《黄报》，1927 年 9 月
25 日，第 2 版) 9 月 25 日，叶恭绰偕同樊、童两秘书同赴国学馆视察，
外传昨已就职，实属不确。"惟该馆内部尚须规画布置，一切正在
筹备中。每月预算仍照旧案六百元。闻该院为文学研究院性质，事
务不多，故开支甚省云。"(《叶恭绰尚未就国学馆长》，北京《益世报》，
1927 年 9 月 26 日，第 2 张第 7 版)《大公报》亦称："叶恭绰昨赴国学馆
视察，但尚未就职。"(《简单报告》，天津《大公报》，1927 年 9 月 26 日，
第 2 版)叶对外态度的摇摆，目的当是为国学馆争取经费。

北大研究所国学门同人多不以归并为然。9 月 24 日，钱玄同访
黎锦熙，因日前黎与沈尹默谈法德款补助国语会，不易成功。"二
公劝将编字典时归入叶士钊之国学馆，当与三公商，故今晚钱、黎
讨论此事。结果主张以法款在国学院编，罗列古今方国之字典，以
美款在《ㄍㄨㄟ会编近于实用的字典。"(杨天石主编：《钱玄同日记》整
理本中册，北京大学出版社，2014 年，第 696 页)"叶士钊"或指叶恭绰。
被奉系军阀强行改组后，北大国文系"三沈二马"之中，只剩一个
马裕藻留在原校不动。沈兼士到辅仁大学，钱到北京师范大学担任
国文系主任，沈士远到燕京大学。9 月 30 日，钱玄同与黎锦熙同请
沈兼士吃晚饭，"商欲在所谓国学馆也者之中设一字典部，编一部
古今方国的字典。盖因《ㄍㄨㄟ会已连开水也没有喝，不复能维持，
而闻国学院（当为国学馆——引者）有赔款（法、美、日）希望，
故拟献地图也。结果请兼存记，相机行事"。(杨天石主编：《钱玄同日
记》整理本中册，第 698 页)

在北师大国文系，钱玄同讲授说文研究、经学史略、周至唐及清
代思想概要、先秦古书真伪略说诸科目。(曹述敬：《钱玄同年谱》，齐鲁

书社，1986年，第102页）黎锦熙回忆，钱此前在北京公私立各大学教授音韵学为主，"本其师传，复运以科学方法，参以新获材料，卓然成当代大师。"而北师大所授课程，则"皆能以历史眼光，整理，评判，以求真为主，力矫从来'泥古'与近今'蔑古'之弊。"（黎锦熙：《钱玄同先生传》，沈永宝编：《钱玄同印象》，学林出版社，1997年，第42页）

9月27日　陈柱著国学书籍陆续出版，近将编成《国学大纲》一种。

据《新闻报》《申报》载，中国公学大学部国文主任、大夏大学国文教授陈柱尊，向以读书教书著书为事，年未四十，成书将五十种。除《诗学大义》《中庸通义》，早已刊布售罄外，余均未暇写正付印。近年来，始专请书记及门徒任抄写、校勘之役。计自去年11月至今，写成《老子合训》《老学八篇》《墨学十论》《墨子间诂补正》《周易论略》《清代学术讨论集第一集》，凡六种。尤以《墨子间诂补正》为巨制，六七十万言。《墨学十论》亦十万余言，余亦大略称是。《墨子间诂补正》"实集孙氏以后墨学之大成"，当代名硕如陈衍等极为推重，谓"可使曲园却步，仲容失走"。"闻陈氏近将编成《国学大纲》一种，亦约十余万言，不久亦可以付印云。"（《国学书籍出版消息》，《新闻报》，1927年9月27日，本埠附刊；《陈柱尊著国学书籍络续出版》，《申报》，1927年10月13日，本埠增刊第1版）

《国学大纲》"以四部之重要者，分别论讨，或独申己见，或采缀前言，甚为简括。盖欲求高等国学常识所不可少之书"。（陈起予：《三书堂丛书提要》，中国学术讨论社：《中国学术讨论集》第二集，上海群众图书公司，1928年，第333页）

9月底　清华研究院聘请钢和泰为名誉通信指导员（Hon

Covespondent Lectaver），梁思永为名誉助教，林宁［宰］平为文史学讲师，执教一学年，朱希祖为兼职讲师。（孙敦恒：《清华国学研究院纪事》，葛兆光主编：《清华汉学研究》第一辑，第 327 页）

9月　无锡国学专门学院第五班学生因上学期停课两月，改为秋季始业，另添招九人，共五十一人。

唐文治记云："八月，行开院礼，添聘锡邑钱君子泉名基博为教授。钱君博闻强识，品诣亦敦洁英爽。陈生柱尊辞职，改聘门人冯振心名振继之。"（唐文治著，唐庆诒补：《茹经先生自订年谱》，第 96页）无锡国专校史记载："第五班学生因上学期停课二月，改为秋季始业，添招九人，共五十一人。""聘请钱子泉先生为教授。陈柱尊先生辞职，聘请冯振心先生继任。"（《本校大事记》，《国专校友会集刊》第 1 集，第 3 页；《无锡国学专修学校概况·大事记》，第 3 页）

此前，钱基博担任上海光华大学国文教授。夏初，因北伐军到达沪宁，锡沪交通受阻，钱无法到光华上课，因此应唐文治之请来无锡国专上课。锡沪交通恢复后，钱已被正式聘请为无锡国专教授，照例于每星期五下午回锡，当晚到国专讲课两小时，星期六上午再讲两小时，星期日早车返沪。从此往返沪锡，风雨无阻，一直到抗战爆发前夕为止。钱在无锡国专先后开设过《古文辞类纂》、《文史通义》、目录学、《韩昌黎文》《孙子十三篇》《东塾读书记》等多门专业课程。（刘桂秋：《无锡国专编年事辑》，第 75 页）

1928 年 1 月 7 日，《新无锡》载钱基博《与南通费君书》云：

……博本学期，仍在光华，而以唐蔚芝先生坚邀，在国学院授课，不敢违命。以故每星期五必回锡，星期六上午到国学院（原称国学专修馆）授课三小时，星期日早车来沪。道途仆仆，殊以为苦。以此益鲜暇晷，差幸诸生尚知媚学，不堕恶趣，所以教学相长。此外则一切不闻不问。（刘桂秋：《无锡国专编年事辑》，第75页）

据钱基博侄子钱钟伟回忆：

　　唐先生和我伯父的学术观点不尽相同，但互相尊重。无锡国专聘请不同学派的教授到校任课或作专题讲座，除陈石遗先生（衍）外，大都是他的后辈或学生，但他并不以"长者"自居，能倾听大家的意见，择善而从，力求把学校办好，故全校师生一致敬重他。

形容唐文治在近现代教育事业中的贡献："太湖之水，泽及东南；茹经之风，永为国光！"（钱钟伟：《我所了解的唐文治》，全国政协文史资料委员会：《中华文史资料文库》第17卷，中国文史出版社，1996年，第239页）

　　王绍曾于1927年进无锡国专，适逢钱基博授课。其《钱子泉先生讲学杂忆》称：

　　虽然旅途劳顿，而先生讲课声若洪钟，毫无倦容。当时锺书先生弟兄俩和先生从子锺韩、锺汉，都还在无锡辅仁中学读书，星期五晚上的两节课，他们都跟着先生来随堂听课。先生在国专讲课，一直延续到抗战爆发前夕。我在国专三年，听先生讲过三门课。一门是正续《古文辞类纂》，一门是章学诚《文史通义》，另一门是目录学。这三门课对我来说，终身受惠无穷。（王绍曾：《目录版本校勘学论集》，上海古籍出版社，2005年，第1037—1038页）

张尊五《三十年代的无锡国专》云："钱氏博览群书，精汉学及古文，好学不倦，著作等身。曾开过多门专业课，如'韩昌黎文''文史通义''孙子十三篇''东塾读书记'等，钱氏所著《中国现代文学史长编》也是当时的讲义。"（中国人民政治协商会议江苏省委员会文史资料研究委员会编：《江苏文史资料选辑》第19辑，第158页）

　　△　集美学校国学专门部移附厦门大学文科，与厦门大学文科国学系合班讲授，功课完全相同。（《致全省各中等学校函——介绍国专毕业生》，《集美周刊》，第245期）

集美学校国学专门科学生，为谋师资便利计，签名陈请移并厦门大学文科办理。叠经叶采真校董亲自向厦门大学校长林文庆商洽，议定代办条件。该班学生由集美学校填给证明单，先后持往厦门大学注册上课。（集美学校：《集美学校编年小史》，第17页）

厦门大学集美国学专门学校学生会出版委员会曾经编辑出版季刊，分专著、研究、杂著、文艺等栏，专著栏刊载李笠《韩非子集解校补》、缪篆《尹文子校释》、曾传薪《羿事迹演变考》等。顾颉刚题写封面刊名。据《本刊启事》谓：

本刊这一期原交给厦门福建印书馆印刷，被他拖延五个多月，还不能出版。屡次向他交涉，才得把已印好之稿，搬回来在厦大印刷所印封面装订。但因这个关系，原有的勘误表，已迫不及印，而第二期也就不得不稍缓出版，望阅者诸君原谅！

该刊由集美学校补助经费，1929年1月交给印书馆排印。缪篆寄来《尹文子校释》，花了五十天工夫详细校阅。又因为《通报》所载法译本的错误，便和戴密微依此本译成英文，此稿现为戴密微带往日本。缪篆原写信请戴密微寄给本刊发表，本想将缪篆原函附在原著之后，可惜被手民所丢。曾传薪《羿事迹演变考》主要描述其家乡安溪的风俗。"在几年以前，北大歌谣研究会刊行《歌谣周刊》以后，逐渐引起民俗学研究的兴趣，并且现在似已普遍的深入人们的心了。""我们十二分地感谢缪篆、李笠、余永梁、周岸登、郝立权诸先生给我们许多著作，顾颉刚先生替我们题封面，一尘先生替我们画好张插图和封面。可惜因为经费的关系，不能都印出来，只好留待第二期了。"（《编校后记》，《厦大集美国专学生会季刊》，第1期，1929年6月）

集美国专学生会会员有洪嘉谟、曾传薪、徐伦、包树棠、林采逢、李绍芙、周品瑛、陈唯深、陈植亭、汪玉聪、王成竹、谢新周、方时言、林成章、郑开波、韦方、叶振基、覃春、沈奎阁、李馥永、吴锡福、李宏、苏恩卿、黄开统、许志燡、陈开泰、蓝飞凤。(封底《会员录》)本届出版委员会职员，委员长包树棠，总务部主任苏恩卿，文书股包树棠、林采逢，庶务股曾传薪、王成竹，交际股周品瑛、陈唯深，编校部主任徐伦，专著股曾传薪、林采逢，研究股周品瑛、陈唯深，文艺股包树棠、陈植亭，杂著股李绍芙、王成竹，经理部主任韦方，筹款股陈植亭、李绍芙、林采逢，销售

股陈唯深、周品瑛、陈植亭。(《本届出版委员会职员表》,《厦大集美国专学生会季刊》,第1期)

10月1日　京师大学校国学研究馆开学,馆长叶恭绰演讲,总结今人治学易于前人者六端,提醒学生贯彻三要,屏弃四弊。

在此前夕的9月27日,中华民国安国军政府教育总长刘哲拟定国立京师大学校国学研究馆规程、研究生资格条件和各系课程表,次日颁布。规程规定:"国立京师大学校为整理及阐扬国学,并指导研究生研究高深国学起见,特设国学研究馆。"分三个部:一、总务部,分三个室:事务室,分文牍、登录、会计、庶务;陈列室,分考古陈列室、风俗调查会物品陈列室、明清史料陈列室、歌谣陈列室、各项成绩陈列室;图书室。二、研究部,包括哲学组、史学组、文学组、考古组、艺术组、其他。三、编辑部,设馆长一人,由教育总长聘任主持本馆一切事务。各部内酌设主任及事务员若干人,但研究部得设导师、助教、通讯员,均由馆长延用并函陈校长报部备案。遇必要时,得酌设学术委员会、各项会议及各种学会,聘请专门学者为名誉导师。研究生资格,或本校毕业生有研究国学志愿及学力者,或国内外大学毕业生有研究国学志愿及学力者,或未经学校毕业而于国学有高深研究,其著作经本馆审查合格者。经费由国立京师大学校校长依照预算数目按月发给,其职员薪俸等应比照本校职员薪俸规程办理。各项研究规则及办事准则,由馆长另定。规程自公布日施行。(《国学研究馆组织大纲》,《晨报》,1927年9月27日,第7版;《教育部令第一五四号》,《政府公报》,第4124号,1927年10月17日;《国立京师大学要览(1927年9月14日—9月28日)》,中国第二历史档案馆编:《中华民国史档案资料汇编》第三辑教育,江苏古籍出版

社，1991年，第225—227页；《国学研究馆规程》，天津《益世报》，1927年9月29日，第16版）

　　新闻报纸时有沿用"国学门"的名称，当指整个原北大文史两系而言。据称京师大学文科报到人数有数百余人，定于10月1日开课。国学门所有课程及学时数，业已订正公表。其中，文学系第一二学年必修科有：中国文学研究法、历代史学文选、诸子文选、汉魏六朝文选、汉魏六朝诗选、毛诗楚词要义、训诂名物学、中国文字声韵概要、词选、论孟要义。以上每课均为二学点，共计二十学点。选修科有：中国文学史、中国史学概要、中国美术史、中国哲学史、欧美文学史、世界文化史、佛典译文研究、骈体文作法、小说选、中国曲律、外国文。以上每课均为二学点，共计二十二学点。文学系第三四学年，必修科有：中国文学研究法、唐宋元明清文选，均为三学点；历代史家文选、唐宋元明清诗选、毛诗楚词要义、公牍文、经学通论，均为二学点；诸子文选、词选、古籍校读法、中国声韵沿革，均为一学点，共计二十学点。选修科有：中国礼学、中国古乐学、中国古器物学、中国古历数学、尚书学、春秋学、考古学、目录学、言语学、外国文，均为二学点；周易学，三学点，共计二十三学点。史学系第一二年必修科有：中国上古史、中国中古史、欧洲上古史、欧洲中古史、中国政书提要、论孟要义、中国史学概要，均为二学点；欧美史学概要，三学点；中国学术史、欧美学术史，均一学点，共计十九学点。选修科有：世界文化史、政治思想史、外交史、宗教史、美术史、社会学、政治学、言语学、中国史学名著讲演、欧美史学名著讲演、佛典译文研究、外国文，均为二学点，共计二十四学点。第三四学年必修科有：中国史学研究法、欧美史学研究法、欧美近世史，均三学点；中国近古史、中国近世史、日俄近世史、经学通论、地理学，均为二学点；人类及人种学，一学点，共计二十学点。（《京大文科国学门课程表》，天津《益世报》，1927年9月28日，第4张第16版；《京大文科十月一日开课》，北京《益世报》，1927年9月28日，第2张第7版）

10月1日，叶恭绰在演讲中首先阐明国学研究为民族精神所寄托的特性和意义及参与国学研究馆的机缘。

> 以今日吾国之扰攘纷乱，干戈蜂起，流亡载道，而诸君子犹得聚首都下，以相与讨论吾国之学术，此实是幸事。凡人之生，学而已，而必别以国者，是盖一国必有其特殊或专长之学术，为民族所寄。苟吾人而完全破除国界则已，否则对于本国之一种结晶，必须加以葆爱，发挥光大，布之无垠，传之无极，以扬我国光。昔人所谓文教广被，今人所谓文化运动，其责在诸君子，无可与让者也。鄙人自束发受书，于国学亦尝略窥一二，自从政以来，日就荒落，曾何能有所发挥。惟忆于民国九年时，为宣传文化事，曾胪举多端，陈诸当局。虽未必尽见实行，而鄙人得以退休之时，与诸君子一堂晤对，商量旧学，实为莫大荣幸。（叶恭绰：《北京大学国学研究馆开学演词》，《遐庵汇稿》下编演讲，1930年，第66页）

其次提醒相对前人研究国学，今人有六个优势。一、尊师取友。"在昔山川阻绝，求师不易，而得书尤难，往往闭门造车，不能合辙。而师说孤本，遂为珍异。今则诸君子居吾国文化最高之地，萃全国名儒硕彦于一堂，欲究何学，皆得所依归，指导有师，切磋有友。"二、继长增高。"学术为物，后来居上。古人考证，典章文物，皆累数千百年，集累代之精英，萃群儒之心力，而后训诂明，制度定。盖学术而至有清一代，虽未臻极点，而经史考证校勘搜辑诸学，实能为吾人省精神，节日力。老辈为之甚劳，吾人用之甚易。"三、征文考献。"前代档册禁书，每为一朝史事之实录，而在专制之下，每不易得。自共和成立，忌讳悉除，前清档案，明末禁书，或出内府，或出民间。他若龟甲之文，敦煌之宝，皆足以资考证。"四、因彼知己。"海宇大通，而种族进化次第，及政教演进种种情状，皆有互相印证之处。至于智识之交换，尤不待言。"五、业专功倍。"自昔制举盛行，士鹜于功名俗学，士率以其余力而治旧学，时过后学，所得甚微。即有特出，而日力不免虚掷。今则诸君子大学始基，已得门径，穷深极几，为事至易。"六、争雄竞长。"自汉武而后，学术定于一尊，历代相承，虽崇尚不同，要以功令为之主，以沦智导民之事，而有蔽聪锢明之举，故学术视战国不逮远甚。今则五洲棣通，新知日启，而吾国学术，亦得所解放，恣意发挥。"

同时提醒，今人治学须注意三要四弊。所谓"三要"：一是科学精神。

　　古人为笺注考证之学者，以为疏释本文已耳，其抱残守缺之旨，率为时代所限。考其治学方法，盖完全为消极的，无可讳言。今则不然，自科学发明，治学方法殆无不采科学之精神。立一义，创一论，必自有其根本之条理与统系。盖归纳演绎，互相为用，始能在学术界占相当之地位。此其治学方法完全为积极的，固迥然与前人不同。至于国学尤然，苟不采科学上之方法，则整治国故之一语，殆属毫无意义。此鄙人所以主张采科学之精神发扬国故，斯实为今日治国学之第一义也。

二是由博返约。

学问一途，茫无际涯，博学专精，士林所重。惟非博则不能通，非约则不能精。而博学专精，固厘然两途。博学而无所归，与执一而蔽于所守，其失正同。古今学者，未免此弊。此其故盖未深谂由博返约之义，而比较研究之方法，尤其所短故也。

三是分类研究。不是传统分别书籍，而是按照逻辑分科。

夫学以分类研究而益精，以正反相证而愈明。近世逻辑之学，类种之判，析辨綦精。印度因明同异两喻，宗因是依。治学之道，舍此末由。我国国学搜遗补佚，前人之工作已多，缉熙光明，其责端在我辈。本馆为研究国故最高学府，分类研究之精神，盖不仅在乎科目，抑在一科一目之中，分析愈细，研理愈精。

所谓“四蔽”：一是牵强附会。

近今学者之病，莫大于附会。自融会中外之说兴，而治学者每以诗书文句偶合译名，遂以为孔子前知，比于巫师，不知古今中外可通贯者，其理而不必其迹。苟惟其迹，则求真之念忘，而学术益入迷罔矣。

二是急功近利。

近今稗贩之流，或纂辑古书，移译外籍，妄摭文义，仓卒成书者，不知凡几。为学当以发明为主，苟袭外人之成书，拾前人之余唾，欺人欺己，于德于学，两无可取。抑士君子立身行世，自有其道，急功近利，尤与学术独立之本旨相违。

三是浅尝辄止。

学问之事，虽一科之微，非数十年穷老尽气，不能有以自见。而世之浅学，辄见异思迁，朝此夕彼。夫既精一学，而旁及他学可也。苟茫无所主，而以为名高，则何贵学。

四是嗜欲多端。

现代世界学者，类多艰苦卓绝，朴素简质。入其室，自书籍仪器外，无他物，严肃之气，足令人起敬。盖未有德之不修，学之能讲者。而我国近今学者不然，物欲未除，嗜好多端，逐利奔名，疲于肆应者有之，形骸放浪，荡检逾闲者有之。

最后总结强调："治学之道，苟能本兹三要，屏弃四蔽，初以勇猛精进之志，继以融会贯通之方，终持以专一不懈之精神，后国学始足以发扬光大，布之东西各国。盖吾国见诮于人久矣，是非发我之美，无以折人之气。学术消长之机，端在乎此。诸君子其共勉之，幸甚。"（叶恭绰：《北京大学国学研究馆开学演词》，《遐庵汇稿》下编演讲，第66—68页）

叶恭绰努力争取经费，似乎效果不彰。京师大学校9月经费发放，共计1亿元，"国学研究院"分得48万元，与蒙养园所得数目相同。（《京大九月份俄款支配数目》，《晨报》，1927年10月8日，第7版）或谓京师大学校9月经费来源，俄款十万，交通附捐二万五千，共为十二万五千，业由刘哲命教部会计科按照预算，分别发讫。国学研究馆仅得800元，略高于蒙养园分得的600元。"京大国学研究馆，设在译学馆北大国学研究院旧址，刻正整备一切，以期早日进行研究。"（《教育界》，天津《大公报》，1927年10月23日，第2版）

叶恭绰经常住在天津，报载："叶恭绰近颇研讨国学，已拜国学馆长之命，近搜罗有清一代大儒画像，已得数百幅"。（仰慈：《天津大老之生活》，《时事新报》，1927年10月19日，第3张第3版）

△　厦门大学国学专刊社出版《国学专刊》第1卷第4期，此后停刊。

张尔田致函叶长青，感谢寄赠《国学专刊》两册，还赠《史微》等著作。同时责备该刊取材丰备，大体以考据为归，实则考据学只是治学工具，不等于国学本身，再次针砭北京大学国学门以考古为主的方法无法明了中国政教的本真。

　　吾则以为考据者所以为学之具，而未可即以此为学也。原夫考据之起也，盖以去圣久远，学者无所更索，不得不假此以邮之耳。宗邦文化，开明于周公，而大备于孔子。姬公孔父之书，乃其根柢。考据之所蕲，蕲以明此而已。三百年儒者则古昔称先王，率崇尚考据家言，然而恒干未亡，故为可贵，末流驰逐，便辞巧说，至今日又几几有违离道本之惧矣。若不揣其本而齐其末，则今之所谓考据者，正可谓之骨董学，不得以冒吾国学。骨董之学，欧西亦有之，所考固不局于一国。又其为学也，大都资本家多暇日者之所为，学校不以设科，学术史不以备家数。今以吾国古圣先贤开务成物之书，悉举以供研究骨董者之取给，不足夸外人，适以彰吾无学焉尔。曩客北都，见有所谓国学研究所者，败龟残楮，罗列满目，与经典比隆，窃匿笑之。及来江南学中，以国学诏青年，则又舍缣帛外无他得，私心诚有所疑，而苦无以折悠悠者之口。考据学之创始，厥维顾亭林，而亭林所志，乃在法古涤污，变夷用夏。下逮戴东原，尤今人所称能以科学方法治考据者，而其言曰，六书九数如轿夫然，所以异轿中人也，以六书九数等事尽我，是犹误认轿夫为轿中人也。若必如今所云云，彼三数大儒之言，不将诞我耶。虽然，天下事得其实者，或不必居其名，未有欲求其实，而不先尽心于其名者。贵刊既以国学揭橥天下矣，由此驯而进焉，蕲以践乎其实。姬公孔父之道，吾国学一线之曙光，将惟公等是赖，吾知必有异夫向所云者。语曰：不积跬步，无以至千里。不积小流，无以成江海。道于天坏，必不终绝，亦在乎弘之而已。仆老矣，犹愿少缓须臾无死，拭目一观宗邦文艺之兴也。旧撰《史微》四册，敬赠采览，希有以教之。(《张孟劬先生与叶长青社长书》，《国学专刊》，第 1 卷第 4 期，1927 年 10 月 2 日）

叶长青当时已经移席金陵大学，复函张尔田，向其邀稿。内称：

敝刊对于国学，指在兼包，不域一类。凡属范围，无不揭橥。至刊考据之作，乃偶示学者以揅讨之方，正如来示所云。所以为学之具，非即以此为学也。六艺诸子，自向歆校录以还，刘氏知几，章氏实斋，于学术流别，稍有窥见。先生生丁标季，正人不悦学之时，坠绪纷如，便辞巧说，先生发愤有作，所以明天人之故，政教之原，及为古人洗冤，来学祛惑者多矣。惟敝刊体例，凡已刊布之种，不欲重刻，可否出其绪余，昭示来叶。道不终绝，惟先觉是赖。益莘先生绩学之士，闻尤精诸子学，心仪已旧，亦恳转丐名作，增光篇幅。(《叶长青社长复张孟劬先生书》，《国学专刊》，第 1 卷第 4 期）

张尔田复函叶长青：

三百年考据学末流，至今日已渐离其本质，扶瑕摘衅，名为整理，乱乃滋甚。夫不能揽其弘体，而但指发纤微，即施嫱且无完美，况乎竹帛余文。其为雷同者所排，固其宜矣。挽世学人，若孙籀庼年丈，暨吾友王君静安，其为学皆有其得力处，皆非毁圣无法者，不容破坏纤儿，得以借口。尊刊宗旨纯正，迥非其伦，而仆之言，所忧者广，窃自比于外篇也。诸子学记，乃十年前旧稿，尚未写定。生平不耐作篇幅文字，间有所考订，涂乙丛残，不可辨识，则镉置大牛箧中，容检得一二，随后寄奉。《史微》四册邮上，祈转呈之石遗先生，此书亦是旧撰，行世已十五年矣，颇有近日贤达所得，而当日已多暗合者，倘有未是，尚希无吝纠弹也。又，拙著《玉溪生年谱会笺》，刘君翰怡所刻，今亦附上两部。炎威太炽，诸惟为学自摄，不宣。(《张孟劬先生复叶长青社长书》，《国学专刊》，第1卷第4期）

《申报》有文介绍《国学专刊》第1卷第4期。(《国学专刊四期出版》，《申报》，1928年2月2日，本埠增刊第1版）

10月4日　国学名流王佩诤拒绝就任国立第四中山大学文学院讲师，并荐贤代替。

"苏州国学名流，前东吴大学文科教授王佩诤，由南京国立第四中山大学校长张乃燕电召，以重币聘为该大学文学院讲师，旋复委托薛颐平君寿衡携带亲笔聘书来苏敦劝。并因王君体弱，特准予减短讲授时间，另兼大学行政部秘书"。王"虽深感张校长契重之盛意，惟以向任苏州振华女学校校务主任、国学专修科长等职，因须筹办添设大学部，女子国学院正在规画之中。且苏州女子中学教务主任、国学首席两职，亦曾许以俟布置一切课程就绪后，再定行止，同为桑梓服务，均未便恝置不顾。近更以焦劳擘画，肺疾大发，爰倚枕授札复函张校长，举贤自代。"被举代者为"吴门寓公，去夏张仲仁发起之平旦学社国学讲师，秀水王补庵。大隆乃经学通儒曹叔彦太史元弼，文学大家金松岑秘长之大弟子，撰述甚富，有

《学礼斋所著书》。其已成者，如《周易郑注补辑》二卷，《毛诗异文录证》十卷，《读说文札记》六卷，《汉儒通义外编》六卷，《慧琳一切经音义索引》十卷，《读通鉴札记成唐记》二卷，《惠松崖先生年谱》四卷，《管子校补》四卷。其他草创，已其尚未排比者，犹有《许氏礼疏证》《郑民雅疏证》《吕氏春秋集解》《集古官印考证续编》四种，绮年绩学，殚见洽闻，亦不可多得之人才"。（《王佩诤不就第四中大文学院讲师》,《申报》,1927 年 10 月 4 日，第 3 张第 10 版）

10 月 6 日　清华研究院同学会改选评议员和职员。

是日，清华研究院同学会召集大会，票举学生会评议员三人，宋玉嘉、储皖峰、蒋天枢当选。（《研究院选评议员》,《清华周刊》，第 415 期，1927 年 10 月 7 日）下午七时半开第二次常会改选职员，选举正干事宋玉嘉，副干事刘节，会计吴宝凌，文书王省。（《新职员》,《清华周刊》，第 416 期，1927 年 10 月 14 日）

10 月 7 日　清华研究院同学会假二院会话室设具茶点欢送赵元任赴江浙一带考察方言。陈寅恪在被邀之列。

下午四时举行，师生晤见后，由研究院同学会干事宋玉嘉起立致辞。大意谓："赵先生此次考察，于吾国语言学上，当有所贡献，并深望其早日言旋，指导一切云。"《清华周刊》记者明矩记述赵在清华园内的影响云：

先生学问渊博，名震中西；对于语言学一门，尤多研究。既善论理堂上催眠，复精小桥食社调味。巧手操琴，莺喉唱谱。是以耳目口鼻，皆能不忘先生。今闻先生南归，研究吴语。记者既感先生远离，不得园中受教；复念来日归来，再聆仙乐，重游睡乡。而将来中国语言学上，尤有厚望于先生焉。
（《欢送赵元任先生》，《清华周刊》，第416期，1927年10月14日）

据《清华周刊》报道，自教育部整顿学风令发表后，京都士气日渐转移。清华远居西郊，教化有所不及。"犹幸上有国学大家，提倡尊孔，下有后生小子，捧腿捧场。故近来校中瓜皮小帽，日渐加多，几有取外国帽子而代之之势，其保存国粹之效果欤？"（甲：《保存国粹》，《清华周刊》，第417期，1927年10月21日）

10月8日　第四中山大学组织毕业考试委员会，在南京、徐州补行举办中等学校毕业考试，南京考试高中文科科目包括国学概要。

国立第四中山大学以1926年度各省立中学及专门学校中学部对于修业期满学生多未举办毕业，特组织毕业考试委员会，就南京、徐州两处分别考试，以资结束。南京考试定于10月20日在门帘桥南京中学举行，已发出通告，令应考各生于10月11日至18日前往报名。高中考试分科试验科目，文科考试中，其中一项是在"国学概要""中国文学史"中任选一种。（《苏省将补行中学生毕业考试》，《申报》，1927年10月8日，第2张第7版）

10月16日　天津崇化学会举行第二次课试的复试，严修等耆老出席监考。

天津各绅董所办崇化学会自第一次两番试毕后，计取录讲习会学员四十余人，为格外斟选起见，10月16日举行第二次复试。课题一为文题"颍考叔纯孝论"，第二题为答题，文为"本学会先设讲习科，分义理、训诂、掌故三门，诸生于三门中，曾阅何书，有无心得，可历举以对。如尚未得门径，亦可自定愿习何门，愿阅何书，冀以觇程度而定讲习办法。可畅言之"。计学员到者有四十余人，监考者有严范孙、李芹香、华璧臣、赵幼梅、林墨青、华晴波等诸耆老。（《崇化学会第二次课试计有两题》，天津《益世报》，1927年10月18日，第4张第16版）

本月，天津社会教育办事处林墨青等发起组织国文观摩社，开始征文。以往所试各题有：第一期，课题"疑思问"，业经严修评阅完毕，前五名为单金铨、王家祺、王锡珩、张云璐、常家麒。第二期，赵幼梅主课，题为"子路闻过则喜论"。第三期，李琴湘主课，题为"学而不思则罔说"。第二、三期尚在评阅之中，不日揭晓。第四期，杨子若主课，题未发表，将于夏历十一月十八日，即西历12月11日上午九时，仍假西马路宣讲所举行，务望有志者届时前往与试。此外，林墨青等"鉴于国学不振，深抱杞忧，遂于今岁秋间，发起组织四书补习班，以挽颓风。溯自该班成立伊始，瞬将数月于兹，报名者达八十余名，亦云盛矣。今闻该班讲席郑菊如先生，道精学粹，士林硕望，而于斯席，尤属热心异常，广搜博采，不厌求详，启迪后学，功非浅鲜，故深为该班学者所宗仰。若先生者，允称良师矣"。（《国文观摩会本日举行第四期课》，天津《益世报》，1927年12月11日，第4张第16版）

10月27日　清华学校评议会举行第四十九次会议。研究院学生王省请大学部朱君毅教授转交一函，说梁启超教授因病长期不到校上课，请添聘国学教授，否则应取消研究院。众谓宜先请梁启超回校上课，但并无决议。（孙敦恒：《清华国学研究院纪事》，葛兆光主编：《清华汉学研究》第一辑，第327页）

据戴家祥事后转述，评议会决议"众谓欲维持研究院工作，先由校长催请梁任公教授回校，如其因病，不能即来，或当设法聘请教授，代授其课"，并拟"改聘黄季刚、张尔田、黄晦闻"。而朱君毅出示王省函乃私信，"与学校行政'风马牛不相及'"，评议会却"不惮其烦而付之讨论"，有朱氏同伙的嫌疑。当朱递出信件，曹欲油印该信，研究院张贴启事后，评议会才公布本次会议涉梁内容，却不同时公布改聘二黄和张之事，有失公允。（戴家祥：《去冬风潮与评议会》，《清华周刊》，第428期，1928年2月10日，引自李新城、陈婷珠、沃兴华选编：《戴家祥文存》，江苏人民出版社，2019年，第684页）

10月31日　述学社《国学月报》"王静安先生专号"出版。

专号由陈垣署名，题写封面。首页为王国维遗像，注为"今年在清华园摄"。次为王国维所题扇面遗墨两幅。正文有：《引言》；王国维遗著：《古史新证》《散氏盘铭考释》《克鼎铭考释》《盂鼎铭考释》《唐三藏取经诗话跋》《元刊本伯生诗续编跋》《观堂集林批校表》；学述：耘僧《王静安先生整理国学之成绩述要》、储皖峰《王静安先生著述表》、赵万里《王观堂先生校本批本目录》；事略：殷南（马衡）《我所知道的王静安先生》、姚名达《王静安先生年表》、柏生（戴家祥）《记王静安先生自沉事始末》；挽词：梁启超《王静安先生墓前悼词》、陈寅恪《王观堂先生挽词》、邵瑞彭《吊王静安先生赋》、黄优仕《悼王静安先生》；补白：姚名达《哀余断忆凡四则》，储皖峰《问学的回忆》，姚名达《友座私语凡二则》，陈三立、梁启超、陈寅恪等《挽联》，王力等《挽诗》。

陈寅恪《王观堂先生挽词并序》云：

或问观堂先生所以死之故。应之曰：近人有东西文化之说，其区域分划之当否，固不必论；即所谓异同优劣，亦姑不具言；然而可以得一假定之义焉，其义曰：凡一种文化，值其衰灭之时，为此文化所化之人，必感苦痛。其表现此文化之程量愈宏，则其所受之苦痛亦愈甚。迨既达极深之度，殆非出于自杀，无以求一己之心安而义尽也。吾中国文化之定义，具于《白虎通》三纲六纪之说，其意义为抽象理想最高之境，犹希腊柏拉图所谓 Eidos 者。若以君臣之纲言之，君为李煜，亦期之以刘秀；以朋友之纪言之，友为郦寄，亦待之以鲍叔。其所殉之道，所成之仁，均为抽象理想之通性，而非具体之一人一事。夫纲纪本理想抽象之物，然不能不有所依托，以为具体表现之用。其所依托表现者，实为有形之社会制度，而经济制度尤其最要者。故所依评者不变易，则依托者亦得因以保存。吾国古来亦尝有悖三纲，违六纪，无父无君之说，如释迦牟尼外来之教者矣。然佛教流传播演盛昌于中土，而中土历世遗留纲纪之说，曾不因之以动摇者，其说所依托之社会经济制度，未尝根本变迁，故犹能藉之以为寄命之地也。近数十年来，自道光之季迄乎今日，社会经济之制度以外族之侵迫，致剧疾之变迁，纲纪之说，无所凭依，不待外来学说之掊击，而已销沉沦丧于不知觉之间。虽有人焉，强聒而力持，亦终归于不可救疗之局。盖今日之赤县神州，值数千年未有之巨劫奇变，劫竟变穷，则此文化精神所凝聚之人，安得不与之共命而同尽。此观堂先生所以不得不死，遂为天下后世所极哀而深惜者也。至于流俗恩怨荣辱，委琐龌龊之说，皆不足置辩，故亦不之及云。

（《国学月报》，第 2 卷第 8—10 号，1927 年 10 月 31 日）

编者《引言》说，大家把清华研究院教授王国维自杀当作一种谈话资料，但对王是什么人、有什么价值、为什么自杀，除了听信传说外，只好凭己意猜拟。有的说他是复辟党、保皇党，有的说他被压迫去死，有的又说他在前清并没有做过官，有的又说他只是一个经学家。后来虽然有一二种刊物给王出专号，但还没有得到充分了解，无非发挥一点感想或者记载几句批评，不是恭维，就是猜度。至今还没有一种刊物，能够记述王国维生平、统计王国维著作、介绍王国维学术、评定王国维价值、解释王国维自杀原因，令人遗憾万分。出此专号的目的，就是介绍王国维。其学术贡献在于：

> 论哲学，是最早介绍康德、叔本华和尼采学说的人；论文学，首先认识宋元戏曲的价值，开辟平民文学的风气；论文字学，发明殷商甲骨文字，建设中国文字新系统。论史学的功绩，尤其数不胜数——殷周史迹及制度，西北佚事及地理，前人所不知或未解决的问题，他能够说个清楚；古器物，前人只知著录或拓拓，他能够作系统的研究，又拿来考证史事；古书篇，前人已经误解或伪造，他能够作精详的笺考，又借以辨别史书。——他不做文章则已，做了一定有新发明。他所做的事业是别人所不做的，骤然看去，似乎是琐屑而无用；但是今后中国若想认真做文化史的话，非先用他这种方法去做"筚路褴褛以启山林"的工夫不可。一般旧式的小学家经学家之类，只知考订字句，辩论道义，终其身不知目的何在。一般新式的西洋史学家，只知通史文化史的好处，而不知如何才可做成好的

通史文化史。静安先生可不然：他一生的工作，没有几件不和历史有关，不是作历史的研究，就是研究出来证历史，而分明做成历史式的文章也就有好些。他所开辟的地盘是很肥美的，所指示的路径是很正当的，倘使有人依着他走去，一定有新创获。将来《中国文化史》的建筑，一定就在这样铢积黍累的基础上。静安先生对于学术上最大的贡献便在这点，我们所以应该了解静安先生的学术也在这点，本报本号所以出《王静安先生专号》也无非因这点。（《国学月报》，第 2 卷第 8—10 号，1927 年 10 月 31 日）

本号集合社内外几位先生做文章，有几篇是不容不做的。"就如梁任公先生、陈寅恪先生解释静安先生的死因，殷南先生表章静安先生的人格，实在使我们恍然，知道流俗的误解不足以得静安先生的真相和真情。"（《国学月报》，第 2 卷第 8—10 号，1927 年 10 月 31 日）

《大公报·文学副刊》评论《国学月报》称："出有诗经、楚辞、陶渊明等专号，后汇印为《国学月报汇刊第一集》。自第二卷起，由北京朴社发行。"《王静安先生专号》虽然编成颇费时力，材料搜罗可谓详备，甚便读者，唯评论之作较少。呼应陈寅恪之序曰：

自王静安自沉后，国内出版物，尚罕见能仿西国评传之体例，合王先生一生之学问著作及经历、思想、生活而综论之者也。吾人观王静安早年评红楼梦诸作及其所为词，盖已视人世为恶浊而谓生活为苦痛。其后毅然毕命，从容不迫，此正如太史公所云蝉蜕于浊秽以浮游尘埃之外，推王先生视死如归之心，不特"流俗恩怨荣辱，委琐龌龊之说，皆不足置辩"（陈寅恪《王观堂先生挽词序》语此诗及序最能道出王先生心事）。即彼生时情况日常琐事，衣饰举止，交际言谈，亦不欲世人屡屡忆及。若更形之笔墨，资为谈助，虽系后死友生敬仰追思之诚心，实非王先生高蹈远引之本怀，而不足为先生荣者也。夫琐屑描摹，绘影绘声，纤悉并载，原系近世著作之风气，惟施之王先生似未尽适合。在爱敬王先生者，正宜取其精神而遗其形迹可也。至如上海出版之《文学周报》所载顾颉刚及某某等人之文，其谩骂诋諆及揣测离间之语，尤非对于如此高尚孤洁之学问家所宜出者矣。（《述学社国学月报王静安追悼专号》，天津《大公报·文学副刊》，第5期，1928年2月6日）

10月　无锡国学专门学院陈柱辞职，聘请唐文治门人冯振心继任。（《本校大事记》，《国专校友会集刊》第1集，第3页；《无锡国学专修学校概况·大事记》，第3页；唐文治著，唐庆诒补：《茹经先生自订年谱》，第96页）

冯振主要为学生讲授文字学和诸子文等课程。（《无锡国学专修学校概况·大事记》）张尊五《三十年代的无锡国专》记述了冯振的教学特点："冯氏擅'小学'及诸子学，学识精微，讲授文字学以许氏《说文》为主，自编讲义，依段注并采各家之说，逐字评骘，对学生通文字训诂之学，裨益良多。冯氏讲诸子，曾开过《老子》《荀子》《墨子》《韩非子》等课，以读原书为主，条分缕析，纲举目明，不故作艰深，不落入琐碎，学生易于理解，便于记忆。"（刘

桂秋：《无锡国专编年事辑》，第76页）

11月1日　京师大学国学馆馆长叶恭绰致函校长刘哲，请求批准该馆研究生随时到学校参观各科部图书馆，得到允准。

函称："本馆研究生，对于国学各分门研究，故必须博采群书，乃能有所造就。惟本馆藏书有限，每不足供参考，兹拟请贵校长转饬京师大学校图书馆暨各科部图书馆，对于凡持有本馆凭证之研究生，均一律许参观图书，且予以特别便利，俾得纵览无遗。事关嘉惠学界，谅邀赐允。"（《国学研究馆致函京大》，北京《益世报》，1927年11月3日，第7版）

11月3日　吴宓与清华研究院学生刘盼遂谈话，告知学校并无取消研究院之意。

昨日，吴宓访陈寅恪谈校长更迭一事。陈寅恪力主梁启超来长清华，远胜于曹云祥，并谓他日可望设立编译部，以吴宓总其事。吴宓则坚抱悲观，恐梁来而党徒遍布，趋奉者成群，而"我辈之有一定宗旨及身分者，仍不能受知于当局"。朱君毅访吴宓，请求疏通研究院学生，勿以王省函事续行攻击，吴宓允之。今日上午九至十时，吴宓招刘盼遂来谈，告以清华学校评议会无取消研究院意，不必攻击机关。张尔田、黄节二先生，品德高尚，并无来清华之意。曹云祥校长如提其名，亦系偶闻宓言。幸勿攻击及于二先生，致损二先生清名盛德。刘接受劝告。吴日记里批评刘及吴其昌力主以梁启超长校，行事亦有但求成功，不计手段之嫌。（吴宓著，吴学昭整理：《吴宓日记 第3册：1925～1927》，第430—431页）

△　南开大学预科学会请国文教员杨鸿烈演讲"国学在世界文化之重要"。

杨鸿烈"用科学眼光，将中西文化作一比较，而评其优劣，以观中国国学在世界上之地位，颇为听众所赞许"。（《国学演讲》，《南开大学周刊》，第43期，1927年11月9日）

杨鸿烈首先须明了发扬国学，为中国学术争取世界地位的重要性。

> 生为中国人，要不知自己国学在世界上居何位置，也特难了。现在外国人多看不起中国，甚至美国特别的拒绝中国人入境。这种特殊的侮辱，并非从古如斯，并不是祖先的学术，道德不及人家，都由于现在的吾们不长进，比不过人家，不能同人家并驾齐驱，作了时代的落伍者，致贻祖宗羞。再回想从前吾国文艺所放出的灿烂光辉，令吾们何等的欣赏与高傲。兴念及此，吾们应当如何地从新整理国学，明瞭它在世界文化的地位，将国学的特质和精神，发挥光大于世界之上，这便是吾们义不容辞的责任！

其次，扩充国学定义，既注重古代历史文化，又关注现实社会调查。"'国学'是对中国的'文字语言'，'文学'，'学术思想'，'历史'和一切社会的，自然的，事实的研究。"以"东方文化"为范围，如梁漱溟讲"东方文学"也包括埃及巴比伦与印度，则太泛。章太炎以过去的语言文字、文学、学术思想为国学之范围，也不完备。必须增补两项。一项是中国历史。"日本人说中国过去的历史，只是帝王的'家谱'或'相斫书'，这话不尽是，武断。试看廿二史是一部纯文学，百官艺文刑法各志，都是考察社会的记载，可知中国历史，自有他自身的价值。"另一项是社会调查。研究社会现实，如民族经济与历史文化同样重要。"研究'国故'对于社会上自然事实，如贸易交通等，都不应偏废。日人组织东亚同文会就是这种机关，专调查吾国社会状况，著作有中国实业全书。本校有天津研究会也具此意，须先研究来源，参考天津志（康熙时作），从事调查，'国学'研究，必须如此。"

国学范围扩充后，内容亦相应须扩充，包括饮食、起居、性欲、人口增殖和移转、物价的变迁、农工商业等的进化、度量衡器、货币、政治的组织、民主思想的发展、法律的发达、语言文字的特质变迁等十二项。如中国关于心理学的萌芽，在刘邵的《人物志》，张斐《律表》，《周礼》的《小司寇》中，已见一斑。现在陈鹤琴的智慧测量，著述得很精详，至于文化的继承传播，与"教育"的制度沿革，及"哲学""文学""美术""音乐""科学"等的进展，都是"国学"研究必需的材料，但美术一道，经美国驻华公使 Bushels 用科学的方法研究过了，颇多创见。中国民族来源，有两种说法：一种是说来自巴比伦，一说来自喜马拉雅山，前者是说中国的八卦与巴比伦的楔形文字相仿佛，巴比伦好讲阴阳，重黄色，正与中国相吻合。此说似颇近理，但尚须经学者加以深切研究，而后才定。（杨鸿烈先生在预科学会演讲，朱世杰、刘家禊：《国学在世界文化的位置》，《南开大学周刊》，第 44 期，1927 年 11 月 16 日）

世界文化共分五派：希腊文明、希伯来文化、摩罕默德文明、印度文明、中国文化，"国学"是世界文化之一。其他四国，都已灭亡，文化消散，仅中国文化硕果仅存，势力支配日本、朝鲜……安南，甚至达到暹罗、南洋群岛，是"东方第一伟大势力"。研究国学的价值在于：一是"历史的价值"。"国学从上古，到中古，迄近世，自成系统。法律哲学，都有系统。中国土地，占世界四分之一，人口三分之一，历史四千年"，皆因具有"高尚的文化"，故能"维持到现在"。"英美国人多夸赞中国从前的科学，现在国人也渐多想到这种价值，所以不怕时代的埋没了。"二是"应用的利益"。如地质矿藏的发现，中药中医成分的分析等。

世界上研究中国文化的杂志及人物有：日本：《亚细亚杂志》《东洋学报》《史学杂志》《史林》；白鸟库吉、那珂通世的古史及地理，后藤虎次郎的目录、金石，鸟居龙藏的古石器，浅井虎夫的法制。法国：哥尔第亚教授 Henri Cordier 的中国书目 Bibliothca Sinica 出版于十年以前，近十年西人研究之结果，多载法国《通报》Pelliot Chavannes Blochet。[①] 英国：《亚细亚杂志》Stein Mookerji Laufer Hirth。美国：研究"中国"之书极多。德国：有左传老庄的译文，学者有 Munsterbery Stael Frauts。国学的将来，是否具有支配世界的价值和发展的希望，需要分两步来看：首先，"旧日研究国学的困难，已渐减轻。"如难读（抄写错落、口音异声、文字异形）、难辨的问题逐渐解决。工具书也加多，字典的增进，亦已极为便利。其次，"从新改订目的和方法"。研究者若有"清楚的头脑""专门的学识""批评比较方法"，努力奋发播扬本国文化，必定可以实现"纳中国于世界思潮的轨道"的目的。[《国学在世界文化的位置》（续），《南开大学周刊》，第45期，1927年11月30日]

△　持志大学学生组织成立复社，以提倡文艺、整理国学为

---

① 原文如此。

宗旨。

"持志大学学生，组织一研究文艺之团体，定名复社，以提倡文艺、整理国学为宗旨。已于十一月三日开成立大会，迄今已将二月。本埠如复旦、吴江、东吴、法科、光华各大学学生加入者甚众，外埠如新都之第四中山、金陵，天津之南开等大学，赞助者亦夥"。并聘当代学者为顾问，出版《复社丛刊》，创刊号定于1928年元旦出版。内容有专著、论文、诗词、小说、杂组、通讯各栏，载有胡朴安、陈去病、陈匪石等人作品，售价大洋一角五分，发行处即在持大该社，寄售处各大书局。"社员尚在征求中，惟须纯正学者，不分性别，得社员二人以上之介绍者，方为合格。函索简章，附邮票一分，寄持志大学复社即寄。并闻该社定于一月七日请徐志摩公开演讲，校内外非社员，均欢迎听讲云"。（《持志学生组织复社》，《时报》，1927年12月31日，第2张第4版）

11月5日　大夏大学国学系师生发起成立国学研究会。

发起者有王裕凯、刘滋生、马宗霍、于宗谨、陈柱尊、马锡瑞、曾昌燊、朱霄龙、丁景鑴、邵圆征等，发表宣言，表达了集众组织，以科学方法整理国故的愿望。内称：

我国学术，在春秋战国之世，最为发达，举凡政治、理科、哲学，已无所不有。及秦政燔书，汉儒掇拾灰烬，已目不暇给。武帝复崇尚儒学，而学术渐归统一，于是学术之竞争少，而进步亦寡。然千余年来，才人与学士之所究心，训诂义理词章之学，亦足以蔚为国光矣。自海禁开，东西文化，日益接触，新旧交互，必有相得而益彰者。然吾国图藉［籍］，实浩如烟海，举凡政治，教育，伦理之学，皆散在群藉［籍］，漫无统纪，学者苦之！近年以来，始有以科学方法，整理国故之说，国人从事于此者，亦颇已有其人。固不可谓非新辟途径，然以我国文化历史之长久，图藉［籍］记载之浩博，非集多数之学者，成多数之团体，乌足以集腋成裘，贡献于世界！本会同人，有鉴于此，爰组织斯会，小则互相切磋，期有寸进，大则公共整理，就正国人。（《发起大夏国学研究会宣言》,《大夏周刊》，第45期，1927年11月5日）

陈柱曾应"国学研究会"来函敦请演讲，为国学研究会所刊行的杂志作序，提出讨论、演讲、编辑三项工作重心。一、讨论。"无论任何学术，讨论是最要紧的一件事。"讨论促使发生兴趣，更求进步。因为学问不是私有之物，所以不妨公开讨论，分工合作，自然互补，得到真理。对于学生来说，"一方面在校内师生合作，互相切磋，一方面可请校外专门学者，担任指导和批评。"步骤分为预定题目和定期讨论两种。二、演讲。也是讨论的形式之一。从演讲者而言，可分校内教职员和校外学者两类。校内教职员是"对于文学、国学、考据或历史等学"具有特别研究或专长者，请其常常到会演讲；校外学者是指真正有学问，但不一定有名的学者。三、编辑。（一）杂志。杂志是研究所得的一种代表物，关系很大。出版杂志不在多，多而不精，是等于零。每学期可出一二期，苟这一二期出版物，俱足以代表研究真谛，那么出世自能引起国内外学者的注意。因为研究国学，是要切实去研究，搜求材料，探讨彻底，不是马马虎虎所可了事。（二）讲演集。指定同学，专门记录，演讲完毕，举有成数，经演讲者修改，即可付梓。这种出版物，最少当可博得外界的一点注意和同情。（三）整理国学丛书。中国书籍浩繁散漫，不易辨别精髓与糟粕。学生关心读书是否有捷径，如今"实在是一件极痛心的事"。近来学生，百科杂习，若要免去书籍不知从何读起的痛苦，可从集解和分类两个方面取法。集解如清代考据，汗牛充栋，但各有所得，正误夹杂，精粗不等，读来无异于淘沙拣金。如《庄子》《荀子》《韩非子》等，清末王先谦兄弟的集解颇善，近来如《淮南子》等亦有人集注。学生宜"暂从小处着手，如一部《老子》，那是很容易的，若或系一部礼记，那便很难了。此种可以作单行本子，在限定的若干的时日中，最低限度，须出一册单行本。倘为较长篇的文字，非私人所可做到，不妨集多人去研究，再请教授去指助。"分类即将古代书籍按照政治、伦理道德等学术分科，分别探讨。"这种工作，到现在还少人做。即胡适《哲学史》上，对庄子等思想，亦不过略亦眉目。这种缺点，研究国学的我们，应觉得惭愧。最奇怪是外人（如日本人），倒很有研究，并且还多出版物。而环顾我们中国怎么样？哲学史仅谢著的一本，胡适中下卷且未问世。……这些责任，更不能不有望于诸位研究国学的学者了。"（陈柱尊讲，鲍良传记：《国学研究会应有的工作》，《新闻报·学海》，第 167 期，1928 年 1 月 7 日，第 3 张第 4 版）

11 月 7 日　清华学校评议会开会，否认取消研究院。

据吴宓日记：吴宓参加评议会。"曹、梁相斗之局，愈益暴露，而以是日会中所谈者观之，则朱君毅之诱使学生王省写信，实多可疑之点。欲盖弥彰，实不能取信于人也。"（吴宓著，吴学昭整理：《吴宓日记　第 3 册：1925 ~ 1927》，第 432 页）清华学校评议会于 10 月 6 日公布外交部改订清华董事会章程，并已聘定新董事梁启超等数人。"从此本校前途又多变化。我辈寄身学校以读书适志者，又不免将受影响矣。"（吴宓著，吴学昭整理：《吴宓日记　第3册：1925～1927》，第416页）

卞僧慧谓："十一月七日，王省在北京《世界日报》登出宣言（原件未见），朱君毅于十日、十一日在北京《晨报》连登启事辩白。"（卞僧慧纂：《陈寅恪先生年谱长编（初稿）》，第108—109页）王省交代受曹云祥和朱君毅怂恿经过。

省来研究院未两月，关于院中一切情形，多所隔阂。前次曾以教授寥落，思请校中当局，添聘硕学名流，借资指导。偶将斯意向同乡朱君毅先生（现任大学部主任）谈及，彼即深表同情，故每次谒见，率以院中教授及功课若何，详细询问。省当时以为彼在校办事热心，不料其有他意也。十月二十五日晚，省又与彼晤谈，见面之后，彼即叹息，谓现今研究院萎顿殊甚，苟非振作一番，势必无幸，因再三示意，使省备函致伊，条陈关于研究院兴革各项。省见其情词恳切，便将函件拟就交去。彼披阅之后，谓此函词气太平，不足以动众人之听，伊于是重加修饰，增入激烈语颇多。省当时嫌其太过，而彼坚谓非如此不行，故不得已依其意，录正寄去。盖朱先生之于省，既有同乡之谊，复具长辈之情，以为彼之所谓似虽过激，要当以诚实相与，肺肝相见，不疑其有他故也。未数日，而朱先生于评议会席上忽提出，有人函请改革研究院，措辞严厉，肆意讥弹。而朱先生则坚主以该函所言为是，请评议通过其办法，而己则佯为未曾预闻其事者，此种诈矫伪行为，实不足以齿于士林也。评议会散后，朱先生复与曹云祥校长私行串谋，即将该函印就公布各处，意谓研究院学生自欲取消，殊无问题可言，且可借此排挤饱学教授，以遂其营私舞弊之谋也。此项印刷函牍发出后，省见之不胜骇异，盖以该函纯出朱某之意，而省不过供誊录之职，今乃以此种不道德之事加之省身，使省上既得罪院中教授，下复得罪同学，而己则逍遥事外，雄辩大论，坐收其成，似此诗张为幻含血污人颠倒是非淆乱黑白，实令人发指。省今者敢掬其赤血之忱，挥热情之泪，谨将朱曹二先生勾结阴谋陈之于上，以求当世闻达之公判耳。第恨省阅世未深，不幸而中彼之诡计，虽加表白，抱疚实深，此则竟夕彷徨，终身引为一大戚者也，王省宣言。（《清华学校研究院学生王省宣言》，《世界日报》，1927 年 11 月 7 日，第 1 版）

朱曹之意，在于以清华评议会之决议，达到去梁之目的。

同日，清华评议会开会，发表声明："10 月 27 日，评议会讨论研究院授课事宜，众谓欲维持研究工作，先宜由校长催请梁任公教授回校，如其因病不能即来，或当设法聘请教授代授其功课，云云。是日并未通过议案，更无丝毫取消研究院之意。所有误会，盖由未明是日开会实情故耳。"（孙敦恒：《清华国学研究院纪事》，葛兆光主编：《清华汉学研究》第一辑，第 328—329 页）

11 月 8 日　清华研究院学生吴其昌等发出宣言，批评学校当局阴谋破坏研究院。

是日为星期二，据《清华周刊》报道，吴其昌等发表宣言内容：

谓迩来有人阴谋破坏研究院；评议会通过议案，由校长致函梁任公示意劝其辞职，而梁以此为有辱彼人格，已函复校长谓不能自动辞职，若当局不满意，可以辞退等语。该宣言长凡数千言，校长与梁任公原函均在上面。现校长处已出条告，谓评议会并未通过取消研究院之议案，亦未有劝梁辞职之意，研究院同学或系因传闻失实，发生误会，故特将评议会原案公布。想此种因误会而生之风波，一经解释，即能平静云。（《研究院忽起风潮》，《清华周刊》，第420期，1927年11月11日）

据吴宓说，研究院学生吴其昌等，揭示油印各件，攻讦曹云祥、朱君毅勾通，破坏研究院等情。并致函吴宓，转致评议会申诉。下午二至三时，吴宓乃赴图书馆，以该函交戴家祥转曹云祥，并略谈此事收束办法。下午五至六时，朱来见吴宓，嘱为向陈寅恪疏解，以免学生攻之急。吴宓即走访陈，未遇。晚七至九时，胡牧、唐钺、陈寅恪先后来见吴宓。吴宓出示王省留别朱函，略为进说。而陈怒甚，是日曾向曹云祥发怒一次，谓非朱或曹去职离校不可。旋各散去。吴宓即走告朱。晚九至十时，吴宓已寝，侯厚培午间来过，此时又来。朱来见吴宓，出所拟《启事》稿，但自洗刷，语意和平，请吴润饰文字。未半，而吴其昌来见吴宓。见朱在，乃改谈《学衡》事。旋去，吴宓仍为朱润饰完竣，始寝。（吴宓著，吴学昭整理：《吴宓日记 第3册：1925～1927》，第432—433页）

陈寅恪在驱曹过程中发挥了重要作用。据金岳霖回忆：

寅恪先生不只是学问渊博而已，而且也是坚持正义勇于斗争的人。清华那时有一个研究院，研究中国的古史。……看来当时校长曹云祥对梁启超有不正确的看法或想法，或不久要执行的办法。陈寅恪知道了。在一次教授会上，陈先生表示了他站在梁启超一边，反对曹云祥。他当面要求曹云祥辞职。曹不久也辞职了。好像外交部派校长的办法不久也改了。（卞僧慧纂：《陈寅恪先生年谱长编（初稿）》，第109页）

11月9日　清华研究院风波渐趋复杂。

上午八至九时，吴宓招吴其昌来谈。劝其和平，即为梁启超身分名誉计，亦不当有所举动，为人借口。吴其昌谓，梁启超或就清华董事长。至校长一职，则决不就。吴宓又劝其毋为已甚，告以朱君毅启事之大意。吴其昌认为，无论激烈和平，均有办法对待。十至十一时，朱君毅来见吴宓。吴宓又赴其室中，知其意忽改，不用昨所撰，而另撰启事，即刻油印分送并登报，措辞坚强，并诋斥吴其昌等。薛天汉、章寅亦在座。吴宓又切劝其仍用昨撰启事，朱君毅不听。下午五时，吴宓访怀特（Winter），而曹云祥校长招至其宅中。至，则朱君毅与王省在。又评议员及教授十一二人。王省述写信经过。朱君毅当众再三询问，王省均力言朱君毅未尝唆使彼写信。原信纯出彼手笔，拟引咎退学。六时，研究院学生戴家祥到会。以尖刻锐利之词驳诘王省。王省又自承《世界日报》中宣言，纯出己意，并未受研究院同学胁迫。以一切罪过，尽归己身，引咎不遑。七时后，散会。朱君毅邀吴宓及赵学海至小桥食社便宴。毕，晚九至十时，吴宓访陈寅恪，而王省适在。戴家祥旋又至。王省对陈、戴又自承适间会中所言非真，谓朱君毅曾诱彼写信，并曾改信中文字。惟今午三至四时遇朱校外，立谈于野。朱君毅自言即将身败名裂，失职去位，要王省自承其事，以免朱君毅受祸。故王省自愿担当一切，以脱朱于罪。陈、戴当痛责王省不合理，谓如曹某、朱某，应尽揭其隐，不必为之讳。王省意又似动。吴宓窥观此事，朱君毅受曹命，嗾使王省写信，事诚有之，唯未必如彼方所传之甚。而吴其昌等利用此机，力肆攻击，又强迫王省各种行事，亦大非是。陈寅恪但以摧恶助贤自豪，而意气感情，实嫌纵恣，非其平日冷静之态。（吴宓著，吴学昭整理：《吴宓日记第3册：1925～1927》，第433—434页）

11月10日，吴宓赴清华学校教授会议，讨论涉及研究院及清华校长一职善后事宜。研究院学生散发戴家祥所撰昨夕校长宅中会谈记录。王省又致函教授会，言前者所作之函，非出本心，乃由朱君毅所指使。昨日在校长宅中为朱洗刷之言，亦本于朱君毅所要求。此函于会议当场宣读。此函未到以前，陈寅恪曾演说，言阴谋既破，今要求校长曹云祥及朱君毅速即辞职。朱君毅亦作极犀利流畅演说，言昨日校长宅中之会，王省已明白供认自己丝毫无嫌疑，经诸评议员及教授当场证明，今后不再问此事。众讨论甚久。下午四至七时，吴宓参加清华教授会议，报告昨晚在陈寅恪宅中王省所谈之语，谓王省一再反复，其言殊难为据。调查追究，实不易行。会议卒无结果而散。陆懋德谓，此局急宜调解，长此争持，两败俱伤。曹云祥既去职，梁启超亦不得长校，当局必委奉派之人为校长，而教育部且谋收管清华学校，故前途殊于本校及诸教职员不利。吴宓认为，此实中肯之论。晚七至九时，研究院学生姚名达、储皖峰来吴宓处谈话。（吴宓著，吴学昭整理：《吴宓日记 第3册：1925～1927》，第434—435页）

朱君毅在北京《晨报》发布启事，可与吴宓所记互相印证。本日启事称："昨读十一月七日《世界日报》清华学校研究院生王省君宣言一则，殊为诧异。其中意存挑拨，语多离奇，而与事实不符之处。如所云修改原文，迫令誊录等等，尤属荒谬绝伦，不值识者一辩。按此项宣言，是否为王省本人所登，抑被他人威胁所致（闻王君于宣言发表之日，突然不见，逃避城中。并于临行时，嘱人送交君毅一书，声诉被人诬蔑之苦衷，蛛丝马迹，不难寻玩）。无论何者是实，均应由清华当局，澈底查究，严重办理，光天化日之下，决不容有此类荒谬行为。年来学风堕落，道德沦亡，学子好玩政治，喜弄笔墨，使是非颠倒，黑白混淆，致无端酿成风潮者，比比皆是，言之痛心。君毅与清华关系甚深，爱护维持，惟恐不遑，耿耿此心，天日共鉴。剀切陈词，诸维亮察。"（《朱君毅启事》，《晨报》，1927年11月10日，第1版）翌日，启事内称："刻幸王君已于九日下午五时回校，当时即在曹校长住宅请到本校评议员教授等共十二人，由王君详述此宣言之来历，并郑重声明该宣言中所谓示意，改文、命录等等，均非事实。此事底蕴，从此可告分明。以后种切，学校负责有人，君毅不再闻问。"（《朱君毅启事》，《晨报》，1927年11月11日，第1版）

11月14日　胡先骕往访吴宓，批评《学衡》杂志为新进讲国学者所不喜欢。

下午，胡先骕至北京访吴宓，导见陈寅恪、叶企孙（未遇）。三时至六时，在吴宓室中叙谈。而刘崇乐、叶企孙、刘咸、戴立生来访胡先骕，均入座同谈。多谈生物学及国立第四中山大学情形。六时，胡先骕别去。起初，吴宓望胡先骕来，以为《学衡》社友，多年暌隔，今兹重叙，志同道合，必可于事业有裨，乃结果大失所望。原因数点：第一，胡先骕不唯专心生物学，不能多作文；第二，胡适对其颇好；第三，胡先骕批评《学衡》缺点太多，且成为抱残守缺，为新式讲国学者所不喜，业已玷污，无可补救；第四，胡先骕主张《学衡》可改在南京出版，由柳诒徵、汤用彤、王晓湘等人主编；第五，前提须先将现有《学衡》停办，完全另行改组。丝毫不用《学衡》旧名义，前后渺不相涉，以期焕然一新，而免新者为旧者所带坏。

吴宓坦承《学衡》内容不精，诸多未善之处，自己久已稔知，但原因在于诸社友不肯作稿，并非自己独有主张，拒而不登，专取劣下文章。《学衡》能在南京组织出版，最佳。自己得卸仔肩，公私两幸。前此疑为无人过问，并非自己有把持之心。今当克日以各种事务文件，移交柳诒徵等。后此当按期作文寄稿，尽社员之责。与中华书局及大东书局等交涉，业已水尽山穷。《学衡》六十期以后，断不能续出。故今无须停办，业已自停自绝。南京方面，可即由六十一期续办。改良内容，仍存名义，似较妥善。胡先骕认为《学衡》名已玷污，断不可用。改组决不可有仍旧贯之心，而宜完全另出一新杂志。至于原有《学衡》，乃是吴宓所经营，即使可以续出，亦当设法停止。（吴宓著，吴学昭整理：《吴宓日记　第3册：1925 ～ 1927》，第437—438页）

11月16日　清华研究院学生力求罢黜曹云祥。

晚七至八时、九至十时，吴宓两访陈寅恪，获知清华学校事仍未发表，而暗斗日烈。曹云祥校长为固位计，运动张学良为奥援，诬蔑研究院学生为乱党。研究院学生则分谒外交及教育总长，

诉说种种，力求内应外合，罢黜并查办校长。（吴宓著，吴学昭整理：《吴宓日记　第3册：1925～1927》，第439页）

本年开学后，梁启超因旧病复发，医嘱静养半年，遂请假赴津。"但研究院学生皆要求梁早日复职。惟有一部分人致函某方面，请梁速行辞职，梁深愿照办。而大多数学生，因此对现任校长曹云祥极形不满，将上外部报告一切云。"（《清华学生要求梁启超早复职》，天津《益世报》，1927年11月17日，第4张第16版）

11月23日，梁启超致梁令娴信中谈清华研究院风波起因和经过情形。内称："却是因为我在家养病，引出清华一段风潮，至今未告结束。依思永最初的主张，本来劝我把北京所有的职务都辞掉，后来他住在清华，眼看着惟有清华一时还摆脱不得，所以暂行留着。秋季开学，我到校住数天，将本年应做的事，大约定出规模，便到医院去。原是各方面十分相安的，不料我出院后几天，外交部有改组董事会之举，并且章程上规定校长由董事中互选，内中头一位董事就聘了我，当部里征求我同意时，我原以不任校长为条件才应允（虽然王荫泰对我的条件没有明白答复认可），不料曹云祥怕我抢他的位子，便暗中运动教职员反对，结果只有教员朱某一人附和他。我听见这种消息，便立刻离职，他也不知道，又想逼我并清华教授也辞去，好同清华断绝关系，于是由朱某运动一新来之学生（研究院，年轻受骗）上一封书说，院中教员旷职，请求易人。老曹便将那怪信油印出来寄给我，讽示我自动辞职。不料事为全体学生所闻，大动公愤，向那写匿名信的新生责问，于是种种卑劣阴谋尽行吐露，学生全体跑到天津求我万勿辞职（并勿辞董事），恰好那时老曹的信正到，我只好顺学生公意，声明绝不自动辞教授，但董事辞函却已发出，学生们又跑去外交部请求，勿许我辞。他们未到前，王外长的挽留函也早发出了。他们请求外部撤换校长及朱某，外部正在派员查办中，大约数日后将有揭晓。"（丁文江、赵丰田编：《梁启超年谱长编》，第1160—1161页）

11月17日　京师大学国学研究馆确立分组研究专学、请各导师演讲和办理季刊月刊。

京大国学馆自叶恭绰担任馆长后，内容逐渐整理。现分文学、考古学、史学、语言文字学、哲学、艺术六组，从事研究。并聘导师柯劭忞、江瀚、沈兼士、陈垣等二十余人。现已续招研究生，继续研究。研究期间，系以所得成绩为标准。此外，"现已决定发行月刊，并继续办理《国学季刊》，内中有导师、助教、研究生之著作多种及各项研究成绩，研究报告等"。并"尚拟举行月讲，为专门学术上之讲演。第一次讲演期间，已预定十二月二十日"。（《国学馆之进行》，天津《益世报》，1927年11月17日，第4张第16版）

11月20日　《北京大学研究所国学门月刊》最后一期出版，"学术消息"栏载有赵万里整理的《王静安先生著作详目》。

学术消息栏目称："本所导师王静安先生于六月二日，投颐和园湖内自杀。先生为当代大师，所著名书，久已风行海内。今将赵万里先生所编王静安先生著作目录录后，以飨留心国学者，且志本所同人景慕哀悼王先生之意。"（《北京大学研究所国学门月刊》，第1卷第7—8号合刊，1927年11月20日）

11月24日　广西省政府聘请大夏大学国学教授兼中国公学大学部国学系主任陈柱为广西大学筹备委员会委员兼内特派员。（《广西大学已着手筹备》，《申报》，1927年11月24日，第3张第10版）

11月 署名"种因"者在《学生杂志》发表《国学释义》一文，批评"国故"二字无法描述中国历史文化及其现实影响，"国学"二字较适合，其意义就在于"国性的自觉"。

此文基本观点与钱基博甚为相似，认为研究国学，必先知其意义。章太炎称为"国故"，胡适以为"国故"名词最妥当，最忠实，不偏不倚，与"国粹""国渣"有褒贬性质不同。于是，坊间有《国故新探》《国故学大纲》一类书的出版，好像"国故"名词确比"国学"谨严得多，其实此问题依然值得讨论。"国，国家也，为我国的省称，可无异议。"但"故"字则有两层含义，必须辨析。一是《易·杂卦传》"革故鼎新"，注"故，旧也，物旧则敝，人旧则死，人死亦称物故"。据此解释，"国故"二字"无异诅骂我们这个老大国家要呜呼哀哉"。二是"故"亦通"诂"。《汉书·艺文志·六艺略》里，有"《毛诗故训传》即《毛诗诂训传》也"。诂为形声兼会意字，诂者古言。"故"字本义是以现代语言翻译古代语言。照此解释，"国故"是无意义的。总之，"国故"仅指代古代历史文化，不管未来，或者无所意义。"我们无论研究什么学问，对于现代人生总须发生一种意义，才有价值。"章太炎、胡适均忽略此点，不免错误或者范围狭隘。

"国学"二字则不同。"学"即"觉"，足以证明学的功用和收"觉"的效能。"学"者不可不明白"义""数"之辩，明白的便是"觉"，否则便是"愚"。"学"与"故"意义相反，"是活的，不是死的"。汉学家所做功夫，都不过是荀子所说的"学数有终"，实在不是不可须臾舍的"义"。

国学这个名词，简单说，它的意义就是国性的自觉。国于天地，必有与立。国学的内容，无论它是哲学，伦理学，历史学，地理学，语言文字学，文学，……以及无所归宿的学，或者东鳞西爪不成系统的学，总归与它的环境发生密切的关系，有历史的背景，有空间的影响，有人物的创造力，有伟大的特殊的东方异点。有独树一帜的价值，甚至可以在世界学林里高视阔步而睥睨一切。它是维系人心风俗的利器。它是国家精神国民性格的结晶品。它是无量数的圣贤豪杰志士仁人所遗留下来的宝藏，给我们享受，希望我们发荣滋长。尽管它有不合时宜的地方，我们不可轻视诽谤，自暴自弃；我们只把它当成古董看待，或者用历史的眼光去研究也可。我们在现在研究的工具和方法比较古人便利多的时候，对于国家［学］，应该多尽灌溉工夫，培植工夫，整理工夫，使它发扬光大，补前人研究所不及，而成前人有志未成的事业。

近数十年来，中国学术变迁经历五个时期。第一时期，即海通之初，欧风东渐，一般顽固学者，自诩居为中国，以用夷变夏为大戒，于国学之外，茫然不知他学。第二时期，如严复《天演论序》所言："风气渐通，士知夿陋为耻；西学之事，问涂日多。然亦有一二巨子，訑然谓彼之所精，不外象数形下之末；彼之所务，不越功利之间；逞臆为谭，不咨其是。讨论国闻，审敌自镜之道，又断断乎不如是也。"第三时期，世变日亟，变法图强，如严复在《涵芬楼古今文抄序》所言："家肆右行之书，人诩专门之选，新词怪谊，塞口耳而滥简编，向所谓圣经贤传，纯粹精深，与夫通人硕德，穷精敝神，所仅得而幸有者，盖束阁而为鼠蠹之久居矣。"第四时期，五四以还，新潮震荡，不但圣贤经传束之高阁，而且进一步施加攻击。第五时期，研究国故声浪忽起，有主张以客观的科学方法整理国故，有岸然自高而诋諆西学为不足与较，本质是以主观见解衡论学理，门户标榜，结果使学者茫无所从。五个时期的学术，有一共同缺点：

> 不是蔑己以徇人，就是足己以自多。蔑己徇人者，徒见人之有可法，而不知国性之有不可蔑。足己自多者，又昧人之有可法，而不知国性之有不尽适。二者之为蔽不同，而国性之不自觉所失则同。

只有深明"国性之自觉"，包括"自觉国性之有不可蔑"和"自觉国性之有不尽适"，"始能研究国学，始能有兼容并包的态度，始能有宽宏博大的精神，始能无蔽，始能有得。不过，这与前人所说中学为体西学为用的旧观念完全不同。那是分析的，这是融和的。那是等差的，这是一体的。"

至于西式分科与国学名词的关系问题，如学界认为学无国界可言，四科、七略、四部等分类皆不甚妥当，将来只有科学、哲学、文学等之名，没有国学非国学之分的观点，亦属不当，因其忽略了时空差异。"时间上之关系犹小，地域上之障碍实在难除，我们为便利研究起见，为保持先哲精神，发扬国家光辉起见，'国学'二字还是不可磨灭的。我们青年人至少要有国学上最低限度的常识的，就是最少要有国性的自觉！"（种因：《国学释义》，《学生杂志》，第

14卷第11号，1927年11月）

　　△　无锡国学专修学院聘请钱基博兼院务主任。（《本校大事记》，《国专校友会集刊》第1集，第3页）

　　12月5日　傍晚，赵万里来见吴宓，使吴获知外交部委员三人，今日已来清华学校，将校长、研究院学生及王省，分别传见查询。朱君毅则避匿。（吴宓著，吴学昭整理：《吴宓日记 第3册：1925～1927》，第447页）

　　12月11日　京师大学国学研究馆预告月讲，预计自12月至明年6月，共七讲。

　　"国学馆自改组后，馆内事务，闻已逐渐进行，并决定举行月讲，为专门学术之讲演。"自本年12月起，以至明年6月，每月20日下午四时，为月讲时间，计共举行七次。第一次为朱希祖，讲题为"宋安州出土古器考"。第二次为李翊灼（李证刚），讲题为"易感通义与佛说缘生义之比观"。第三次为陈任中，讲题未定。第四次为叶瀚，讲题为"元刘玄塑像之考察"。第五次为马衡，讲题为"书籍制度之变迁"。第六次为沈尹默，讲题为"诗歌中韵律之效能"。第七次为钱玄同，讲题为"诗三百篇底古音底读法是怎样的"。讲演场所，即在北河沿国学研究馆内。座位限定六十名，听讲者可先期到馆索取，以发完为限。（《国学馆举行月讲》，天津《益世报》，1927年12月11日，第4张第16版）

　　12月20日　京师大学国学研究馆举行初次月讲，由朱希祖讲宋安州出土古器。

　　下午四时，月讲开始。馆长叶恭绰主席，听讲者多属专门研究人士，间有少数外国人。朱希祖演讲谓："宋代古器出土者多至六千数百余种，私家所藏，尚不在内。即以安州出土而言，亦不止如金石录所载，只有六器之少。""列举数证，均甚精确。"又谓："安州六器，若非商末，必属周初。宋徽宗重和元年，在现在湖北省之孝感县出土，主制之人，为南宫中氏云云。至于该器之款识图型，并由幻灯映出。""听讲者甚为满意，要求朱氏发表讲稿。"第二次月讲，本定 1928 年 1 月 20 日，由李翊灼担任，因年假关系，学界方面要求顺延，已决定暂行顺延一次。(《国学馆之初次月讲》，天津《益世报》，1927 年 12 月 23 日，第 4 张第 16 版)

12 月 22 日　署名"大绎"者在《时事新报·学灯》发表《中国人与国故学》一文，主张发扬民族主义或国家主义者注重研究国故。

自受国民革命思潮批判，论者多从民族主义角度强调国学研究的必要和意义，以求与孙中山保存固有道德的遗教相合，在近代国学研究指导思想方面颇具转折意义，当然就为中国文化、中国学术等更中性的名词取代"国学"提供了政治背景。该文就讽刺中国人未来太平了，想研究本国以往文物，必须到外国去过"寄生生活"。

一是外国研究中国文物的人一天多似一天，而且研究的成绩一天精似一天；同时中国人自己作这种研究的人并不见得加多，并且精到的程度未见得能超过外国人，有时竟不如他们。二是中国的古物，比较值钱一些的，几十年来，不断的向外国输送，近来输出的数量和速率似乎更比以前要显著。古物一到了外国，外国人确能利用他们，用十分十二分的精神来阐明中国已往的典章文物。研究的东西既给他们拿了去，师承的身份又让他们占了去，将来我们若完全不求振作，不想做考古的学问则已，否则怎样能不就教于外国的支那通先生们呢？

套用江南"向人家手里讨针线"的俗话，"现在国故学的趋势，似乎要向人家手里讨自己的针线"。"这种向人讨自己针线的文化功夫，近来已经是数见不鲜。最近从德国译回来（'译回'的名词是我杜撰的，不过以后很有希望可以通用！）的什么《左传真伪考》，便是一个好例证。""译回"的书本，何止数十百种，早就司空见惯。冠冕堂皇的话，是"专供我们批评之用"。其实，"移樽就教的日子怕已经在目前了"。

前年美国哥伦比亚大学中国文化教授Carter死了，继任的是向负盛名的一位法国支那通Pelliot（有中文名字，一时无从记忆）[①]，因为慕他的名，有许多中国学生就选了他的课。他第一天上堂，便突如其来的发了一篇《大秦景教流行中国碑》的全文，叫学生们加以句读。这篇碑文里很有几个生字，并有是骈俪的体裁，竟把大部分的中国学生难倒了。他们很费了一些踌躇斟酌，才交了卷。后来留学生们开会，请Pelliot来演讲，主席某君致介绍辞，开口便说"中国文化是世界最古的文化，今天……"；Pelliot上台，开口便把主席的话驳斥了一番。中国的文化是不是最古，暂且不问他，不过一把斧头决不能舞得如

---

① Pelliot即伯希和。

此容易，何况在"班门"之前呢。这位 Pelliot 不是别人，敦煌石室的藏经一大部分是他搬去的。

中国就像一个败落世家，外国是许多暴发户，彼此毗邻而居，不出几年，世家遗物不知不觉落到富户手里。富家子弟得到遗物，不免打动了研究兴趣，结果反足以在世家子弟面前，炫耀博学。"不过，近来这个世家似乎有力图自拔，重振家声的欲望与决心。前有所谓国家主义，今有所谓民族主义，无非是这种欲望与决心的一个表现。但只有决心是不够的，同时要有具体的方法。"其中之一，"便是旧文物的保留和研究旧文物的提倡"。世家子弟争气，当务之急是要让他们知道列祖列宗的历史和事业，与子孙的无用，两相比较，必定可以引起自奋。希望"在民族主义或是国家主义的呼声中"，"国人对于国粹之保存国故之研究，有一番新作为，庶几前途向人家手里讨自己针线的难堪够［勾］当，也许可以幸免"。（大绎：《中国人与国故学》，《时事新报·学灯》，1927 年 12 月 22 日，第 2 张第 4 版）

12 月 23 日　唐文治召开无锡国学专门学院校董会议，讨论扩充计划等事。

唐文治记云："十二月二十二日（1928 年 1 月 14 日——编注），放寒假。二十三日，招考新生，取十九名。"（唐文治著，唐庆诒补：《茹经先生自订年谱》，第 96 页）

自本年 7 月改组以来，无锡国专一切行政，大加整顿，并添设课程多门。12 月 23 日，唐文治召集院董俞仲还、钱基博、钱孙卿、孙毓香、蔡虎臣、顾彬生、邹同一诸君，开院董会议，讨论一切进行事宜，并议决扩充计划。决定添招新生一班，约五十名，于明年1月15日在该院考试。校舍方面，亦从事刷新，如开辟运动场，装置电话，设置图书室等，均已逐件进行，可于明年开学时实现。（《国学专门学院扩充谭》，原载《新无锡》，1927年12月26日，第3版，转引自刘桂秋：《无锡国专编年事辑》，第77页）12月24日，开年度第一届董事会，推举顾倬为院董事。（《院董会呈中央大学校长公函（2）》，陈国安、钱可里、王国平编：《无锡国专史料选辑》，第9页）

12月26日　许啸天开设啸天讲学社，讲授经史等国学书籍。

"经史之学，关于世道人心者极巨。兹有许啸天君，于国学有相当修养，并别有心得。近从其门弟子之请，先讲《诗经》《史记》二书，以次及于各重要国学书。"定于阳历12月26日起，每日午后七时开讲。另招听讲男女同学三十人，学费每月二元，报名处在四马路群学书社，及北四川路白保罗路南康里一号。（《许啸天讲授经史》，《申报》，1927年12月15日，本埠增刊第1版）许啸天单日讲《诗经》，双日讲《史记》。听讲费每月二元，按三个月预缴一次。介绍人为国民革命军第十七军参谋长兼第二师师长邓振铨。（《啸天讲学》，《申报》，1927年12月13日，第2张第6版）

翌年2月，啸天讲学社续招第二批学员。"许啸天君讲授《诗经》《史记》二书，明颖精实，能用科学方法，使身心随时应用。开讲以来，从者日众。如十七军参谋长兼第二师师长邓振铨君，日本海军陆战队本部译官中村芦洲君，美国医学博士周仲衡君，画家高剑华女士，青年协会文社编撰余牧人君，中医师张省三君辈，皆知名之士，俱能弦诵不倦。又有一部分同志，为去冬年事所阻，不能列入门墙者，皆纷纷去函要求今春扩充学额。因定阳历二月十一日以前，为续招期间，每日下午七时半开讲，学费每月二元，三个月预缴一次，报名处在四马路群学社及北四川路白保罗路南康里一号，备有章程，任人索阅云"。（《啸天讲学处续招男女同志听讲》，《申报》，1928年2月2日，第3张第10版）

12月30日　姚名达致函胡适，讨论《章实斋年谱》和当时治国学的趋势。

商务印书馆计划编辑《国学基本丛书》，把胡适《章实斋先生年谱》收入《国学基本小丛书》内。陆侃如介绍姚名达前往，姚致函时在上海的胡适，请求推荐，并建议该书再版，应成定本，需要补订。现在已依照胡适指导增改好，再过几天可以寄来校定。至于在《国学月报》第四期发表的《章实斋年谱》，原想附在《章实斋遗书》后，和胡适所作单行本无妨。论及学界治国学的趋势和追随胡适的愿望谓：

> 现在治国学的趋势渐渐变了。好一些儿的，喜欢主观的发明，厌薄客观的整理；次一等的，走乾嘉的老路，不知学术的大体；最下的，随便拿起一部古书来标点印行——清华研究院也渐渐向死的方面走了，这种环境是应该离开的。……名达对于先生的信赖是和对于任公先生一样的，心有所图，学有所得，必告之于二先生而后快。不过很不幸，先生既然素未亲近，而又不曾有一月同居一城；任公先生今年又抱恙不住院，终年讨论，不及挚友一夕之谈。精神上的烦闷比较经济上的煎迫更厉害，不知何日始得解除！所以想就商务印书馆的职业，也就是这些原因使之不得不然。（杜春和、韩荣芳、耿来金编：《胡

适论学往来书信选》下册，河北人民出版社，1998年，第972—973页）

△　何基在《南大周刊》发表《国故与欧化》一文，主张国故与欧化并行不悖，取人之长，补己之短，最后互相融合。

"国故"与"欧化"问题提出的原因，在于新文化运动以来未能解决两者的关系。

> 自欧风东渐，吾国固有之文物制度，以及学术思想，根本动摇，于是一二学者，高树旗帜，从事新文化运动，谓凡我之固有文明，均应廓而清之，而代以舶来品；一时全国震眩，靡然从风，未几遂起反响，有专以诋諆新文化运动为宗旨者，如《学衡》杂志，即其代表也。仁者见仁，智者见智，莫不言之缠绵。今者新文化运动，已成明日黄花，而国故与欧化，犹为未解决之悬案，盖尚有讨论之余地也。

一般所谓"国故"，即吾国固有学术思想风俗制度，"欧化"即抛弃数千年来国故，凡事模仿欧西。学术、思想、制度、风俗等，皆互为因果，而以学术思想为枢纽。学术为精神，而制度风俗等，只是形质。故国故蜕变，一切随之而变，蜕变以后，取代者无以名之，则曰"欧化"。从唯物史观的角度判断，"国故"动摇，一是源于精神文明不如物质文明，二是吾国文明本身程度低，与西方相比相形见绌。故说吾国文化为消极，为退化，实属中肯。惟有借他山之攻错，以谋改造。

"国故"与"欧化"的二元划分，本身值得商榷。如《中庸》

所言"道并行而不悖"，《荀子》所言天下无二道，真理是普遍的，没有中西之分。"吾诚能淬厉吾所固有，根据事实，而以科学方法整理之，再取欧西之所长，以补我之所短，无论为精神，为物质，凡有益于我者，皆可互相融合也。"希望能如庄子所谓"鱼相忘于江湖，人相忘于道路"，融合至于"相忘"。此前已有成例，如唐时与印度接合，故佛学在中国发挥光大，而宋儒理学即儒佛两家的结晶体。今如以固有文明，而与西方文明接合，铲除门户之见，希望不可限量。那些持门户之见，认为新文化运动为"欧化"，为"悖礼教"，欲尽弃国故，都没有摆脱荀子所谓"蔽于一曲，而暗于大理"的弊病。（《南大周刊》，第50期，1927年12月30日）

12月　诸宗元为顾燮光著《译书经眼录》作序，针砭整理国故与文体改革。

翻译文字与我国文体变迁，关系密切。域外文字译行我国，播传至今者，象数经纶始于晋，欧西典籍始于明，大都以宗教、历数、农学之书为多。清道咸之间，政俗之书间有译本。同光以后则江南制造局、格致书院所编译者盛行。日本文译本，则以光绪甲午战后，由于留学便利及文字样移译较他国文字为便，充斥于市肆、推行于学校，几乎成为学术风尚，我国文体遂因之稍变。"近岁以来，复以海内外政治之变迁，标举文化，区分派别，欲求言文一致，而不过其大要，欲求整理国故，而自失其固有，舍己以从人，昧古以徇今，犹以文体改革自命为时流，此诚可谓大惑不解者也。今欲知世界之大势、政群之原理，固不可不从旁行斜上之文字求之，若国家与社会维系而不敝者，则一国自有一国之礼俗，根性流传，斠若画一，岂可削足而适履，惩羹而吹齑耶？"（顾燮光：《译书

经眼录》，收载王韬、顾燮光等编：《近代译书目》，北京图书馆出版社，2003年，第399页）

是年　福建经学会改为私立福建国学专修学校，三年后改为私立福州国粹中学，至1933年停办。

福建经学会停办后，校友学生等开会，推选代表向有关部门请愿，结果改名"私立福建国学专修学校"，设董事会，推郑宝菁为董事长，校长一席仍由吴曾祺担任（名目耳，实际上不到校，不办公，由旧校长刘友正、李通千等办理一切），每月由省教育厅补助100元。于时旧教职员或物故，或他就，唯陈海鳌、俞秉文仍继续讲授，乃先后增聘张福谦（字吉皆，光绪二十三年丁酉举人）、唐瀚波（字汀镜）、林步瀛（字鼎燮，唐、林二人均光绪二十八年壬寅举人）、张绍九（字鉴秋，优贡，私立法政学校教员）、林伯棠（字行陀，岁贡，私立女子中学校长）、邱韵芳（女子师范学校教员）等十余人为教员。即以戊班学生为国学专修学校高中部学生，并设立附属中学，所有学生全部征收学费，自此以后即以学费为校费。1929年秋，吴曾祺逝世，董事会推选陈培锟（字韵珊，光绪二十四年戊戌进士，翰林院编修）为校长。未几，郑宝菁因公务繁忙，荐陈培锟为董事长，而以校长属之陈遵统。陈遵统于时兼校极多，因固辞，弗获结果，以事实上种种困难无法担任，数月之后终于去职。而教育厅亦谓学校以"国学专修"为名，不在部章规定之内，除最高一级班予以高级中学毕业文凭，使之升学外，其余均分别转入中学各相应年级，学校遂以停办。（林志鎏：《福建经学会概略》，福建省政协文史资料委员会编：《文史资料选编》第1卷教育编，第53页）

福建国学专修学校学制与普通中学相同，唯增修经学、词章学、文字学数科。前后有过4个年级，学生363人，其中男344人，女19人。教职员46人，全为男性。经费15024元。(《福州市中等学校学生数比较表》《福州市中等学校教职员数比较表》《福州市中等学校各项统计表》，福建省教育厅编印：《福建省教育统计（民国十九年度）》，1932年7月)1930年，又改为私立福州国粹中学。1933年停办。(林家溱：《福州坊巷志——林家溱文史丛稿》卷三，福建美术出版社，2013年，第89页)

1928年（民国十七年　戊辰）

1月1日　金陵大学本年进行课程改革，中国历史和中国哲学组课程从国学系中分离，形成国文系、史学系和哲学系。

金陵大学遵照国民政府教育部新颁大学规程，文理科教职员全体会议推定委员9人，讨论改组问题，把文科分为国文系、英文系、史学系、哲学系、教育系、图书馆系等。国文系系主任陈钟凡提议第二次改组，计划理由和办法如下。第一，厘清系统。"中国史应归史学系，中国哲学应归哲学系，这是学术系统上应当厘清，各大学皆如此分类，本系不能垄断的。"第二，缩小范围。"本系只有教授二人，教员二人，照原章，须有一人担任史学课程，一人担任哲学课程，实在不敷分配。现将范围缩小，人数乃勉强足用。"第三，充实内容。"本系原定计画，关于文学的课程甚多，后被前主任夏伟士先生删削，太觉简单，不餍学生之望。应仍恢复旧议，把古体诗，宋词，元曲，明清两代的小说，列为专目，近三十年来的新兴文艺亦应注意研究。还有诗史，诗学概论，小说概论，剧曲概论等，皆当增入。"第四，语文并重。"语言与文字关机［系］密切，所以必须了解'绝代离辞'的训话，才能研究古文。则研究现代文艺，不可不注意现代语言了。本系增设国语，语音学，言语学，古方言等课，使语文并重研究。"第五，分组教授。"本系现规定本科学程，凡二十四种，拟就性质相近的，分为六组，每组由一人担任。继续下去，他们一方面专门研究，一方面指导学生，将来成绩必有可观。"第六，增聘教员。"前述课程分为六组，拟请专任教员四人，月薪由百五十元至二百元，兼任讲师二人，每时薪金三元。"第七，扩充预算。"仍前项办法，本系预算须由八千余元增至万余元。"第八，弥补亏空。金陵大学经费困难，国学系每年亏空二三千元以上。可按照两个办法弥补亏空。其一，办专修科。"专科学生每人年收学费九十元，十人就是九百元，二十人就是一千八百元。现在第一年试办，已有此数了；将来能达到四五十人，亏空尚难弥补么？"其二，兼职教员捐薪。"本校专任教员，向例是不得兼校外职务的。现拟仍规定条件，准其兼职，将所兼职之薪金，依规则办法，捐一部分到校，以补亏空。""以上所述取改革计划，我觉得狠有把握。不幸因为校务会议限制专任教员兼课事，本系内部略有误会，致校内校外发生许多无理的攻击。这种意外的挫折，本不能打断本系的希望；然竟不能不承认失败，这种计画，只好作为一种希望罢了。"（仲凡：《本校国文系的过去和将来》，《金陵周刊》，1928 年第 5 期新年特刊）

陈钟凡的提议虽然未获通过，但国文专修科持续办理。至 1929 年有 4 位学生毕业，1930 年有 5 位毕业。以后逐年增多。（南京大学高教研究所校史编写组编：《金陵大学史料集》，南京大学出版社，1989 年，第 211 页）

△　报载上海吴淞中国公学大学部"国学系"主任陈柱在校毕业典礼上演说。

中国公学大学部举行第六届毕业礼，校长何鲁报告本届毕业人数共28人，其中文科3人。"继则国学系主任陈柱尊及江文新吴中杰等教授，各有演说。"（《吴淞中公大学行毕业典礼》，《申报》，1928年1月6日，第3张第10版）

△ 北京述学社编辑《国学月报汇刊》第一集由朴社出版，收"诗经号""楚辞号""陶渊明号"等专号论文。

△ 上海文治大学登载招收新生广告，分本科、研究科和专修科，专修科含国学专修科。（《文治大学第十学期招生》，《申报》，1928年1月1日，第2张第6版）

1月2日 戴家祥、吴其昌、章寅等连日与吴宓谈清华研究院学生驱逐校长曹云祥事。

2日晚上，戴家祥、吴其昌先后来访吴宓，谈章寅所得清华研究院谩骂匿名函事。3日晨，章寅来见吴宓，又谈此事。4日下午，章寅又见吴宓，谓研究院学生昼到处张贴通告，以匿名函指斥曹云祥为走狗。吴宓劝慰，批评研究院学生横暴无理，亦殊令人愤懑。（吴宓著，吴学昭整理：《吴宓日记 第4册：1928～1929》，第4页）

1月5日，赵元任夫妇在宅中招待吴宓、梅贻琦、叶企孙、陈寅恪诸人，共同议事，在赵宅晚餐。清华研究院学生以驱逐曹云祥成功，骄盈得意举动，惹起大学及旧制学生忿嫉，遂由学生会通过挽留曹云祥。新年数日中，曹云祥居校，旧制及大学学生夙为所用者，皆有接洽。（吴宓著，吴学昭整理：《吴宓日记 第4册：1928～1929》，第5页）

1月7日，清华研究院以全体学生名义发布启事称："此次清华学校校长曹云祥自动向外交部辞职，完全由曹云祥个人人格负责，敝院同学未便挽留。恐社会不明此次真相，特此声明，伏希公鉴。"

同时致函清华学校学生会称："昨晚大会通过议案，与敝同学全体意旨根本冲突。因此，敝同学全体宣告退出大会。在退出期内，贵会一切文件，请勿用全校学生名义，特此奉告。"（《北京清华学校国学研究院全体学生启事》，天津《大公报》，1928年1月7日，第6版）

△　无锡国学专门学院院长唐文治、教授钱基博联名登载招生广告，定于1928年春季招收新生一班50人。

招生简章规定，招生名额共50名。修业年限，三年毕业。每学期学费30元，膳费30元，宿费5元，讲义费2元，杂志费1元，课本费约10元，入学时须一律缴清。投考资格，要求中等学校毕业，国学确有根柢，或有同等学力，年龄在16至25岁之间。考试日期定于1928年1月15日上午9时，地点在无锡学前本院。考试科目有普通论文、国学常识。报名时须缴报名费1元，四寸半身照片一张。录取与否，概不发还。通函报名，自即日起至考试前一日止。函索章程，须附邮票一分。（《无锡国学专门学院前名国学专修馆招收新生》，《申报》，1928年1月10—14日，第2张第5版；《民国日报》，1928年1月10日，第2张第5版；《无锡国学专门学院（前名国学专修馆）招收新生》，原载《新无锡》，1928年1月5日，第1版，转引自刘桂秋：《无锡国专编年事辑》，第78页）

1月10日，报称：

无锡国学专门学院，原名国学馆，开办于民十，主讲者为前上海交通大学校长唐蔚芝氏，所聘教授，均当代硕学。该院前后已办毕业三次，成绩卓著，甚得社会赞誉。本学期复从事扩充，经聘定光华大学教授钱基博为院务主任兼教授。钱氏对于该院极见热心，闻已决定扩充计划，于明年一月十五日添招新生一班，增聘教授，添设课目，提高程度，现正在积极进行中。又该院教授陈柱尊（兼大夏大学教授）现被任为广西大学筹备委员，虽事务孔繁，仍复兼顾锡院，常川莅讲云。（《无锡国学专门学院之扩充》，《申报》，1928年1月10日，第3张第10版）

自年初决定添招新生以来，"报名者极形踊跃"。"并闻明年该校对于高班生，拟仿清华之例，分经史子集各类，从事研究。更增设教育学一科，敦请专家讲授。"（《无锡国学专门学院近讯》，《时报》，1928年1月12日，第2张第7版）

　　△　哈佛大学和燕京大学合作组织国学研究机构哈佛燕京学社。

美国发明家查尔斯·马丁·霍尔（Charles Martin Hall）因发明用电分离铝土矿石而致富，1914年逝世前曾经指定将其遗产的三分之一捐献给亚洲或东欧巴尔干半岛英美人办的教育机构。燕京大学教务长司徒雷登通过与霍尔遗嘱执行人戴维斯和约翰逊联系，争取到100万美元。约翰逊吩咐哈佛商学院院长多纳姆跟司徒雷登合作，拿出使双方都受益的方案。哈佛福格博物馆有个叫华纳的馆员，教日本与中国艺术，主张建立哈佛东方学社，起初工作主要是从事考探古代艺术。华纳虽然爱好中国艺术，但很蔑视中国人，前往中国敦煌意图劫走壁画。洪业通过学生王近仁得知此事后，要求北京政府教育部次长秦汾，致电由北京到敦煌途中的省县负责人和警察局长，表面上派人武装保护，暗中防备他们损害中国文物。华纳本想与北京大学联系，敦煌之行未达目标后，司徒雷登与多纳姆商议，准备建立两年前就开始联合筹备、研究中国文化的机构。本月，哈佛燕京学社在美国马萨诸塞州立案，基金托管会的成员有3位哈佛大学的代表，3位燕京大学的代表，3位外人。行政中心设在哈佛大学，但主要活动则在燕京大学。

1月5日，确立章程，规定哈佛燕京学社的目标是"进行及提供关于中国文化，以及（或者）亚洲别处，日本，以及（或者）土耳其与欧洲的巴尔干半岛的文化之研究、讲习、出版活动"。"聘请有适当学术水准的中国人或西方人，从事相当于文理学院研究所水平的探讨与教育工作，必要时为帮助学者进入此学社作适当的学术准备，资助中国别的高等学府；探讨、发掘、收集及保存文化及古代文物；或资助博物馆从事此类工作。"这一举措使燕京大学摇身成为国际汉学中心。哈佛燕京学社拨款让燕京大学发展研究院，训练其他大学的学生，包括从哈佛大学送来研究中国文史的学生。此外，也为燕京大学毕业生去哈佛大学深造开了方便之门。燕京大学除分享到霍尔遗产里拨给哈佛燕京学社的450万美元外，还负责管理另外一项180万美元的专款，用以资助其他美国基督教会在中国办的大学，进一步助长了燕京大学的势力。哈佛燕京学社成为以研究中国古文物为中心的机构，与霍尔的初衷相去甚远，这得益于司徒雷登与洪业的共同努力。（陈毓贤：《洪业传》，商务印书馆，2013年，第153—161页）

司徒雷登在回忆录中谈到以霍尔遗产建立哈佛燕京学社的经过时曾说："我感到十分有意思的是，一位美国大企业的代表人物和一位典型的大公司的律师竟然想到共同办一所大学，用西方研究外国文明的仪器设备和技术，去帮助中国人研究他们自己的文化，同时也帮助美国人学习中国的文化，以便在他们的同胞中传播。""哈佛燕京学社为燕京作了许多好事，其中一件就是使我们——并且通过我们使中国的其他几所教会学校——能够把汉学研究提高到任何一所中国学府的同一水准上。"（司徒雷登著，程宗家译：《在华五十年——司徒雷登回忆录》，北京出版社，1982年，第58—59页）

由于此前已有报道哈佛燕京学社即将成立，所以《大公报》《晨报》《益世报》等中国媒体，多直言霍尔遗产用以资助设立中国"国学"研究机构。

旋经管理该款之委员决议，以该款之一部，专为研究中国国学之基金，并以此项事业，归美国哈佛大学与中国燕京大学合作。盖以哈佛大学，有数百年之办学经验，能以关于研究工作之种种方法，供给中国学子之取材。而燕京大学，则位于中国首都，有延聘中国名教授及招致研究人才之便利，亦必于哈佛大学之中国学系有甚大之辅助。此两大学合作，实为相得益彰，将来不仅使中美两国于学术上互有利益，且必能使西方各国，更多正确了解中国之文化也。此事在前数年已有动机，及去秋燕京大学校长司徒雷登氏赴美，与当事者叠次接洽，始确定基金数目，并组织管理此事之委员会。计委员九人，内哈佛大学代表，燕京大学代表，贺乐遗产委员会代表各三人。又拟在中国设立分委员会，推定委员七人，其详细情形，俟四月间司徒校长返至中国，当更有所报告。并闻燕京大学拟于暑假后特派教授二人赴美，在哈佛大学从事考察与协商，预料两大学如何分工，如何合作，基金利息之用途

如何分配，以及研究之范围如何，各项规则如何订定，均须
俟特派之两教授返校后，方能有具体的办法。但哈佛与燕京
中国国学研究之组合，则已确定不移，我国有志研究国学者，
不久又可多得一发表成绩之机会矣。（《发扬中国文化佳音》，《晨
报》，1928 年 2 月 12 日，第 7 版；《中美合作研究中国国学》，天津《大公
报》，1928 年 2 月 13 日，第 6 版；《哈佛与燕京合作组国学院》，天津《益
世报》，1928 年 2 月 14 日，第 4 张第 16 版）

　　顾颉刚曾受燕京大学国学研究所邀请，本年 8 月致胡适函亦称：
"今年春间，燕京大学来书见聘，谓在美国已捐得大批基金，开办
中国学院，邀我去作研究。我觉得这是很合我的宿志的，我一定要
把所有的时间供我从容的研究，才可使我心安理得地过生活，所以
便答应了。"（顾颉刚：《顾颉刚全集·顾颉刚书信集》卷一，第 456 页）

　　1 月 6 日　江苏省立第一图书馆改名为国立第四中山大学国学
图书馆，一般又名江苏大学国学图书馆。

　　江苏省立第一图书馆隶属江苏省教育厅管理，于 1927 年 6 月
24 日聘请柳诒徵任馆长。（《大事记》，《中央大学国学图书馆第一年刊》，
1928 年 11 月，"簿录及记事"第 31 页）本年 1 月 6 日，国立第四中山大
学行政院函告柳诒徵，以江苏省立第一图书馆名称前经中华民国大
学院令，由国立第四中山大学重加审核，经提出会议议决，决定名
称为国立第四中山大学国学图书馆，暂归高等教育部管理。并经呈
奉中华民国大学院令准备案，业在预算书内照改，俟将钤记刊就另
送。12 日，国立第四中山大学国学图书馆启用新名称，但新刊钤记
未奉到以前，仍暂用旧有江苏省立第一图书馆钤记。同时致函各机

关，告知此事。（柳诒徵：《函复大学行政院》，《中央大学国学图书馆第一年刊》，1928年11月，"案牍"第17页；柳诒徵：《函致各机关》，《中央大学国学图书馆第一年刊》，1928年11月，"案牍"第18页）

该馆后来自称："六日，大学行政院函告本馆，改隶大学高等教育部，遂定名为江苏大学国学图书馆。"（《大事记》，《中央大学国学图书馆第一年刊》，1928年11月，"簿录及记事"第34页）当时有报道谓：

> 京中央大学国学图书馆，原属中央大学行政院管理，成立以来，成绩颇著，现以苏省业经废除大学区制，设立教育厅，该馆援亦遵照厅令，改称江苏省立国学图书馆，直隶该厅属辖，以明系统，惟恐各界误会，沿用旧名，昨特分函京中各机关各学校，一体知照。（《国学图书馆改名》，《山东教育行政周报》，第62期，1929年1月）

2月，《江苏大学国学图书馆章程》印行。江苏大学国学图书馆以储集中外秘书要籍精图名著公私档册簿录碑刻名贤手迹，以供专门学者之研究及一般人之阅览为宗旨，设馆长一人，由江苏大学校长聘任主任一人，由馆长推荐于江苏大学校长委任。（《江苏大学国学图书馆章程》，第1页）

江苏省立第一图书馆自1927年柳诒徵接充馆长以后，馆名迭有更易，初名"国立第四中山大学国学图书馆"，继改名"江苏大学国学图书馆"，内部事务，迭有扩充，规定公开阅览办法。"现已闻其将内部重加改组，添设采访及出版各组，并鼓励各员从事研究。"（《江苏大学国学图书馆之近况》，《图书馆学季刊》，第2卷第2期，1928年3月）

1月8日　钱玄同买了一本清华研究院《国学论丛》第二册，认为赵元任译《高本汉的谐声说》一文"极关重要"。（杨天石主编：《钱玄同日记》整理本中册，第703页）

《国学论丛》第1卷第2号还有清华研究院教授梁启超《王阳明知行合一之教（续）》、陈寅恪《大乘稻芉经随听疏跋》、王国维《书内府所藏王仁煦切韵后》，以及学生辈周传儒《中日历代交涉史（续）》、刘盼遂《说文汉语疏》、吴其昌《朱子著述考》、姚名达《余姚邵念鲁先生年谱》、陆侃如《楚辞的旁支》、卫聚贤《左传之研究（续）》、王力《三百年前河南宁陵方音考》、刘盼遂《说文声谱自序》等文。

1月11日　清华学校校长继任一事仍未决，吴宓担心研究院学生尽情滋闹不已，影响"与校中他部分学生之感情前途"。（吴宓著，吴学昭整理：《吴宓日记 第4册：1928～1929》，第8页）

1月12日　清华学校评议会议决"研究院学生王省攻讦师长，播弄是非，令其退学"。不久，朱君毅函请辞职，评议会议决"朱君毅教授既自请辞职，复函请其维持至暑假，准其解约"。（孙敦恒：《清华国学研究院纪事》，葛兆光主编：《清华汉学研究》第一辑，第330页）

△　报载文明书局请国学专家评注《经史百家简编》。

"从来国文选本，当推《古文辞类纂》及《经史百家杂抄》，而尤以《经史百家简编》，尤为精审，为学文者所必读。惟原书向无注释，不易了然。南京路文明书局，特请国学专家详加评注，明白易晓，于教者学者均大为便利云。"（《经史百家简编评注出版》，《申报》，1928年1月12日，本埠增刊第2版）

1月16日　实学专修馆上海部登报招生，注重国学，保存国粹。

实学专修馆"主重国、英、算三科，辅以历史、地理，分科指挥，严密训导，务使学生得沉浸渐濡之乐，无躐等不及之弊。所聘教师，俱有根底。编制分初中、后期、前期三部，又新附设国学专修科一班，借以提倡国粹。各科均有余额，凡有志求学，品性端正者，均为合格报名。即日起试验，随到随考"。（《实学专修馆上海部招生》，《申报》，1928年1月16日，第2张第5版）

拟于阴历正月廿一日（2月12日）开学。招生广告云：

学不欲杂，业精于专。盖执简可以驭繁，通一可以贯百。本校允学生家长之请求，得教育名流之赞助，请上海学院院长陈济成担任校长，注重国学，辅以英算，采用个别教授，俾敏而好学者，得兼程并进之益，而天资稍次者，亦得循序以升。敦聘名宿鸿儒，富有新知识者为国学教授，大学毕业而有教授经验者，为英算教授，迎机指点，诏以径途，以养成真切实用之专门学识。毕业后无论升学入商，俱有左右逢源，因应咸宜之利。凡愿保有国粹，而欲特别造就者，盍兴乎来。（《康脑脱路上海实学专修学校招生》，《申报》，1928年2月3日，第2张第5版）

1月17日　下午3时至4时，戴家祥来见吴宓谈曹云祥校长被驱逐一事，仍不胜其愤愤者，谓研究院教授陈寅恪且拟引去。（吴宓著，吴学昭整理：《吴宓日记 第4册：1928~1929》，第10页）

1月18日　清华学校国学研究院全体同学发布反对挽留曹云祥启事，称曹自动向外交部辞职，完全由其个人负责，校内部分同学运动挽留，另有作用，研究院同学未便同意，恐社会不明真相，特

此声明。（《清华学校国学研究院全体同学启事》,《申报》,1928 年 1 月 18 日,
第 2 张第 6 版）

　　△　容庚函请顾颉刚加入燕京大学国学研究所。

　　1 月 28 日,顾颉刚致容庚函内称:"燕京固能办中国学研究院,
弟决返北京,因弟之家实在北京而非苏州也。弟本年暑假必至京,届
时再与兄等细细商量。"(顾颉刚:《顾颉刚全集·顾颉刚书信集》卷二,第
176 页)

　　2 月 26 日,顾颉刚复函容庚称:"燕京研究所年有十万元,足资
发展,甚快。弟在此整日'为人作嫁',急欲脱去。承招,极愿应
命。惟必须说明一事,即弟向持'一不教书,二不办事'之主义必
须实现。……弟两年来经验,以为着手开办时,规模不可大,用人
不可多,免致稗稗杂进,不收实效。用人方面,弟以为应有下列诸
项标准:（1）不引进政客,免致机关本身受政治摇撼。（2）不引进
复古派,免致学术不能照了轨道走。（3）不引进学阀,免致学术机
关为其私人垄断,且为排击敌派之根据地。（4）不引进文人,免致
机关腐化,致同事不勤业务。（5）不引进平庸人,免致发表刊物为
讲义式之文字。（6）不引进头脑不清之人,免闹意见。（7）不引进
爱发议论而不负责任之人,免致团体分裂。现在北京当穷迫之余,
一闻此款,则万人属目。务请兄建议设立聘任委员会,先审查著作
而后聘请。第一年只有四五人即可,以后根基打稳时再加增。至助
理员（大学毕业而有论文者）则不妨多请,因薪金不高（每人每月
八十元左右）,去留较易,且有许多工作必须人多才好做也（史书
及地方志中可作无数统计,又有许多地图、器物图当绘）。"顾颉刚
推荐张星烺（著有《中西交通史》）、梅思平（北大毕业,研究史学

甚有心得，著有《春秋时代之政治》，载《民铎》)。"如粤局更变"，则广州中山大学的丁山、罗常培、容肇祖、商承祚、余永梁、钟敬文，"均可邀致"。（顾颉刚：《顾颉刚全集·顾颉刚书信集》卷二，第177—178页）

此外，顾颉刚建议燕京大学国学研究所先设立"语言学会""历史学会""民俗学会"三个团体，发行刊物，征求会员。即在此三团体中挑选研究员及助理研究员，以有此文字因缘，易知其人性格、学业及工作勤惰。"弟名位不愿高，因高则为人所属望，亦为人所责备也。最好只给弟一'研究员'之名义。弟胸中问题至多，愿尽毕生之力作研究，不希望有他种地位也"。（顾颉刚：《顾颉刚全集·顾颉刚书信集》卷二，第178页）

后来容庚来函指出，聘顾颉刚到燕京大学，"不教书、不办事是办不到"。顾颉刚颇失望，3月26日复函质疑："燕大既办研究院，为什么不让人专在研究院而必兼大学本科的职务呢？兼了大学本科的职务，又要办研究院的事，那不过使我复演厦门、广州的生活而已。我既决不会满意，而贡献于燕大的成绩也不会很多。你们何苦用人不当其才而有'买椟还珠'之恨呢？"自己专心研究，成绩陆续发表在《燕京学报》，正是将来大发展的预备。"至于研究生须我指导，那是自然的。我所反对的是上课，我始终觉得上课是低能儿的事情，我并不反对指导后进。来书谓'假定名义是国文系或历史系教授'，此事弟不愿就，幸恕之。"同时主张，"研究所中应注重调查与发掘。考古学方面每年应定发掘费若干。言语民俗学方面每年应定调查费若干。所中人员应大半年在外。必兼教大学本科的课，徒然两伤，因为一上课即不该脱课也。"（顾颉刚：《顾颉刚全

集·顾颉刚书信集》卷二，第181—182页）

△　劳神父路上海女子审美学院添设国学科。

据说该学院自开办以来，成绩卓著。现本学期考试业已结束，鉴于本学期学额有限，故下学期起大加扩充，添聘教员，增加学额，并添设国学及国画等科，使来学者不致拘向隅之憾。（《上海女子审美学院之扩充》，《申报》，1928年1月18日，本埠增刊第1版）

△　邹登泰所创中华国粹专门学校招男女生。

中华国粹专门学校的宗旨是"注重国学，培植师资"。学科参酌大学国学系课程编制，分经、史、小学、诗词、书画、作文法、作对法，旁及英、算。学程设三级，大学入专科，高中入正科，初中入预科。分讲演、选读、研究、参考四门，并备有关国学之图书，可供参考。自即日起报名，随到随考。校址位于上海法租界贝碲鏖路美仁里。（《中华国粹专门学校招男女生》，《申报》，1928年1月18日，第2张第6版）

1月31日，中华国粹专门学校再次登载招生广告，声称报名在本校及小西门内江阴街染业小学，开学在正月十五日（2月6日），上课，二十日（2月11日），男女并收。（《中华国粹专门学校招生》，《申报》，1928年1月31日，第2张第5版）

《申报》颇为赞赏道：

近来世道日非，文化堕落，讲求国粹者几如凤毛麟角，父兄爱护子弟，尽有欲入国粹专门而不可得。吴门邹君登泰因创国粹专门于海上，罗致群英，相与研究，用意至善。邹君历任上海交通大学、商科大学、仓圣明智大学、南方大学、远东

大学等校国学教授，凡十六七年，对于国学，颇有心得，曾著
《说文部首疏证》《仓圣古文考》《两汉传经疏证》《群经通论》
《史学钩元》等编，皆本各校之讲义勒为成书，以此饷海内学
子，必能为国学放一曙光也。（《国粹专门之曙光》，《申报》，1928
年2月3日，第3张第10版）

1月24日　吴宓与陈寅恪谈不愿再任研究院主任，颇思去燕京
大学。

晚7时至8时，吴宓访陈寅恪。"闻颇有人主张以宓再为研究院主
任，以资改良维持云云。谚云好马不吃回头草，且宓方经营二报，专
力文章，无论其利益如何，亦决不愿再为冯妇。况就事实现状而论，
办理异常棘手，虽才大于宓者亦难应付裕如耶。即有此议，一笑却之
而已。"（吴宓著，吴学昭整理：《吴宓日记 第4册：1928～1929》，第13页）

2月9日，吴宓偕陈寅恪等赴冯友兰招宴于其宅（成府，槐树街
十号），客皆燕京、清华两校"讲国学之新人物"。（吴宓著，吴学昭整
理：《吴宓日记 第4册：1928～1929》，第21页）

1月27日　陈寅恪与清华研究院学生陈守实谈明清掌故与整理
史料方法，建议清华研究院购买清内阁档案。

阴历正月初五日（1月27日），陈守实日记载："又谒陈寅恪
师于南园，谈明清掌故颇久。师谙各国文字，而于旧籍亦翻检甚
勤，淹博为近日学术界上首屈一指之人物。"其中，陈寅恪谈到整
理史料的方法和搜集近代史料的主张："师于史之见解，谓整理史
料，随人观玩，史之能事已毕；文章之或今或古，或马或班，皆不
必计也。因言清史之草率，谓十六年告成，以清代事变之烦剧，断

非仓猝间能将三百年之史实一一整理者也。闻史馆中史料残缺殊甚，某人任某门，则某门之史料即须某人以私人资格搜罗。微特浩如烟海之史料，难由一二私人征集，即自海通以还，一切档案，牵涉海外，非由外交部向各国外交当局调阅不可，此岂私人所能为者也？边疆史料，不详于中国载籍，而外人著述却多精到之记载，非征译海外著述不可。又如太平军之役，除官书外，史料亦多缺轶。曾氏初起时，曾遣人至粤侦伺洪氏内幕。此人备历艰险，作有详细报告，成一专书，名曰《贼情回报》，今其书尚存，于太平军中诸领袖人物，皆为作略历，如小传，一切法制规例，皆详列靡遗。此类极有价值之史料，若不出重价购买，则于太平军内容，必难得其详。此事亦非私人所能了。又乾隆以前《实录》，皆不可信，而内阁档案之存者，亦无人过问。清人未入关前史料，今清史馆中人几无一人知之，其于清初开国史，必多附会。……粤督叶名琛[①]颇干练，有胆识，失事非其罪。内阁档案，有明一代史料及清初明清交涉档案，极为重要，现在李木斋先生所。李无暇整理，而贮置赁屋中，上雨旁风，急欲出售，苦无受主；索价仅两万元，盖李以一万八千元购得之者也。研究院如能扩充，则此大宗史料，实可购而整理之云。"（陈守实：《学术日录》，丁守和、方行主编：《中国文化研究集刊》第1辑，复旦大学出版社，1984年，第422—423页）

正月十七日（2月8日），陈守实往天津梁启超宅贺年。"予因是述陈寅恪师语李木斋家有内阁档案，研究院如得经济独立，此事实可整理之。师首肯。"（陈守实：《学术日录》，丁守和、方行主编：《中国

---

① 原文作"敏琛"。

文化研究集刊》第1辑，第424页）

1月30日　以提倡国学、发扬孔教为宗旨的粤贤学校扩充学额。(《粤贤学校之扩充》,《申报》,1928年1月30日，第2张第7版)

2月1日　《申报》评价聂云台著《辟耶篇》，阐发国学经义，足救醉心欧化之失。

此书为聂云台最近六年间辩论宗教之作，订为一册，五万余言，中华书局于1927年10月出版。《辟耶篇》主张："古今论治道者，群宗孔孟，遵而行者，效可立睹。"不仅辟耶教，也"恶毒攻击湖南农民运动，为蒋介石'四·一二'反革命大屠杀张目"。(中国社会科学院近代史研究所中华民国史组编：《中华民国史资料丛刊特刊》第1辑，第56—57页)

《申报》载有该书销售广告，内称：

> 以恒情常识，证明耶教信条及上帝神权说之妄谬，以历史事实证明，自来崇奉此等宗教，国尚战好杀，成绩不良。又耶稣与其门徒，皆为宗教家影射印度克利希纳神话所捏造，历史上实无其人。其第一文，宗教辨惑篇，曾由全国基督教协进会将其译文印售，足征其言之有物，非出于意气之偏者也。至其阐发佛孔精义，尤足矫正一般不研究国学者之误解，并唤醒醉心欧化，敝屣家珍者之迷梦。其文章光焰万丈，辟易千人，而的破缕解，使人无置辩之余地，诚辟耶文中空前之著作也。(《申报》,1928年2月1日，第2张第5版，广告)

2月2日　清华研究院学生谢念灰在北京协和医院病逝。

《清华周刊》报道说："谢君品学兼优，博览群籍，于宋明理学嗜之尤笃，所著《白沙学谱》数卷，最为深邃。"（孙敦恒：《清华国学研究院纪事》，葛兆光主编：《清华汉学研究》第一辑，第 330—331 页）

2 月 7 日　朱自清完成《那里走》一文，这是决定自己道路的宣言。仿照胡适"哲学是我的职业，文学是我的娱乐"一语，称"国学是我的职业，文学是我的娱乐"。（齐家莹编撰：《清华人文学科年谱》，第 63 页）

2 月 8 日　朱君毅与吴宓谈及清华研究院学生质疑吴宓不加入驱曹运动。

上午 9 时至 10 时，"朱君毅来，……谈及近两月风潮中，曹派教职员，均疑宓为驱曹之一健将，以宓与陈寅恪厚而去年暑假又与曹意见不合也。乃研究院学生方面，则又疑暗助曹，以宓与朱君毅亲近而不肯明白加入驱曹之运动也。呜呼，宓志别有所在，在校诸事不问，销声匿迹，而两方乃均如此猜疑嫌恶。"（吴宓著，吴学昭整理：《吴宓日记 第 4 册：1928 ~ 1929》，第 20 页）

2 月 10 日　燕京大学成立国学研究所，聘请陈垣出任所长。

当时刘廷芳刚从欧美演讲回国，被聘为哈佛燕京学社的执行干事，着手利用该学社经费，模仿清华大学与北京大学，在燕京大学亦建立了一个国学研究所，并聘请了一些老派学者来做研究工作。洪业一向就反对国学研究这种观念。他觉得学问应没有国界，所谓的国学，不能孤芳自赏，而应按学科归纳到各院校。正如不能把欧洲的科学、文学、历史等笼统归入"欧洲学"一样。而且，洪业深信中国的学问应该让有现代训练，有世界常识的人来研究。当洪业在剑桥时，他的得意门生聂崇岐曾写信征求他的意见，问他应否申请入此国学研究所，洪业觉得他做中学教员是大材小用，便鼓励他申请，不料聂崇岐并没有被录取，而资格不如他的人反被录取了。洪业为这件事很生气，回到燕京后，请聂崇岐到哈佛燕京学社引得编纂处做编辑，而且立意解散国学研究所。（陈毓贤：《洪业传》，商务印书馆，2013年，第175—176页）

3月6日，下午5时至6时，吴宓访怀特（Winter），言燕京大学得巨款，拟办国学研究院，推测恐无参与机会。（吴宓著，吴学昭整理：《吴宓日记 第4册：1928 ~ 1929》，第31页）

"哈佛燕京国学研究院"是美国查尔斯·马丁·霍尔部分遗产资助建立，数额为200万美元。有9人负责组织，3人为燕京大学代表，3人为哈佛大学代表，其余3人为遗产管理代表。哈佛大学将为本年秋季加聘著名中国文专家，特别注意中国方言、国语。燕京大学与哈佛大学将来在科目方面彼此连络，以便增加学位。另拟在燕京大学与哈佛大学两方面出版中国有价值书籍，或用英汉文出版关于中国文化的作品，并将抽出部分款项，辅助在中国其他学术对于其他在亚洲别方面之研究颇有关系，譬如研究印度文化必须对印度佛教有相当智识，而印度佛教书籍两百余册有中文翻译本，故研究中国文实对印度文化研究大有关系。司徒雷登曾说："哈佛燕京国学研究院为中美国际友谊连络之要素，对于将来太平洋之政治有严重影响云。"（《哈佛燕京国学研究院再志》，《燕大月刊副镌》，第5卷第4期，1928年4月3日）

△　持志大学国学系添聘龚宝铨为教员。

"持志大学去秋学生人数激增，极为发达。今年除原有教授外，又复添聘教授多人，均极一时之选。……国学系添聘北京大学学士

龚宝铨君。"（《持志大学添聘各科教授》，《申报》，1928年2月10日，第3张
第10版）

　　△　清华研究院学生戴家祥在《清华周刊》发表《去冬风潮与
评议会》，认为曹云祥与研究院各有罪过，但归根到底都是评议会
处事未能公允所酿成。

　　戴家祥提出9个质疑问题，批评清华学校评议会没有公允处置
研究院风潮，而且在曹云祥、朱君毅及王省和研究院之间挑拨是
非。（戴家祥：《去冬风潮与评议会》，李新城、陈婷珠、沃兴华选编：《戴家
祥文存》，江苏人民出版社，2019年，第683—686页）

　　据吴宓说，戴家祥认为吴宓与研究院学生勾通，合谋推倒曹云
祥校长，且暗指评议会朱君毅诸人为曹党。吴宓劝刘盼遂等勿侮蔑
黄节、张尔田二先生清名，研究院学生乃不肯见信。而以吴宓为代
表诸评议员，运动彼辈，为曹云祥谋利，否则但顾评议会诸人之私。
总之，吴宓为党朱反曹，两面讨好，依违其间，阴行诡诈。吴宓感
慨，今人之心已坏，既意气用事，又神经过敏。自谓万能全德，他
人言论行事必为政客小人之权诈。如此人心，如此世局，曷胜痛哭。
一己安危出处，犹其小者。至就事论事，此次错误，在失于谨慎。
其一，不应以评议会开会情形语陈寅恪。其二，不应与刘盼遂、吴
其昌、戴家祥谈及校事。本意固正大，且言出于无心，而听者有意，
竟用为风潮资料，痛悔何及，今后更当效金人三缄其口。（吴宓著，
吴学昭整理：《吴宓日记 第4册：1928～1929》，第22—23页）

　　2月11日　无锡国学专门学院举行开院礼。

　　《本校大事记》云："（民国十七年三月）招收第六班学生四十
人，函授科停止。"（《国专校友会集刊》第1集）三月疑为二月之误。

"无锡国学院现在提高程度，非常认真，经史各科，分门研究，其中颇多深造之士。"上月招考，仅录取新生何德培、韩颂琦、沙凤骞、陆去愁、吴允中、陆理诚、张锺毓、文秧甫、王群贤、奚祝焘、钱慧、毛鹏基、陈永进、冯历耕、梅仪年、张成举、祝廷枢、杜荣培、王元介等19名。"甄别极严，作论文时，尚多及格，常识考试，及格者不过二三人。投考诸生，颇多中学毕业，呈验文凭而未予录取者，闻已定于下月九日继续招考一次云"。(《国学院录取新生之认真》,《锡报》，1928年1月19日，第3版；《无锡国学院续招新生》,《时报》，1928年1月26日，第2张第7版) 1月15日、2月9日，前后两次举行招生考试，招收第六班学生40人。本次招考乃为未能招满学额而增设。在报章登载广告称："定二月九日上午九时起在无锡学前本院试考，先期报名、索阅章程者附寄邮票一分。再本院旧设函授班，如有志向学者同时报名，此布。"(《无锡国学专门学院续招新生》,原载《新无锡》，1928年2月4日，第1版，转引自刘桂秋：《无锡国专编年事辑》，第78—79页)

唐文治记云："是年，余为诸生讲《尚书》。编《尚书大义内外篇》成。'外篇'，考古今文源流；'内篇'，发挥每篇精义，多有先儒未经道者。"(唐文治著、唐庆诒补：《茹经先生自订年谱》，第97页)

本月，"聘请钱子泉先生为教务主任，冯振心先生为院务主任，高涵叔（1892—1971，文海，号子愚——引者）先生为训育员，并租校外宿舍。""本院原定学程与国立大学文学院中国文学系大致相等，兹再参照新章，分别必修选修科，厘订规则，实行学分制，规定三年毕业，必修选修科至少读满百二十学分为度。"(《本校大事记》,《国专校友会集刊》第1集，第3页；《无锡国学专修学校概况·大事

记》，第 3 页；《私立无锡国学专修学校十五周纪念册·校史概略》，第 2 页）

郑逸梅《艺林散叶》称："唐文治双目失明，书札均由陆景周、高涵叔二人代笔。陆，太仓人，高则高攀龙之后裔。"（刘桂秋：《无锡国专编年事辑》，第 79 页）雨窗《师门五记》一文中曾记高文海时常陪同唐文治巡视学生宿舍。有时在自修课完毕以后，忽见唐文治突然从后门进来。他正襟危坐在校长办公室内，通知校工祥金或顺宝，扶持登楼，由丁儒侯或高涵叔两位先生，陪同到每个学生宿舍，按名册逐一点名。他虽双目失明，但听觉极灵。学生见唐文治在大雪纷飞之夜照常亲临，嘘寒问暖，无不肃然起敬，站立着等待点名。"在点名过程中，他对学生中的一些问题，无论是教育上的或生活上的，都能及时提出来询问或解答，并耐心听取学生们的意见要求，当场可以解决的便立刻和丁、高两位先生研究决定，否则便记录下来，提交校务会议讨论。"（刘桂秋：《无锡国专编年事辑》，第 79 页）

△ 报载光华大学本学期新聘吴梅为国学系教授。

"光华大学本学期新聘吴瞿安为国学系教授。……吴君为江南名士，国学深醇，尤精词曲。前在北大、东大教席时，甚著声誉。"（《光华大学之新教授》，《申报》，1928 年 2 月 11 日，第 3 张第 11 版）

△ 京师大学校国学研究馆公布第二次月讲信息。

定于 1928 年 2 月 20 日下午 4 时，在北河沿该馆讲演室，举行第二次月讲。讲题为"易感通义与佛说缘义之比较"，由导师李证刚担任。该馆月讲性质较为专门，故听讲座只限 60 位。凡欲听讲者，在讲演日前一星期内，均可向该馆事务室登录处索取听讲券。（《国学馆举行月讲》，天津《益世报》，1928 年 2 月 11 日，第 16 版）

△ 报载正风中学聘请于新元为国学教授，范烟桥为国文主任。

正风中学本学期大加扩充，除敦聘徐冀扬为总务主任，襄理校政，主持一切外，更聘於新元为事务主任兼国学教授，文学家范烟桥为国文主任。且订定名家钱基博、包天笑、平海渊等为讲师。"前途发展，正未有艾云"。(《正风中学添聘教职员》，《申报》，1928年2月11日，第3张第11版)

　　△　报载天津崇化学会规定讲授办法，演讲地点在严修宅第。

　　天津各绅耆创设崇化学会，招取学员，于冬季三月中先自行研究经史各学，由于未曾觅得讲授地点，故暂令学员自作札记。同时规定讲授办法如下。①从旧历正月二十四日（2月15日）起，每值星期三、星期六下午2时至5时为主讲指授时间，地址假文昌宫西严修宅。倘有不能到者，必须预先请假。②借社会教育办事处阅书室为学员自习地点，书籍只能在室阅览，不得借出。③每月课文札记，均须按规定日期拟交，不得缺课。课文札记，以60分为应得分数，缺课者扣除，逾期者酌扣。④课文每月两次，星期六、日领题，次日必须缴卷。领题缴卷，仍在社会教育办事处。全年日期，另有详单（由于字迹模糊，札记具体要求不详）。课文领题日即为交札记日期。⑤课文札记，记分多寡，每季结束一次，优者酌给奖金。⑥学员规定50人，会员60人。(《崇化学会规定讲授办法》，天津《益世报》，1928年2月11日，第16版）

　　2月13日　清华研究院同学会议决组织"筹办王静安先生纪念事宜委员会"。

　　下午1时，研究院同学会举行本学期第一次常会，出席会员16人，已足法定人数，乃照章改选职员，议决议案。直至4时始散会。选举结果，主席罗根泽，副主席蓝文徵，文书门启明（未到会，蒋天枢代），会计宋玉嘉。议决，一是组织"筹办王静安先生纪念事宜委员会"，设委员5人，宋玉嘉、戴家祥、刘盼遂、侯堮、姚名达当选。议决纪念物品包括"树纪念碑于校内，请名人撰书碑文，并拓印若干份，并赠海内外各学术团体，以留永久之纪念"，以及"铸金属纪念铎，镌纪念王静安先生字样，以分赠海内外各有名学术团体"。二是速开谢念灰追悼会。俟与安岳旅京学会，及与谢念灰生前有关系各方面接洽后，即定期开会追悼。（《研究院同学会》，《清华周刊》，第430期，1928年2月24日）

2月17日　清华研究院举行第三学年第三次教务会议，到会者赵元任、陈寅恪、林宰平，梅贻琦主持。

会议讨论梁启超辞职问题。梅贻琦报告：梁启超患病未愈，来函辞职，学校方面知其辞意坚决，无法勉强，已预备复函。陈寅恪谓，手续上似宜提交评议会。会上陈寅恪还报告了《国学论丛》第4号及将来办法。（刘桂生、欧阳军喜：《陈寅恪先生编年事辑补》，第434页）

梁启超《清华著草》一书，百余万言，原拟作为清华研究院丛书向商务印书馆接洽，梁启超拟自己直接向商务印书馆交涉，不过仍用"清华学校研究院丛书"名义出版。（孙敦恒：《清华国学研究院纪事》，葛兆光主编：《清华汉学研究》第一辑，第331页）

△　《清华周刊》登载清华研究院国学门毕业生周传儒致同学谢国桢的一封信，"半年以来，弟以课务忙冗，每周授课至二十六时"。"以天下大势言之，大约今后治学问易，治事业难。治学问必有成，治事业无把握。治学问于己于人有益，治事业则利害参半。且以吾侪之地位，主张良心而论，万事莫如学问好！兄拟以四五年之功夫，专治学问。善哉！善哉！""师座（梁启超——引者）为

人毫无城府，说话作文，对人对世，俱有一种热情，俗所谓菩萨心肠，生平自得处在此！自苦处亦在此！离师座者无不思慕感激，不仅兄一人为然也。师病已久，非药石所能治，欲除痼疾，惟淡泊宁静四字可耳。""欲救天下之溺，必先自己不溺；入井救世，徒自苦耳！学问为终身事业，学问为百代事业；师座若放弃俗累，从另一方面发展，其嘉惠士林，嘉惠后代，又岂在朱王顾戴之下乎？时局纷如乱丝，何不让门弟子缓缓图之？"

提及清华研究院学生在上海各大学的学术活动现状。"此间诸同学皆能善体师教，专心学问，不管政治，服务勤慎，极能得各方信仰，尚不致有玷师门也。"徐中舒"最称红阔，以一身兼复旦、立达、暨南诸校功课，并为暨大南洋文化事业部主任。新近郑韶觉屡征同意作暨大文学系主任，固辞不就，可见其声望之隆"。其次方壮猷，"原任复旦、暨南功课，后不满暨南当局，辞去教职，专在复旦。旋又任南洋大学国文讲师，假中加钟点，改专任，辞不就，亦可谓头头是道、掉臂游行者"。又次龚澹明，"先任暨南注册课主任兼秘书，后辞主任，专作秘书及初中教员。新年后又荣任国民政府财政部注册科科员，来往宁沪间，月必数次；同辈以小政客笑之，必答云，别有用意，盖渠方筹办《中央日报》，不得不赴宁布置一切"。又次程憬，"自辞去厦大教职后，在第一中山大学任教半年，来沪后本拟出版其所预定之史学一种杂志，因多病未即就绪。假前任暨南国文讲师，代方之缺；及文化事业部职员。假中因情场小挫，心病痣疮，先后暴发，刻在家调养，可谓之半幸半不幸者"。此外在他处就职，而在沪小住不去者，有余永梁，"第一中大国文讲师，及研究院出版主任。所办之语言及历史杂志，已出六期"。杨筠如，曾任"前厦大国文教员，预约的第一中大讲师，新近又有代理厦大国文系主任之呼声"。刘纪泽，"厦大国文教员"。杜钢百，成都省立图书馆主任。"此君前传被杨森枪毙，不确。实则渠与杨森交谊颇厚云前两礼拜，聚餐古益轩，融融泄泄，其乐无艺；每谈及《水木外史》，相与粲然！""就上述诸同学看来，吾校研究院，可谓绝对的成功。烦转告师座，种瓜得瓜，种豆得豆，一锄不曾空费；数年之后，将见满门桃李，尽笑春风矣！又烦转告诸同学，望专心学业，毋以时局为虑。学术无派别，无党见，楚材晋用亦可；晋材楚用亦可。只要有专长，天下无人不识君也。"（周传儒：《从上海给研究院同学谢国桢君的一封信》，《清华周刊》，第429期，1928年2月17日）

△　报载法国哲学博士赫尼·博德罗赴京师大学校国学研究馆参观。

博德罗为世界著名化学家博德罗后人，日前偕同使馆人员赴京师大学校国学研究馆参观，对于该馆所藏之唐末山西兴化寺壁画，以及唐代戴令言坟中古俑，最为欣赏。国学研究馆备有茶会招待，馆长叶恭绰及各导师均列席，宾主各有简单演说，情形颇为热闹。（《博德罗参观国学馆》，北京《益世报》，1928年2月17日，第7版）

△　报载沪北公学增设古文专修班，由校长冯明权讲授，欢迎有志国学者报名入学。

"老靶子路福生路底沪北公学，鉴于上海地方英文夜校，触目皆是，古文夜校，尚付阙如，因即于夜校中增设古文专修班。由该校校长冯明权亲自讲授，每星期三次，学费按月三元，有志研究国学者，可随时报名入学"。（《沪北公学添设古文专修夜班》，《申报》，1928

年2月17日，本埠增刊第1版）

2月18日 德国佛朗府大学中国学院聘请京师大学校国学研究馆馆长叶恭绰担任董事，叶有允意，聘书已递到。（《教育界》，天津《大公报》，1928年8月18日，第2版）

2月20日 报载上海粤贤学校"今年添设国学班，专为各界士女时间限制，有志补习者而设，每日授课两小时，有古文文选、史鉴、尺牍等学科，学费从廉，以期普及"。（《粤贤校之国学班》，《申报》，1928年2月20日，本埠增刊第1版）

2月21日 下午，钱玄同在北京女子高等师范学校演讲《国故思想概要》两小时。（杨天石主编：《钱玄同日记》整理本中册，第711页）

2月22日 清华研究院同学会决拟聘请章太炎为教授，学校不准。

上月17日，陈守实与梁启超面谈，在日记载：

> 师又谓，"研究院及清华事，予有信辞职，尚未得复；如不获已，拟辞去薪金。"又云，"研究院教授颇难聘请。章太炎先生，吾曾以私人资格托友人往询，章以老病且耳聋辞，不愿北来。又，张尔田（念劬）则年亦太高。实为无法，若从此停办，则此种学术机关又弱一个，亦殊为可惜"云。（陈守实：《学术日录》，丁守和、方行主编：《中国文化研究集刊》第1辑，第425页）

本月2日载："良翰得研究院戴幼和信：院内决拟聘章太炎为教授。章如来，予下半决计仍入院。又，院中人现欲停刊子馨、盼遂稿，以彼等无聊之稿件太多，《国学论丛》几为彼等数人所包办，

太不平均也。"（陈守实：《学术日录》，丁守和、方行主编：《中国文化研究集刊》第 1 辑，第 427 页）

据戴家祥致蒋天枢函称："一九二八年春，研究院风潮结束，严鹤龄校长，我和宋玉嘉代表研究院同学，要求延聘章太炎先生，严校长表示'有困难'。此事校部始终没有同意。所谓'校方一一致聘'全非事实。"（卞僧慧纂：《陈寅恪先生年谱长编（初稿）》，第 104 页）

2月23日 晚，清华研究院学生代表侯堮、吴宝凌等四人来见吴宓，为梁启超辞教授职事，请吴宓在评议会中主持挽留。（吴宓著，吴学昭整理：《吴宓日记 第 4 册：1928～1929》，第 26 页）

△ 刘柏云致函陈柱，谈到东北大学国学系教学情形。

内称："辽东有武无文，太学诸生，朴所教为文科国学系第一班。其文无白话之习，有制艺之弊。朴施以三年摧陷廓清之力，泰半入法度矣。"（《刘柏云与陈柱尊书》，中国学术讨论社：《中国学术讨论集》第二集，群众图书公司，1928 年 11 月，第 321 页）

2月24日 京师大学校国学研究馆发出通知，请研究生自认导师，并发布已经录取研究生名单，请各导师分组审查。

京师大学校国学研究馆为收实效起见，提出题目，招取研究生，从事研究，请导师酌拟题目交下，以便提出。有需要及适宜时，拟并可由导师介绍有研究学力之学生，由研究馆酌准入馆研究，以宏造就。一切仍依规则办理。并送上本届招取之研究生名单，请导师指定学生并分别认定指导。（《国学馆之研究生与导师》，《晨报》，1928 年 2 月 25 日，第 7 版）

研究生自请认定导师情况如下：储皖峰，研究题目是"莲社考"，自请认定导师是陈垣、陈寅恪、李翊灼、梅光羲、尹炎武。杨晶华，研究题目是"汉赋之研究"，自请认定导师是江瀚、朱希祖、邵瑞彭、柯劭忞、沈尹默、钱玄同、沈兼士、陈垣。金受申，研究题目是"清代诗学概论"，自请认定导师是江瀚、朱希祖、沈尹默、邵瑞彭。班书阁，研究题目是"清儒论易卮言""中国历代盗贼考"，自请认定导师是江瀚、朱希祖、沈尹默、邵瑞彭、邓之诚。李慎言，研究题目是"史学概论"，自请认定导师是陈垣、陈任中、陈寅恪；研究题目是"孟荀之异同"，自请认定导师是江瀚、钱玄同、朱希祖。李家瑞，研究题目是"宋代思想史"，自请认定导师是李翊灼、刘半农。裴占荣，研究题目是"易经"，自请认定导师是李翊灼。熊天健，研究题目是"中国经济思想史"，自请认定导师是朱希祖、邵瑞彭、邓之诚；研究题目是"中国经济史"，自请认定导师是柯劭忞、江瀚。王森然，研究题目是"明堂制度考"，自请认定导师是朱希祖、袁同礼、陈垣、陈寅恪、陈任中、徐鸿宾、邓之诚。

已经录取的研究生情况是：王韶生，题目是"汉魏六朝诗及其诗人"，审查导师是邵瑞彭、朱希祖。马念祖，题目是"诗经"，审查导师是江瀚。曲培谟，题目是"民间名学"，审查导师是邵瑞彭。孙尧姞，题目是"谢灵运与陶渊明"，审查导师是江瀚。杨晶华，题目是"汉赋之研究"，审查导师是邵瑞彭、朱希祖。班书阁，题目是"清儒论易卮言""中国历代盗贼考"，审查导师是邓之诚、邵瑞彭。金受申，题目是"清代诗学概论"，审查导师是邵瑞彭。熊天健，题目是"中国经济思想史""中国经济史"，审查导师是邓之诚、邵瑞彭。傅振伦，题目是"刘知几之史学"，审查导师是邓之诚、朱希祖、陈垣、邵瑞彭、尹炎武。王森然，题目是"明堂制度考"，审查导师是朱希祖、邓之诚、尹炎武、陈垣。戴明扬，题目是"三统术"，审查导师是尹炎武、朱希祖、邵瑞彭、陈垣。李家瑞，题目是"宋代思想史"，审查导师是李翊灼。俞梧生，题目是"中国交通史"，审查导师是邓之诚。阎树善，题目是"书目考"，审查导师是邵瑞彭、朱希祖、陈垣、邓之诚、尹炎武。林之棠，题目是"诗经研究"，审查导师是沈兼士；题目是"方言比较研究"，审查导师是邵瑞彭。许森，题目是"说文方言考"，审查导师是沈兼士、邵瑞彭。蔡尚思，题目是"孔子之人生哲学"，审查导师是梅光羲。裴占荣，题目是"易经"，审查导师是李翊灼。王硕如，题目是"孔子的政治哲学及人生观"，审查导师是李翊灼。林玉福，题目是"中国哲学与西洋哲学之比较研究"，审查导师是梅光羲。
（《国学馆之研究生与导师》，《晨报》，1928 年 2 月 25 日，第 7 版）

本年 3 月 22 日，少年时期嗜好国学，已入京师大学校国学研究馆的蔡尚思致函陈垣，求为弟子。内称：

> 乃今老师，学博中外，道通古今，昌明国学于将绝，灌输欧化以补短；且能热心教育，培养人才，此不特当世难侔，即古人亦罕其四！故生以为，当代之有名导师也！生比既入京大国学研究馆，老师又为本馆导师，生由是喜而不寐，兴曰：吾师在是矣！吾之所愿，其可以达乎！（陈智超编注：《陈垣来往书信集》增订本，第 382 页）

蔡尚思晚年回忆道："我曾上清华研究院、北大研究所诸名师书……此书最足以见其北来的志愿，所以王国维、陈垣、朱希祖、江瀚、梅光羲、李翊灼等一见面就称道我这封信。尤其是陈垣总是记住这封信。……我一到北京，即到清华研究院去拜王国维、梁启超为师。"描述在国学研究馆的学习经历，内称：

> 我本曾抱实学主义，不抱文凭主义，对学者只看学力不看资格，不想专读一个学校，只是由于得悉北大研究所，以学术民主、研究自由著称，是世界上最好的研究机构之一，才投考进去。当时导师中最常和我接谈的，有史学组的陈垣、朱希祖等，文学组的江瀚等，西洋哲学方面的陈大齐等，佛学方面的梅光羲、李翊灼等。陈垣深盼我学到顾炎武的考据文章，而讥欧阳修是文人不配作史。李氏因我研究孔子哲学而告诫我要做一个"今之孔子"，谓"若一切皆本之孔子，此古之孔子，非吾之所以望子也。"我得到启发，就逐渐不要以孔子的是非为是非了。梅氏经常从天津来北京讲学，到我住的会馆来论儒佛问题，多次勉励我精研佛学。我很后悔，没有乘此难得的机会，更多地从他学到佛学。承以上诸师的鼓励，我永记在心中。我在京求学时期，曾写出关于孔、老、墨哲学的几种稿子（后来出版）。（《蔡尚思自传》，晋阳学刊编辑部编：《中国现代社会科学家传略》第一辑，山西人民出版社，1982年，第346—348页）

又谓："因张作霖入京，政局变化，学校（北京大学——引者）由停顿而改名，延迟开学。好得蔡元培首创的研究所规章制度一切不动，仍然不定年限，不必上课，让研究生自由深入研究，展开

争鸣。我觉得非常满意。"（施宣圆编：《蔡尚思文稿》，中央编译出版社，2012年，第1896—1897页）

2月25日　报载日本东亚考古学协会本年4月将在西京帝国大学开会，京师大学校国学研究馆届时将派代表前往参加。（《简单报告》，天津《大公报》，1928年2月25日，第2版）

2月26日　北平第一师范学院国文系学生要求系主任人选必须"对国学有研究"。

北平第一师范学院国文系学生，以北平大学改组伊始，以后对于该系建设方面极关重要，2月26日全体学生开会讨论，议决将来主任人选，必须符合"对国学有研究""有才干""能延揽新旧人才""对于该系有系统的计划""有时代的思想者"五项条件。当场提出多人，讨论结果，提出适合标准者有钱玄同、沈兼士、刘半农、黎锦熙四人。学生赞成钱玄同者最多，将向李书华提出，请其任命。至于国文系教授，亦经讨论，陈请当局将旧教授吴承仕、沈兼士、马裕藻、黎锦熙、高步瀛等，重行任命外，并请添聘周作人、徐祖正、陈垣、袁同礼、张凤翥等为教授，担任西洋文学史、小说学、文学批评、宗教史、目录学等学科。（《第一师范院国文系请任钱玄同为主任　聘周作人等为教授》，《新中华报》，1928年11月28日，第6版）

2月27日　《大公报·文学副刊》评论《中山大学语言历史学研究所周刊》第一集，规模、体例均仿旧日《北京大学国学研究所周刊》。（《广东中山大学语言历史研究所周刊第一集》，《大公报·文学副刊》，第8期，1928年2月27日）

顾颉刚担任编辑，同日致函胡适称："去年来后，孟真要我担任三种功课——上古史、《尚书》、书目指南——又要我任史学系主任，骝先先生又要我任图书馆中文部主任。我一则辞不掉，二则念鲁迅攻击我时他们帮助的好意，只得答应了（若在他处，我一定坚决的拒绝）。又语言历史学研究所虽未成立，而已有房子、书籍、职员、出版物，同已经成立一样，这一方面孟真全不负责，以致我又有实无名地兼了研究所主任。我的整段的工作是编讲义、上课、理书；零碎的工作是编刊物、开会、接洽事务。"（顾颉刚：《顾颉刚全集·顾颉刚书信集》卷一，第449页）

△　《申报》广告称陈东原《中国妇女生活史》为"整理国故"一大杰作。（《陈东原〈中国妇女生活史〉》，《申报》，1928年2月27日，第2张第5版）

2月　北京大学研究所国学门出版概略，外文名为"Institut De Sinologie De L'Universite Nationale De Pekin"。

内容多系上年第四次恳亲会时公布，个别略有差异。如研究生，审查合格32人，上年已报告成绩8人，现增加李嘉善1人，题目是"五胡十九国考""井田之研究上编"。编辑室与上年相比，第一类研究所同人自著书已出版者增加两书，即陈垣《中西回史日历》二十卷，刘半农《敦煌掇琐》第一辑。第二类没有进展。国学门周刊第24期后改为月刊，现已出至1卷2期。考古学会与上年相比，增加与日本东京帝国大学考古学会、京都帝国大学考古学会合组东方考古学协会；已经整理及著述即待付印的书籍，增加《兴化寺壁画考》《甘肃调查古物古迹之各种摄影》《西行日记》（陈万里著，已出版）。明清史料整理会与上年相比，已编成出版者有《要件陈列室目录》《清九朝京省报销册目录》（顺治、康熙朝已出版），其余未变。题本整理基本未变，只是拟编史料拾零增加征大小金川军用地图、尼泊尔贡表、俄罗斯图书，以及叙利亚文、"猓猡文"等件内容。风俗调查会没有进展。仅言整理调查所得资料，一部分预备刊印专书，另一部分付月刊发表。歌谣研究会没有进展。方言调查会只是交代活动历史，没有进展。研究所国学门月讲，交代举办月讲事宜和认定演讲的导师。"以上国学门搜集整理之各种材料，完全系公开的贡献于全校全国以至于全世界的学者，利用作各种之研究，毫无畛域之私见。惟以资力限制，未能使搜集整理所得之成绩，从速出版，为憾事耳。"（《研究所国学门纪事》，《国立北京大学研究所国学门概略》，第 7—23 页）

△　龙潜在《沪江年刊》发表《我之国学研究观》一文，批评近年国学研究成绩鲜少，原因是观念不清、目标模糊、没有方法。

内称近年来"国学运动"是破落户恢复祖宗光荣的功业、败家子回头重理旧物的行为，结果成绩寥寥。

> 除了胡适之等北大派——过去的北大派——有几部著作稍可人意外，其余的不是笑话满纸，便是迂雾腾腾。虽则是研究的年代不多，成绩自然幼稚；但是走入迷途，或任意胡闹，终究是不应该的。

其根源在于，国人对于研究国学的观念未曾改正和一致。具体原因，一是观念不清。

> "国学"是一个笼统名词，是包括中国一切旧有的学术而言，并不是一种独立的专门的学术。别的学术，可以成家，如

文学家，哲学家等；但是国学是各家公有的研究物，此中是没有专家的。例如文学家可以研究中国旧有的文学，哲学家可以研究中国旧有的哲学，但决不是一个学者可以包办的。国学家的头衔，只如无常鬼的白高帽，决不是实在的人戴的。

二是目标模糊。除了吃饭问题、一时好奇外，最可恶是清代遗留迂儒，挂着国学研究之名，高据大学讲席，误人子弟。不是以国学为古学，研究国学即"中学为体"的复古，就是把古代的死尸抬出来游行。

其实研究国学，只是学术专家一种应有的工作，追溯这一类或那一类专门学术在中国的根源与其流变，细察它的趋势，去另辟一条新的出路。……研究国学，只是为学术而研究，为谋建设学术的新路而研究，并没有什么"挽救国运"及其他的功利意思。

三是没有方法。"遗儒"研究国学就是重读古书，重理读经生涯。"半大脚式的通洋务的学者"以中学为体附会西洋学说，是"谓古代皂隶帽即今日大礼帽"的研究法。"外国镀金回来的学者"好以西洋的"记限仪、显微镜"来测看中国学术，结果不是一无可取，就是削足适履，是"请孔夫子吃外国饭"的研究法。

所谓国学研究，并不是什么了不得的工作，只是以西洋研究学术的方法——科学的方法，——去整理中国固有的杂乱的学术，使它变成几个有系统的学术或学术史，显出它的进化的过程，以谋新的发展。事实上，"中国学术最发达的，可在世界学术中占些位置的，只有文学与哲学；次发达的，便是史学，数学，文字学（小学）。其余的都只有片断的思想，并没有系统的研究，算不得一种学术"。有心研究国学的人，只需择定自己最喜欢研究的，也是最有准备的一种学术，或是文学，或是哲学，或其他，按着最新的科学的治学方法，去整理中国国故之一部分。"在没有研究成熟以前，请勿冒昧发表你的假成绩，以扰乱他研究者的耳目。至于野狐禅的研究者，亦请你换去假形，藏身山洞，不要再来混乱，以保留国学的一线生机。"（龙潜：《我之国学研究观》，《沪江年刊》，第 13 卷，1928 年 2 月）

3 月 1 日 京师大学校国学研究馆馆长叶恭绰争取美国庚子赔款 3 万元资助的请求获得中华教育基金董事会认可。

是日报载："中华教育基金董事会，所主持之美庚款，本为补助国内文化之用。京大国学馆长叶恭绰有鉴于此，特函请教部请照例酌量拨给。闻该会极表赞同，但须下届开会决定云。"（《国学馆请拨美款》，天津《益世报》，1928 年 3 月 1 日，第 16 版）

叶恭绰在陈情书中指出，北京大学国学研究馆自去秋改组以来，仍继续北京大学研究所国学门之事业，尤为注重考古学及明清两代史料整理，故除指导研究生作高深研究外，实兼有欧美古物馆及档案局的双重性质。考古学方面，北京大学研究所国学门前曾有考古学室，从事古器物搜集，以极少经费，陆续采购，在最短时期内，略具规模。其中，关于文字者，有殷墟甲骨刻辞、商周彝器铭文、汉宋之镜铭、历代钱币、汉石经后记、汉黄肠石题字、汉代封泥、六朝唐宋墓志、北魏李相海等造像记、汉魏故宫残瓦、古希伯来文字石刻等；关于形制、图像足供参考者，有石器时代之石器、三代之铜器、兵器及车马饰，汉之画砖，历代陶器、明器、俑像等，共4000余件，使吾人对于古代文化，获充分了解。又所藏缪荃孙艺风堂金石拓片多至12000余种，蔚为巨观。此外，如各收藏家藏器，全形拓片，以及匋斋藏石，六朝唐人造像千余种，云冈造像数十种，均足以考订古代历史与美术甚夥。这些古器物，以及金石拓片，亟待整理研究，编纂成书，以广流传，并宜积极补充，以期完备。我国4000余年之文物，足供考古学研究之材料，至为丰富，而年来奸商盗窃，任意发掘，致妨害于科学的研究甚巨。国学馆拟分别缓急，次第进行，而尤注意于统系之探检，设计的发掘，务使人民了解古迹古物之科学价值，以及其对于考古学发展上之贡献。明清档案方面，所藏清代内阁大库档案，包括朱谕、题本、报销册、实录、起居注等，总数10万余件，为明清两代史料之最完备者。数年以来，从事整理已有相当成绩，分部朝代现已竣事，摘录事由，编成目录，亦在进行中，并拟招致政治、经济、法律、历史各专门学者为分类研究，倘能次第实行，则对于中国近代史上必有无限之发明。

上述两项事业，数年来已有极确实之成绩，为实行预定计划及发展起见，请求补助费3万元，用途主要是四个方面。一是调查及发掘，包括摄影、印拓及制造模型等。二是整理及研究，包括古器物之考证及说明，刊印研究录，以及报告保存及修理各项古迹，尤以山西所发现之壁画为最。三是艺风堂金石拓片之整理及补充，包括校正文字，编号编目，并购置旧拓孤本。四是档案之整理，包括考证、编年、摘由及刊印目录等事。其他事业，如延请导师指导研究生作高深研究，中国风俗调查，歌谣研究，方言考证，以及古代佚书辑录及索引等事，均在着手进行之中。惟上述两项事业，关系于全国及东方文化，尤为重要，倘能得贵会补助，则可精进不懈，次第实行，不独国学之幸，亦东方文化之幸。（叶恭绰：《北京大学国学研究馆致中华教育文化基金董事会陈请书》，《遐庵汇稿》上编公牍，第182—184页）

补助费3万元具体预算如下。一是调查及发掘（暂分二队，一年内从事6个月）。甲、应用器具，含篷帐工具、摄影器、测量、拓印等，2000元。乙、旅行费用，含旅费及工役工资，2000元。丙、购置古器物，5000元。丁、包裹及运输，1000元。共10000元。二是整理及研究。甲、考证各项古物并刊印报告书及研究录等，8000元。乙、整理及保全各项古迹并制模型等，4000元。共12000元。三是金石拓片之整理。甲、编号及编目校正文字，1000元。乙、购置其他旧拓孤本，2000元。共3000元。四是档案之整理。甲、编号编年摘由及分类，2000元。乙、印刷目录及索引，3000元。共5000元。总共30000元，对于预定各事当然不能谓为敷用，然仍当极力将此款用于最经济之一途。政府所发之经费，有薪俸及维持费10000元，国学研究馆其他用项10000元，总共20000元。（遐庵年谱、汇稿编印会：《叶遐庵先生年谱》，1946年10月，第301—302页）

3月3日　江苏大学（中央大学）派人调查无锡国学专门学院。

"本邑国学专门学院，创办以来声誉素著，今年扩充学额，益臻发达"。3月2日，南京"江苏大学"特别委派文学院教授王晓湘（易三）、王伯沆（沆）、汪旭初（东宝）三人，来锡调查该院，并由该院敦请是日下午演讲。"又前任教授陈柱尊氏，亦于是日由沪

莅院，演讲公羊哲学云。"（《国学院之名人演讲》，《锡报》，1928年3月5日，第3版）

"无锡国学专门学院，自于去秋大加整顿，声誉日隆。近悉该院敦请名人演讲，灌输新知，杨榷国故。"3月3日下午，请"第四中大文学院教授"讲演。王伯沆讲题为"诗学研究"。汪东宝讲题为"研究国学，首当研究孔子"。王晓湘讲题为"国学之将来"。"而该院前教授陈柱，亦到院讲公羊家哲学。闻暨南大学教务长王离明，国文系主任陈钟凡，亦应该院之请，将于日内次第莅院讲演云。"（《无锡之国学演讲》，《民国日报》，1928年3月7日，第2张第4版）

3月4日上午8时，又敦请苏州佛学家余允谐演讲佛学。"余氏对于佛学，富有研究，其演词发挥本旨，极为透辟。其时济济一堂，颇极一时之盛云。"（《国学院名人演讲续志》，《锡报》，1928年3月6日，第3版）

3月5日 京师大学校国学研究馆假法科第二院举行本届研究生第一次会集。

下午3时开始集会，到会者除馆长叶恭绰外，还有导师江瀚、陈垣、陈任中、梅光羲、周作人、沈兼士、朱希祖等20余人，事务员及助教十余人。研究生有王森然、储皖峰、李慎言、林之棠、杨晶华等20余人。开会时，首行师生相见礼，继由叶恭绰讲演"国学之重要及研究法"，次请导师江瀚讲演，以时较晚，旋即摄影散会，颇极一时之盛。（《国学馆昨开会》，《晨报》，1928年3月6日，第7版）

△ 范丽海在《知难周刊》发表《治国学的门径》一文，批评时人所谓门径的"径"小，主张国学研究从大门着手，遵循朱熹"循序渐进"和"熟读深思"的次序读书法。

面对一位青年朋友读了《二千五百年国学》一文，觉得国学浩如烟海，请教如何得到治国学门径的问题，范皕诲再次强调："治国学不难，难在你没有这志向，若是果然喜欢研究，决不会'不得其门而入'的。""国学只有门，没有径。"如朱熹所谓"径，路之小而捷者"。青年研究国学总想寻求小径，态度急功近利，结果没有成效。国学研究必须讲究入门方法，遵循朱熹"循序渐进"和"熟读深思"的次序读书法老路，方可升堂入室。现在青少年被坊刻国文读本"划净"了根底，其"失学"的补救方法，"只消屈抑了自己的高傲心，放除了一时的侥幸心，退缩转去，还从第一步着脚，把功课分为三类，每类又分数组"。根据"经史子集是图书馆的分类，不是学问的分类"之思路，三类十组各自书目及读法如下。

第一类是哲学与伦理。甲组，周秦伦理哲学。除《论语》外，选读《周易》《大戴礼记》《小戴礼记》《孟子》《荀子》。乙组，周秦诸子哲学。选读《老子》《庄子》《淮南子》《列子》《管子》《墨子》《韩非子》。丙组，秦汉哲学。选读《吕氏春秋》《韩诗外传》《贾子新书》《春秋繁露》《说苑新序》《论衡》。丁组，宋元哲学。选读《大学章句》《大学或问》《中庸章句》《中庸或问》《近思录》，熟看《理学宗传》。

第二类是历史与政事。戊组，古史及中国政治学的根本。选读《尚书》《周礼》《左传》《国语》《国策》《史记》《汉书》。己组，历史事实与政治上过去的经验。熟看《通鉴辑览》。庚组，历代名人与其模范。选看《历代名臣言行录》《清朝先正事略》。辛组，历代政制与沿革。选看《文献通考》。

276/ 近代中国国学编年史 第六卷（1927—1928）

第三类是文字与词章。壬组，文学的示范与词章的欣赏。选读《诗经》《楚辞》《文选》《古文辞类纂》《唐诗别裁》《词选》。癸组，文字根源。检阅《说文解字》《音学五书》《经传释词》《古书疑义举例》。（范睎诲：《治国学的门径》，《知难周刊》，第49期特刊，1928年3月5日，第30—37页；《青年进步》，第111期转载，1928年3月）

3月8日 江苏大学校长张乃燕致函无锡国学专门学院，请遵照中华民国大学院公布施行之《私立大学及专门学校立案条例》办理立案手续，附立案表式一份。（《报批校董会呈文及批文——江苏大学公函（院字第一四九号）》，陈国安、钱可里、王国平编：《无锡国专史料选辑》，第3页）

△ 下午6时至7时，吴宓访陈寅恪，商谈决将张荫麟所撰评清华研究院《国学丛刊》长文，屏弃不登《文学副刊》，以免研究院学生以此记恨，而惹起校内攻击，导致受重大牺牲。（吴宓著，吴学昭整理：《吴宓日记 第4册：1928～1929》，第31页）

3月12日 清华研究院王静安先生纪念事宜委员会改选，刘盼遂、宋玉嘉、戴家祥、侯堮辞职，姚名达、戴家祥、蓝文徵当选新委员。

是日开第二次常会，到会会员16人，已足法定人数。由主席罗振泽报告，委员刘盼遂、宋玉嘉、戴家祥、侯堮四君辞职，提向大会讨论，结果付表决，多数通过。改选姚名达、戴家祥、蓝文徵三君为新委员，负任办理一切事务。研究院同学会文书门启明，会计宋玉嘉辞职，经多数通过，改选侯堮为文书，颜虚心充会计。继为余兴，因同学中有新自故乡来者，相聚一堂，兴趣极好，遂请刘盼遂吹箫，宛有"赤箫吹罢好相携"的神气，因其为李义山派。又请刘节吹笛，吴宝凌读诗，姚名达与戴家祥舞蹈，全体哄堂。最有趣者为戴家祥漩碗打螺陀，罗根泽唱昆曲，刘百鹤引狗笑话，皆使人兴致勃勃，欢呼"再来一个"不置。散会时，已达夜 10 时半。(《第二次常会补志》,《清华周刊》, 第 434 期, 1928 年 3 月 23 日)

△ 天津国文观摩社发出通知，谓 3 月 18 日起为学员值课期，社址仍在西马路宣讲所内，务望各学员，届时到所值课，幸勿自惧，以资观摩。(《国文观摩社通知学员值课》, 天津《益世报》, 1928 年 3 月 13 日, 第 16 版)

3 月 16 日 报载京师大学校国学研究馆将于 3 月 20 日举行月讲，请有名考古学家叶瀚讲"刘玄塑像之考察"。(《国学馆定期讲演》, 天津《益世报》, 1928 年 3 月 16 日, 第 16 版)

△ 江苏大学国学图书馆自设印行部，陆续分类印行所藏孤本秘籍。

据江苏大学校内刊物称："本校龙蟠里国学图书馆，藏书之富，内外艳称。从前商务印书馆印行《四部丛刊》，曾就之借印多种。现馆中自设印行部，将馆中所藏孤本秘籍，陆续分类印行，以饷学者。"所印之书计分四类：国学图书馆影印善本、盘山精舍秘籍、金陵掌故丛编、江苏史料。以上二三四类皆付诸铅印或石印，不久即可陆续出书。"又馆中取藏明清人之书画及手札，亦拟分别选择最精之品，及有关掌故者，以珂罗版印行。学界中人闻之，咸思先睹为快云"。(《本校国学图书馆近息》,《江苏大学教育行政周刊》, 第 34 期, 1928 年 3 月 16 日)

有些新闻报道则谓拟印者，一是国学图书馆影印善本。其中多系精刊精抄，或名人手写稿本，为海内绝无仅有。二是盘山精舍秘籍，皆系清代禁书及海内绝本。三是金陵掌故丛编，皆记载南京地方沿革以及政俗之书。四是江苏史料，就馆中所藏清代官书档案据其有关史事者。（《江苏大学国学图书馆近讯》，《新闻报》，1928年4月6日，第4张第4版）《图书馆学季刊》所载内容一致，称江苏大学国学图书馆为中央大学区国学图书馆。（《中央大学区国学图书馆印行孤本》，《图书馆学季刊》，1928年第2卷第3期）

　△　戴家祥、姚名达为王国维纪念碑事前往天津谒见梁启超。

　3月16日晚，戴家祥、姚名达到天津，为在清华建筑王国维纪念碑募捐。梁启超已认捐500元。预订研究院教授各捐其月薪之半，同学中已任事在外者每人20元。建碑估计大约需费2000元，以奖金500元亦拨充此费。刻期在王国维自沉日告成。"教授中唯赵元任不肯出，此人无学问而滥竽院中，且时时有不满意同学处，亦一怪人也。吾常在清代多学人，近乃萧索，余此无聊虎贲，倘亦运会之转变乎？为之一叹。"（陈守实：《学术日录》，丁守和、方行主编：《中国文化研究集刊》第1辑，第427—428页）

　赵元任不肯为王国维纪念碑捐钱，令学生动气，折射出研究院师生感情未必都像后来所说浓厚。据姜亮夫回忆，王国维晚上殡葬后，研究院师生向其最后告别。"告别会上有两件事我一辈子不能忘：一件是我们二十几位同学行三鞠躬礼，但陈寅恪先生来后他行三跪九叩大礼。我们当时深感情义深浅在一举一动中可见；第二件事是我们同学中有少部分人装假，有两人在灵堂大哭，但干哭无泪，像猫狸叫。"（姜亮夫：《忆清华国学研究院》，张杰、杨燕丽选编：《追忆陈寅恪》，第76—77页）

　3月18日　陈钟凡在上海图书馆协会演讲"故国目录学"。

下午 2 时半，该会举行学术讲演会，到者 40 余人。特请暨南大学国文系主任陈钟凡，讲演"故国目录学"，有华文速记学校学生六七人实验速记。陈钟凡谓，吾国急需三种目录学要书：《中国目录学史》（依时代编纂）、《中国图书总志》（分类编纂）、《中国书目大字典》（依索引式）。"上自周礼以及现代，引证详博，发前人之所未登者约有数点，已由速记家详记撰为鸿篇将在协会年刊登出，以饷有志者。下次拟请当代命世哲学家与国学家胡适之博士讲演。"（《上海图书馆协会昨开会员大会》，《申报》，1928 年 3 月 19 日，第 2 张第 7 版）

△　陈守实在天津梁启超宅听戴家祥谈研究院对清华风潮的意见。

是日午后，陈守实偕戴家祥至梁启超处。"幼和谈清华学潮经过，并院内教授意见，殊亦憨爽有癖气，……少选，达人至，此人乖张，失欢于梁师，……"3 月 24 日，戴家祥致垭信："此次募款建王师纪念坊，赵元任一钱不名，陈寅恪师因此对前途殊少佳趣。陈、赵间不无差池，研究院或将于暑假后告结束也。"（陈守实：《学术日录》，丁守和、方行主编：《中国文化研究集刊》第 1 辑，第 428 页）

3 月 21 日　报载北京学界邀请日本学者盐谷温于 3 月 23 日在国学研究馆讲演。

据称日本各大学及高等学校教授盐谷温等 11 人，来华视察，业已到京。北京学界以彼等系有名教授，拟乘便请其讲演。经接洽妥定，准本 3 月 23 日（星期五）下午 5 时，请盐谷温在国学研究馆讲演"由文学上所见中日关系"。当晚 7 时，馆长叶恭绰宴请盐谷温等。此次讲演系公开性质，欢迎各界入听，可先向国学研究馆登录处索取入座券。（《盐谷温定期讲演》，北京《益世报》，1928 年 3 月 21 日，

第2张第7版）

3月23日　吴宓因拒绝清华研究院学生为王国维纪念碑捐款，为学生怨恨。

是日，"下午3—4方寝，戴家祥、姚名达持捐册，欲强宓捐助研究院学生为王静安先生立纪念碑经费。且谓宓昔为研究院职员，义当捐助云云。宓极不赞成此举，又愤若辈无礼，但含忍之。晚7—8访陈寅恪，托其婉告彼等，言宓家庭担负重，又常捐巨款于《学衡》，故不克捐助云云。"两天后（3月25日），吴宓从陈寅恪处获悉因"不捐王静安纪念碑款，颇招研究院学生之怨恨云"。（吴宓著，吴学昭整理：《吴宓日记 第4册：1928～1929》，第38—40页）

3月28日　报载上海复旦大学中国文学图书馆内多刘大白所藏国学书籍。

"复旦大学中国文学科学生颇众，组有该科科会，尚俱良绩。本学期新选委员为鲁伦、马彦祥诸君及刘思玄、陈英诸女士，业将该科各种讲义事项议定，并开幕中国文学图书馆，内多刘大白所藏之国学书籍云。"（《复旦文学科会近闻》，《申报》，1928年3月28日，本埠增刊第1版）

3月30日　清华研究院学生在《清华周刊》第435期发表《王国维先生年谱》。

3月31日　清华研究院同学会为王国维纪念碑征集图样。

研究院同学会为王国维筹筑纪念碑，已募得千元捐款，加以去年所留奖金，渐可着手建筑。为征求图样，其启事云：

敝会顷正筹备为本院已故教授王静安先生建筑纪念碑，但尚未有具体图案。吾校不乏艺术高超之士，敢乞各出心裁，绘成纪念碑图样，寄交散会委员姚名达，俾得据样建碑，垂诸不朽。他日当敬刊作者鸿名于碑阴，并登报端，以志鸣谢。属在同校，谅博同情。(《研究院同学会筹筑纪念碑近闻》,《清华周刊》,第436期，1928年4月6日)

3月　李时著《国学丛谈》全一册，葛庆惠题写封面，由北京群中书社出版，北京书局印刷，1929年11月出版增订版。

定价银圆七角整。李时序中引《易》"君子以多识前言往行，以蓄其德"说，谓：

> 夫先哲之言行，多著于群经，斯固当讽诵矣。次而为列朝之史，次而为诸子之书，次而为百氏之集。其体制虽不相侔，其言行足资矜式正如水银泻地，粒粒俱圆；明月映水，处处皆见。学问也，道德也，须臾而不相离者也。余以为立身之道，多识为先；修学之程，四部并举。衷集所录，都六万言，名之曰：《国学丛谈》云。(李时：《国学丛谈》，北京群中书社，1929年11月，第1页)

分为四编：甲编《读书捷径》四篇。李时服务各校逾十载，丁卯(1927年)仲秋，同志诸君屡问研究国学之法，提出读书求学之要，在于博而不杂、约而不陋、正其体例、取其有用四点。

乙编《学术丛弊》四篇，批评存在务广而荒、经说纷歧、反切艰涩、丽词矜张的显著学蔽。"方今中外学说，纷纭杂陈，必先有所弃，然后有所取，抉择之法，刻不容缓。"

丙编《群书谈要》，指出近岁胡适、梁启超、陈钟凡、吴虞诱导青年，皆撰《国学书目》，入主出奴，各具成见。梁启超讥讽胡适的《最低限度之国学书目》"偏宕"，李笠评梁启超的《国学入门书及其读法》"不允"。今博采众见，汇为一编，减其名目，广其内容。"卫正叔有言：他人著书，惟恐不出于己；某此书，惟恐不出于人。鄙意正复如是。"列谈要之书三十二种，依次是《周易》《尚书》《毛诗》《礼记》《大学》《中庸》《左传》《论语》《孝经》《孟子》《国语》《国策》《史记》《前汉书》《后汉书》《三国志》《老子》《庄子》《荀子》《韩非子》《墨子》《曹子建集》《陶渊明集》《李太白集》《杜工部集》《韩昌黎全集》《柳河东全集》《欧阳文忠全集》《苏东坡集》《昭明文选》《玉台新咏》《正续古文辞类纂》《十八家诗钞》《四库全书考证及其印刷》，并一一介绍。

丁编《国学答问》，指出近年各地大学招考新生，试题颇为人所重视，而好事者遂汇录付印，似乎过于时髦，但为青年求学计，也是诱导方法之一。初版列举答问一百条，再版新增五十条。兹列问略答如下：1.试言六经、五经、九经、十三经之说；2.汉武帝立五经博士，分十四家，试举其名；3.《易》为四圣所作，孔子赞《易》有十翼之说；4.何谓"三易"；5.《尚书》自汉初已有今古文两家之说，晋唐间又盛行伪孔传，试说明之；6.《诗》有四始、六义欤；7.风雅有正有变说；8.诗序之作出于何人说者不一，究以谁作为是；9.《周礼》"六官"何名；10.《仪礼》篇目有几；11.《仪礼》今古文之说；12.《礼记》有大小戴之别；13.汉代何人注《礼》；14.《春秋左氏传》；15.《公羊》多新义；16.公、榖二家学说；17.治榖梁学者较少；18.何谓三种《论语》；19.《孝经》何人所作；20.何谓《尔雅》；21.《孟子》概说；22.十三经注疏；23.何谓"六书能释其义"欤；24.六书次第不同，何者为优；25.何谓"秦八体""新六书"；26.请小学为文学之本；27.问治小学之方法；28.史体大别有几种；29.何谓正史；30.何谓编年；31.何谓纪事本末；32.试言正史之名称；33.试述《史记》概略；34.《汉书》之概略；35.《后汉书》之概略；36.《三国志》之概略；37.《晋书》之概略；38.《宋书》之概略；39.《南齐书》之概略；40.《梁书》《陈书》之概略；41.《魏书》之概略；42.《北齐书》之概略；43.《周书》之概略；44.《隋书》之概略；45.《南北史》之概略；46.新、旧唐书之概略；47.新、旧五代史之概略；48.《宋史》之概略；49.辽金史之概略；50.《元史》之概略；51.《新元史》之概略；52.《明史》之概略；53.《清史》之概略；54.民国史之概略；55.编年史之著者；56.《通鉴纲目》之异例；57.何谓"九通"；58.问古今注史之人；59.何谓五纪事本末；60.古人读史最熟者何人；61.正史浩博，从何入手；62.六经皆史信否；63.何谓子书，读之何益；64.诸子之派别；65.何谓六家要旨；66.何谓七略；67.何谓诸子十家；68.何谓儒家；69.何谓道家；70.何谓阴阳家；71.何谓法家；72.何谓名家；73.何谓墨家；74.何谓纵横家；75.何谓杂家；76.何谓农家；77.何谓小说家；78.诸子总论；79.著《古今伪书考》者何人，指子部伪者何书；80.荀子何以为宋儒所排；81.何谓八儒；82.清光绪以后精于诸子者何人；83.《诸子平议》著者何人；84.扬雄著作上拟何书；85.陆王并称、程朱并称何故；86.明末五儒为谁；87.何谓别集，何谓总集；88.试言别集之益；89.试言总集之益；90.《楚辞》属于总集否；91.总集最者何书；92.两汉最著之文学家；93.建安七子何人；94.竹林七贤为谁；95.文体原出于经；96.唐初十八学士为谁；97.问初唐四杰；98.何谓大手笔；99.评八家文；100.唐宋有八大家十大家之说；101.古来文家必有生平得力之处，试举其著者；102.八家文之专长；103.八家之优劣；104.倡古文不始于昌黎；105.论佛骨表不始于昌黎；106.以文体为诗为四六；107.何谓台阁体；108."不读唐以后书"，此何人之语；109.明代前七子；110.明之后七子；111.清初古文家为谁；112.何谓桐城派；113.何谓阳湖派；114.何谓不立宗派古文家；115.清代汉学家之著者；116.清代宋学家之著者；117.清代骈文家之著者；118.何谓湘乡派；119.清人所选总集何者为善；120.何谓古文四象；121.清代说部之著者；122.《古文辞类纂》之选辑法；123.《古文辞类纂》之分类法；124.《经史百家杂钞》之内容；125.王黎二书之取法；126.王黎之后尚有用《古文辞类纂》之名者乎；127.何谓歌谣；128.歌谣之用法；129.诗体之流变；130.诗体备于何书；131.何谓诗之五法；132.何谓诗之九品；133.试言用工之三法；134.试言诗之大概；135.试言诗之极致；136.何谓诗之八病；137.何谓平头；138.何谓上尾；139.何谓蜂腰；140.何谓鹤膝；141.何谓大韵；142.何谓小韵；143.何谓正纽；144.何谓旁纽；145.何谓四唐诗；146.何谓江西诗派；147.何谓公安体，何谓竟陵体；148.试言清初之诗家；149.清人所选诗何书为善；150.清末文体之变若何；151.略述文言白话之争。

3—4月 《厦大周刊》分三次发表黄觉民《国故学管窥——经学》一文。(《厦大周刊》，第182、184—185期，1928年3—4月)

4月2日　陈守实在天津梁启超宅见梁廷灿，得知清华研究院不再招生，将即告终。

陈守实日记载："侯、刘诸妄人，奔走罗文干外长、严鹤林[龄]校长之门，有所请求，人物猥琐，言语粗犷，非特不能续命，且将断送之矣。见其与刚主函，毫无意理。梁师对此，亦颇疏淡。"（陈守实：《学术日录》，丁守和、方行主编：《中国文化研究集刊》第1辑，第429页）

4月3日　白寿彝撰成《"整理国故""介绍欧化"的必要和应取的态度》，主张从文化的整体而论，整理国故和介绍欧化均为同时必需，但可以分别进行，并行不悖。4月25日刊于《民国日报·觉悟》。

白寿彝笔名授衣，主张从文化的整体角度做充分准备，而系统整理国故和介绍欧化，为创造新文化提供扎实的基础，缺一不可。从纵向上说，任何文化都具有绵延性。想要晓得文化的由来和历史的意义，只有往前看。纵使现在进行革命，也须从社会上、学术上去了解旧习惯的历史性，厘清思想行动和传统势力的关系，这就意味着："我们不能不问我们的旧文化，不能不整理国故。"从横向上说，文化是赖比较而更明白的。中国文化需要中西比较，才能认清。

海禁未开的时候，国人没有一面镜子来照照自己的文化；海禁渐开的时候，有镜子可照，而不肯用：傲慢自大，视腐败恶劣之习为当然，以致国势一天比一天地浚削。近数十年来，革命的思潮，显然受欧西的影响，是不可否认的。各种改革，也大半和欧西比较后引起的反省。现在我们社会和学术，缺点正多，自己看不出，可以拿欧西的镜子来仔细地照一照。

由纵横了解中国文化后，才"可以比较聪明地计划着创造新文化的大道，不致于重演传统的覆辙，也不致于抄袭式地掠取欧西的成文"。

"整理国故"和"介绍欧化"同时系统进行，程序上却允许分工和分段，写成专史和通史。整理国故的学者不能"枝枝节节"，"应当作一种有系统的工作"，把过去文化之起源，蜕变的事实，以及所以成现在情状的原因，组成各种文化专史，如政治史、经济史、风俗史、哲学史、文学史、教育史等类，以及中国文化通史。"这种工作不是马上可办的事，着手时总先免不了部份的研究和片断的考证：这些也自有它们在工作程序上应有之价值，不能抹煞。"至于介绍欧化，最好也要观其大概形势的系统。"零零碎碎的介绍，东翻一部书，西翻一篇文章，是没有重大意义的。这应当由各项研究欧洲西学艺术之专门学者，各就所专门的学术内作系统的介绍——不特要翻译文字，还要引渡实际技术，不特要介绍研究的结果，尤要介绍研究的态度和方法"。（授衣：《"整理国故""介绍欧化"的必要和应取的态度》，《民国日报·觉悟》，1928年4月25日，第3—4版）

4月4日　清华学校评议会第61次会议议决，研究院下半年仍行维持，但要缩减经费，从原来的5万元减为2.5万元。（孙敦恒：《清华国学研究院纪事》，葛兆光主编：《清华汉学研究》第一辑，第331页；苏云峰：《清华国学研究院述略》，葛兆光主编：《清华汉学研究》第二辑，清华大学出版社，1997年，第299页）

△ 晚8时至9时，侯堮、刘节来见吴宓，谈研究院维持办法。又欲推吴宓出任研究院主任，吴宓推却。（吴宓著，吴学昭整理：《吴宓日记 第4册：1928～1929》，第43页）

4月5日 报载上海俭德储蓄会学术演讲社由胡朴安等主讲，范围以国学为主。

"俭德储蓄会为提倡研究学术起见，特组织学术演讲社，敦请胡朴安先生主讲，及学术界巨子轮流担任演讲，演讲范围暂以国学为主，并涉及其他如政治、经济、教育、科学等。演讲日期定于每星期三晚7时半至9时半，倘有临时演讲时，则在各报消息栏内宣布之。会员及非会员有志听讲者，概不收费。现该社印有详章及志愿书等，欲报名加入者，向宣传科接洽。至第一次演讲日期，不日即可公布云。"（《俭德会学术演讲社即将成立》，《申报》，1928年4月5日，本埠增刊第2版）该社规约第二条正式规定："演讲范围暂以国学为主，并及其他学术，如政治、经济、教育、科学等。"（《俭德储蓄会学术演讲社规约》，《申报》，1928年4月9日，本埠增刊第1版）

4月13日，俭德储蓄会预告4月18日（星期三）晚7时半举行第一次演讲，由胡朴安演讲国学概论，地点暂在该会三楼图书馆，各听讲员已发通告，并附寄听讲证，以便届时持证入座。（《俭德会学术演讲社开讲》，《申报》，1928年4月13日，本埠增刊第1版）

4月18日，胡朴安在俭德储蓄会演讲"国学概论"，连续四次。此为俭德储蓄会学术演讲社第一次演讲会，整体内容大要分为总论、研究国学之目的、研究国学之分类、研究国学之方法。据说报名听讲者达80余人，演讲地点本定在该会图书馆内，后因人数过多，不能容纳，另改在儿童部室内。（《俭德会学术演讲社第一次演讲》，

《申报》，1928年4月19日，本埠增刊第3版）

4月25日（星期三）晚7时半，第二次演讲。凡属该社社员，届时均可持证加入，并不另发通告。第三次演讲在5月2日（星期三）晚7时半。（《俭德会学术演讲社第二次开讲》，《申报》，1928年4月24日，本埠增刊第2版；《俭德会学术演讲社第三次演讲》，《申报》，1928年5月2日，本埠增刊第2版）第二次演讲"研究国学之目的"，社员到者约100人。内容纲要为"了解本国思想之渊源及其变迁之迹""考求制度之沿革与习惯变迁之关系""辨别本国习惯之良否，谋改革之方法""发展民族之特性，容纳外国之学说"。"滔滔伟论，甚为详切。至散会时已九时半云"。（《胡朴安前晚演讲国学概论》，《民国日报》，1928年4月27日，第2张第1版）

胡朴安的四次演讲，听讲者皆"极为满意"。第五讲5月16日举行，请定史学专家何炳松演讲"历史上之演化问题及其研究方法"。"何君早岁留学美国，专攻史学，返国后曾担任北京大学史学教授，上海国民大学史学主任及教务长，现任商务印书馆历史部主任，著作有《新史学》《历史教学法》《历史研究法》等名著，早已脍炙人口。该会为普及听众起见，概不收费，且并不以会员为限，现尚有余额，有志研究学术者，望速向该会报名云"。（《俭德会学术演讲》，《申报》，1928年5月13日，本埠增刊第2版）

4月6—7日、9日　报载某大书局招考高等核对员数人，投考者必须符合大学校或专门学校毕业而国文优长，或"于国学富有研究"而具普通智识，两个条件其中之一。（《招考高等核对员》，《申报》，1928年4月9日，本埠增刊第3版）

4月9日　江苏大学校长张乃燕致函无锡国学专门学院，请后者遵照中华民国大学院订定的《私立学校校董会条例》，于立案暨每年报告时，详细填缴现颁《私立学校校董会用表》。(《报批校董会呈文及批文——江苏大学公函（院字第二七八号）》，陈国安、钱可里、王国平编：《无锡国专史料选辑》，第4页)

4月10日 报载京师大学校教授马衡将参加于日本东京举行的东亚考古学会第二次会议。

"日本各专门学术家所组织之东亚考古学会，已在东京开会一次。现届第二次常会之期，我国方面，因前北大教授马衡已经启程前往参加该项会议，故京中各学术机关，不另派员出席云。"(《日本考古学会马衡前往参加》，天津《益世报》，1928年4月10日，第16版)

4月11日 何思敬受石田干之助启发，向日本学界介绍以北京大学研究所国学门为主的"新国学"。

何思敬在日本留学时，本来不知故国学术界的情形，幸亏一个日本友人石田干之助（东洋文库主任；东洋文库本北京总统顾问莫利逊Library被日本岩崎家购去，更加扩充，改名为东洋文库，专藏东方学术文献）告知，中国有"新国学"发生。听后一方面觉得惭愧，一方面起了好奇心，遂到东洋文库借了七八本《北京大学研究所国学门周刊》到寓中翻读一遍，从中发见顾颉刚的《一九二六年始刊词》及另外数篇文，后来又见到其孟姜女研究前篇，觉得中国学术界起了"革命"，使向来不问国学的门外汉忽然感到从未预期、不可名状的惊异。"于是，从几本北大周刊的知识写了一介绍，载于一个人类学、考古学、民族学、民俗学的杂志《民族》上，告诉日本的民俗学、民族学界，说我们中国也有和他们同样的新学术运动发生。从此以后，颉刚先生的姓名也就永刻在我的记忆中了。"

(何思敬：《读妙峰山进香专号》，《民俗周刊》，第4期，1928年4月11日)

4月12日 常乃惪在《民国日报·觉悟》刊文回应王去病关于中国文化创造问题的讨论，主张"整理国故"和"介绍欧化"只是基础和手段，最终目的是创造新文化，而民族创造力是关键因素。

常乃惪反对青年专门从事政治运动、放弃思想革命，强调两者同等重要，必须同时进行，而中国文化问题的讨论，正是思想运动的内容之一。并从生物史观的角度阐释文化创造问题，指出国粹或欧化都只是创造新文化的基础。"'国粹'与'欧化'之争，'东方文化'与'西方文化'之争，自五四以来大家吵得一塌糊涂。我国人根本觉得像这种吵法是不会有结果的。""国粹不是不可以保守或者攻击，欧化不是不可以介绍或者反对"，但争论者犯了一个错误，即忘记了"民族的创造力"的根本目的。"世界上无论何种民族，都有他的相当的潜在能力，或者叫作民族的气质或天才，民族的天才高者，则对于文化之成就必高，天才低者，成就也就不免差些。"如德意志民族的文化成就高，英吉利人偏于实际，法兰西人偏于理想，俄罗斯人偏于坚忍，说明"民族的天才并不全是由于血统遗传，地理与历史的影响也很大"。民族文化尚未创造之前，只能称为"民族的潜在的创造力"，一切国粹与欧化，只是供其"驱使"运用的材料。若不紧紧围绕文化创造的本意和目的，那么国故整理和欧化介绍永远只是"注脚"，不会自觉成为新文化。

就文化的整体与部分关系而言，文化有机整体决定部分的意义。"我以为一个民族的文化是一个整个的有机体，虽然其内容各部分来源各有不同，但这各部分并不是独立的，他不过是这整个体系中之一轮而已。我们对于文化不能只看他的一轮一齿，而应该从整个地去看他。"如妇女缠足不是单纯问题，而与社会制度有连带关系，在古代地位高，在现代地位低，形式未变，意义却今非昔比。究其实，文化的整个系统，即其民族人格。"若无创造的精神和胆量，则整理国故之结果不过造成古人之奴隶；介绍欧化之结果不过造成外国人之奴隶，我们就不能不高呼反对这种无灵魂的机械工作了。"（常乃惠：《与王去病先生讨论中国文化问题》，《民国日报·觉悟》，1928 年 4 月 12 日，第 2—3 版；常乃惠：《与王去病先生讨论中国文化问题（续）》，《民国日报·觉悟》，1928 年 4 月 13 日，第 1—2 版）

△　王去病在《民国日报·觉悟》刊文，回应常乃惠的讨论，强调新文化的创造绕不开"整理国故"和"介绍欧化"的程序和基础，否则只能停留在纸面。

王去病认为，常乃惠所言民族创造力及唤醒民族自己创造的自觉意识，"正是三民主义中民族主义的真精神"。不过，要创造新文化，必须经过"整理国故"和"介绍欧化"的途径，因为新文化包含两者的成分在内，不能凭空而起。旧文化未曾老以前，是青年，是壮年，是"新"，在彼方老既志之后，是老年，是"旧"。如此，所谓旧文化的名词才可成立。若照常的比喻，一辈子都是"子虽似父，决即非父"。一个变一个，中国早已就没有旧文化存在，也就谈不上整理。（王去病：《为"讨论中国文化问题"答常乃惠先生》，《民国日报·觉悟》，1928 年 4 月 16 日，第 2—3 版）

4 月 19 日，常乃惠在《民国日报·觉悟》刊文回应王去病，以胡适为例说明若陷于整理国故和介绍欧化的程序，忘却目的，文化创造必难有所成就。常乃惠与王去病一样，赞同通过"整理国故"和"介绍欧化"来创造新文化的理念，差异仅在方法和态度上。常乃惠着重批评目前"整理"和"介绍"的方法忘却了文化创造的根本目的，存在舍本逐末的危险。以整理国故的"第一把能手"胡适为例，其整理结果给以中国现代国民的影响有限。将一部《红楼梦》考证清楚，不过证明它是记述曹雪芹一家的私事而已。"知道了《红楼梦》是曹氏的家乘，试问对于二十世纪的中国人有何大用处？乃至知道了墨家的各学或者戴东原的哲学，又于二十世纪的中国人有何大用处？"固然"无所为而为"的治学精神也未尝没有道理，但那是承平之世的"勾当"，乱世学者应该抱"为人生而研学"的态度。以胡适以往的地位、声望、能力论，"他对于中国国民的贡献不应该是这样渺小的，不着紧的。《红楼梦》考证之类的作品，确是一种'玩物丧志'的小把戏"，是"唱小丑打边鼓的人"，而不是他"这样应该唱压轴戏的人"的工作。况且，即使同样远大的题目，也有不同的研究态度和方法。如哲学思想史，用意只是让今日一般国民明白思想的渊源，决不是在古代思想中找寻有益于现代的"补剂"，也不是去谩骂古人。相比而言，常乃惪更赞成江绍原的《须发爪》，因其用意是要找出今日中国社会迷信之根源，也赞成胡适的《中国哲学史大纲》，因其将古代哲学思想的源流指示我们。"我［但］是他哲学史大纲中的墨家哲学一部分使［便］有点不对了，到了戴东原的哲学便更无价值了。"

秉此态度，介绍欧化也须分时代。"欧化之可贵乃在其十九世纪以来之成绩，这种成绩是现代的，并不是欧洲人所独有的，我们学他是应该的，但是十九世纪以前他们的古思想比中国还要浅薄，我们实无学他的必要。"对希腊文化、罗马文化、希伯来文化，应该秉持"欣赏古董的态度"和"借以明了他们今日的思想文化的渊源所自的态度"研究，不可玩物丧志。"大部分的精力还须用在全盘的现代西洋文化介绍上"。（常乃惠：《再论"整理国故"与"介绍欧化"》，《民国日报·觉悟》，1928年4月19日，第2—4版）

4月20日，胡适看了常乃惪此文，以"其言甚怪"，借作《庐山游记》的跋，稍作答复。（季羡林主编：《胡适全集》第31卷，安徽教育出版社，2003年，第57页）胡从两个方面回应考证《红楼梦》的动机。"在消极方面，我要教人怀疑王梦阮、徐柳泉、蔡子民一班人的谬说。""在积极方面，我要教人一个思想学问的方法。我要教人疑而后信，考而后信，有充分证据而后信。"替《水浒传》作5万字的考证，庐山一个塔作4000字的考证，目的是一样，即养成怀疑和求证的"思想习惯"。"我要教人知道学问是平等的，思想是一贯的，一部小说同一部圣贤经传有同等的学问上的地位，一个塔的真伪同孙中山的遗嘱的真伪有同等的考虑价值。"（胡适：《庐山游记》，《新月》，第1卷第3期，1928年5月10日）

4月16日　京师大学校国学研究馆密切关注和派人探查延边发现的千年古坟。

本年3月26日，天津《大公报》据3月18日"龙井村通信"称，有"朝鲜人某甲"在延吉道管内哈尔巴岭与敦化之间某处垦地时发现一处土洞，内有大理石建筑物、铜器、铁钱及各种古物极多。"朝鲜人某甲"携告其同乡考古学家金某，后者亲身考察后报告当地电话公司方总管，商量与中国方面共同采掘。方某为慎重起见，拟日内派人调查。此事迅速引起各方重视。（《延边发现古塚》，天津《大公报》，1928年3月26日，第3版）

京师大学校国学研究馆馆长叶恭绰致电延吉道署饬属保护，内称："据报载贵属敦化与哈尔巴岭之间，发现古坟，并有大理石建筑物等古器甚多，本馆为搜集古物，借资考察起见，用特电请分神，饬属查明，并令地方官严为保护，勿令耗散。"延吉道署请方总管切实查明。方总管派遣郑快儿前往调查，原因是"郑氏深通华语华文，思想学识均极好，为韩人中有数之青年"。郑快儿动身前，方总管与延吉庙尔沟龙井市士绅李文轩打听，得知古坟有三四座，古器已发现者有数种，如金佛、铜印、瓷盘子之类，均散在附近人家。"又郑氏动身之当日午后，吉敦铁路第四警务段长汤执中（湖南人）来龙，据称系受叶馆长之电托，来此调查古坟，并拟日内亲往庙尔沟一视云云。"（《延边发见古塚再志》，天津《大公报》，1928年4月16日，第3版）据郑快儿调查报告，延吉县属迟家铺子太平沟管辖区内，1924年发现瓷器25个，尚存10个，以及古坟，已派警察收管。铁佛3个，尚存2个。此前金某所言，皆系"过甚之词"。（《调查延边古物之报告》，天津《大公报》，1928年4月30日，第3版）此事未见国学研究馆进一步行动。

京师大学校国学研究馆结束于何时待考，4月底广东省教育厅厅长黄节对新闻记者谈及北京高校欠薪问题时，曾说："北京现时新设有国学馆、礼制馆。国学院附设于大学，即将前之国学筹备处改馆，现以叶恭绰为馆长，每月经费不满千元。"（《黄节返粤后关于教育之谈话》，《民国日报》，1928年4月22日，第2张第4版）6月底，叶恭绰到沪，旋赴杭州，不久将作汉口之游。据接近者云："叶氏自孙总理逝世后，即无意参与政局，专心研究学术。去岁北大改组，受北大师生嘱托，维持国学馆事务。嗣值北大恢复，故即交卸南下。并闻叶氏拟有建设方略，当与当局一谈。惟此后仍将继续其读书生活云云"。（《叶恭绰赴杭》，《盛京时报》，1928年6月27日，第2版）

4月24日　钱穆致函胡适，谈先秦汉代学术，有些观点已详于其《国学概论》。

早在1926年夏，钱穆就在无锡编讲《国学概论》，开始注意秦汉学术的变迁问题。函称："窃谓西京学术真相，当从六国先秦源头上窥。晚清今文学承苏州惠氏家法之说而来，后又屡变，实未得汉人之真。即以廖氏《古今学考》论，其书貌为谨严，实亦诞奇，与六译馆他书相差不远。彼论今古学源于孔子，初年晚年学说不同。穆详究孔子一生及其门弟子先后辈行，知其说全无根据。又以《王制》《周礼》判分古今。其实西汉经学中心，其先为董氏公羊，其后争点亦以左氏为烈，廖氏以礼制一端划今古鸿沟，早已是拔赵帜立汉帜，非古人之真。"详述见解七点，除第七"刘歆、王莽在稽古渐盛的风气里，敢于作为而不幸是失败了"已详稿《莽歆年谱》，其余均详《国学概论》。（杜春和、韩荣芳、耿来金编：《胡适论学往来书信选》下册，第1098—1100页）

4月26日　《南大周刊》载清华研究院教授赵元任订于本月到南开大学演讲音韵问题。（《演讲消息一束》，《南大周刊》，第59期，1928年4月26日）

4月　清华研究院出版《国学论丛》第1卷第3号《王静安先生纪念号》。

除了插图6幅外，载有梁启超《序》，王国维遗著[《鞑靼考》（重订本），附箭内博士（亘）《鞑靼考译文》，《萌古考》（重订本），《黑车子室韦考》，《蒙古札记》，《宋代之金石学》，《唐宋大曲考》]，赵万里《王静安先生年谱》《王静安先生著述目录》《王静安先生手校手批书目》，吴其昌《王观堂先生学述》《王观堂先生尚书讲授记》，刘盼遂《观堂学札记》，附陈寅恪《王观堂先生挽词（并序）》。戴家祥回忆了陈寅恪在编辑纪念号中的作用："过去《国学论丛》一、二两号，梁任公为责任编辑（主撰），具体工作为蒋善国。每期都以老师论著冠首，且写明某某先生著。自第三卷（号？）起改由陈师负责，具体工作改由王先生助教赵万里。陈师主张学术平等，看文章性质划分次序，师生一律称名。并打趣说：把女作家的名字加上某某女士，文章不好，可以讨个原谅。先生写得不好，那不是更糟了吗？"（卞僧慧纂：《陈寅恪先生年谱长编（初稿）》，第117页）

梁启超《序》中赞王国维研究成果卓著，"其以今文创读殷墟书契、治宋元戏曲史为空前绝后"。治学成功原因在于："从弘大处立脚，而从精微处着力"，"每治一业，恒以极忠实敬慎之态度行之，有丝毫不自信，则不以著诸竹帛，有一语为前人所尝道，辄弃去，惧蹈剿说之嫌，以自点污。盖其治学之道术所蕴蓄者如是，故以治任何颛门之业，无施不可，每年有所致力，未尝不深造而致其极也"。（齐家莹编撰：《清华人文学科年谱》，第64—65页）

吴宓主持的《大公报·文学副刊》评价《国学论丛》第1卷第3号说：

> 细察其第一第二两号中，实有空泛无谓不合论理之作。如某君考左氏传作者为子夏，论证虽多，其立说之根据，已有不可持者，遑论其他。其去真相，不啻千万里也。然如余永梁君之殷墟支字考，杨筠如君之释媵，吴其昌君之朱子著述考，徐中舒君之从古书中推测之殷周民族等篇，允称佳构。而陈寅

恪、王静安诸教授之作，尤足传示后来。最近出版之第一卷第三号，为王静安先生纪念号，材料丰备，较前益见精善。近一年中国内所出王静安纪念册子，几如雨后春笋，一齐怒发，五光十色，煞是好看。究其实，则与此后学术上之进步及成就可云无甚影响，而王静安之真相亦愈讲而愈晦。今此纪念号为王先生晚岁著述讲学所在地之清华研究院所出，所言自须较他人为切实。（《国学论丛第一卷第三号》，《大公报·文学副刊》，第 33 期，1928 年 8 月 20 日）

△　中央大学特派汪东宝、王伯沆调查无锡国学专门学院。

"中央大学特派汪东宝、王瀣两先生调查本院状况，回京复呈，极称办理完善。"（《本校大事记》，《国专校友会集刊》第 1 集，第 3 页；《私立无锡国学专修学校十五周纪念册·校史概略》，第 2 页）

汪东宝是无锡县教育局长，此次调查没有必要到南京呈复，估计只是初步的书面汇报。两人在视察报告书中说：

综观该校办理七年，颇著成效。虽名义屡经改组，而精神始终如一。尤能于经费竭蹶之中，徐图发展；毅力热忱，深堪嘉尚。院长唐文治为东南耆宿，曾任南洋大学校长。当国学专修馆创办之时，即请其主持一切，递嬗至今，尤资熟手。教务长钱基博及各教授均一时知名之士，其余亦能称职。校风质朴醇谨，学生皆守规纪，勤心学业；校课之余，练习演讲。计先后毕业九十余人，虽所造时有浅深，而大致均能成就。所刻文集暨讲演集，亦斐然足备观览（附送一份）。值今国学衰微之际，该校独以此为揭橥，似当加奖勉，用为倡导。应请准予立案，并饬令随时扩张改缮，以期益臻完全之域。（《抄录中央大学视察员王、汪二君报告书》，原载《私立无锡国学专修学校关于中央大学视察员报告书、毕业生状况调查表、毕业生任职情况》，1928年4月，转引自刘桂秋：《无锡国专编年事辑》，第80—81页）

5月5日　清华研究院举行第三学年第四次教务会议，到会者赵元任、陈寅恪，由梅贻琦主持。

梅贻琦报告，梁启超经清华学校挽留，表示愿为通信导师，现评议会决定仍请其回校担任教授，不另请人。评议会还议决，研究院下年度继续开办，但因教授延聘不易，范围应缩小，应就教师所愿担任指导之范围招生，各科人数亦应酌情限制，全年预算定为2.5万元，较前压缩了一半。本年招生命题，王国维过去所担任部分由梁启超担任，日文请钱稻孙命题，其余照旧。（孙敦恒：《清华国学研究院纪事》，葛兆光主编：《清华汉学研究》第一辑，第332页）

5月8日，梁启超与梁令娴等书称："时局益加混沌，但京、津间或尚可苟安若干时日。我清华事到底不能摆脱，我觉得日来体子已渐复元，虽不能摆脱，亦无妨，因为我极舍不得清华研究院。"（丁文江、赵丰田编：《梁启超年谱长编》，第1177页）

5月13日　无锡国学专门学院学生参与民众反日运动。

先是，本月3日，日军制造济南惨案，激起爱国人士的愤慨。无锡各民众团体，对日运动异常热烈。5月11日举行大游行，组织民众反日运动委员会，开始检查。调查股主任胡乐泉，13日会同公安第五分局长朱执钧，率警至通沪桥协与轮船码头检查仇货。迨该轮由沪到锡，计有拖船四只满载仇货，统系棉夏布匹。继又会同无锡县初中、无锡国学专门学院学生在源大火油公司门前，查获仇货绸缎三大船，先后计共六船。均押运至南尖绸布公所，暂行封存，俟审查后，再行确定。总计是日查获各货有十余万金之多。当晚，民众反日运动委员会继续开会，到施锡祺、杨祖钰等十余人。议决本会重行改组，委员由工商学教妇党各团体各推代表一人，共同组织。"教育界如国学专修学院、县女中、私立锡中等校之学生会，除连日开会议定宣传大纲及检查仇货办法外，并电呈国民政府徐州蒋总司令，请求对日宣战，并条陈根本办法。"（《民众对日运动之热烈》，《申报》，1928 年 5 月 14 日，第 3 张第 10 版）

5 月 15 日　汪树章在上海光华大学撰成《提倡国学》一文，主张在学习科学的同时应不忘国学。后刊于香港《星火》本年第 1 期。

内称近代科学进步，一日千里，中国一般人每每迷醉科学，总以为舶来品才好，总要效仿外人才算荣幸。社会上普遍存在夸誉人家的种种，而埋没掩盖自己的结晶品的现象。

就今日的学校来观察一下，能保存国粹，提倡国学的，有多少实行。在教会学堂更甚。一般青年学生，终日饱受洋化的麻药，日夜来研究死念外人的文学，外人的历史，地理。而对于本国的文学，政治，史地，哲学等，一概不闻不问。有的都只像宴客进馔时的冷热荤，只算陪菜，不足可口。同时有一部份，想研究国学的，也因为种种压迫和环境，无从着手。

以小学校为例，反对在高小以下阶段学习外国文字。因为小学生好比人在婴孩时期，没有学行，就不能学走。本国文字还没有学得通顺，就不能教他们外国文字。外国文字好比洋囡囡，既有趣又美丽，谁都喜欢，可是足以令儿童"中毒"。对于国学，应当存有研究、改良、推进的三种责任。盲目效仿外人，无异于改变我们的心志，灭绝我们的民气，暗杀我们的利器，是自投罗网。今日青年对国学冷淡没有趣味，"推其缘因，都是因为古今比较起来，古时的有些破绽；和我国的书籍，太没有系统，无从研究"。教育界和学校师生，应承担起振兴国学的责任，"最要令学生有历史和文学的观念，也要有系统的研究，将古今中外的，化合起来，才去实行"。同时学生"也不要放国学于脑后，因为自己的国学不懂，倒去苦心求人家的，虽然可以吃外人饭，拿外人的钱，可是无形中，已没了国民的资格"。（汪树章：《提倡国学》，香港《星火》，1928年第1期）

5月18日　清华研究院公布本年选考科目表，和1926年公布的选考科目表大体相同，仅增加第八项，专修经学、小学、金石学、中国人种学四科者，报名后须俟得清华学校第二次通知方可投考。（《清华学校研究院选考科目表》，《清华周刊》，第441期，1928年5月18日）

5月19日　无锡国学专门学院召开年度第二届董事会，投票公举钱基厚为董事长。（《院董会呈中央大学校长公函（2）》，陈国安、钱可里、王国平编：《无锡国专史料选辑》，第9页）

5月23日　报载粤籍旅沪殷商郭辅庭热心国学，向香港大学和汉文中学捐献中文书籍。

郭辅庭乃广东潮阳县人，"去年偶游香港，极表同情于香港大学中文部，及官立汉文中学"。认识到"提倡中国学术之重要"，返沪后连续捐送中文书籍2300余卷于香港大学，2500余卷于汉文中学。

"所赠各书，为贵重难得之刻本，闻现尚源源不绝，随时邮寄书籍
分赠该两校云。郭君提倡国学，不惜远道惠送价值数千元之书籍，
以助本港提倡文化，想本港侨胞闻之，或亦不让郭君专美也。"（《郭
辅庭热心国学》，《香港华字日报》，1928 年 5 月 23 日，第 3 张第 2 页）

5月25日　顾颉刚辞谢燕京大学国学研究所之聘。

顾颉刚拒绝应聘后，又连接容庚数函，本日方复函作答，解释
不就的原因。一是必须教书，与研究不能兼顾；二是蔡元培、傅斯
年邀请办理中央研究院历史语言研究所，可以辞去广州中山大学职
务。"固然我以前说的'不办事'做不到，但'不教书'总算可以
做到了。如这个机关不能迁地，则我回京专做研究工作。如果经费
积欠得没法，而燕大之中国学院已开，可让我'不教书，不办事'
者，则我当然仍入燕大。"（顾颉刚：《顾颉刚全集·顾颉刚书信集》卷二，
第182—183页）

此外，还谈到将来几个国学机构合作壮大的前景，即"将来这
个历史语言研究所可和你们（燕京大学——引者）的中国学院、北
大之国学馆、中大之语言历史学研究所、清华之国学研究院合起
来，做些切实的工作。我们总不要互相妒忌，互相攻击，而要互相
督责，互相比赛。如此，庶可达到现代学术界的水平线而不至沾染
遗老化。（东南大学之所以办不好，因为他们只有妒忌心而无竞争
心。）"（顾颉刚：《顾颉刚全集·顾颉刚书信集》卷二，第183页）

5月27日　无锡国学专门学院院主孙鹤卿去世，享年61岁。

无锡国学专门学院于6月举行追悼会。（《本校大事记》，《国专校友
会集刊》第1集，第4页）

钱基博撰有《孙先生鹤卿纪念碑文》。唐文治撰《孙君鹤卿墓

志铭》称，孙体素羸，患咯血症，比岁学静坐法，得专气致柔之旨，体稍稍健。1928年春，遭仲兄之丧，抱痛鸰原悒悒，时有所感，竟于5月27日婴肺炎病卒，享年六十有一。其有功于名教者，尤在办国学院一事。"自欧风东渐，士夫糟粕，五经弁髦，六艺以为不足复存，君独慨焉忧之。会钱塘施君省之创设国学专修馆于惠山之麓，延余主讲，然退息无居。君爰度金匮县学旧址，修复明代尊经阁，别建斋舍，俾诸生迁徙其中。越三载，施君以事中辍，君遂主董院事。尝从容为余言：迩来正道沦胥，燕朋逆师，燕僻废学，风纪荡然，伊于胡底。幸赖吾院为一线之绵延，学者尚知孝悌亲师之谊。十年而后，庶几其有豸乎？越一载，齐卢难作，黉舍飘摇，君在沪，书来谓吾侪宜茹苦含辛，维持终始。又越二载，余以忧患余生，屡思退老。君蹙然曰：'公尽心力，我尽财力，患难相依，彼此幸弗渝也。'余感其言，爰请同邑钱君子泉以为辅。由是风雨晦明，弦歌不辍。吾数人者，心相印而道相同也。"（陈国安、钱可里、王国平编：《无锡国专史料选辑》，第75页）

5月30日　德国科恩世界报纸博览会展出中国报纸，包括北京大学的三种国学杂志。

上年，德国驻华大使致函北京政府外交部，邀请中国参加科恩世界报纸博览会。当时国事抢攘，鲜人注意。博览会"以中国并无来会表示，但中国系东方古国，为号招世人计，又不欲付之缺如，因谋诸政府中国学院院长卫礼贤君（君曾在青岛传教有年，以深通中国经史自命）。请该院中国讲师丁文渊君，向国内征集出品，然应者寥寥，仅商务、中华两书肆，寄来书画若干"。该会又通过柏林中国通讯社主任廖焕星代为搜求。综合双方所得，加以当地博物院所藏佛像、甲骨、瓦当、铜活字及中国学院所印书报，仅得勉强成立，但无统系、无精彩。所展览中国报纸中，包括《国学季刊》《北京大学研究所国学门周刊》《北京大学研究所国学门月刊》三种以"国学"命名的杂志。(《纪世界报纸博览会（下）》，天津《大公报》，1928年6月28日，第3版)

△　无锡国学专门学院增设国技选科，聘请徐震教授，并举行全体早操，练习弹腿、八字弓两项。

徐震（1898—1967），字哲东。弹腿，又作"潭腿""八段锦"。(《私立无锡国学专修学校十五周纪念册·校史概略》，第2页)

△　甘肃省教育厅向中华民国大学院召集的全国教育会议提出《融合各民族并发扬文化案》，主张在大学院设立国学研究所，全国各大学均设国学专科。

提案署名王世镇，指出"中华民族"是由汉、满、蒙、回、藏五族组成，必须团结起来建设共同文化。而中华文化有必要发扬的理由是：

> 中华民族开化甚早，优美之文化，多有为欧美诸国所不及者。惟自近八十余年以来，因对外战争之失败，国家地位，民族光荣，丧失无余。无识者遂以为我民族之文化学术，真无一顾之价值，而新进青年又竞炫于欧美科学技术之新奇，更鄙弃本国文化，肆以摧残。民族之自信力既失，国何以立？

建议"大学院设立国学研究所，以整理国故"，"全国各大学均设国学专科"。大会撮要时仅提团结和融合五族的办法，并未提及设立国学机构和科目一节。最后，大会照审查意见通过。（《融合各民族并发扬文化案》，中华民国大学院编：《全国教育会议报告》，沈云龙主编：《近代中国史料丛刊续编》第四十三辑429，文海出版社1977年影印版，第182—184页）

这是南京国民政府成立后，国民党内提议设立中央国学馆之先声，唯大学院隐约透露否决之态度。

5月27日　在意大利举办的第三次万国书籍大会邀请中国旅巴黎法学博士沈福顺演讲《中国纸与印刷之发明》。有媒体谓在海外宣传国粹文化，为国民天职。

天津《益世报》得罗马6月5日通信，谓意大利"佛洛郎斯城，于本年五六两月间，举行第三次万国书籍大会，加入陈列书籍者，计有二十二国。并有数国当代文学名流，莅会演讲关于书籍各题。吾国虽未加入陈列书籍，但该会以中国文学文化广遍东亚，故特函请中国驻意使馆代邀主讲人员。使馆被请之下，选任前年曾充北京万国刑法大会代表，去年曾为瑞士万国大学生会代表，旅巴黎之法学博士沈福顺君，于五月二十七日前往该会演讲，题为中国纸与印刷之发明。沈君详述中国如何用竹帛，而至后汉蔡伦，即在西历百零五年创造纸法，中国造纸之法其后如何由波斯与亚剌伯人传往欧西，而欧人书籍之起用纸，较吾约迟千年。又述造纸之法，欧人于十八世纪前但知用敝布，中国则古代除用敝布外，已知采用木肤麻头竹与海苔等物。此外尚述花纸首创于中国，其后如何为欧人改良制造之历史。次论中国发明印刷，详述吾国雕板托始于隋，而实张本于汉。后唐冯道，于西历九三二年校正九经，刻板印卖。宋初毕昇，在西历一千零四一年如何创造活字印书法等历史。

欧人之有印刷，计约迟吾六百六十年。结论谓中国文化之如何在亚洲远布，文字之何以于国内一致，都是纸与印刷两大宣传利器早发明之功。沈君用法文演讲，计历一小时，事前经该会在各报介绍，故来听者甚众。夫吾国国粹文化，鲜为外人所知，海外宣传，则尽国民之天职也"。（《万国书籍大会华人在义演讲国粹》，天津《益世报》，1928 年 6 月 24 日，第 7 版）

6 月 1 日、7 日　《申报》广告宣传光华大学教育、国学系编《中学国文教学论丛》。

广告称："是书搜集光华大学教授朱经农、孟宪承、钱基博、吕思勉、何仲英诸君在各种定期的教育刊物上，对于国文教学问题所发表之言论，作一有系统的介绍。大旨在设法解答国文教学上几个共同的问题，并贡献些客观的假说，作研究国文教学的科学根据。"（《申报》，1928 年 6 月 1 日，第 3 张第 9 版；《申报》，1928 年 6 月 7 日，第 1 张第 11 版）

6 月 4 日　《大公报·文学副刊》陆续发表《王静安先生逝世周年纪念号》论文。

是日载有吴宓《前言》、素痴（张荫麟）《王静安先生与晚清思想界》、毅永（浦江清）《论王静安先生之自沉》。11 日，第 23 期有浦江清《王静安先生之文学批评》。18 日，第 24 期有赵万里《王静安先生之考证学》。

7 月，《学衡》第 64 期转载《大公报·文学副刊》刊发的纪念王国维逝世周年文章，以及陈寅恪《王观堂先生挽词并序》、吴宓《落花诗八首》《六月二日作落花诗成复赋此律为王静安先生投身昆明湖一周年之期也》、刘盼遂《落花感王静安师练日作》等。

△　报载天津国文观摩会选送数名优秀学生入崇化学会深造。

国文观摩会"因近日学员成绩，颇属可观，益应深加造就，故特将该社曾经屡列前茅者选送数名，函送入崇化学会内按期讲习。业于日前由会中职员引见讲师章式之，及诸位董事，即于夏季开始讲习。该崇化学会学员及此已达三十余人，益觉人才济济云"。(《观摩会学员送入崇化学会》，天津《益世报》，1928年6月4日，第4张第16版)

6月5日　报载粤籍某君精通英、算，少年诚挚，国学尤长，昔时久厕广州讲学，现在初游海上，斗室空闲，果公私机关需延案席，或家庭学校欲聘良师，函约面谈，请到北四川路克明路A42号。(《申报》，1928年6月5日，本埠增刊第1版)

6月8日　报载陈垣等组织北京文物临时维护会，地点设在国学研究馆，目的是政权变化之际维持北京文化机关。

北京文物临时维护会成立后，曾函请北京警察厅保护文物，内云："顷因时局紧迫，北京地方治安，业有临时治安维持会负责，惟各文化机关，同人等认为有特别维护之必要，特组织北京文物临时维护会，地址暂假北河沿国学研究馆。除已函请治安会备案外，附抄北京文化机关地址清单，用特函请查照备案，乞即分行各区署及保安队，以便敝会随时派员接洽一切等情"，警厅据函，已经通令各区署一体尊照。(《警厅保护各文化机关》，北京《益世报》，1928年6月8日，第7版)

6月12日　清华研究院举行第三学年第五次教务会议，到会者赵元任、陈寅恪，由梅贻琦主持。

梅贻琦报告，本年研究院学生学习成绩陆续寄往天津梁启超处，现因交通阻滞未能寄回，本星期四即举行毕业典礼，应如何办？议决，成绩未审评完毕，毕业证书一律缓发，故行毕业典礼时没发毕业证书。（孙敦恒：《清华国学研究院纪事》，葛兆光主编：《清华汉学研究》第一辑，第333页）

6月13日　王皎我在上海撰成《中国国学在国际上的新地位及其最近之趋势》一文，揭示中国国学在以往国际上的空洞地位及其原因，最近地位稳固的表现，提出将来取得更普遍更稳固地位的努力方向。刊载于当月出版的《青年进步》杂志。

此文旨在回应国民革命可能冲击国学研究的疑问，使人明了中国国学的国际地位和国学境况，提出未来提高影响的办法。内称中国的景泰蓝、丝绸、茶，或海港、矿产等物质和自然风景人物，只能使世界人们注意，却不能得到极充分的同情。

> 惟有中国的国学不仅引起了世界人们的注意，世界人们的同情；更引起了世界人们的景仰。大半深表同情于中国的外国人，甚可以说凡是深表同情于中国的外国人没有不曾花费一些时间，一些精力向中国的国学里边钻研过的。英国的罗素，美国的杜威，日本的宫崎民藏，印度的泰谷儿，西班牙的伊本纳兹，都是同情于中国的，并且也是深深通晓中国国学的，在这些人中有的是哲学家，有的是教育学家，有的是社会学家，有的是诗人，有的是小说家，从这一点上我们亦可看出中国国学的内涵及其丰富同充实了。

至于国内，则"年来对于国学注意的人，下工夫去研究的人，一天比一天多起来，各大学增添国学系（以前多是国文系）的，成立国学院的亦时有所闻，但注重中国国学向外发展的还不很多，即是讨论此项问题的文章亦不曾见过多少"。中国国学在以往国际上的地位经历巨大变化，以前是空洞、虚泡的，外人只知中国学问渊博深奥，知其然不知其所以然，甚至以为中国国学全是"纸老虎"。原因有多端，根源是治理方法不适当、态度不忠诚、目的不纯粹、不知向外发展的重要性。直至五四运动以后，中国文艺复兴时代到来，国学才真的复苏。外来文化的引入和固有文化发生冲突，新旧、东西文化，整理国故与努力介绍的问题论争，使得国学的真价值得以显现，其在国内的地位因文化冲突、融洽、调和而得以稳固，国际上也有明显进步。例如，以前外国人介绍到他们本国去的中国书，中国留学生等所翻译过去的中国书，大半是一些未曾整理过的，一些未曾研究过的，更是没有什么统系的。近数年来翻译到外国去的中国书籍，多是加以整理过的，不再像以前马马虎虎毫不检点毫无统系胡乱介绍一回了。尤其最近，国学在国际上具有极稳固的超越地位。

　　美国的各大学，檀香山的各大学均争先恐后的增添中国国学讲座；英国、法国，于东方文化讲座外特设中国国学讲座；菲力滨的各大学，及是他诸国的大学的语言系均增设中国语言系；德国于一九二七年特别开过一次中国图书展览会；日本东京帝国大学曾与中国前北京大学（曾一度改为京师大学，现易名中华大学）磋商交换教授事宜，并聘该校国学研究院毕业生前往讲授中国国学；中华教育文化基金的用途中（即庚子赔款的用途）亦有与中国交换讲师明文的规定。

　　随着中国留学外国学生日益增多，外国大学增设中国语言系，不少外国大学生可以直接阅读中文书籍，不啻初次举行与中国国学的"握手礼"；外国各书局发行中文书籍，如《中国语自修读本》等，和中文定期刊物，或涉及中国文化的定期刊物日增，中国国学的国际地位必然更加普遍和稳固。为了健全国学，努力途径主要有：一是治理国学的方面，从书本整理并偏重考证及经史两方面为重点，转变为更多考察现有人民生活和从遗存事物搜集材料。以江绍原的《须发爪》和广东的国立中山大学语言历史学研究所编印的《民俗周刊》为代表。二是实验方面与提倡方面，国学内容渊博，必须抛弃功利心，容许研究者实验，兼资提倡研究兴趣。以《青年进步》杂志所刊印的《开卷有益》及刘大白的《旧诗新话》为代表。三是肃清蟊贼方面，将对于国学毫无根底，仅为时髦同投机的缘故，就标点《三国演义》，校读《楚辞》，你弄《元曲论选》，我辑讨论集，乱来一气的国学蟊贼分离清理出去，实现国学研究事业的顺利进行。

　　国民政府成立后，国学研究还必须处理好与国民革命的衔接关系问题，需要顺应时代，融合中西而发展。国民革命并没有使国学走向终结，而是促使国学迎接新生。国民革命的领袖孙中山所提倡的三民主义、五权宪法，都是参和东西洋的学说，具有中外特具之精神和依据中国的状况而成。戴季陶所著《孙文主义之哲学的基础》，周佛海的《中山思想概观》，王治心编著、范丽诲校订的《三民主义在中国文化上之根据》诸书中，讲得更为详尽。"若就最近各方面来看，国民革命不但是根本与国学有衔接的连环的关系，更可以说是积极的赞助国学的发展。如注意华侨的教育问题，提倡国技，统一方言，整理汉字，都是直接间接为谋国学的发展。此外如对于通制［志］局的改组，革命纪念馆，古物陈列所，美术馆的成立与整理更是督促研究国学者去努力。在国民革命中最可纪念的并且是最有关系的事即国民政府通令废除阴历一件事。"（王皎我：《中国国学在国际上的新地位及其最近之趋势》，《青年进步》，第114期，1928年6月）

6月14日　清华研究院举行毕业典礼，新旧学生22人毕业。

毕业生有刘盼遂、姚名达、吴其昌（均为第三年），宋玉嘉、颜虚心、刘节、戴家祥、司秋沄、朱芳圃、侯堮（均为第二年），吴宝凌、叶去非、罗根泽、蒋天枢、葛天民、储皖峰、张昌圻、门启明、蓝文徵、马庆霈、裴学海、马鸿勋等22人。（孙敦恒：《清华国学研究院纪事》，葛兆光主编：《清华汉学研究》第一辑，第333页）

6月15日　啸天讲学社第三次征求学员，声称"非通国学不能立爱国之基，非通国学不能应新学之用"。

除了单日讲《史记》，双日讲《诗经》，许啸天每星期六选讲经史百家杂文，并介绍东西洋学说大意。"讲法颇有与汉宋各注家出入之处，务求得经文本意，不事附会。"听讲须随带纸笔记录讲词，并标点课本，每日下午7时半开讲，过时不候。学费每月3元，讲义费1元，按3个月预缴一次，有确是寒素好学之士，经考试及格者，得免缴一切费用。每隔四星期或就所讲范围出一问题作答，由主讲者改正。第三次征求至阳历6月底截止，7月1日一律上课。报名处在北四川路白保罗路南康里一号及四马路群学书社麦家圈新华书局。函索章程，请附邮票一分。（《啸天讲学第三次征求男女听讲员》，《申报》，1928年6月15日，第2张第5版）7月6日、8日、10日、12日、15日，多次登载相同广告。

柳亚子在上海居住期间颇注重国学，并称赞啸天讲学社。1928年11月，《新解放》记者采访柳亚子，撰文介绍其行止称：

> 自因公来沪后，闲居私邸，借此略资静养。西窗寂寞，辄以诗画自娱。尤喜与知友畅谈文艺，研究国学。前与名著作家许啸天先生，谈及《狮驼儿周刊》之内容，颇多奇趣之批评，于此可知亚子先生近日之雅兴如何矣。日昨记者因事往白保罗路南康里一号许宅，适逢宴柳盛会，座中有吴淞要塞司令郑振铨，秋瑾之女公子王璨芝，暨名医师陆露沙，男女知名之士十余人。闻是日本邀有胡适之博士，惜因要务所羁，未克莅会，以致座客咸以未得聆其诙谐妙文为憾。记者忝附末座，交错觥筹，竭尽宾主之乐。席间柳委员、郑司令对于党国今后之方针，颇多乐观之见解。尤其对于国学，发表不少伟论，每一譬喻，座客无不惊服，而于许君创办之啸天讲学社尤多赞美。（桑田：《柳亚子注重国学》，《新解放》，1928年11月1日，第2版）

啸天讲学社曾约请吴文祺前往演讲。吴回忆说："同年（1928年——引者）冬天，许啸天设立的国学讲习会，约我去演讲。演讲中谈及《新读书通》对学习古典文学、研究古代汉语的作用。许啸天极重视，因介绍给他的亲戚设立的群学社出版。但群学社无印刷厂，而此书古字特多，均需重刻铜模，始可付排，延至次年夏季，终于解约。"（吴文祺：《〈辞通〉与开明书店》，中国出版工作者协会编：《我与开明1926—1985》，中国青年出版社，1985年，第213—214页）

6月16日 大学院派前无锡县县长俞仲还到无锡国学专门学院监督三民主义考试。

先是，大学院曾通令各省市大学及专门学校学生，一律于本日举行三民主义考试。并指定南京、上海、苏州为江苏省及沪宁两市各大学及专门学校学生考试地点。无锡国学专门学院特奉大学院6月15日电令称："本院定十六日下午二时（即今日），举行各大学，及专门学院学生三民主义考试，特派俞仲还科长至贵院监试，随带试卷前来。除详情已登沪报外，特电洽。"（《国学院考试三民主义》，《锡报》，1928年6月16日）据无锡国专校史记载："大学院特派俞仲还先生莅院监考三民主义，试验均及格。"（《本校大事记》，《国专校友会集刊》第1集，第4页；《私立无锡国学专修学校十五周纪念册·校史概略》，第2页）

6月18日 黄侃批评罗振玉、王国维的发现之学，以及整理国故的流弊。

发现之学的弊端主要是不读经史等基本书，而以寻找新材料、研究新问题为主。黄侃在日记中写道：

今阅刘盼遂所记国维说《尚书》语，果如伯弢言。国维少不好读注疏，中年乃治经，仓皇立说，挟其辩给，以炫耀后生，非独一事之误而已。始西域出汉晋简纸，鸣沙石室发得藏书，洹上掊获龟甲有文字，清亡而内阁档案散落于外，诸言小学、校勘、地理、近世史事者，以为忽得异境，可凌傲前人，辐凑于斯，而国维幸得先见。罗振玉且著书且行贾，兼收浮誉利实，国维之助为多焉。要之，经史正文忽略不讲，而希冀发见新知以掩前古儒先，自矜曰："我不为古人奴，六经注我。"此近日风气所趋，世或以整理国故之名予之，悬牛头，卖马脯，举秀才，不知书，信在于今矣。（司马朝军：《黄侃年谱》，湖北人民出版社，2005 年，第 253—254 页）

黄侃与王国维治学取向不同，黄主发明之学，主张用传统方法处理新、旧材料，善于从常见书中发掘出新的东西，对旧材料的重视胜过新材料；王主发现之学，提倡"二重证据法"，主张用新方法处理新材料，不仅材料新，观点更新，无疑对新材料的重视胜过旧材料。诚如黄侃所云："发现之学行，而发明之学亡。"（司马朝军：《黄侃年谱》，第 254 页）

△　许晚成在《申报》撰文介绍无锡国学专门学院院长唐文治和大夏大学、中国公学国学教授陈柱。

许晚成乃陈柱的学生，介绍唐文治，称太仓人，现任无锡国学专门学院院长，知名士。两目已盲，不能见物，遑论书字。

在国学院时，每周任课二三小时，讲解古籍，都背讲之，偶有所忘，即请助教提引，又能连续讲解。据云先生于经史子集，均能背诵，其记忆力之过人，于此可证。先生每日必听报，由他人阅读，渠听之而知，然则对他人称阅报，而对先生应称听报矣。

大夏大学、中国公学"国学教授"、广西大学筹备员陈柱（柱尊），亦知名士。

为人颇类燕赵悲歌慷慨之士，性喜饮，而饮辄大醉，醉后不言不语，横卧一榻，悠然若羽化登仙，茫然不知所届，忽临大川，忽登高峰，触境生情，口占诗歌，醒后尚能记忆，录之，载读载味，意颇自得。先生生平所作诗，以梦中所得为多。（晚成：《学界两奇人》，《申报》，1928年6月18日，第5张第17版）

△ 苏州振华女校本月至8月，连续登载广告，高中文科、数理科、国学专修科、师范科暨初中各级招收插班生。国学专修科注重国故学术。（《苏州振华女校高中文科数理科国学专修科师范科暨初中各级招新插班生》，《申报》，1928年6月18日，第2张第5版；《申报》，1928年8月5日，第2张第5版）

6月19日 梁启超辞去清华研究院等一切清华职务，本日获准。

梁启超致梁令娴函谓："近日最痛快的一件事，是清华完全摆脱，我要求那校长在他自己辞职之前先批准我辞职，已经办妥了。在这种形势之下，学生也不再来纠缠，我从此干干净净，虽十年不到北京，也不发生什么责任问题，精神上很是愉快。"（丁文江、赵丰田编：《梁启超年谱长编》，第1182页）

6月23日 林以德即将创办上海暑期学院，大学课程注重国语、国学等科。（《上海暑期学院招男女生》，《申报》，1928年7月11日，第2张第6版；《上海暑期学院招男女生》，《申报》，1928年7月23日，第2张第5版）

6月25日 陈瑀代表"国学组"参与之江大学第六十一次毕业式。（《各校行毕业礼纪》，《申报》，1928年6月28日，第3张第11版）

陈瑀毕业后，担任上海暑期学院中学国文读本及国文作法等课

程。(《上海暑期学院之教员》,《申报》, 1928年7月16日, 第3张第11版)

6月　无锡国学专门学院举行第四班第四届学生毕业礼, 12名学生毕业。

"举行第四班学生毕业礼, 共十二人。"(《本校大事记》,《国专校友会集刊》第1集, 第4页)

唐文治记云:"五月杪, 行毕业礼。毕业者, 崔履宸等十二名。"(唐文治著, 唐庆诒补:《茹经先生自订年谱》, 第98页)

毕业生为丁汉英、王树槐、周昶旦、周达泉、徐逈昌、徐友三、柴寿煦、崔履宸、章鹏若、张惟明、许岱云、路式遵。(《私立无锡国学专修学校十五周纪念册·历届毕业生名录》, 第8—9页;《私立无锡国学专修学校十五周纪念册·校史概略》, 第2页) 据1931年6月《国专校友会集刊》第1集特载"第四届毕业同学"和"第四届未毕业同学"各12人, 详见表5和表6。

表5　无锡国专第四届毕业同学录

姓名	字	年龄	籍贯	经历	通讯处
丁汉英	次咸	27	安徽无为	南陵教育局科员	芜湖开城桥或安徽南陵教育局
王树槐	世泽	24	江苏武进	前任桂林国民中学教员	常州奔牛王瑞丰号
周昶旦	希晦	26	广西容县	广西容县都峤中学教员	广西容县灵山虚同益号转六查或容县都峤中学
周达泉	渊博	24	江苏无锡	上海申新纺织七厂职员	无锡华大房庄或上海杨树浦申新七厂

续表

姓名	字	年龄	籍贯	经历	通讯处
徐迺昌	缦华	25	江苏盐城	盐城教育局科员	盐城吴家牌坊
徐友三		24	江苏无锡		无锡塞门转浒村
柴寿煦	韵和	24	江苏宝应		宝应北门内水门桥王震大转
崔履宸	希拱	27	广西容县	广西北流县立一中教员	广西容县城内崔馆或北流县立一中
章鹏若	扶九	24	江苏无锡	南京市教育局科员	无锡杨墅园或南京市教育局
张惟明		24	江苏江阴	前任广西容县中学教员	江阴猛将堂
许岱云	宗岳	30	江苏无锡	无锡江南中学教员	无锡周新镇或无锡江南中学
路式遵	萧食	23	江苏宜兴	肄业上海法学院	宜兴日果巷二九号或上海江湾路上海法学院

表6　无锡国专第四届未毕业同学录

姓名	字	年龄	籍贯	经历	通讯处
王省	默思	30	浙江龙游		龙游桥下纪仁昌号转七都
王锡祜	戬斋	25	江苏高淳		溧阳下坝王信成行
方恺	舜元	25	安徽无为		芜湖开城桥河东王怡兴号转苏塘
郁祖安	康侯	25	江苏江阴	青岛无线电报局局员	江阴三甲里或青岛湖北路三三号无线电报局

续表

姓名	字	年龄	籍贯	经历	通讯处
胡志高	企峰	22	江苏武进		武进芙蓉圩东周村
胡晋藩			江苏高淳		
潘金科		27	安徽南陵		安徽南陵清弋江许同康号转
张彦华	秀夫	30	江苏高淳		溧阳东坝李广泰转安兴荣昌号
殷幼驯		26	江苏无锡		无锡雪堰桥性泰行
陆文勋	舒华	24	浙江平湖		浙江平湖城内北门仓桥塓
陈璧承	序西	28	浙江萧山		浙江萧山城内西河下讷敏堂
龚孔思		24	江苏无锡		无锡雪堰桥

△　赵元任在去年10月江浙调查吴语的基础上写出专著《现代吴语研究》，本月由清华学校研究院作为"清华研究院丛书第四种"印行。

赵元任序称："研究中国语音最详细又最多的，大概要首推瑞典的中国音韵家高本汉"，"不过一个全国的方言调查不是个把人一年工夫或一个人年把工夫可以做得完的"。"这种事业的重要，无论是本身的重要，或是在国学上地位的重要，或是应用于教育上的重要，也已经有过好些人谈过的了，可是空谈了许多时候怎么也没有结果呐？大半是因为有几种必需的条件还不能实现。第一，要有永久性的组织跟经费能一致的办这种事情"，"第二，要有有相当训练的工作者"，"第三，要国内太平，不然最值得调查的区域往往不能去调查"。"可是要慢慢的等，等到哪一天才可以有大队的语言学人马，大规模的来测量全中国的方言地理呐？所以还是先比较小规模的在一个比较安静的区域里做一点比较简略的研究，至少也可以做一个后来研究的格式"。（齐家莹编撰：《清华人文学科年谱》，第66—67页）

△　中国大学国学系第三班学生毕业，计有孔繁熙、林尹、周秉圭、吕祖城、黄慕周、陈竞、温裕民、王衡、张精一、潘浩、颜廷选、谭芝兰、陈与鲁等13人。（《历届毕业同学姓名录》，《一九三五之北平中大》）

△　大夏大学国文系改称国学系，陈柱、孙德谦先后担任系主任。

曾在大夏大学国学系任教者，计有蔡尚思、陈钟凡、冯振、顾名（君谊）、姜亮夫、李青崖、刘大杰、刘纪泽、马宗霍、钱仲联、王蘧常、徐英（澄宇）、姚明辉等人。其中，蔡尚思曾入京师大学校国学研究馆，又问学于王国维、梁启超等；刘纪泽为清华国学研究院学生，随王国维、梁启超等学习；冯振、钱仲联、王蘧常均为无锡国专唐文治的弟子；顾名、徐英均为吴梅弟子，徐英又为林损弟子。（尚小明：《"五四"以后"国学"热的一个新动向》，牛大勇、欧阳哲生主编：《五四的历史与历史中的五四》，北京大学出版社，2010年，第552—553页）陈钟凡于1928年2月到任。（《教员名录》，《私立大夏大学一览》，1931年6月）

大夏大学国学系学程分为两类，一是普通学程，包括基本国文、文学概论、中国学术概论、中国思想史、民众文艺、历代诗选、历代词选、爱国诗人诗选、群经通论、周秦诸子学案，均一学年，每周三小时，六绩点；中国文艺评论，一学年，一周二小时，四绩点；各体诗选、文字学通论，均一学期，每周三小时，三绩点；各体文选、专家文选、专家诗选，均一学期，每周三小时，三绩点；诗学批评一学年，每周三小时，六绩点。二是研究学程，包括周易研究、尚书研究、诗经研究、公羊家哲学研究、墨学研究、荀子研究、庄子研究、韩非子研究、清代学术讨论，均一学年，每周三小时，六绩点；老子研究、孟子研究、文心雕龙研究、史通研究、文史通义研究、古哲之民众问题，均一学期，每周三小时，三绩点。(《文学院课程》，《私立大夏大学一览》，1931 年 6 月）

当时有些非国学系学生受到感召，响应大夏大学的国学研究。如教育科学生邵圆徵平日留心国学，撰有《中国诗学史概略》。(《大夏周刊》，第 43 期，第 44 期，第 47 期，1927 年）邵圆徵批评自清季开始，新潮澎湃，国粹扫地，中原累卵，世运大衰，虽然风雨如晦，鸡鸣不已，但大道已丧，国学再难阐明。"夫国于天道，必有与立。有道则治，无道则乱。道之所存，世之所存也。道何以存，有文以载之则存；故文存道存。文亡道亡。大学乃一国最高之学府，对于国故学之探讨，岂容忽诸！于各学科中，更当首列焉！""今我国人，自号有为之青年，虽膺大学生之头衔，而中文通顺之信札，亦有未能书写者，危矣哉，中国之前途也！他国科学之贻慧，自应承受；文化侵略之恶毒，亦当顾及。今以救弊而躬自蹈于弊，我不知又将何辞以自解也耶。"（邵圆徵：《国故学在大学学科中之地位》，《大夏周刊》，第 52 期，1928 年 4 月 16 日）

△　蔡霞雯在沪江大学附中学生会杂志《沪潮》发表《国学与翻译》一文，提出翻译西书乃知己知彼、取长补短的强国之道，非中西文兼优，富于新思想，精于旧学者不能达到信雅达的境界。

翻译西书是知己知彼、取长补短，从而振兴国家、改良社会的急务。译书存在信雅达三难。信之难在于非深明彼国文字，只知西书字面意思；达之难在于不知中文，不能尽得书中奥妙；雅之难在于中西文稍有门径，却不知古学，结果满纸陋文。"欲胜此三难，非中西文兼优，富于新思想，精于旧学者，不能也，必具此长才，然后能知原书之微旨，而达之以驯雅之辞，若遇名物，吾国所有者，则名之，我国所无者，则参其意，以定其名，使阅者一览即知，无思索之苦。""年来学子多务西学，而于国文一道，鲜有留意者，不知泰西制度，多合吾三代之成法，学者不察，遂举数千年来之精英，一旦弃之，不亦谬乎？有志之士，尚期留意于旧学，然后搜罗泰西典籍，采其尤者译之，使吾国人人知己知彼，奋志图强，中国前途庶有望焉。"（蔡霞雯：《国学与翻译》，《沪潮》，第1卷第3号，1928年6月）

△　《世界佛教居士林林刊》第19期刊载《国学讲习社简章》。

一、本社专修人群，共同生活，互相维系。必须应用之学识，以经学、性理、词学三者，为主要课程，其余周秦诸子，近代哲学，随时因人，选择教授。

一、学员不拘年龄老少，但能笃志求学，身体壮健，素无嗜好者，经同人介绍，交纳脩金杂费等项，每人全年计洋三十六元，即可按照规定时间，听讲肄业。惟膳宿用品，均须自备。

一、学员审察自己之力，宜习何科，认定后，不得见异思迁，致紊程序，徒劳无功。若半途废学，其全年脩金杂费等，并不退回，以符预算，而坚志愿。

一、本社系仿西国豆尔顿制，及宋儒经义制事斋，与当代各教员家，现行学制，改革意见书，参酌办理。修学期暂定一年，期满各学员，如愿深造，亦可继续受课，按年缴纳脩金杂费，新旧学员，一律待遇。报名处暂在诸城北关永福堂臧宅，俟开办后，扩充

建设。(《国学讲习社简章》，《世界佛教居士林林刊》，第19期，1928年6月)

7月10日　报载上海群治大学招生，大学部有国学系，第二附中有国学科。

考试日期，大学部第二次7月25日，第三次8月25日。报名日期，大学部7月1日起至8月24日止。学生如系暑期学校毕业，积分并算。校址在槟榔路口劳勃生路。(《上海群治大学招男女生》，《申报》，1928年7月10日，第2张第6版)

7月11日　顾颉刚致函容庚，推荐姚名达到燕京大学国学研究所任职，并申述燕京大学国学研究所注重北方文物考古之意义。

先是，姚名达在梁启超门下不得志，转向胡适等北京大学国学学者求教。顾颉刚亦为其去向多方设法，函称：

> 清华研究院姚名达君，江西人，在研究院三年，提出《章实斋的史学》《邵念鲁年谱》诸文，均甚切实，盖长于实地工作而短于论议者。我本约他，俟我到京办中央研究院时帮我工作，所以他没有归去，住在北大东斋（洪字九号）等我。（他兼北大研究生，故住东斋。）现在我一时不得北来，而已约他，若请他走，既于心不忍，而又失此一人才，甚为可惜。故介绍于兄，可否在燕京大学本科或研究院中位置一事？薪不须多，只须百元左右。职务最好是编辑。如李盛铎的档案能买到，交他整理最好。其次是校勘书籍，或图书馆编目等事，他也擅长。又其次则教史学史、学术史等亦可。但初出学校的人以不教书为善，一教书便使得他的学问固定矣（此为弟深感觉之苦痛，故不愿别人如此）。（顾颉刚：《顾颉

刚全集·顾颉刚书信集》卷二，第184页）

同时，以中山大学语言历史学研究所的西南民族调查颇有前途为例，再次向容庚强调燕京大学国学研究所目前注重调查北方古物的意义。容肇祖随史禄国到云南调查"猓猡"，"九月中回来，一定可得无数新材料。研究所必须如此做，始能有生气。中山大学的研究所，对于西南民族与语言有特别之使命。燕京的研究院成立，只有以发掘北部诸省古物为使命，始能有大成功。明清档案，如北大无钱，不能作大整理，则燕京亦不可负此使命也"。（顾颉刚：《顾颉刚全集·顾颉刚书信集》卷二，第184页）

△　报载敦仁女中暑期学校聘南洋中学国学教授郭其俊为国文主任，秋季聘文学家任松如为国学教授。（《敦仁女中暑期学校行将开学》，《申报》，1928年7月11日，本埠增刊第2版；《敦仁女中之新消息》，《申报》，1928年8月4日，第3张第12版）

7月13日　国立第四中山大学校长张乃燕致函无锡国学专门学院，请遵照中华民国大学院新修订的《私立学校条例（十一条）暨私立学校校董会条例（十三条）》，再次办理立案手续。（《报批校董会呈文及批文——国立第四中山大学公函（第一四三号）》，陈国安、钱可里、王国平编：《无锡国专史料选辑》，第5页）

是日，中央大学校长张乃燕致函私立无锡国学专门学院，称奉中华民国大学院令，无锡国学专门学院校董会立案表册与院颁《校董会条例》及立案表册不符。除学校立案，应俟校董会立案核准后，再予办理外，关于该院校董会立案应饬依照新颁《校董会条例》及立案用表式样，另行呈报，再予核办。（《院董会呈中央大学校

长公函（1）》，陈国安、钱可里、王国平编：《无锡国专史料选辑》，第6页）

7月18日，无锡国学专门学院董事钱基厚、俞复、顾倬、顾宝琛、丁福保、邹家麟、蔡其标、孙家复、钱基博，呈请中央大学校长称，依照新颁《校董会条例》将董事会立案呈报事项照用表式样填注，呈请鉴核。（《院董会呈中央大学校长公函（1）》，陈国安、钱可里、王国平编：《无锡国专史料选辑》，第6页）同时，遵照《私立学校校董会条例》第五条，校董会须于每会计年度终结后一个月，详开事项呈请备案，将无锡国学专门学院应行报告事务按照表式填注，呈报察核，并转呈中华民国大学院准予备案。不久获得张乃燕批准。（《国立中央大学公函（院字第七八○号）》，陈国安、钱可里、王国平编：《无锡国专史料选辑》，第11页）

据附呈《报告事务表》可知，无锡国学专门学院设立院董会，目的在于"提倡国学，发扬文化"。事务所所在地是无锡城内学前街本院。校董9人，分别是俞复（大学院会计课课长）、孙家复（益友小学校校长）、丁福保（医士）、钱基博（光华大学及本校教授）、钱基厚（无锡县商民协会常务委员）、顾宝琛、邹家麟（无锡县商民协会秘书）、蔡其标（无锡县立中学校校长）、顾倬（私立小麦试验场创办人），籍贯均为无锡。互推董事长一人，主持一切，担任筹款，维持院务。分常会及临时会两种，常会每年寒暑假前开会一次，决定下学年追行事项。临时会无定期，必要时临时召集。资产、资金或其他收入方面，主要有校舍建筑估值2万余元，院址借用旧学宫。图书估值1600余元，其他估值2000余元。没有资金。其他收入分为：学费5850元；校董会负责筹款6000元；临时捐款2000元。以上三项均照1928年度概算书编制。

关于1927年度校务状况，教职员进退方面，第一学期添聘光华大学教授钱基博兼任教授及教务主任，第二学期添聘高文海为新宿舍管理兼缮校，又添聘前武进公安局局长徐震为国术教员。学生入学毕业退学死亡方面，第一学期始业时招取乙班生58人，至寒假时退学5人，转学2人，辍学2人；第二学期始业时招取丙班生36人。学年终了时，甲班生准予毕业12人，给修业证书1人。学生学业方面，详具简章课程表，内分必修科、选修科。添聘教授，增购图书，所有必修科学程，设法于下学年内一律开齐。学生课外作业方面，内分学生自修和学生自治两项。学生自修包括每日读书札记或由教师命题作研究论文，加以相当指导，尊重自由研究，发挥个性；学生自治包括由学生于本院教职员监督指导之下，组织学生会分部办事，养成自治习惯。设备方面，添赁校办宿舍一所，押租洋100元；添置校具900元；改装电灯200元；添置国学图书400元；增置国技器械10元。临时发生事项方面，济南惨案发生，师生同深愤慨，知非经武不足以自强救国，特聘徐震为国技教授，恢复朝操，锻炼身体，并筹备国技选科。未来计划方面，下学年添招新生40人。1927年度全年新收学费银币3220元，校董会补助6000元，临时捐款2000元，总计11220元。支出薪俸7896元，工资468元，购置1310元，其他消耗杂支1546元，总计11220元。实存现金为无。校舍建筑购入时估值2万余元，价无更变；图书购入时1600元，现在价值2400元；校具购入时2000元，现在价值1600元。（《院董会呈中央大学校长公函（2）》，陈国安、钱可里、王国平编：《无锡国专史料选辑》，第7—10页）

7月19日　文光女子国学专修学院院长叶秉衡发布招生广告。

"文光女子国学专修学校，系由文艺教育两界热心人士，叶汉丞、周凤鸣、姚巩瓯、沈小农、马伟烈、张泳梅、金师竹等，创议筹备。其国学院宗旨，在造就国学人材，及初中国文教育 [员]。附设中学，注重国、算、英三科。推定叶汉丞博士院长，现已着手招生，并在浦东新场镇，觅地建筑校舍。"（《创办文光女子国学专修学院》，《时报》，1928 年 7 月 20 日，第 2 张第 7 版）

"现招考国学专修学院一年级生及初中一、二年级生各三十名（限外不收），八月五日（即阴历六月二十日）在上海南市董家渡天主堂西浦东星报馆招考，八月二十九日在浦东新场本院招考报名处、星报馆或本院纳费，国学院每学期共四十二元，初中共三十三元。……自建校舍本学期可落成。"（《文光女子国学专修学院暨附中招生》，《申报》，1928 年 7 月 23 日，第 2 张第 5 版）

7 月　清华研究院教务会议批准 10 名学生留校继续研究一年，录取新生 3 人。

留校研究者共有颜虚心、罗根泽、蒋天枢、葛天民、储皖峰、张昌圻、门启明、蓝文徵、马庆霈、侯堮 10 人；录取新生裴占荣（雪峰）、徐景贤（哲天）、王静如 3 人。第四届学生共计 13 人。（孙敦恒：《清华国学研究院纪事》，葛兆光主编：《清华汉学研究》第一辑，第 334 页）

据说裴占荣报考清华研究院曾经三次落选，桑麟祥有《贺裴雪峰入清华国学院即步其感赋元韵》诗云：

桂花香里笑颜开，目窟攀跻几许陪。曹沫敦槃终振旅（曾三落选），仲翔戎马敢言材。（其夏日感怀有仲翔戎马作经师句）胸撑壮志金绠吐，发拟文心玉尺裁。衣钵大师皆宿彦，宝山探索不空来。

青灯黄卷十年亲，一跃风雷顿化身。散帛千金名士累，寒毡五噫俗流嗔。胜朝信史翻新稿（选课为清史稿补正），帝国芳园驻好春。鸿博巍科存硕果，武成不斩读书人。（自新会梁先生被通缉，学者丧气，前且有废止该院之议）

秋实春华岂为名，毫光五色耀神京。说经夺席应推戴，传易探源不让程。只有青睛称伯仲（闻此次投考该院，仅君与徐君景贤中选），漫嗟白发困兵争。身肩道艺能荣国，雷雨经纶快此生。

君家痴叔仰芬芳（指会川君），接踵真儒出故乡。豪迈胸襟参澹泊，尘污煊赫寻平常。有才已吐挥毫气，不佞徒羞抱瓮□。谁道文章憎命达，纯青炉火自生光。（天津《益世报》，1928年11月11日，第4张第15版）

研究院还有入学两年的某学生似乎不了解危机情况，还以为清华改归大学院管辖，而大学院定章每个学区都要成立研究院，作为研讨高深学术之机关，落实教育学术化的宗旨，清华研究院仅设国学一门，理应借此改进和扩充。建议清华向国内外大学学习，确立长期计划。

一是永久的基础。"即以国学而论，西人之东方学，如欧洲各国之东方学座，哈佛之中国学系，日本所设支那学研究室，以及各国学者如伯希和、钢和泰、伊凤阁等之究心东方文化，我敢说他们的成绩，很多非中国任何国学家所及！"反观国内，则"北京大学研究所经那么多的纷更，尚可以一直办下来。广州第一中大的研究所，经费很拮据，仅有少数人材，而最近一年中，却能努力！出周刊啦！调查苗瑶民族啦！采掘晋永嘉古迹啦！设法加入西北考查团啦！……燕京大学司徒雷登拿来贺乐的若干遗产，和哈佛大学订约在华开办研究院国学门，现正精密筹备"，皆因有为学术筑基的打算。而"本校研究院每年共费全校开支十六七分之一，（或者不止此数）在三年之内，各研究室里设备，总也可观！尚有一位西北代表（尚袁希渊先生）正在工作，收获很富；又有一位为考古学和欧美接洽的代表（李济之先生）尚未返国"。既然"学术上远大计划，当然不能在两三年中完全实现"，学校当局就应当建设永久的基础。

二是下年的建设。目前院内旧生既定，新生已经考试。下年建设最低限度要求有两点。第一点是延聘导师。自王国维逝世以后，经学、小学及金石学、古文字学等科，在过去一年不啻虚设。新同学初次来院，曾梦想马衡充任金石学讲师，不久堕入幻境。旧同学和王国维所定经学、小学等科的程序及内容，一旦陷入五里雾中，前尘去路，渺渺茫茫。史学方面，更是失去指导中心，捉摸不定。自下学期起，学校当局应当聘请国内第一流之经学、小学、史学导师。"就北平说，如柯劭忞、陈垣两先生之史学，马衡先生之金石学，应请他们或为导师，或为讲师。"第二点是扩充刊物。研究院除丛书外，还有官办《国学论丛》，每年四期，1927年6月第1期出版，现积稿已有五六期。但自上海商务印书馆签约包办，纸张很美，定价太高，每册洋一元二毛，不折不扣。积稿太厚，出书太迟，应当设法改良。其他为同学部分团体所办，如《国学月报》《实学月刊》，出书太多。尤其实学社自去年开学，就拿不到津贴，至今稿件盈箧，不能付印。应由学校援助，使各项作品渐次发挥光大，做出学术贡献，自可提高学术地位。最好一面印齐丛书，一面发行周刊或月刊。除讨论学术外，加入学术栏各项消息，以及本院纪事等，以便宣传敏捷，切磋不间。或干脆改订《国学论丛》为月刊。"他如补聘各研究室助教，及办公室办事员，成立出版委员会，网罗一些助理人材，更是急切不可缓的！"（屏：《谈谈研究院》，《消夏周刊》，第7期，1928年8月20日）

△　朱心鉴撰成《国人将来研究国故东方故要到外国去才行》一文，主张中国人自己要研究国故，东方各国要团结起来研究"东方故"，才能避免西人的隔膜。后刊于《职业市季刊》1928年秋季号。

西方人注意东方文化的原因，主要是一战后西方人对自己固有的物质文明起了怀疑，而东方精神文明的明灯恰带去一些光明。如泰戈尔游历欧美各国，引起西人注意。罗素、杜威先后讲学中国，学了不少东西；吴稚晖、胡适等在法、美等国时，都做过鼓吹。此外，本年4月，美国各大学竞相设立汉文讲座。东方文化的价值重在精神陶冶，以求真理实现，使一个朝代、一个国家，永存世间，使人遵守道德的约束，自己不超越法律的范围，不过也因太静，缺乏团结性。像中国数千年闭关自守，很少向外发展的大联合。但正因为如此，中国立国四千七百余年，至今仍是老当益壮。印度的佛教曾经有部分支配中国人的思想，但最大的维系因素还是孔孟之道。"儒家的好处，在乎不拘泥于宗教家迷信的仪式，而能出之以诚，绳之以礼。——诚者，真理也；理者，纪律也。有此二者，人群相处之道尽矣。"当然，东方人之长，决不尽于儒家，皆足以弥补西方人的不足。

> 现在的东方文化，正是一个未经开掘的宝藏，但我很不愿西人隔靴射影的研究，像美国某大学的教授的高明，可是我也非常的担忧着东方人——尤其是中国人的将来要研究国故东方故要到外国去才兴！我很希望和愿意东方诸国大团结起来，互相研究；至少，中国人要把数年中国固有的文化事业的特长，细细地去研究一下，因为它可以代表东方文化的大部；这是真的，更好，倘研究而有所发明，也可以领导领导这辈西方学生；这也是我们大家的责任，把东方文化独树一旗于世界上，使世界永存着一个光明璨烂的乐园。（朱心鉴：《国人将来研究国故东方故要到外国去才行》，《职业市季刊》，1928 年秋季号）

△　《中央大学国学图书馆第一年刊》付南京公孚印刷所印刷，11 月出版。柳诒徵撰写发刊词。该年刊 1937 年出至 10 期停刊。

本期目录：图像有本馆职员摄影 10 帧、本馆各部摄影 4 帧、本馆附近名胜摄影 2 帧；专著有《唐代刊书考（附唐本摄影四帧）》（向达）、《卢抱经先生年谱》（柳诒徵）、《南献遗徵笺》（范希曾）。目录前有《中央大学国学图书馆征求海内世族谱牒启事》，内云：

> 华夏民族蕃殖亚东，史乘蝉嫣，世莫与匹。自世本迄隋唐，史志谱牒之学，蔚为专门。五季、辽金，殊族云扰，沿及满清，谱学遂微，官私藏书，罕及家谱世族，所刊仅供子姓之藏庋，罕有综而述者。总理建国，首重民族主义，合千万有

谱之族，始可以征吾华全民族之信史。至如统计人口，研究善
种，尤非广集族谱，不足以得确证。本馆有鉴于此，建议于中
央大学中华民国大学院征集海内世族谱牒，储之本馆，以供史
学家、统计学家、善种学家之研究。大雅宏达，志光家国，幸
加赞助，广为劝集，无论旧刻新刊，总谱支谱，本馆一律征
收。如荷捐寄，编登馆目，代为宝存，普及阅览，既可垂之久
远，复可昭示家声。书到之时，立寄收据，并揭示馆内，以昭
公谊。特此布告。

北平《益世报》发表署名"冷"的评论小文，特别称许向达、
柳诒徵、范希曾的三篇专著。（冷：《中央大学国学图书馆第一年刊》，北
平《益世报》，1929年8月11日，第9版）

　　△　张连枞编著《国学读法》由云南图书馆出版发行，批评
学术界有关国学书目陈义过高，不适合云南省中等学校学生。并
在梁启超所开书目基础上，沿用四部分类旧法，有所补述。"自民
国十二年梁任公，胡适之国学书目发表后，继起者有陈钟凡，李
笠，章太炎，周予同，陈柱，汪国垣诸先生。其他易为文学哲学书
目者，不过与此大同而小异，然皆陈义过高，不适宜于中等学校之
用，且不适宜于吾云南学生。"原因一是"地处一隅，书不易得"；
二是"有志求学者，多属寒士"，购书困难。且数家中，精审而适
用者，首推梁。然梁于其书目读法之下，多云因手边无书，待异日
补。今四年已过，而未见补。青年光阴，一刻千金，如待异日，以
梁目为本，凡与梁之书目同者，皆为补述。梁之言足示青年者，亦
为附录。"所列皆本省易买易得者，并详出版或售书处，以为我青

年有志国学者之一参考云尔。"总之，"此书初名《中学国文补助书目及其读法》，控名责实，较为允当。既而嫌其字数太多，记忆不便，商之师友，乃易为今名"。

书目分类如下：甲，经部。包括《论语》《孟子》《诗经》《左传》《说文》。乙，史部。包括《战国策》《史记》《汉书》《后汉书》《资治通鉴》《世说新语》《宋元戏曲史》《史通》《廿二史札记》《滇云历年传》。丙，子部。包括《老子》《荀子》《墨子》《庄子》《韩非子》《论衡》《颜氏家训》《明夷待访录》《颜氏学记》《大同书》《国故论衡》《天演论》。丁，集部。包括《文选》《正续古文辞类纂》《黎续古文辞类纂》《古诗源》《十八家诗钞》《昌黎先生集》《白香山诗集》《漱玉词》。戊，工具类。包括《国学概论》《中国历史研究法》《中学以上作文教学法》《中等国文典》《经传释词》《古书疑义举例》《古今伪书考》。己，小说及书牍类。包括《三国演义》《儒林外史》《馨儿就学记》《天方夜谭》《曾文正公家书》《白话书信》。（张连楔编著：《国学读法》，云南图书馆，1928 年 7 月初版，第 2—46 页）

自序述及编著缘起说：

近来海内言国学读法者多矣，其成专书者已不下十数家，其散见于报章杂志者，尤不胜枚举。浅陋如余，学无所得，只敢采取他人读法而为己之读法，安敢以己之读法而为人之读法乎。此书之作，本出于被动，非得已也。去年在东大脱稿，呈袁树五、秦瑞堂两先生指正后，储箧不敢示人，然随时来问读法者，依然不免，自思吾之所答，要不出此。其答是耶，则我不负人，人我受益。其答非耶，则自误误人，人误尤甚，而我终不能知也。今之付印，第一愿望，即仰达者，痛加批驳，绳其大疵，俾得是正，问者方不为我所误，同时我亦进步。第二愿望，读者必谓此书重心，端在子史两部，不知滇中国学，不及江浙各地者，正忽子史而欠讲也。区区之身，穷年尽月，努力于此，亦欲将来本省国学，与他省立于水平线上，不畏人之先我，而畏来者失居上也。凡我青年，倘有志乎，则吾愿为陈涉矣。（张连枀编者：《国学读法》，"自序"，第1—2页）

该书附梁启超《治国学杂话》、章太炎《救学弊论》。

8月9日 冯宗麟在《申报·自由谈》撰文记述廖平逸事，谓为近代国学大师。

廖季平氏，蜀之井研人，为近代国学大师。著有《六译馆丛书》，精深渊博，世罕其俦。其《今古学考》一书，条析今古，别具只眼，尤为世人所推重。即余杭章氏，素主古文而排诋今文家，言者，亦称廖氏之学，确有独到处，其剖析今古源流，有胜于戴段钱王者。则其学之精审，可以见矣。至康有为辈之学，则全受廖氏之影响而成。顾康氏所著书中，未一及廖氏。惟梁启超《清代学术概论》，略述有一二。但梁仍自诩为晚清今文家运动巨子，而抹煞廖氏之功，斯可谓忘其所自矣。故胡朴安君痛斥梁氏，谓不得与于学术之林，良有以也。（冯宗麟：《廖季平氏轶事》，《申报》，1928年8月9日，第5张第17版）

8月11日　沈彭年推动王西神将正风中学改设正风文科大学，分设国学系等科。

据是日报载，"正风中学以现代文学之寥落，顺时代之潮流，应社会之需要，盖为本校毕业生谋升学之便利起见，爰敦聘海内外名流硕彦专门名家，创设文科大学。"先开办本科一年级及预科两班，分国文学系、英文学系两门，国文学系主任为前江苏教育厅长沈彭年（商耆），英文学系主任为前商务印书馆华文杂志、之江海关英文校长、现大同大学中学主任平海澜，并由平君兼任教务长，主持一切校务，厘订章程，业已就绪。"国学系"注重经史子集，循序渐进；英文学系注重时闻评论，以备实用。所聘各教授，皆系学识丰富卓有经验之人，日内已开始招生。（《正风文科大学消息》，《申报》，1928 年 8 月 11 日，第 3 张第 11 版）

改设文科大学，主要是沈彭年推动，国文学系即国学系。王西神撰《校史》称：

> 十七年秋，前江苏教育厅长沈商耆先生彭年来长教务，延揽通才，规画备至，始增设大学部，改名为正风文科大学。阅岁一周，沈先生不幸遭奔车之厄，死非正命，本院亦遵照部章分科大学制，更名为正风文学院。顾自沈先生谢世以后，么弦独张，丛轻折轴，乃将中学部改由他人接办，而鄙人专办学院。以中国文学系为主，而辅以国学专修科。义理、词章、考据分组并重，所聘教授多湛深国学之耆宿，差能应社会之需要，存国故于万一。（《正风文学院一览》，正风文学院，1934 年，第 1 页）

董事长、名誉校长黄庆澜，国学系主任沈彭年，教务长兼英文学系主任平海澜，校长王西神，发布招生广告，主张在国民革命之后，必须继以固有学术的研究建设。

> 文学为一国之国魂，国粹实救国之根本。上不好学，其亡其亡，系于苞桑。值兹革命告终，建设伊始，旧学商量，新知邃密，自属急不容缓。同人爰本炳烛之微明，聊作识途之先导，敦聘名儒硕彦，试办文科大学，分国学、英文学两系，招考本科一年级及预科生各五十名，简章函索即寄，报名费二元，九月三号考试，十五号开学。校址上海静安寺路底极司非而路廿四号大洋房内。再，本大学原设之中学部招考高、初中、国专、后期小学等各班，仍照前登广告办理，报名从速。
> （《正风文科大学中学部招生》，《申报》，1928年8月14日，第2张第6版；《正风文科大学中学部招生》，《申报》，1928年9月1日，第2张第5版）

王西神撰创办正风文科宣言，阐述了文学与国家的密切关系，因立国必须建立在政治、法律、道德、宗教等综合因素基础上，而文学则是传达固有历史文化之道。内称：

> 国于天地，必有与立，以相维相系于不敝。所谓立国之要素，政治也，法律也，道德也，宗教也，皆是也。然举一切政治法律道德宗教之属，无一不借文学以行远而传世，即无一不为文学所自出。质言之，如植物然，一切枝叶，文学其根本也；如人身然，一切如躯干，文学其灵魂也，思想出于是，智

识出于是。夐乎倜哉，文学之功用也。粤在我国专制时代，祖龙愚民，必以焚书坑儒，为窒塞聪明之具，而欧西暴君之亡人国也，长图大念，亦惟灭裂其本国文字之是务，埃及然，印度然，乃至高勾骊之夷为群县也，亦骎骎有不能保存其固有文字之痛。退稽史乘，博观近事，文学之与国家关系极重也如是。方今世界棣通，各国皆自有特殊之文学，本其民族地域语言文字历史风习之不同，自成其固有之特质，发扬而光大之，以争胜于世界。吾国有数千年之历史，夙为东方文化先进国，凌夷至于今日，炎黄华胄，黯然无光。自五四以还，青年学子，受东西洋文艺思潮之洗礼，始瞿然憬然，有志文学之研究，以期自进于世界文化之林。此不可不谓文学界之好现象。然徒骛于新知之培养，而忽于旧学之商量。及其弊也，将固有之特质，沦胥以尽，而于他国之文学，亦徒有虚名，而不足以蕲实效。见他人之锦绣，而忘其箧中之贮有文绮珍霨，藏宝累累，蕴而莫宣。西邻之子，转艳羡而生觊觎之心，大学列为专科，群经资其鞮译，庡言日出，翩其反而。循是以往，非第亡学，抑且亡种，衡其功罪，竺于国拘。抱残守缺，而贻落伍之讥，与狃于欧化一齐众楚，而来虚车之诮，其失也钧。斯事体大，欲回积弊之偏，必借众擎之助。同人不敏，爰本填海之愚诚，试作椎轮之创制，先就正风中学，扩充推广，增设［文］科大学，暂分国学、英文学二系，一方研究西洋新文学之精蕴，一方研究吾国固有文学之特质，整理之，发明之，以贡献于世界，等量齐观，兼程并进，顺时代之趋向，应社会之需求，斯固国人之责，而亦同人所愿竭其鄙陋，驽马十驾，邪许相应，以冀进而迫群者也。若夫文学二字，涵义至广，科以文名，挂漏何限。同人一得之愚，咫闻尺见，悬鹄以趋，设施之备，请俟异日。（《正风文科大学近讯》，《申报》，1928年8月19日，第4张第14版）

同时，撰写国文学系绪言，阐述经史子是国学根柢的观点。内云：

国学一科，浩如烟海，欲求博览精通，将毕生无止境之日，数年学期，岂能毕业。兹略示其入门之途径于此。国学大别，不外经史子集四部，而归纳言之，又止有子史二部，经中如《诗经》《左传》《周礼》（三礼三传）等，皆史也，所谓六经皆史也。《大学》《中庸》《论》《孟》《孝经》《易经》等，皆属于哲学范围，皆子也。史中又可分为二大类，编年与纪传，皆为事实史，此一类也。《通典》《通志》《通考》等，为法制史，此又一类也。读史之法，要贵提其要而钩其元，作有系统之研究。子类除经之一部分外，以周秦汉诸子为最要，唐以后只宜取其最精者读之。集为文科之本身，其书更多，然其根柢皆出于经史子三者，以经史子植其基，以集部广其用，然后卓然与于著作之林，宏篇巨著，或为说理，或为抒情，或为记事，语其体或为散文，或为骈俪，门分户别，殊途同归。故经史子为文科储材之渊薮，譬诸作室，一切木石基础，皆当于经史子中求之，材料既得，类别部居，因材器使，以从事于建筑，而美轮美奂之广厦，即涌现于目前。本大学之设，所以示人取材之方法，与夫建筑之程式。草创之始，粗示工具，大匠能与人规矩，不能使人巧，神明而会通之，要在于自身之致力何如。本简章所列，仅载大纲，细节详目，容俟依次规定。又甲乙四部之外，尚有各项选修科目，兹并示其崖略，以备自择。今日之读书，与昔日之读书异，中外沟通，文化繁赜，而学年又复短促若是，昔人分年读书之法，不复能适用于今日，由博返约，是在读书者之自行努力。编订之始，聊发其凡，方闻宏博之君子幸进而教之。（《正风文科大学近讯》，《申报》，1928年8月19日，第4张第14版）

正风文科大学经过第二次招考录取新生，大学国学系录取30人。计有柳璋、沈延赏、徐燮祥、严兆熊、朱镇熊、翁之经、张秀勤、李卓、朱霞、杨昌洼、邹人俊、潘秋桂、王宗熙、金宽生、王昌言、吴兴寿、黄世勋、李士荣、邓述豫、潘廷颖、范文伟、王子宪、谢廷相、谢肇恩、陆文俊、郑述三、赵潄六、莫经、吴尚德、孙之斡。（《正风文科大学中学部第二次录取新生》，《申报》，1928年9月5日，第2张第6版）

8月17日　国民政府议决清华学校改为国立清华大学，任命罗家伦为校长。梅贻琦辞去教务长职务，赴美接任清华留美学生监督处监督，不再主持研究院工作。此后，清华研究院未再指定主持院务者。梅贻琦后来担任清华大学校长，曾说"所谓大学者，非有大楼之谓也，有大师之谓也"之语，与这两年兼理清华研究院事务所受各位导师的启发不无关系。

由于研究院于下年度停办已定，所以清华校务会议没有再指定由谁来主持研究院院务。（孙敦恒：《清华国学研究院纪事》，葛兆光主编：

《清华汉学研究》第一辑，第334页）

　　此后清华研究院事务，集中于陈寅恪一人。因为赵元任在清华研究院"担任功课极少（闻先生在新制旧制均没有课，仅每周担任研究院演讲'吴语'一小时）"。（《行有余力，则以学"琴"》，《清华周刊》，第415期，1927年10月7日）姜亮夫在《忆清华国学研究院》中说："王先生过世后，我们大家惶惶然无所依归。同学中有人出头，提出请南方章太炎先生来，但这是一个滑稽戏，被太炎先生拒绝了。这样一来清华的老师只剩下寅恪先生了。"（张杰、杨燕丽选编：《追忆陈寅恪》，第77页）因此，陈寅恪不得不担起重任，无论是否正式弟子，也要负指导之责。加上清华研究院规定，同一科目，教授可以分任而主张不同，学生也可由几位教师同时指导，而陈寅恪又博通古今中外，尤其对魏晋至明清的历史研究极深，虽因选科太专、考项太难而无人敢于报考，进院后的学生却时有请益。如陈守实研究明史，为梁启超弟子，却对陈寅恪钦佩之至。有的则受其影响调整研究领域，如吴其昌在院三年，随梁启超研究宋代学术史，后在《国学论丛》第2卷第1号发表《殷周之际年历推证》，又著《金文历朔疏证》，显然与这时已代生病的梁启超主持论丛的陈寅恪有关。研究院结束后，陈寅恪还向陈垣力荐吴其昌。因此，1928年6月以后留院的学生，无论是否陈寅恪门下，都受过其教益。但从个人的选题及后来的研究方向看，仍然无人直接投考陈门。学术界公认可能继承其衣钵者，都是研究院以后的学生。（桑兵：《晚清民国的国学研究》，上海古籍出版社，2001年，第147—148页）

　　暑假后，清华大学新聘一批教授和讲师，包括马衡担任研究院讲师。（齐家莹编撰：《清华人文学科年谱》，第70页）

张清水为《吴歌乙集》作序，认为中山大学民俗学会前景较《北京大学研究所国学门周刊》《北京大学研究所国学门月刊》为大。

内称中山大学民俗学会，最努力民间文艺研究，一年多出了12期《民间文艺》、24期《民俗》和十几种丛书，成绩很大。只要《民俗》出至100期，丛书出至30种，民俗学会的成绩当使举世惊奇。"其收效之大，当较之《歌谣》《国学周刊》《国学月刊》为尤大。这是值得对一切的读者们预先说及的。"（《吴歌乙集》，《民俗》，第39期，1928年12月19日）

△　报载保定同善社改名国学专修馆，仍为同善社分子操纵。

同善社本由失意政客与腐败官僚及军人组成，除提倡迷信，尚含有用意，国民政府早已明令取消。但该社仍思死灰复燃，更名辅仁堂，暗中煽惑不已。国民政府遂重申禁令，转饬各地一律查禁。"保定同善社，鉴于大势已去，曾自动取消，而潜势力犹在，锋社地址改为国学专修馆，仍为同善社分子所操纵，更属诱惑青年之场所。该社之不动产，则租赁商店，进款归社员分肥。"（《保阳片片录》，北平《益世报》，1928年8月17日，第6版）

8月26日　武汉大学电聘杜纲伯为国学教授。（《两湖近闻》，《申报》，1928年8月27日，第2张第8版）

△　报载英华书馆广东同学会成立，推筹备委员会主席江嘉炎为临时主席。内分国学等14个小组，辅助成员进步。（《英华书馆广东同学会成立大会》，《申报》，1928年8月28日，本埠增刊第3版）

8月31日　署名"不才"者在浙江《四明日报附刊》撰文，谈张乙庐长院的宁波国学专修院办理不善情形。

据"不才"的老友詹詹生所说，宁波国学专修院长院学者为张乙庐，所聘教员如叶伯允、史象衡、包□如、梁伯嵒、张世源等，皆一时名士。任经济者为董某。开院之初，学生十余人，彬彬一堂，弦诵之声入耳，颇见古党庠序遗风。由于经济不充，除所醵之资，已为开办费外，平日支用，全赖学费以为挹注。韩乐斋愿为之助，董某拒而不纳，因惧一经他人入资，大权旁落。董某延一司账，支薪而不任事，学生啧有烦言，董称出资办学，不受任何人干预，自是司账者益无顾忌。又延一教员任教字课，破体别字，数见不鲜，或责诸董，董仍执前言，学生皆无以难。转瞬4月，学生学费挹注殆尽，图穷匕首见，于是董某率妻子往沪筹经济。又一月，董某归，学生方延颈以待其新献，而董某宣布提早放学，盖旅沪匝月，仍莫名一钱，于是索债者纷至，济济一堂，亦极一时之盛。董某概以非我事了之，教员薪水，当然付诸一漂，于是教员空手而去，学生垂头而归，不了自了。"闻董某曾捐资五十元，私人薪水所支，日一倍之，而生财杂务，如愿如携，亦颇可观，虽未赚钱，然亦不至蚀本。所晦气者，教员之薪水与学生之功课耳。"（不才：《国学专修院黑幕》，《四明日报附刊》，1928年8月31日，版次不详）

是年夏 清华研究院教授赵元任赴广东、广西调查两广方言。（关志昌：《赵元任小传》，《赵元任早年自传》，台北传记文学出版社，1984年，第176页）

8月 陈垣出任燕京大学国学研究所所长。（刘乃和、周少川、王明泽、邓瑞全：《陈垣年谱配图长编》，辽海出版社，2000年，第265页）

本年8月20日，燕京大学学生顾敦鍒自入北大国学门毕业后，致函陈垣称："生南返后本拟入中央研究院，继因该院国学、政治二门均未开设，无可研习，而母校之江大学朱经农、李培恩校长咸坚邀返校，以规划国文学系事相属，固辞不获，只好暂为帮忙，聊尽同学之义务而已。惟学识、经验两感不足，遽膺重任，殒越堪虞。深望不弃在远，源源赐教是荷。近得吴校长（吴雷川——引者）来函，悉吾师已荣任哈燕国学研究院院长之职，改进院务，发扬国学，可为预祝。……前于院务改进，口头书面均有陈述，谅邀明察。在位谋政，定可逐渐施行以增进学术，嘉惠后生也。目录索引之学，实为整理国故必要之工具，吾师提倡已久，今掌院政，必能以此为'研究'之始矣，快甚慰甚。新院章印成，乞见惠数份。之大同学颇有其人，本校及浙江图书馆亦尚可应用，俟有相当准备，拟介绍来燕研究。生亦希望不久仍能回院读书也"。（陈智超编注：《陈垣来往书信集》增订本，第389页）

10月，哈佛燕京国学研究所执行委员会在波士顿召集会议，由该所托事部主席柴斯报告近况，提及近来欢迎该所课程者，日渐增多，报名人数已达30余名。仅博晨光一班，已有8名。教员共七八人。"闻该院图书馆设备完善，为我国留学彼处诸人聚会之所，近拟将移设伯鲁思楼云"。（《哈弗燕京国学研究所》，《燕京大学校刊》，第12期，1928年11月30日）

△　无锡国学专门学院招收第七班学生50人。

唐文治记云："七月，行开院礼。考取新生五十名。"（唐文治著，唐庆诒补：《茹经先生自订年谱》，第98页）

因校舍不敷，租借四郎君庙为校外宿舍，共住30人。（《私立无锡国学专修学校十五周纪念册·校史概略》，第2页）

△　中央大学国学图书馆最近出版四种书籍。

计有明于燕芳《剿奴议撮》（附陈继儒《建州考》）、影印余澹心手写《玉琴斋词》、阮大铖《咏怀堂诗》和《国立中央大学国学图书馆小史》四种。(《南京中央大学国学图书馆最近出版书籍》,《北京图书馆月刊》,第1卷第4号,1928年8月)

9月2日　报载新民大学招考免费生,含大学文学院国学系、专修部国学科。(《新民大学招考免费男女生》,《申报》,1928年9月2日,第2张第7版)

△　上海群治大学登载招生广告,国学为大学五个科级之一。各科以原校成绩最优者得免试入学。校址在劳勃生路槟榔路口。(《上海群治大学暨外交专科续招男女生》,《申报》,1928年9月2日,第2张第7版)

9月3日　报载文光女子国学院续招一年级生,以中等学校毕业或国学程度优异者为合格,远道随到随考。(《文光女子国学院续招生》,《申报》,1928年9月3日,第2张第6版)

9月11日　报载上海黄氏女子学社由罗静轩指导学生国学。

上年9月,已故留美学生监督黄佐廷第三女公子黄倩仪在上海赫德路六十号创办黄氏女子学社,主旨在"使有志求学之女子,得普通适用之知识,并发展个人之特长,为社会造就良好之家庭主人翁,及高超之专门人材"。成绩昭彰,现因就学者日益加众,正建造学舍,并添聘国文教习罗静轩,"指导学生体育上及国学上之发展"。定于9月12日上午9时举行招生考试,19日正式开学。(《黄氏女子学社》,《申报》,1928年9月11日,第3张第11版)

9月12日　暑假结束,清华大学新学年开始。研究院学生报到,并开始选定自己的研究题目。(孙敦恒:《清华国学研究院纪事》,葛

兆光主编：《清华汉学研究》第一辑，第334页）

本年8月13日，罗家伦受命为清华校长，17日正式接到国民政府委任状，18日宣誓就职。据《申报》报道，"自清华正式改为国立大学，校长罗家伦就职以来，校中顿换一新生命，在教育状况停顿之北方，实具有一番新精神。罗氏于开学日曾发表办清华之具体意见，而对此后青年之思想、文艺、体力，有宁愿其笨重，而不愿其小巧，更应努力前进，从光明伟大朴实路上走去。"教务方面，由罗家伦聘请杨振声为教务长，各系普通现象，皆加各教授及功课。"（国文学系）希望能造成一近代化的国文学系，因国学在新文化运动中，实占有［相］当的地位，但必须用科学方法去整理，哲学态度去分析。"

杨振声兼国文学系主任，教员有刘文典、钱玄同、俞平伯、沈兼士、杨树达、朱自清、张煦。"历史系，北平为研究史学之良好地域，此后注重史料的批评研究与整理。"由罗家伦兼历史系主任，教员有朱希祖、孔繁霱、刘崇铉、张星烺、王桐龄、陈垣。"研究院，将来归并于毕业院。"教员有陈寅恪、赵元任、马衡、林宰平、李济。(《国立清华学校之新设施》,《申报》,1928 年11月9日,第3张第10版；齐家莹编撰：《清华人文学科年谱》,第71—72页)

国民政府决议组织北平大学区后，清华大学当局对于清华学校制度问题，已经草定学校组织大纲，内容会议即国学研究院存废。"组织大纲，并无国学研究院之规定。杨杏佛表示将来如北平设立国学研究所，则清华现存之国学研究院，即行并入其中。罗家伦则谓将来或将其作为毕业院之一部分，本年度暂不取消。"(《清华校长问题解决》,《申报》,1928 年9月26日,第3张第11版)据11月《国立清

华大学校刊》所载，本年度第一学期注册学生，有研究院9人。（齐家莹编撰：《清华人文学科年谱》，第73页）

"本校国学研究院，成立三年，颇著成绩，历届毕业学员，多被聘任为教授或学术机关之职员。本校新章程有大学毕业院之规定，在大学毕业院未成立之先，该院仍维持旧状。"教授及课目如下：教授有陈寅恪授"梵文文法"，每周二小时；又"唯识二十论校读"，每周一小时。赵元任本年赴粤调查方言，下学期将授课。讲师有马衡授"金石学"，每周二小时。林宰平授"人生哲学"，每周二小时。李济前因赴美，刻已回校，亦将授课。此外并拟请陈垣担任史学指导，因其事忙不克来校。最近拟请罗振玉为通讯导师，正在接洽中。学生研究题目：裴占荣：清史稿补证、虞翻年谱；徐景贤：中国道教史、景教考；吴宝凌：中国诗史；罗根泽：管子年代商榷、阴阳家源流考；葛天民：中国古韵源流、古玉考；储皖峰：六朝文学年表、唐诗概论；张昌圻：先秦伦理思想史；门启明：中国宇宙思想的演进（续前）、道家的人生观；蓝文徵：中国史学史；马庆霈：方志研究；颜虚心：礼经释乐、乐器图考；刘节：中国哲学史（续前）；侯堮：礼经汉读考、古文字学；王静如：中国古代音韵之研究。（《教授及课目一览》，《国立清华大学校刊》，第15期，1928年11月30日；《清华学校国学研究院教授及课目一览》，天津《益世报》，1928年12月5日，第4张第16版）

研究院纪念王国维教授一事，仍由上学期同学会推选委员颜虚心、蓝文徵负责办理。曾经征求碑石图样，现已由东北大学工程系主任梁思成代为制作，不日即拟购买碑石并接洽石工。至该碑竖立地点，尚未择定。（《筹备王静安先生纪念碑》，《国立清华大学校刊》，

第 15 期）

此外，清华大学已着手办理印刷所，对于刷印书籍，较前便利。研究院教授陈寅恪现拟将三年来同学成绩，陆续付印，借补《国学论丛》不足。（《刊印成绩》，《国立清华大学校刊》，第 15 期）研究院同学会已经开常会两次，改选职员，干事侯堮，副干事徐景贤，文书蒋天枢，会计裴占荣。（《同学会职员》，《国立清华大学校刊》，第 15 期）

9 月 15 日　报载中原书局将于 11 月底出版徐绍桢父亲徐子远著《说文注笺》，新闻媒体誉为国学新著述。

番禺徐绍桢尊人徐灏，字子远，著有《说文注笺》，现由中原书局用石版照原刊本摄影缩小，重印 2000 部，公之同好。

子远先生为有清道光咸同间有数之经师，其考据之学，世以方之王氏父子，早有《通介堂经说》行世。此《说文注笺》，盖自比于郑康成之笺《毛诗》，乃其毕生精力所构成。书中发明段氏所未言，纠正段氏之谬误，实有独到之处，可称为段氏之功臣。学者苟读段氏注，尤不可不读徐氏笺也。际兹国学昌明，此书实为全国大中学校参考所必要，尤为各大图书馆及搜藏家必不可少。

原书共计 31 大厚册，现摄影缩印，分订 8 册，装成 2 函，检阅携带，均极便利。阳历 11 月底出版，定价连史纸本大洋 8 元，有光纸本大洋 4 元。特定预约办法，凡在阳历 11 月底以前，向中原书局购买预约，连史纸本只收大洋 4 元，有光纸本只收大洋 2 元 4 角。（《国学书中新著述》，《申报》，1928 年 9 月 15 日，第 4 张第 15 版；《国学书中

新著述》，《新闻报》，1928年9月18日，本埠附刊第6张第22版）

据说《说文注笺》"购预约者极多"。此外，徐绍桢自著《丙寅日记》，上年刊出后，颇为风行，现在又将刊印《丁卯日记》，仍由商务印书馆、中原书局及各大书坊代售。

> 丙寅日记多发明性理之蕴，训诂之义。丁卯日记，固犹是职志，而又选取明人所为时艺，批骘奥妙，发挥理薮，导人以作文之门径，探学道之渊源，而为治国之要素。盖时艺之兴，已历千载。宋明清以来，理学名臣，救国志士，无不由是以出。今世不讲此，已数十年矣。欲明国学，固亦舍是莫由。又，丁卯日记中尚载有每日研究诗经之说，后以卷帙太繁，提出别行，不久亦将出书，又为读诗经者所必需之国学要籍也。

（《提倡国学声中之两要籍》，《新闻报》，1928年11月14日，本埠附刊第6张第24版）

9月17日 报载北平大学各学院院长人选大体已定，国学研究所为沈兼士。（《北平各校开学有望》，《申报》，1928年9月17日，第3张第11版）

尽管北京大学已于6月6日谋求复校，但直至1929年3月上旬都未能开学，停课达9个月之久。不久，国民政府常会决议通过大学院呈送的北平大学区组织大纲草案，交由大学院施行，并决定改中华大学为北平大学。北平大学区以北平政分会所管辖区域，即河北、热河两省和北平、天津两特别市组成，设立大学委员会北平分会。北平、天津、保定三城相距甚近，公家设立的固有高等教育机关，有北平国立九校，天津北洋大学、天津工业专门学校、法政专门学校，保定的河北大学，同类的学校，各校有同类课程、重复之处。草案对大学本部组织，避免各学院课程重复，以学术独立课程，错综平均发展，互相联合为原则，一方力求合理，一方兼顾事实。本此精神，拟定组织及迁移过渡办法。其中第二条规定："本大学区设研究院（如国学研究所等），为本大学区研究专门学术之最高机关。"原有各校迁移过渡办法第一条规定，北大文科、保定河北大学文科，迁至北大第一院旧址。北大第一、二院的研究所、国学门改为研究院、国学研究所，将来迁入参议院旧址。（《国府通过北平大学区组织大纲》，《申报》，1928 年 9 月 23 日，第 3 张第 12 版）

直至本年 12 月 29 日，报载北平大学所有大学本部组织及各学院内部虽已粗事布置，但全部仍未臻于完备。大学本部各院院长人名已经部分确定，国学研究所所长由沈兼士担任。（《北平大学组织之一斑》，《申报》，1928 年 12 月 29 日，第 3 张第 11 版）

9 月 20 日　大学院特派柳诒徵、薛光锜到无锡国学专门学院切实调查，呈报条例符合，成绩优良，于是日批准立案。（《私立无锡国学专修学校十五周纪念册·校史概略》，第 2 页；《本校大事记》，《国专校友会集刊》第 1 集，第 4 页）

9 月 19 日，无锡教育局长薛光锜即已致函唐文治，称当日奉批准予立案。唯经费一节，有"应速筹措基金"等语，即希随时注意。（《薛光锜致唐文治函》，陈国安、钱可里、王国平编：《无锡国专史料选辑》，第 12 页）唐文治有函复薛光锜致谢。（《私立无锡国学专门学院院长致无锡县教育局长公函》，陈国安、钱可里、王国平编：《无锡国专史料选辑》，第 14 页）

9月20日，中华民国大学院颁布训令（第六八七号）称："查该学院前经国立中央大学校长张乃燕转呈请准立案，复经本院派员实地调查，认为与《私立大学及专门学校立案条例》尚属符合，应即准予立案。惟该校经费颇欠充足，应速筹措基金，以期学校经济基础之巩固。"（陈国安、钱可里、王国平编：《无锡国专史料选辑》，第13页；《无锡私立国学专门学院立案已准》，《申报》，1928年10月14日，第3张第12版）

有关立案一事，唐文治记云："国学院具文请大学院立案，迄未覆准。至九月间，派丹徒柳君翼谋、无锡薛君颂华来院调查，二君回京报告，谓本院成绩斐然，办理完善。旋奉大学院批准立案。"（唐文治著，唐庆诒补：《茹经先生自订年谱》，第98页）陆振岳《无锡国学专修学校述略》云：

> 1928年7月18日报批校董会，8月6日，大学院核准，随即申报国学院事。9月初，大学院先后特派王瀣、汪东［宝］和柳诒徵、薛光琪［锜］来院调查，极称办理完善，成绩优良。于9月20日，大学院批准无锡国学专门学院立案。既经政府批准立案，当然就得按照法令，将学校的机构和教学的体制作调整和改变。专修馆时只有馆长、教习、助教和事务人员数人。而国学院则设院长和教务、总务等职员，教员又有教授、副教授、讲师等称谓。（《苏州大学学报（哲学社会科学版）》，2000年第2期，第108页）

王伯沆、汪东宝到无锡国学专门学院调查是在当年3月，而非9

月。黄汉文《记唐文治先生》云：

> 一九三〇年，国民党的大学院特派柳诒徵、薛颂华两位
> 来校调查。他们调查得很细，还提出了改进意见，对在校学生
> 进行了甄别考试。他们出了一道作文题，学生集中在大礼堂作
> 文，限三小时内完成（用毛笔将文卷誊就）。这一方式类似一
> 次作文竞赛，对国专学生来说，准时完卷没有什么困难。柳、
> 薛两位向大学院报告："办理完善。"当年九月二十日批准立
> 案，奉教育部令改为"无锡国学专修学校"。这一校名沿用了
> 十九年，直到苏南、上海解放。（中国人民政治协商会议江苏省委员
> 会文史资料研究委员会编：《江苏文史资料选辑》第19辑，第112页）

所言时间与史实亦有出入，或为无锡国学专门学院改名为无锡
国学专修学校之时。据国民政府教育部档案记载，"无锡国学专科
学校"于1928年9月立案。[中国第二历史档案馆编：《中华民国史档案资
料汇编》第五辑第一编教育（一），江苏古籍出版社，1994年，第322页]

无锡国专立案过程出现波折，具有国民政府着重发展理工农
医科，压缩掌控文法科的政策背景。南京国民政府成立后，教育部
"严令私立大学立案。前大学院曾订私立学校及校董会立案等条例
公布施行。惟各私立大学多未能尽合条例呈报立案，本部继续严令
各地方教育行政机关限期执行，一面派员切实调查。其设置简陋、
基金缺乏者，则严加取缔，以免贻误青年；嗣复改订私立学校规
程，限制私立学校立案，必须经过呈请设立、呈报设立、呈请立案
三种程序，对于经费与设备，限制尤严"。专门教育则基于国家建

设需要，"改为专科学校，其设立之目的，以教授应用科学养成技术人材者为限"。［《教育部成立二年来的工作概况（1930年）》，中国第二历史档案馆编：《中华民国史档案资料汇编》第五辑第一编教育（一），第126、129页］

　　无锡国专得以立案，背后则有吴稚晖说情。1933年，王世杰与段锡朋入掌教育部。当时调阅1931年官方统计，全国文法科学生2万余人，理农工医实科才9000人。上海一带文法大学及独立学院犹方兴未艾，而师资设备大都两俱贫乏。无锡国学专修学校虽在名贤唐文治主持之下，亦颇如斯。教育部因有一方面增设实科，一方面对上海及其附近不良大学及独立学院等下令停止者，不下十数单位。而无锡国专，部中亦有令其暂停招生之拟议。吴稚晖致函教育部长王世杰，为无锡国专说情。1934年5月11日，吴稚晖致函王世杰，曾论及此渊源。内称：

　　　　国专诸承维护，代为感谢，已转知之矣。法科学生之太多，前日开会时邵力子先生亦备言之。即菊生先生所谓需要，亦表面理由。惟其真实内容，必因私校学生太少，不易支持，故弟当日即揭出此层。并以文学私校为比，代鸣不平。然教部苦衷，亦何尝不知。故觉直截取消限制，亦嫌卤莽。因请临时救济，先由法、教两部，协商临时办法。若根本解决，一时亦无从适当。若以国情而论，文法尽可缓增。惟不规则之现象，由于数十年之形成所遗留者，一时亦不能不软性救济，所以文法添校，目前应当绝对不许，至从前已有之校，而议断然停止，亦何尝不可。如谓"办理成绩较为良好，经视察属实者，并得酌予宽定数额。"亦已仁至义尽。然世间之事，尚有例外。即如上海正风学院，设当日止先整顿其师资，缓责其设备（倘校为实课之校，自然设备更要，至为文法，似乎设备可缓。）则彼立足于租界，可以徐徐良好。俟稍有力，再求其设备之完全。于此私校，所当维护，此所谓软性救济。师资设备，同时策进，于是借贷巨款，勉强应付，加以限制招生，设备差可敷衍，师资乃不堪问，（不必谈专任教员，连兼任者亦以欠薪而裹足。）良好更无从说起。自然罪有应得，无词可以对官，又无法可以偿债，我虽不杀伯仁，伯仁因我而死。对于国内只有一二之古董，导之入于死地，此又不可不网开一面，于无法中应为设法者。律设大法，礼顺人情，处于过渡时代，诚有虁额为难者矣。故弟当日戏告汪先生曰，我是主张投线装书于毛厕中三十年者，然激宕之言，为极度紧张之词耳。设当时诚一致采纳，至今已三十年矣，则大炮机关枪不可胜用，国货重工业不可胜数，无严重之外患，此时尽听迎线装书于毛厕之中，尊孔读经，可曰此其时矣。惜乎尊孔读经之日，当此外患急迫、无具应付之日，故共觉文法可缓图，线装书仍应投入毛厕耳。但当时弟欲投线装书于毛厕，私心亦何尝不望有最少数之人，守候在毛厕边，将欲投者窃取而藏之，以备三十年后之欢迎。

（王世杰：《吴稚晖先生关于"投线装书于毛厕"的解释》，《传记文学》，第 18 卷第 6 期，1971 年 6 月）

无锡国学专门学院教授徐震辞职，聘请徐景铨（约1896—1934，字管略）继任。职员沈炳焘辞职，聘请孙家复继任训育兼会计庶务员。同月，聘请刘觉民（生卒年不详）任党义教授，侯敬舆（名鸿钧，字敬舆，以字行，生卒年不详）任国技教授。（《本校大事记》，《国专校友会集刊》第1集，第4页；《无锡国学专修学校概况·大事记》，第4页）徐景铨开设的课程主要有中国文学史、历代文评、散文选等。（张尊五：《三十年代的无锡国专》，中国人民政治协商会议江苏省委员会文史资料研究委员会编：《江苏文史资料选辑》第19辑，第158页）

9月　胡适写成《治学的方法与材料》一文，强调先要有科学方法，再来扩展使用书本以外的新材料，两者结合，才有成绩。11月10日，刊载于《新月》。

或受傅斯年的史语所旨趣影响，胡适认为学问要方法与材料相配合，纸上的学问也不是单靠纸上的材料去研究的。胡适虽然仍然把清代考证学中最精彩的部分称为"科学的"，但用了更多篇幅批评清人研究的材料局限，不出于故纸堆的范围，不如西洋人懂得运用实物的材料，故其成绩"有限的很"。甚至认为，此前推崇有加的清代声韵学，"简直是没有多大成绩可说"。单有精密方法不够用，还必须有材料。材料既可以限死方法，也可以帮助方法。

三百年的古韵学抵不得一个外国学者运用活方言的实验。几千年的古史传说禁不起两三个学者的批评指摘。然而河南发现了一地的龟甲兽骨，便可以把古代殷商民族的历史建立在实物的基础之上。一个瑞典学者安特森（J.G.Anderson）发见了几处新石器，便可以把中国史前文化拉长几千年，一个法国教师桑德华（Père Licent）发见了一些旧石器，便又可以把中国史前文化拉长几千年。北京地质调查所的学者在北京附近的周口店发现了一个人齿，经了一个解剖学专家步达生（Davidson Black）的考定，认为远古的原人，这又可以把中国的史前文化拉长几万年。向来学者所认为纸上的学问，如今都要跳在故纸堆外去研究了。

希望一班有志做学问的青年人及早回头想想，仅学得一个方法是不够，最要紧的关键是用什么材料。现在一班少年人跟着我们向故纸堆去乱钻，这是最可悲叹的现状。希望他们及早回头，多学一点自然科学的知识与技术，那条路是活路，而钻故纸堆是死路。"等你们在科学试验室里有了好成绩，然后拿出你们的余力，回来整理我们的国故，那时候，一拳打倒顾亭林，两脚踢翻钱竹汀，有何难哉！"（原载《新月》1卷9号，1928年11月10日，又载《小说月报》20卷1期，1929年1月。收载季羡林主编：《胡适全集》第三卷，第142—143页）

胡适以西方科学方法，并借此划分生死材料的主张，遭到顾颉刚在中山大学的学生何定生从逻辑角度的反驳。10月18日，何定生复函卫聚贤讨论古代文法问题，以例证法为例，认为方法精严则可用于一切国学，与材料无关。何定生将卫聚贤有关古代文法研究的问题，归为符号与文法哲学两大方面，特别强调方法的谨严，不能以局部求通论。如胡适《尔汝篇》和《我吾篇》的研究态度、用例方法，则不敢苟同。"他用一两个例子，而证明某个通则；同时，又附以例外，这颇危险。夫用寥寥数例，而积极地创通例，已不必妥当，而同时又不能消极地注意这例之保障，则其势必至数例一通则，数例一通则，其所极至，干脆点，直可谓之没有通则。""寻通则，宜捉住'意识之流'，其于空间，则为'空间意识'，其于时间，则为'时间意识'。"意识之流"是"一个地域（空间），一个时代（时间）的某种文字结构或用法的大意识，即其地域之人，其时代之人之意识——无论其为显在，其为潜在（即下意识）——皆于某种条件上取同一之倾向是也。这种'意识之流'，要是捉得著，则无往而不左右逢源，一切书皆为我用。此虽其人宜有眼光，有胆识，而亦仅是从刻苦中来"。"假若将古代一切书，全部分析之——当然各有立脚点，如文法，如制度，如思想等等，如化学家之分析质素然，则古书的时间或空间意识，决不能逃我们的掌握。""这是最精严的方法，可以应用于一切国学。"（何定生：《答卫聚贤先生》，《国立中山大学语言历史学研究所周刊》，第5集第53、54期合刊，1928年11月7日）

1929年1月22日，何定生在中山大学写成《"新""旧"材料与治学方法问题》一文，批评胡适以生死划分材料的不当，强调国学研究只有方法新旧问题，没有材料生死区别。

> 材料若有生死，则方法的重要位置便根本推翻：材料"生"了，初不必更问方法；材料死了，则方法也不能有所帮助。故胡适之一面承认科学的方法是生路，一面又谓"国学"的材料终久［究］是死的，于是不得不犯了逻辑的"矛盾律"（The law of contradiction），而将全称肯定命题（Universal affirmative proposition）和特称否定命题（Particular negative proposition）并存在（both be）他的文章结论里。

如哥白尼、葛利略、牛顿等研究的自然事物，并不都是生的材料，因为方法科学而成功。朱晦庵格物、王阳明格竹子，并不都是死的材料，因为方法不科学而失败。龚定庵、章炳麟不相信兽骨龟甲等地下材料，对于甲骨文研究没有贡献，孙诒让、王静安能用新方法，却能取得新成绩。因此，新旧相对而言，即使"旧"材料，只要有"新"刺激，便是"新"材料。如康有为《新学伪经考》对于《左传》的怀疑，瑞典中国学者 Karlgraen 的 The Authenieity and the Nature of the Tsochan（胡适：《论左传之可信及其性质》，《国立第一中山大学语言历史学研究所周刊》，第 1 集第 1 期，1927 年 11 月 1 日），方向又不同。

何定生进一步批评，胡适将西方科学方法附会到清儒，本身就是问题。胡适称许清儒治学能够"用归纳法以求通则""用演绎法以用通则"，如王引之《经传释词》。其实，王引之"用归纳法很粗造，往往不合论理，而成为诡辩（Fallacy）"，本质上是不能"真正的适用科学方法"。胡适所说"大胆的假设，小细 [心] 的求证"十字箴言，本来是使用科学方法应有的重要态度，但客观上导致学者往往只记得前者，不肯践行后者。"其所得的学问成绩，于是便非像如数家珍般的卫聚贤的古史研究般的随便断判，便是像胡怀琛的墨翟为印度人辨的想入非非。"研究历史学，除了用论理学（Logic）方法考虑周密外，还要运用统计学（Statistic）方法处理"机数（Probability）关系"。典型如卫聚贤的"古史研究"，可惜其用统计法"却不能用合逻辑的辩证"。总之，整理故学应该从科学方法上规定大规模的计划，从分类（Classification）、抽象（Abstraction）等做很有系统的工作，做更大胆的假设（Hypothesis）。与批评胡适的例证对照，何定生赞扬顾颉刚"学而不倦"，两年来编了200多万字讲义，表面上是在"找材料"，实际上"是在作系统的排比，分类"，符合孙中山"知难行易"的"实证"精神，真正能够"担当以科学方法治学的重任"。

该文本来应《广州民国日报·现代青年副刊》之邀而作，该刊编辑曾将何定生专门介绍顾颉刚学术工作的一段话删去。后《潮阳期刊》重刊，编者附加声明，指其用意在于"要我们去认识这条现实的新的途径"。"就是我也以为顾颉刚先生所编的许多讲义，至少可以说是为研究学问者而设想。如果说是代顾先生宣传的话，那末，就我所知者顾先生还未有设什么宣传机关，而何君亦未曾收到他的宣传费。"（何定生：《"新""旧"材料与治学方法问题》，《潮阳期刊》，第2—3期合刊，1929年2月1日）

是年秋　四川省立国学专门学校改为公立四川大学中国文学院。

当时专门学校改设大学之风遍及全国，四川也不例外。据5月23日的吴虞日记载，四川外国语学校拟合四川国学专门学校为文科大学，下设西洋文学系、中国文学系。（中国革命博物馆整理，荣孟源审校：《吴虞日记》下册，四川人民出版社，1986年，第359页）

成都农业、工业、法政、外国语、国学五个专门学校，均各自申请改大。以单科不符规定，再由五专合并，改为四川大学，各设为院，由各院长组织校务委员会，联合办公，共策进行。四川省立国学专门学校改为公立四川大学中国文学院，原有校长为院长。秋季快要开学之际，四川省教育厅忽派李植为院长，蔡锡保准备移交，不再到院。后因新院长李植以素无办学能力及经验为由拒绝赴任，学生请由教育厅长向楚担任。向楚在无可推卸中，乃勉承其职，日夜奔驰，觅聘教职员，未到十日，即行开课。教务为盐亭蒙尔达（文通），并兼教古文。学监为富顺宋程（师度，日本留学生）。所教课程是：经学为龚道耕，哲学为李思纯、刘恒如，国文为李榕庄、谭焯庵，心理、伦理为陈希虞，论理为徐子休，诸子为余苍一，词学为朱青长。新聘教师所教课程：国文为秀山李絜（雅南）、荥经陶世杰（亮生，高师国文部毕业），史学为双流刘咸炘（鉴泉），文学史为华阳林思进（山腴），词章为江津吴芳吉（碧柳，清华大学研究生）、资阳曾尔康（宇康，四川国学院毕业），曲为金陵卢前（冀野，中大吴梅弟子），小说为成都李劼人（法国留学生），诸子为中江刘退溪（尊经高材生）、宜宾唐迪风（章太炎弟子），声韵为绍兴赵少咸，法学为成都李德芳（汉三），世界史为成都肖哲生，算学为酉阳夏珣（斧私）。昆曲保留，拳术撤销，增加国画一课，聘请浙江三门湾屠应虞担任。院长向楚，讲授小学与诗学。改大学后，从本年秋季起，每年招大学预科一班，而专门部仍每年春季继续招生，内则分大学、专门二部。次年又增聘成都庞俊（石帚）讲国文，三台陆耆那（香初，存古学堂生）讲目录学。1930年，又增聘富顺宋颉芳（宋育仁子）教词章。1931年春季，仍招专门部新生一班。至秋季三大合并，停招大学预科。从1918年改国专，校历14年，改为公立四川大学中国文学院，招收专门部学生共14班，而正科分班则达文九哲十，其中以同年预科，因人多而分为文哲两班。大学部招预科三班，即分入新川大附中高中。（何域凡：《存古学堂嬗变记》，中国人民政治协商会议四川省委员会文史资料研究委员会编：《四川文史资料选辑》第33辑，四川人民出版社，1984年，第165—166页）

10月9日 戴季陶谈起在广东时勉励学生从国学中造就智仁勇的品格。

戴季陶在南京筹备考试院期间，尝对记者谈及吴稚晖言，中国十余年混乱，皆由于"你不好，打倒你，我来"之现象所造成，欲免混乱，必须具有"你不好，打倒你，我来做好"的精神方可。并对此极表同情，谓前在广东学校内，曾以"从国学中造智仁勇，在力行上做清慎勤"两语勖勉同学，甚望国民政府亦以此两语为做事标准，实行负责。（《戴季陶之考试院谈》，《申报》，1928年10月10日，第4版）

10月15日 广州培正中学学生赵宗福在《培正青年》杂志发表《中学生研究国学之必要》，号召中学生重视研究国学。

广州培正学校"自得余牧人先生主任国文后，对于研究国学，竭力提倡，各学生除修习课本学识外，必须参看课外书籍，并每星期内须作读书报告及读书笔记，交国文教员查阅"。此外，为训练学生演讲技能起见，特设演讲会，由各级国文教员督领该级学生至基督教青年会礼堂举行演讲，由教员评判改正，并给予分数，以作国文成绩之一。（雄飞：《国学前途的喜讯》，《培正青年》，1928年第2卷第2—3期）

赵宗福认为："国学便是一国的学术，文化，而能代表一国国民的思想及精神的结晶品"。国学和国家有密切关系，是爱国心的源泉，而文字又是国学的基本载体。近年来，"新青年"或"留学生"每每尊崇西学而鄙弃国学，以为西方文明合乎潮流，以"旧东西"一句话抹杀中国国学，其观念"谬误之极"。中学生研究国学的理由有四。一是中国国民有责任继承祖宗优秀文化和学术。二是大学预备生所读普通科目是入大学各科的基础。国学道理与西学各科原理"同出一辙"，明白国学道理有助于融会贯通，事半功倍。三是未来社会优秀分子代表中等阶级，研究国学有助于领导社会能力。四是国学乃供给后代享受的宝藏，正待发荣滋长。（赵宗福：《中学生研究国学之必要》，《培正青年》，第 2 卷第 1 期，1928 年 10 月 15 日）

10 月 20 日 奉张以恢复萃升书院，阐扬国学，令东北三省选送国学学生入学。

此前传闻东北拟设国学馆，实系恢复萃升书院。经于省吾积极筹备一切，9 月中旬任定职员，油饰一新。且"附设该院之孝子祠、节妇祠，亦得焕然"。（《萃升院积极开办》，《盛京时报》，1928 年 9 月 15 日，第 4 版）

萃升书院曾经函请奉天省教育厅，附呈简章及招生广告各 50 份，请求下令各地选送学生入学。内称：

> 查近来国学日就颓废，敝院有鉴于此，拟招生一班，聘请当代鸿儒担任讲授，业经函请省署立案，并转知贵厅，在案。敝院简章第六条之规定投考资格，以旧制中等学校毕业生及新制师范高中毕业生，或有同等学力者为合格，惟现在各中等学校肄业生，除将中不计外，内中对于国学略有根柢者亦不乏人，实与同等学力有合，拟请贵厅转令省立及县立各中等学校，每校选择志愿研究国学，成绩卓著者二三人，先期汇送敝院，报名候考，庶性之所近者各得尽其所长，国学前途，赖以光昌。（《奉天教育厅训令第一〇三一号》，《奉天公报》，第 5940 期，1928 年 10 月 25 日）

简章要点如下：

一、名称：奉天萃升书院。

二、宗旨：以造就高深国学人才为主旨。

三、院址：大南门里省教育会旧址。

四、经费：所须经费系张汉卿先生捐助，由院按月支领。

五、教师：聘请当代宏儒担任讲授。

六、投考资格：以旧制中等学校毕业生及新制师范高中学校毕业生，或有同等学力者为合格，但专门学校文科及大学文科肄业或毕业生，亦可随意投考。

七、科目：分为经学、诸子、史学、词章四科。

八、学生人数：招成一班，以五十人为限。另有旁听，坐次须经院监许可，方准列入。

九、学规：学规另定。凡学生及旁听者，均须遵守学规，对于教师，尤须特别敬重。

十、学生费用：不收学费，书籍、膳费均由学生自备，但印刷讲义之费用，可由院内供给。

十一、寄宿：院内预备学生宿舍，不另收费，有愿走读者听。

十二、教授时间：俟开学时核定。

十三、年限：四年卒业，择成绩优异者，请省署特别分发录用。

十四、课试：分为院内院外二部，每月各会考一次，奖金暂定为院内银币二百元，院外二百元，分最优等、优等、中等三级，奖金临时酌核分配，详细章程另定之。

十五、院内组织：院长一人，负有进行院务全责。院监一人，商承院长，办理院内一切事务。学监一人，管理学生方面一切事务。庶务兼会计主任一人，文牍兼图书馆管理员一人，事务员一人。

十六、月刊：每月择教师著述及学生作品之优良者，汇刊出售，以昌国学，而广流传，定名曰《萃升月刊》。

十七、附则：本简章如有未尽事宜，得随时增删之。(《奉天教育厅训令第一〇三一号》，《奉天公报》，第5940期，1928年10月25日)

奉天省教育厅代理厅长王毓桂以萃升书院意在倡兴国学，所拟办法尚属可行，将其招生广告、简章转知省立各中等学校和各县教育公所，要求遵照所拟办法，于11月1日以前呈报到厅，以凭汇转，勿误为要。(《奉天教育厅训令第一〇三一号》，《奉天公报》，第5940期，1928年10月25日)

10月25日，黑龙江省教育厅准许萃升书院请求，令所属学校帮助分发并张贴招生广告。萃升书院函称：

现在张总司令为培植高深国学人才起见，捐助私款，假奉天大南门里省教育会旧址办理萃升学院，聘请当代宏儒担任讲席，业在奉天省署立案。敝院定于本年十一月十一日考试学生，兹将招生广告简章各奉寄三十份，请为分发各校，并代张贴，使志欲研究国学者，早日投考，至所感盼。(《本厅训令

第一百五十六号（十月二十五日）》，《黑龙江教育行政公报》，第64期，1928年11月，命令）

萃升书院原本设计只有正式生，后因"志愿入院旁听者，纷纷呈请或烦人介绍，欲入内求学"，"以其志属可嘉，未便令其向隅，乃准予考试。倘程度合格，即列为旁听生，一体待遇"。（《萃升书院考试旁听生》，《盛京时报》，1929年4月2日，第4版）

10月　傅斯年发表《历史语言研究所工作之旨趣》，明确反对不能提出新问题、不能扩充新材料、不能运用新方法的整理国故和笼统的"国学"研究，揭橥"绝国故"之后历史学和语言学结合的学术分科与合作的路径。

傅斯年在筹备中央研究院历史语言研究所时的一份聘书稿中强调，设置这一研究所"非取抱残守缺、发挥其所谓国学；实欲以手足之力，取得日新月异之材料，供自然科学付与之工具而从事之，以期新知识之获得。材料不限国别，方术不择地域，既以追前贤成学之盛，亦以分异国造诣之隆"。［"史语所公文档案"，元130，转引自王汎森：《民国的新史学及其批评者》，罗志田主编：《20世纪的中国：学术与社会》史学卷（上），山东人民出版社，2001年，第69页］

此文写于本年5月，主要阐述中央研究院历史语言研究所的学术旨趣，主张按照现代西学分科和方法标准，朝着最近发达的历史学和语言学的方向前进。对比西方现代的"科学的研究"和中国2000多年来"书院学究的研究"，则有三种趋势不能违逆。

其一，"凡能直接研究材料，便进步，凡间接的研究前人所研究或前人所创造之系统，而不繁丰细密的参照所包含的事实，便退步"。能否直接运用材料，取决于学术问题的更新能力。

> 科学研究中的题目是事实之汇集，因事实之研究而更产生别个题目。所以有些从前世传来的题目经过若干时期，不是被解决了，乃是被解散了，因为新的事实证明了旧来问题不成问题，这样的问题不管他困了多少年的学者，一经为后来发见的事实所不许之后，自然失了他的成为问题之地位。破坏了遗传的问题，解决了事实逼出来的问题，这学问自然进步。

其二，"凡一种学问能扩张他所研究的材料便进步，不能的便退步"。"西洋人作学问不是去读书，是动手动脚到处寻找新材料，随时扩大旧范围，所以这学问才有四方的发展，向上的增高。"中国学者不但应如欧洲"汉学"之外，注重中国四裔材料的"虏学"，而且要关注和研究神祇崇拜、歌谣、民俗、雕刻、敦煌石藏、内阁档案等，否则任意搁置这些新材料，而"谈整理国故者人多如鲫"，"焉能进步"。

其三，"凡一种学问能扩充他作研究时应用的工具的，则进步，不能的，则退步"。"现代的历史学研究已经成了一个各种科学的方法之汇集。地质、地理、考古、生物、气象、天文等学，无一不供给研究历史问题者之工具。……若干历史学的问题非有自然科学之资助无从下手，无从解决。"因此，应当既保持清代考据的遗训，更扩张研究的材料和研究的工具。

同时批判其"负面"，首先便是进一步阐述"绝国故"的观念，因国故不符合学术分工和学问平等的精神。

　　我们反对"国故"一个观念。如果我们所去研究的材料多半是在中国的，这并不是由于我们专要研究"国"的东西，乃是因为在中国的材料到我们的手中方便些，因为我们前前后后对于这些材料或已经有了些研究，以后堆积上研究去方便些，好比在中国的地质或地理研究所所致力的，总多是些中国地质地理问题，在中国的生物研究所所致力的，总多是些中国生物问题，在中国的气象研究所所致力的，总是些中国各地气象观察。世界中无论那一种历史学或那一种语言学，要想做科学的研究，只得用同一的方法，所以这学问断不以国别成逻辑的分别，不过是因地域的方便成分工。国故本来即是国粹，不过说来客气一点儿，而所谓国学院也恐怕是一个改良的存古学堂。原来"国学""中国学"等等名词，说来都甚不详，西洋人造了支那学"新诺逻辑"一个名词，本是和埃及脱逻辑、亚西里亚逻辑同等看的，难道我们自己也要如此看吗？果然中国还有将来，为什么算学、天文、物理、化学等等不都成了国学，为什么国学之下都仅仅是些言语、历史、民俗等题目？且这名词还不通达，取所谓国学的大题目在语言学或历史学的范围中的而论，因为求这些题目之解决与推进，如我们上文所叙的，扩充材料，扩充工具，势必至于弄到不国了，或不故了，或且不国不故了。这层并不是名词的争执，实在是精神的差异之表显。

　　其次反对疏通，注重整理材料。最后反对致用，注重专精研究。文章强调："近代的历史学只是史料学，利用自然科学供给我们的一切工具，整理一切可逢着的史料，所以近代史学所达到的范域，自地质学以至目下新闻纸，而史学外的达尔文论正是历史方法之大成。"规划中央研究院历史语言研究所各组，历史范围的有文籍考订、史料征集、考古、人类及民物、比较艺术，语言范围的有汉语、西南语、中央亚细亚语、语言学。（《历史语言研究所工作之旨趣》，《傅斯年全集》第3卷，湖南教育出版社，2002年，第1—12页）

11月1日　上海《时事新报》出版中国学会编辑的《中国学术周刊》第1期，由胡朴安、胡怀琛兄弟主持，蔡元培题写刊名。至1929年5月9日，共出25期。

胡朴安提出中国学会的宗旨，是落实孙中山遗教，发扬民族精神，国民革命之后转向训政和建设的重要内容。内云：

> 学术为民族之精神，亦为世界之公物。中国学术，养成中国民族之精神，凡深悉中国历史者，皆能知之。惟欲发扬中国民族之精神，使中国学术，成为世界之公物，必须将中国旧有之学术，加以整理，分析综合，各有系统之可循，方能与世界之学术，絜长比短。则民族之精神，将随学术而日愈发扬。故整〔理〕中国学术，实为建设事业中之一重要部分。著者在满清时代及军阀时代，皆曾以文字为革命之鼓吹。兹北伐成功，国内统一，训政伊始，建设为先。政治经济，学无专长，惟自信于中国旧有学术，略知一二。恭读三民主义民族主义第六讲，愈信中国学术有整理之必要。于是以整理中国学术为一己之责任，并祈国内深于中国学术者，群起共负此责任，为党国尽力。事非一端，惟须择力之所能胜者为之。著者抱此思想，已非一年。兹《中国学术周刊》出刊，即将整理中国学术之意

见，布之于众，以为整理之标准。（胡朴安：《整理中国学术之意见》，《时事新报·中国学术周刊》，第1期，1928年11月1日）

具体从事方法，则主张"整个的整理"，即先定具体计划，确立标准。相应提出20条意见：①国学与民族之关系密切，有整理之必要。②经子不能成为学术名词，必须废弃。③文史尚未成为有系统之学术，亦须整理。④中国书籍，皆为学术史料。⑤以学术史料之眼光，观察中国书籍，无论精粗若何，皆可宝贵。⑥整理中国学术，语言文字，尤当注重。⑦上古社会情形，文字学中颇多可靠之材料。⑧读古书当注意其背景。⑨中国社会之习惯，受儒家、道家、释家之影响颇巨，然与孔子、老子、释迦牟尼之真，皆无关系。⑩中国国家之基础，建筑于家族制度之上，其来已久，非一时所能摇动。当遵民族主义第五讲，用宗族团体做基础，联成一个大民族团体。故家族制度，亦有研究之价值。⑪历代思想之变迁，可以旧式经学为中心，求其变迁之迹。⑫学术思想、政治制度、社会习惯，皆有相互之关系，可于各书中互勘求之。⑬地方志中多有可取之材料，当钩要排比，求其系统。⑭小说笔记及诗文集中，尝有历史背景之材料。⑮医卜星相，虽不成为学术，然在社会上之势力颇巨，正可借此以求社会之真相。（医卜星相，在旧社会上之实力颇巨，研究旧社会之真相，亦当注意人民此种迷信之心理与习惯）。⑯书画、雕刻、音乐、历算、技击等，皆为中国旧有之学术，亦当求其授受之迹。⑰整理中国学术，当变更经史子集四类，略分语言、文字、思想、文章、伦理、政治、法制、财政、军政、教育、社会、艺术、技术、地理、博物15类，依类搜辑为15类学术史料，为编纂学术史之预备。⑱不隶于各类者，可另立一类，以史料之方法搜集之。⑲先以编辑目录，为整理之入手。⑳学者自认一类，或认二类，定为毕生之工作。

整理国学，是否当分类，分为十五类，是否的当，皆有待于学者之讨论修改。著者前二年主编《国学周刊》时（附在《民国日报》发行），即有此等之贡献。当时只分为七类，兹增为十五类，恐尚不包括一切，必须实际整理以后，始能确定。设使分类的整理，为不错误，则当分若干类，必先假定而后可。著者甚希望国内学者，对于十七条之分类，详为讨论，痛加修改，使著者个［人］整理中国学术之意见，成为国内多数人整理中国［学术］之意见，多数人之意见，渐趋一致，即可定为整理中国学术之标准。有整理之标准，然后分工合作，易于从事。《中国学术周刊》之发行，即负有整理中国学术之责任。著者此文，虽为个人之意见，实可代表《中国学术周刊》之宗旨。（胡朴安：《整理中国学术之意见》，《时事新报·中国学术周刊》，第1期，1928年11月1日；《中国学会会员录》，第9—12页）

《中国学术周刊》先后刊载胡朴安《整理中国学术之意见》《在说文解字中所得的人类学资料》《文字学的价值》《中国的言语原始》《中国言语变迁的痕迹》《庄子思想与人生》（在俭德学会学术演讲社讲）《中庸学说系统表》《文字废弃之研究》《三国晋南北朝隋唐易经学之派别》《宋元明易经学之派别》《汉碑在文字学上之价值》《对于中国学会之意见》，胡怀琛《墨学出于印度辨略》《从文学中发现之哲学思潮》《墨书苔字为译音字说》《史记刺客传中之乎字》《老子学辨》《诸字在文法上之位置》《外国学术输入中国之经过》，闻宥《从章太炎到王静安从王静安到科学的国故学》，姚明辉《淮南角生姑洗合于西洋Ａ数说》，胡惠生《怎样整理中国史》，张鹏一《昆仑弱水流沙考》，叶光球《〈古音中已遗失之声母〉之商榷》，李续川《与金松岑论文书》，谭禅生《道德经命名之起源及经过》，陶在东《楚国人名译音之索隐》，陈乃乾《滂喜斋藏书记序之释讹》《汉魏遗书钞有两刻本考》，胡道静《老子疏证》《守白论考异》等文。并连载中国学会《陆续加入会员题名》《中国学术通信》等。1929年5月，因《时事新报》压缩篇幅，改在《民国日报》继续出版。

在《中国学术周刊》发文者，皆与胡朴安或南社关系密切。如李崇元，字续川，籍贯广东嘉应，曾为金陵大学国文教授，当代文学家。1927年夏秋，在上海创设浦江学院，特设国文专修科，计分本科、预科、补习科，并附设小学，延聘教授，皆海内知名之士，请宿儒担任评阅论文教授。"闻其国专学程，有经学概识、周易学、古今诗选、楚词学、专家诗选、毛诗学、中国文化史、文字学、老子学、史学大纲、诸子通论、各体文诗学、概识各门，沪上研治国文之学校也。"（《浦江学院之创设》，《申报》，1927年7月26日，第2张第7版）后来，李续川在胡朴安为主任的持志大学国学系任教，担任中国政治史、易经、经子大纲教授，发表《文章通义》等文。（《持志年刊》，1929年第4—5期）

11月2日　胡朴安陆续致函国民党和文教各界要人，请求他们加入，成为中国学会发起人，并征求简章意见，得到绝大部分人赞成，仅胡适反对。

郭成爽读过胡朴安《整理中国学术之意见》后，致函胡朴安，求中国学会简章，询问入会资格和读书次序。内称：

> 爽对于国学向往情殷而荒废过久，年来为衣食驱迫，更无时间供我读书，午夜梦回，辄为辗转难安。人生不过数十寒暑，爽今虽幸偷生苟活，然已有一大半早为陈死人矣。倘不速为补救，将永无可以补救之日，故自此学期终了后，决定将校课减少，无论如何，总期有二小时自行读书。至于学科，文史诗词均所素好，拟先着手一种，数年后能稍有所得，再决定第二步之进行。兹特求先生为我一决：何者可先，何书万不能不读，并如何读之方法，当于残冬内先作准备。时过后学，当然勤苦难成，然总较不学为稍可使良心自安，用特觍颜上渎，聊作将伯之呼。（《胡朴安友朋手札》，上海图书馆历史文献研究所编：《历史文献》第 2 辑，上海科学技术文献出版社，1999 年，第 188 页）

顾实于 11 月 9 日复函称："中国学会弟极端赞同，列名发起尤以为荣。其如何进行，并希便中指示可也。"（《胡朴安友朋手札》，上海图书馆历史文献研究所编：《历史文献》第 2 辑，第 189—190 页）

何炳松于 11 月 15 日复函，谓喜读南宋诸儒文集，与胡朴安整理国学以发扬民族性的旨趣暗合。内称：

> 后学末学肤受，正当追随左右，稍沾诸先贤余润，以言发启，又何敢当也。后学日来颇喜读南宋诸儒遗集，自觉略有心

得，小程子似可视为吾国近七百年来实学大师，流为浙东及湖南之史学，与朱子之唯理哲学颇觉根本不同。此节曾请示于适之先生，尚未能得其心许，唯后学则未免自信过强耳。现正在潜心研究中，不日稍有所得，当趋前请教。象山尝谓吾国学术以儒、释、老为三大宗门，此言极获我心也。（《胡朴安友朋手札》，上海图书馆历史文献研究所编：《历史文献》第2辑，第190页）

闻宥于11月26日复函称："钱智修君亦已由宥向渠说过，渠初客气，谓国学无根底，愿任普通会员，经宥说明情形，乃欢然答应。惟寄尘来时尚言须征俞颂华同意，此君于国学太欠缺，得之亦不足增重，故宥未向渠说，不知尊意如何？"（《胡朴安友朋手札》，上海图书馆历史文献研究所编：《历史文献》第2辑，第191页）

胡汉民于11月30日复函，称无暇整理国学。内云：

前函匆匆未及报，殊歉。弟对于国学研究实为从来有志未逮之一事。三十年前虽曾治《古文尚书》《论语》，稍稍诵阅百诗、毛大可诸人之著述，而自投身革命，可云此事遂废。故以其荒落浅陋，不敢厕名发起提倡。然吾党同志犹有不役志纷华而专心努力于此者，则固最所乐闻也。尊教两义甚善甚美，第二义为向来治朴学者所同具（其以小学治经与子，远如王氏父子，近如俞、孙诸人为尤然），第一义则尤为重大，他日有暇，当就所见更详之请教。（《胡朴安友朋手札》，上海图书馆历史文献研究所编：《历史文献》第2辑，第190—191页；《中国学术通信》，《时事新报·中国学术周刊》，第15期，1929年2月21日）

柳诒徵于翌年1月4日复函，抨击了厌弃国学的现象。内称：

> 国学衰微，自非巨儒道德，未易起而振之。……鄙意近日风尚日新月异，语其进步，诚有一日千里之势。第吾国学术大原，不越庸言庸行，举凡家弦户诵之书，实为立国牖民之本，而一时闳硕，率多厌弃，以为布帛菽粟，不能入五都之市，与舶来之瑰货竞奇，必有前贤未道之言、举世震惊之说，始可以耸听闻而增价值，实则玉卮无当，其于人心世道之影响，未必遽获奇效也。（《胡朴安友朋手札》，上海图书馆历史文献研究所编：《历史文献》第2辑，第195页）

或就会名问题，提出商榷意见。11月7日，叶恭绰复函说："因本国人说本国，似无提明中国之必要。依会之性质，似只需提出国学二字便足，似不如改为国学〇（此字待酌）会，或径用国学会三字，尚盼同人公酌，弟当附骥也。"（《胡朴安友朋手札》，上海图书馆历史文献研究所编：《历史文献》第2辑，第189页）11月27日，马叙伦复函提出，"中国国学整理会之类较为明显"。（《胡朴安友朋手札》，上海图书馆历史文献研究所编：《历史文献》第2辑，第191页）或积极介绍会员，壮大声势。12月19日，陈钟凡复函称："友人李雁晴（笠）长于校勘，著述繁富，现执教厦大；吴敬轩（康）通瞻有嗣，尤深哲理，现负笈巴黎，并为介绍，以供采择。"（《胡朴安友朋手札》，上海图书馆历史文献研究所编：《历史文献》第2辑，第192页）

或对进行步骤有所建议。马相伯于11月16日复函称："……发起一中国学会，极好。尤妙在以出版部为生利之基本，基本有可久之

道，会务当然可久。"（《胡朴安友朋手札》，上海图书馆历史文献研究所编：《历史文献》第2辑，第193页）

胡适是目前所见唯一一个反对者，于11月4日复函胡朴安，强调研究中国学术旨在实事求是，反对借此发扬民族精神。内称：

> 我不愿加入发起这个会，因为我不能赞成草章的第一条。我不认"中国学术与民族主义有密切的关系"；若以民族主义或任何主义来研究学术，则必有夸大或忌讳的弊病。我们整理国故，只是研究历史而已，只是为学术而作工夫，所谓"实事求是"是也，绝无"发扬民族之精神"的感情作用。近时学者很少能了解此意的，但先生自朴学门户中出来，定能许可此意吧？（《胡朴安友朋手札》，上海图书馆历史文献研究所编：《历史文献》第2辑，第188页）

11月5日　孔教总会北平主任陈焕章、曲阜主任孔繁朴等呈请国民政府饬令全国学校一律添习经学，以正人心，而存国脉。旋被否决。

孔教总会北平主任陈焕章暨全体会员、曲阜主任孔繁朴呈称：

> 窃民国废止读经以来，国人醉心欧美文化，视国学如敝屣，人心陷溺，邪说横行，暴戾恣睢，灭性绝伦，几如狂澜之不可挽。庶民去之，君子存之，故我先总理有鉴及此，特提倡光大吾民族固有文化，固有道德，以图自救，而于礼运一篇，尤所心悦诚服。奈国人不明此旨，反于总理所崇拜之孔子大肆诋毁。其所以诋毁孔子者，由不读经故耳。不知孔子集三统通

一，乃春秋革命家，其学术为东方文化之重心。孔子由小康进达世界大同，总理由三民主义而达世界大同，始虽殊，途终归一。致近年来，西人专心研究中华文化，而以吾国人不研究为怪事。长此以往，将来中华固有文明势必反求之于外人矣，岂不大可惧哉。在工业落后之国家，固宜注重科学为物质上之建设，而于精神文化亦宜并重，不能有所偏枯，所谓明庶物察人伦者是也。国府前令，孔子诞日祀孔时演讲孔子言行，若国人皆不读经，其将何以演讲，是直与违悖前令无异。当此训政开始时期，亟应恢宏固有道德，固有文化，以贯澈总理革命之精神，以济科学物质文化之穷极，庶上古峻德时雍之盛，将复见于今日矣。[《孔教总会要求学校添习经学呈与教育部复函（1928年11—12月）》，中国第二历史档案馆编：《中华民国史档案资料汇编》第五辑第一编文化（二），江苏古籍出版社，1994年，第521—522页]

12月15日，国民政府教育部致函国民政府文官处，驳斥孔教总会之呈文，谓孙中山主张恢复固有道德，以达世界大同，与学校读经，不能混为一谈。"恢复固有道德及求达世界大同，不在空言，而在实行。读经则我国自汉以迄逊清，沿袭至二千年之久。袁世凯帝制自为时，曾一度通令学校习经，而道之丧失如故，可见于事实毫无裨益。"且其"在固有道德，则以忠孝仁爱信义和平为主，在世界大同，则谆谆注重于学习外国之所长，以自求强盛，而与各民族并进大同。儒家经籍，除忠孝仁爱信义和平外，不尽合乎时代之要求，大同之说，除礼运一言及之外，亦不多觏，未可强令全国学校一律肄习"。所谓"西人近来专心研究中华文化，须知西方少数学者所研习者，不独中华文化，更不独儒家之经，且彼之所习，亦犹地质学家之发掘古人遗迹，非欲普令国人群相肄习也"。至于"国府前令，孔子诞日祀孔时演讲孔子言行"，实则"讲者为各学校之一部分教员，在校学生将来非尽为教员，更非尽为演讲孔子言行之教员，又何必令其'皆必习经'？""且我国学校，修身之本，仍宗儒经，虽无习经之名，尚有习经之实。特儒经浩繁，又诘〔佶〕屈聱牙，意为文晦，故未可尽习其辞而已。"［《孔教总会要求学校添习经学呈与教育部复函（1928年11—12月）》，中国第二历史档案馆编：《中华民国史档案资料汇编》第五辑第一编文化（二），第522—523页］

△　中国学会致函小报《福尔摩斯》，澄清："敝会为国内学者所结合，专以研究中国学术，发扬民族精神为宗旨，绝无代撰小说诗文收受代价等事。贵报所载，想系传闻之误，合请更正。"（《来函》，《福尔摩斯》，1928年11月5日）

11月10日　《学生杂志》编者回答一个文科国学系学生赵德润请教函授国学学校和国学杂志等问题。

赵德润是江苏镇江人，因家庭财力不足而辍学，志愿继续研究国学，以求深造，请教国内是否有取费较廉的函授国学学校和最有价值的国学杂志。《学生杂志》答道："商务印书馆的高级国文函授科，取费较廉，很可加入。"讨论国学最有价值的杂志则有《国学季刊》《学衡》《国学丛刊》。（风：《答镇江赵德润君》，《学生杂志》，第15卷第11号，1928年11月10日）

△　新任南京国民政府工商部常任次长穆藕初在纱布交易所同人临别公宴发表演讲，提倡国学。

穆藕初建言所员诸君提倡国学。"至于进研国学，锻练身体，尤为根本要著。本所已办有国学科及拳术科，诸位公余，勉力学习，于自身大有利益。将来如有志研究西文，亦可设法酌办。"（《穆次长在两团体之演辞》，《申报》，1928 年 11 月 13 日，第 4 张第 16 版）

11 月 12 日　报载燕京大学国学研究所指定现有专款刊印国学书籍，凡积学之士，如有自著稿本或藏有他人遗稿，期于传布，请到燕京大学内国学研究所接洽。简章函索即寄。（《征求国学书稿》，天津《益世报》，1928 年 11 月 12 日，第 2 版；《国学研究所征求书稿》，《燕京大学校刊》，第 11 期，1928 年 11 月 23 日）

其刊印国学书籍规则如下。第一，凡关于阐扬国学之著作，已有定稿，而未经刊行者，经本所审查合格，皆可代为刊行。第二，国学之范围，为历史、文学、哲学、文字学、考古学、宗教、美术。第三，本所组织审查委员会，凡书稿，必经审查委员会审查后，认为有刊印之价值，方得刊印。其刊印之方法（如木刻或排版或影印等）及数量，并由审查委员会酌定。第四，凡愿以书稿寄交本所审查刊印者，可与燕京大学国学研究所接洽。第五，书稿经本所刊印后，其版权归本所。唯著作人及其子孙，得酌收版税定价20% ～ 30%；或稿费每千字 3 ～ 10 元。其收藏他人书稿，交由本所刊印者，当于本书出版后，酌送藏稿者若干部，以为酬报。第六，书稿交到本所后，本所即付给正式收据。至审查合格，可以付印时，本所当与交稿者订定契约，载明酬报数目，及成书还稿日期。如审查不合格，当即将原稿妥慎寄还。（《燕京大学国学研究所征求名著稿本通告》，《燕京学报》，第 4 期，1928 年 12 月）

11 月 14 日　持志大学国学系师生在胡朴安等指导下，成立中国学会。

"上海持志大学国学系，成立四载，蜚声海内，教授皆著名学者，各级学生日形发达。今秋开学，师生相与聚议，佥谓中国学术急待整理，整理之方端恃合作，故特发起组织国学系中国学会，以收合作之效。"筹备一周，于11月14日上午在持志大学开成立大会，到教授学生百余人。当即推举胡朴安教授为总务主任，周予同教授为出版主任，闻宥教授为研究主任，并由各主任遴选国学系同学为干事，积极进行，期于本学期内将研究成绩贡献国人。（《持志大学中国学会成立》，《申报》，1928年11月15日，第3张第11版）

中国学会叙言交代了成立缘起，内云：

吾持志之有国学系，迄今凡四年，而未曾有学术团体之组织。今岁秋，师生相与聚议，以为凡事之艰巨而不易为者，无不需多人之力，而如吾曹之所悬以自赴若国学者，其所需于群力盖尤巨。一书之甄集，一名之稽考，以一人为之，往往有积悠长之岁月，耗多量之精力，而迄未遂愿者。况乎专门之学问，非一书比，隐赜之学理，非一名比，不有一团体焉以荟萃群材，搜罗众好，上承贤哲之羡启，旁资侪辈之商兑，则梫植拘墟，其胡能济。于是相与发起中国学会，组织征求，凡历两旬而章程规则已粗具，乃敢以言告于国人曰：吾中国学术之亟有待于整理，此同人所习闻者也，而整理之方，果出之以何道而始可，则当世贤哲，或有未屑计及之者。同人区区之愚，窃以为国学之研究，以事言有精粗，以功言有先后，而皆不能无待于合作。整理之者，精而后者也。然无论其学科之为文为史，其目的之为积极抑为消极，苟欲为壮大之计算，作精深之结论，则均有非一手一足之烈，所能企者。同人今日，不过于讽诵之余，为粗先之事，名山大业，未敢遽承。然今日以有集合而得为基础上较厚之培养，他日或即以有集合而得为学术上微末之贡献。则此中国学会者，或亦能效其蚊蚋之劳于当世。斯事之未可逆睹者也，大疋宏达，幸共教之。（《持志大学国学系中国学会叙》，《持志年刊》，第四号，1929年1月；日成：《国学系中国学会举行改选大会》，《持志》，第三号，1929年11月）

本年秋，胡怀琛加入持志大学国学系，讲授中国文学史和中国诗学史。胡怀琛长子胡道静入持志大学国学系二年级读书。持志大学国学系成立中国学会，为专门研究国学的学术团体，参加者为国学系师生。胡朴安任总务主任，姜亮夫、姚明辉任研究主任，胡怀琛任出版主任。胡道静亦入会。（郭甜甜：《胡怀琛年表》，牛继清主编：《安徽文献研究集刊》第6卷，黄山书社，2014年，第144页）姜亮夫、姚明辉接替闻宥，当为后来之事。

本年，胡朴安出任江苏省民政厅长，辞去持志大学国学系主任职务，由文科主任姚明辉"暂行兼代"。1934年7月，胡朴安再次担任国学系主任。（《胡朴安任持志国学系主任》，《民报》，1934年7月29日，第2张第4版）在此期间，胡朴安一直担任持志大学国学系中国学会总务主任。

11月15日　闻宥在《中国学术周刊》发表《从章太炎到王静安从王静安到科学的国故学》一文，称王国维提出地下实物和地上文献、新旧史料相结合的观点，代表了国故学的未来趋势，须在此基础上审问证据的可靠性，进一步做到"屈旧以从新"。

闻宥以西方科学进展评价近代中国学术地下实物与地上文献相结合的演变趋势，进而观察中国学术势力的递嬗，认为："这一二年来，国故学上有一个最显明的现象，就是章太炎势力的衰落，而王静安势力的代兴。""章太炎的政治生活的牵连，及学术生命的断绝，和王静安的得到邻邦的崇拜，及一些书报上的囫囵吞枣的介绍"，一定程度上影响"他们学问的外表"，但"做学问的方法不同"，才是发生转变的根本原因。根据顾颉刚所批评的，章太炎"只知道学问的需要证据，而不知道证据的有没有价值。只知道证据应当搜集，而不知道证据还该审查。只知道传说的死证据，可以成立，而不知道新兴的活证据，更有价值"。王国维比章太炎的确更进一步，最大贡献是"识得地下的材料，和纸上的材料，应该结合"。如《殷墟文字类编序》称："新出之史料，在在与旧史料相需，故古文字古器物之学，与经史之学，实相表里，惟能远观二者之际，不屈旧以就新，亦不绌新以从旧，然后能得古人之真，而其言乃可信于后世。"《最近二三十年中新发见之学问》说："中国纸上学问赖于地下之学问者，固不自今日始。"这些见解，"真是国故学上的曙光"。

　　因为文献上的证据，永远是多歧的。我可以找几点来立一个甲说，人家也可以找几点来立一个相反的乙说，结果是谁也驳不了谁。要宽一点说时，两造的话便都可以算成立。要严一点说时，两边的话便都不能算成立。这种不死不活的现象，只要看三百年来经学上今古文的争执，和小学上六书的争执，便得了一个具体的证明。现在要把这现象打破，而找到一线新的途径时，只有靠超过文献以上的实物的铁证。

　　王国维的局限在于，未能彻底摆脱纸上史料的主导和束缚。原因一是："从学力言，他并没有懂得基础的科学，所以认识实物的知识还不够。"二是："从方法言，他虽说'不绌新以从旧'，但还处处以地下材料去迁就纸上的材料。所以他的结论，往往不过是在旧史料的骨子上，加以一些新史料的点缀。而且纸上的旧史料不够时，他还时时助之以个人的幻想。"例如，在秦阳陵虎符跋的第一段里，立了5个反证和4个正证，来证明符之属于秦代，这9个证据已未始没有商量的余地，而他却用演绎的方法，在第二段马上说道："此符乃秦重器，必相斯手书。"以这种"速断"的态度"来研究实物，恐怕不但于文献无益，而且有使实物受累的危险"。

　　思想界几年前的科玄之争，双方提及考据学是否科学时，都主张科学和科学方法分开，"单以方法而论，考据学还是非科学的。因为王静安式的大弊，还是只知道'拿证据来'，而不知道'拿可靠的证据来'。还是只知道证据的量须要加多，而不知道证据的质应该改变。所以科学的结果，想是铁案如山，便是有些修改时，也总是后来居上。而王静安式的结果，却尽还有彷徨反侧的余地"。"我只主张考据学有待于实物，而并不是说实物的势力足以左右国故的全部"。"我们如果要把稀松的变而为坚实的，把彷徨的变而为前进的时，我们应该比王静安更进一步，明目张胆地主张'屈旧以就新'。到那，才有'由非科学的进而为科学的'希望。"（闻宥：《从

章太炎到王静安从王静安到科学的国故学》,《时事新报·中国学术周刊》,第3期,1928年11月15日）

11月20日　王治心撰成《国学上的两大公案》一文,简述汉宋之争,载于《青年进步》"撰著栏"。

虽然吴稚晖主张"把线装书扔在毛厕里三千年",且劝告梁启超暂"缓"提倡国学,少葬送青年,但"缓"不是永远不要提倡,而是慢慢再来。"三千年"也不是永远不会翻身,而是暂时搁置。"三千年以后的日子",只不过是一个"形容字"。"滥调的文学"和"骸骨的国故"仍然是学习和传承中国固有文化的凭借,不是一文不值,不能完全丢弃。"我们既生来是中国人,当然不能不用中国文字做工具,来发挥我们固有的文化;所以极普通的白话文写作,与国学上的常识,似乎也有懂得的必要。""今古文的争论,汉宋学的互诋,虽然觉得无聊,却也不能否认是国学上的起码常识;所以我来把这两桩案件的卷宗,叙述一下,或者也可以给研究国学的人的一点帮助。"（王治心:《国学上的两大公案》,《青年进步》,第118册,1928年12月）

11月27日　顾颉刚呈请广州中山大学校长戴季陶、朱家骅,仿照北京大学研究所国学门展览、出版丛书之例,准许语言历史学研究所开办展览、出版丛书。

顾颉刚以广州中山大学语言历史学研究所"开办已历一年,积存物件可分古物、档案、书籍、碑帖及风俗物品五部,虽拟之北京大学之研究所尚有不逮,而在粤中则已成为保存文物之中心",建议为"激起社会视听,使知本校有此一机关,因同情而加以护助,则职所将来工作进行自更顺利,成绩亦可望日增",拟于阳历年假中开展览会三天，广延本省政学各界参观。至展览会费用，概在职所预算内开支。（顾颉刚：《顾颉刚全集·顾颉刚书信集》卷二，第301页）

同日，委托商务印书馆出版丛书，乃因顾颉刚去年受派前往江浙一带购得大宗图书，内有不少稿本、孤本及清代禁书，为学术界所亟欲公有者，如姚文田《说文解字考异》、冯梦龙《甲申纪事》、冯子材《军牍汇存》、天一阁钞本《明实录》等，若不为印刷，则见者弥寡，等于痼闭。"惟此等书籍均须照像影印，方可保其本来面目，而照像影印则费用甚巨，不但职所无力担负，即本校出版部亦无力担负。再四筹思，觉得惟有与商务印书馆订立合同，委托其为职所印丛书一部，编辑之事归职所办理，印刷、售卖等事归商务印书馆办理，依照北京大学、东南大学等丛书办法，庶职所所藏秘籍可以不费本校资财而公诸世界，实为一举两得之计。"12月31日，得到戴季陶、朱家骅批准。（顾颉刚：《顾颉刚全集·顾颉刚书信集》卷二，第302页）

11月　陈柱编《中国学术讨论集》第二集由上海群众图书公司出版。

分古代天文学讨论、诸子讨论、文学讨论、小学讨论、目录学讨论、泛论等类，古代天文学讨论有新城新藏原著、沈璿译《东洋天文学史大纲》，陈衍《评新城天文学史大纲》，吴其昌《三统历简谱继述篇》。诸子讨论有吴敬轩《老子哲学》，陈柱《老子八篇自序》，唐文治《宋明诸儒说主一辨》，陈钟凡《宋代思想家之论证法》。文学讨论有陈柱《诠文篇》，李笠《文学与个性》，陈钟凡《楚辞各篇作者之讨论》，陈柱《文心雕龙增注叙例》《陶渊明诗研究》。小学讨论有陈柱《字例篇中》《说文释要自序》，丁福保《说文解字诂林后语》，陈柱《小学平议绪言篇》《双声叠韵易知说》。目录学讨论有徐行《与陈柱尊论汉志尔雅属孝经类书》（附王棻《汉志尔疋入孝经家说》）。泛论有陈柱《大夏大学图书馆募捐启（代）》。通讯有《吴康与陈斠玄书》《刘柏云与陈柱尊书》《陈绳夫与陈柱尊书》。附录陈起予《三书堂丛书提要》。

12月1日 清华研究院学生徐中舒、杨鸿烈、程憬、方欣、陆侃如、刘纪泽、周传儒、姚名达等上海同学联名致书梁启超，恳切慰问，颇致仰望祷祝之诚。

内称：

> 师座以一身关系国家前途，文化前途。今政治方面虽较黯淡，而全国学术待师座之整理，全国学子待师座之指导者极多，即就政治方面言，初，亦非全然绝望，惟暂时不得不权安缄默耳。他日春雷陡起，万象或能更苏矣。尚望师座节忧寡虑，清心静养，留得梁木，为他日用。此间同门有足为师座告者，即全体俱能安心向学，无一轻率浮动者；且社会各方皆相推重，是悉由师座曩日训诲之功也。（《致任师夫子大人书》，丁文江、赵丰田编：《梁启超年谱长编》，第1198页）

12月3日 清华大学已接得研究院人类学教授李济来函，前因事请假，不久即可回校。（《李济之教授不久回校》，《国立清华大学校刊》第16期，1928年12月3日）

12月8日 王重民在《益世报副刊》登文评价支伟成的《国学

用书类述》。

支伟成撰《国学用书类述》，泰东图书局出版。分经学、小学、诸子、义理、考据、历算、术数、医学、艺术、史学、地理、金石、谱录、文学、丛书、佛学 16 类，用隶类之法，折中古今，博采群议，辑国学图书馆所藏书籍目录。此外，支伟成编有《老子道德经》《扬子法言》《晏子春秋》《庄子校释》《管子通释》《商君书》《墨子综释》《孙子兵法史证》《尚书去伪》《楚辞之研究》《金刚经》等"国故学"书籍，由泰东图书局出版。（《上海泰东图书局出版各种国故学》，《商业杂志》，第 2 卷第 8 期，1927 年 8 月 1 日）

王重民肯定支伟成对于图书目录学有相当经验和学识，其分类法详书前分类述谊，或得或失，此不俱论，而用互见例以节省用者翻检时间，实为得体。

按自梁任公、胡适之二先生为清华出洋学生开了最低的国学用书书目之后，这一类的文字，遂纷见于各种杂志或副刊之上，而李笠更把他曾在《东方杂志》二十一卷上所发表过的《国学用书撰要》几加修订，印成单行本，现在更有了支君是书。昔张之洞提学四川，与缪小珊撰《书目答问》，后人便之。到现在又经过了几十年，新书又增加了许多，甚应补葺。在这中国出版界毫无统系的时期，读者可按目索书，很是方便。李氏所列，于此种要求，实未能做到，有许多从来居上的新书，都被遗落。支君此作，又有较李氏为不及者，实为最大缺点。

纂撰书目，固应有相当学识，亦非手到眼到，得诸目验不可。如谓补《晋书·艺文志》为丁辰作，洪亮吉《汉魏音》入诸经音义之属，皆未为允当。又如历算与医学之书相较，繁简不称，而金石谱录两类独详，恐由于有《金石书目》《书目举要》等书为之助。因此，于介绍上未免有失平衡。（王重民：《新刊国学用书杂话》，《益世报副刊》，第11号，1928年12月8日）

12月10日 萃升书院在沈阳举行开学典礼，为奉张发扬国学所在。

于省吾1913年中学毕业后，考入奉天教育会国学专修科，肄业二年。后来国学专修科合并于沈阳国立高等师范学校。于省吾1919年毕业后曾担任西北筹边使署文牍委员，1924年秋为奉天省长兼奉天财政厅长杨宇霆秘书，1928年被张学良委任为东北边防司令长官公署咨议。据于省吾自述：

> 在同一年，张学良和杨宇霆筹建专讲国学的奉天萃升书院，任我为院监。因我从前在西北筹边使署工作时已和国学诸老相识，于是去北京邀请著名的国学大师前来书院讲学，王树枏先生主讲经学，吴廷燮先生主讲史学，吴闿生先生主讲古文，高步瀛先生主讲文选。"九·一八"事变时，萃升书院停办，我在事变前夕感到形势危急，遂移居北京（《于省吾自传》，晋阳学刊编辑部编：《中国现代社会科学家传略》第3辑，山西人民出版社，1983年，第1页）

报载张学良为"发扬奉天全省之国学，爰提倡恢复萃升书院，以挽东省文化之颓风，捐助六万元，经各机关首领赞助，俾观厥成。暂行招生一级，业已开课二星期矣。特于日前十日上午，举行开学典礼。张学良、翟文选，以及其他各机关首领，一致出席，参列盛典。该院正厅为会场，开会时，该院院长、讲师及来宾等，先向国旗，行三鞠躬礼，然后该院全体学生，向院长及各讲师，行三鞠躬礼，向各来宾，行一鞠躬礼毕"。于省吾学监登台报告成立经过，除张学良捐助6万元为开办费外，另补助常年经费4万元，不足之数，已由杨宇霆督办担任。接着，张学良登台致训词谓："久有恢复书院之志，今日始观其成。但国学为我国之国萃，希望本院诸学子，此后勉力用功，方不负三老，此番东来之良机等语。"杨宇霆致训词谓："奉天此番，恢复萃升书院，研究国学，民党要人，张继、谷钟秀等，均致函王晋老，赞成此举。可见国学，无论新旧人物，一致重视。将来河北省，照奉天之办法，恢复书院，专攻国学，亦未可知云云。"① 奉天省长翟文选致训词谓："经学为我国国粹，深望各学生，发奋用功，方不负张总司令，及杨督办期望。"（《萃升书院奉省发扬国学之所在》，天津《益世报》，1928 年 12 月 17 日，第 16 版）据说："院长张学良，拨开办费二万元，常年经费十万元，不足由杨宇霆补助。张继来函，极表赞同。"（《奉省萃升书院开学》，《申报》，1928 年 12 月 12 日，第 3 张第 9 版；《研究国学机关》，天津《大公报》，1928 年 12 月 12 日，第 2 版）

张学良自兼院长，另外委任副院长，负责办理院中事务。"其教务则由吴北江先生主之，但副院长一席，实难其选，必文章德望

---

① 有新闻舆论即谓："杨宇霆设东北国学馆，广征人材。"（《奉天短简》，《民国日报》，1928 年 9 月 6 日，第 2 张第 3 版）

兼备之硕儒，始克胜任。闻总司令颇属意于金息侯先生，但息侯先生为人谦退，尚未肯迳行承诺，而一般舆论，亦以金息老办理书院，于人于事，均属相宜云。"（《萃升书院近讯》,《盛京时报》，1928年10月25日，第4版）

于省吾撰《奉天萃升书院记》，叙述了设院缘起。该文略述"辽东西人文之可考于载籍者"：

> 辽东西由来以武功震襟海宇，右文之风，虽有未盛，而亦未尝绝息也。汉末，管宁、邴原、王烈之伦，度辽偕隐，其芳躅之所及，流风之所被，至今未沫。北魏高谦之尝著《凉书》，晋赵至善属文，金元之际，王庭筠、耶律楚材以博学闻。明季，贺钦以理学见称当时。清初，李锴、陈景元、戴亨，世称为三老，砥行绩学，饶有著述。乾嘉时，甘运源、朱孝纯以诗鸣，师事桐城刘大櫆，而朱孝纯与姚鼐、王文治游，其名尤显。

总结东北武功既已赫濯，而文治郁之数千年而未甚昌，其殆昉于今日。

> 夫发皇国学，以熔冶一世之人材，挽尚嚣竞利之弊，返盛世醇朴之风，此固有志之士所当急起以图而不容少缓者也。间尝以斯旨言之于杨督办邻葛，韪其言。杨督办言之于张总司令汉卿，以为是。乃捐巨资，使省吾董其事，创始诸费二万金，岁常费四万金，不足时由杨督办庚助之。奉天故有萃升书院，召匠氏即其宇而新之。公举张公汉卿为院长，筹度规制，凡讲

肆寝食之所，四部之书，无不备。是时吴向之先生已东辕，而
王晋卿、吴北江二先生犹滞都门，乃于孟秋之吉，选聘使，泛
溟渤，敦请王晋卿、吴北江二先生于都门。二先生咸避席逊
谢。使者曰："国学存亡惟系于先生，及今不图，殆将颓废，
先生其可辞乎？"二先生无可诿，又自揆都门不可久居，乃相
与联辔而东。抵奉天，诸公请宴，候问无虚日，乃选髦士，局
门课试，得五十人。肄业焉，是为院内生。院外生无定额。而
月终内外课殿最，各致奖二百金。国于天地之间，其所纲纪绵
络，而恃以为大本者，独文字尊耳。是以亡人之国者，货财无
所利也，人民无所戮也，但澌灭其文字，弛其相维之纪，漓其
相爱之心。极其至也，子孙不知尊其父祖，人民不知卫其邦
国，其势分，其理昧，其情涣。当是时，虽有大智神勇，呼号
痛哭于其侧，必将僵然以为无与己。彼既不知亡国毁家之痛
果，何以作其愤厉有为之心哉，此则势所无可如何，而天下之
最可哀者也……吾中华立国数千载，昔圣昔贤之所经纬绸缪，
瘁其心力于身意家国之间，其深厚宏博，至理之所存，终古不
弑，虽微今兹之倡导，其能久以晦乎。且列邦有志之士，不惮
瀛海之阻，重译之艰，犹举吾国之典籍捆载以归，钻研不已。
而吾人自反，或荡无足存。

　　今者斯院之立也，以诸生才质之美，得不世出之耆儒而师
之，诚昔人所谓千载一时之嘉会，山川焕发，风尚攸移，继自
今，人才之兴，其庸有既乎！（于省吾：《奉天萃升书院记》，《东三
省民报》，1928 年 12 月 14 日，第 5 版）

金毓黻1930年7月31日在日记中论东北讲学之今昔，谓往代东北乏讲学之彦，即或有之，不为寓贤，即为流人。如汉之管宁、邴原、王烈、国渊，宋之洪皓，明之辛浩、胡世宁、王时中，清之杨越等，以中邦硕彦，迁居东北，居贤化俗，流泽后世。明代贺克恭为浙江定海人，迁居义洲数世，已成东北土著，为开发东北以来，以乡人而能讲学化俗之第一人。有宋以来，儒者聚徒讲学，多在书院。清代东北诸大郡邑，大抵皆有书院，其教学之盛，廪饩之丰，虽未能与内地比，然亦能日新月异，彬彬多文学之士。如王瑶峰掌教沈阳书院（萃升书院前身），郝雪海讲学银冈书院。光绪中，朱韶九以理学名儒，先后掌教于复州、襄平两书院。四十年前，奉天有老辈房仲南、刘星烺、荣可民，皆究心程、朱之学，以诗古文辞导后进，开在野讲学之风，人称"辽东三子"。辽阳李足珊（文毓）、宋惺吾（玉奎）、侯汝康（乃封）、胡云程（魁福）、朱韶九（集成）、袁洁珊（金铠）、高钧阁（毓衡）、赵存甫（诚格），皆三先生之风而兴起。诸君子之所服膺为濂、洛、关、闽之学，所诵习为周、程、张、朱之书。或以道义相劘，或以气节相敦，持之既久，遂成一时一地之风尚。以言讲学，固不如古人聚徒之盛，以云立言，复不似内地群彦之精，然亦足树之风声，导之先路。东北兴学已三十年，作育人才之术，日新月异，不为不盛。然兴学与讲学不同，最近东北得与于讲学之称者，前有文学专修科，后有萃升书院及东北大学。移录于省吾上文后，写道：

在书院主讲之三先生，皆当代硕学大师，足以当讲学之任而无愧。吴向之先生尤精于历史舆地之学，讲述清代掌故，如数家珍。前后三次度辽，尤熟于东北掌故。所著有《奉天郡邑志》《东三省沿革表》，皆为精心结撰之作。尤以选抄《明实录》数百册，保存东北史料最多，顷已尽举以赠辽宁省立图书馆，此又受先生讲学间接之赐者也。（金毓黻著，《金毓黻文集》编辑整理组校点：《静晤室日记》第 4 册，辽沈书社，1993 年，第 2467—2474 页）

据萃升书院学生冯国祥回忆，萃升书院院长张学良，副院长杨宇霆，院监于省吾，董事长袁洁珊（金铠），董事有清少保金梁（息侯）、代理奉天省长白永贞、大绅谭铁桓等人。教师有 78 岁高龄的清代进士、曾任新疆布政使的王树枏（河北新城人，字晋卿，号陶庐老人），举人出身、曾任大总统府秘书长的吴廷燮（江苏江宁人，字向之），清代桐城派古文大家吴汝纶之子、曾任教育部次长的吴闿生（字北江）。王树枏与二吴先生当时有“萃升三老”之目，在学术上都具有极大权威。还有一名后请来的老先生高步瀛（字阆仙），是一个纯学者作风的老教授，在北京女子师大担当过 13 年教授，在教育界很负盛名。此外还有一位王树枏的高足，以知县告老的唐玉书（字宝森），都是年届耄耋的老人。课程分为经学、史学、文学、应酬文、公牍等。课程比重，经、史、文占多，尤其着重于文学写作。午前上课，午后自修。学生分为正班生、旁听生（统称院内生）和院外生。正班生 50 名；旁听生无定额，大约不超过 15 名，成绩优异的可以随时考升为正班生；院外生通过函授考试录取，名额不限，计三四十名。学生多数是东北人，也有来自关内各地。投考资格限定在高中、师范、大学预科毕业及有同等学力者。

教育宗旨是造就"高深国学人材"，毕业后分发录用于东北各高级军政机关。正因为主讲教授们都是国内第一流学者，投考者认为机会难得，且又是张学良的"国子监"，报名者多达1700余人。考试分为初试和复试，吴廷燮出题，初试单考古文写作，试题为"偃武修文论"，合格120名。复试三题：文学为"崇德广业论"；经学为"指事会意解"；史学为"《史记》何以列项羽为本纪论"。评定后，仅取50名。试题明显有迎合张学良的意旨之意，希望奉张卷土重来，消灭群雄。（冯国祥：《萃升书院始末记》，中国人民政治协商会议全国委员会文史资料委员会编：《文史资料存稿选编》第24册"教育"，第227—228页）

高阆仙是1930年5月间由张学良从北平增聘的。据《萃升丛刊》第一期所载《主讲职员姓名录》，未见唐玉书（详见表7）。

表7 萃升书院主讲职员姓名录

职务	姓名	次章	籍贯	履历	通讯处
院长	张学良	汉卿	海城	东北边防司令长官	东北边防司令长官公署
主讲	王树枏	晋卿	河北新城	丙戌进士	北平西直门北草厂八号
	吴廷燮	向之	江苏江宁	甲午举人	北平东四五条
	吴闿生	北江	安徽桐城	前教育次长	北平崇文门外上条二十一号
	高步瀛	阆仙	北平霸县	北平大学教授	北平西城旧刑部街西头迤北小沙果胡同二号

续表

职务	姓名	次章	籍贯	履历	通讯处
院监	于省吾	思泊	海城	前奉天省城税捐局长	商埠地二经路壮志里一街
学监	刘广绂	作澄	沈阳	国立沈阳高师文科毕业	沈阳北七区牤牛屯
庶务兼会计	姜席珍	伯如	海城	海城旧制中学校毕业	海城县南关同和福
文牍兼图书馆管理员	矫醇	靖东	海城	前游击马队统领部书记官	商埠十间房芝兰里一街本寓
事务员	王绍永	蕴生	海城	前英文数理专科庶务	海城大感王寨邮务代办处转西屯

于省吾极力推动的背后，体现了杨宇霆和张学良的文治武功梦想及各自考量。杨宇霆在开学典礼的训话中说："唐太宗的才干虽然足够当皇帝，但是他以秦王开府的时候，若无十八学士之流为之羽翼，为之腹心，这些人只知有秦王，不知有建成，恐怕第二代皇位未必是他的。'云从龙，风从虎'，文武相辅，这是打天下的老规矩，现在的中国，并未风止云散，诸生的前途，无可限量。"后来"常杨事件"爆发，更证明杨宇霆创办萃升书院的幕后企图。（冯国祥：《萃升书院始末记》，中国人民政治协商会议全国委员会文史资料委员会编：《文史资料存稿选编》第24册"教育"，第226—227页）

王树枏似乎也倾向于将萃升书院恢复之功，归于杨宇霆，而非张学良。王树枏自编年谱《陶庐老人随年录》载："奉天杨麟阁督办，字宇霆，好贤下士，虽系武人，能识大体。张学良有举措不当，时驳斥之，为学良所深嫉。一日诳之至署，丛枪击之，死非其罪，人人冤之。""宇霆特立一校，专习中国古学，以挽今日学堂积弊，因就萃草书院旧址，招集生徒，聘余为山长。同聘者为吴向之廷燮、吴北江闿生三人，商定余讲授经学，向之讲授史学，北江讲授词章，分任其事。"（王树枏：《陶庐老人随年录》，章伯锋、顾亚主编：《近代稗海》第十二辑，四川人民出版社，1988年，第409—410页）

萃升书院常年经费40000元（现大银圆），不足时实报实销，平均每年总在55000元，而学生仅有一班，开销大得惊人。"据说用这个数字可以办15班高中。"主讲们的工资，按照大学教授的指标加倍发放。王树枏月薪800元，吴廷燮700元，其余600元，唐玉书300元，于省吾是义务职，每月车马费100元。主讲学识各有专长，亦各有派别，门户互异。"在国学的造诣上，王树枏确是高深博大，不可蠡测，与同时代的章太炎相比，可谓有过之无不及，这是学坛上的公论。"王在乾嘉学派影响之下，做学问注重考据，为了考证《诗经》的《关雎》，就花费了很长时间。"但他的考据法，并不像著名的乾嘉学者戴东原、顾栋高诸人的那样脚踏实地，而是走朱彝尊、王夫之的老路子，倾向于名物的繁琐引证，忽略了训诂、声韵的探讨，往往得不出结论。"吴廷燮历史知识渊博贯通，无以复加，上起轩辕，下迄清朝，无论正史私史，主要的能背诵，次要的能记忆，即使是人所不注意的小事件、小问题，只要提出质问，便能略加思索，甚至毫不迟疑地回答出来，并且指出在某书第几卷，甚至在第几页，按其指示去查书，果然不差。是"以多取胜、以熟为宝、博闻强识的一位史学家，但多演绎、少归纳，重史实、轻理论。所以在课堂上尽管口讲指画，娓娓不倦，不过是演说帝王家谱而已。这种机械式的教学，引起同学们的极端不满，所以在他上课的时候，都要托故请假。不过，他着重于'纪事本末'史的教学，强调读史必兼重地理，是值得钦佩的"。吴闿生家学渊源很深，虽然生在桐城，父亲吴汝纶又是桐城派古文名家，但却力排桐城派的狭隘主张。上自周、秦、汉、魏，下迄唐、宋、明、清的散体古文，无一不读，而且刻意摹拟。尤其对清代的曾国藩特别服膺，以曾"词章、义理、考据，缺一不可"的治学主张为文之"航海南针"。"他主张努力于秦汉以前的文章写作方法，力求简洁高古，才能得到'取法乎上，仅得乎中'的效果，认为如果开始学古文就从唐宋下手，结果是不免于文章气势薄弱，沦于流俗。他对'五四'以后的白话文，一直是深恶痛绝，不屑寓目。由于他的古文会的多、记的熟，所以在讲课时，眉飞色舞，口若悬河，全班学生的注意力都集中在他身上，效果达到百分之百，给学生的影响很大。"

其他教员："高步瀛主讲是个注疏家，片纸只字，无不搜罗，书腹便便，应有尽有，是个博雅的学者。他不注重考据，应该说是注《文选》的李善的别流支派，较诸倪璠有过之无不及；而且长于骈文，他所担当的课程，也正是骈文。由于长期教书，也是著名的教育家，除了闭门读书，很少交游。""唐玉书是个富有小学知识的官僚，不够主讲资格，也无流派之可言，除有时替代他的老师王树枏讲课以外，又按时讲些文字学。""应酬文和公牍，是由院监于省吾担当讲授。他很推崇军阀徐树铮（西北筹边使）的尺牍。这门课程，比重很少，除了讲些官样文书的死规矩和鉴赏名作而外，没有什么可以记述的。"总之，上述教师的讲授方法，一律是"先生讲，学生听”的老规矩。除了吴闿生精神饱满，古文义法有特殊专长，讲课学生比较满意，高步瀛讲授骈文尚能引起学生注意外，其余老先生的课都不大受学生欢迎。王树枏才华横溢，学者仰如泰山北斗。不但国内名流佳士远来请教的时有所闻，而且名闻海外。1929年春，日本皇道书院特地组织了“王晋卿先生访问团”，师生一行二十多名。见面后，双方曾作了长达三小时的学术论谈。王树枏在答日人的谈话中认为：“今后的国学研究趋势，日本将超过中国；几十年后，中国人学国学，有的地方须要日本人来教。”“新的学说不过是一堆积雪，太阳出来就要融化无余，儒教一定要复兴。”并把新的政治主张和学术论著都视为“邪说”加以否定。王虽然足不出户，可是高官显宦们登门拜访的总是车水马龙，冠盖相继。（冯国祥：《萃升书院始末记》，中国人民政治协商会议全国委员会文史资料委员会编：《文史资料存稿选编》第24册“教育”，第228—230页）

不久，杨宇霆等四十余人发起影印《四库全书》，成立奉天文溯阁《四库全书》校印馆，公推张学良为馆长。现由主事者与大西关东记印刷所定妥合同，该所承印，先影印2000部。每部价值现洋12000元，折合6000美元。该所已入手制造摄影版，预计三年全书影印完竣。刊资由张学良担任，一切筹备事宜，则由奉省负责。杨宇霆等发表通启云：

> 《四库全书》经史子集合三万六千册，集中国学术之大成，实东方文化之先导，中外共宝，世界著闻。奉天文溯阁幸有其一，前竟移运北京，近始争还旧贮，保存已久，亟待刊行。宇霆等讲由我奉发起，自付影印。蒙张总司令汉卿先生，慨任刊

资，翟省长熙人先生先事筹备，克期三载，全书告成。非特古今经籍，赖以广传，即论东北声名，亦与俱进，诚盛举也。现议特设奉天文溯阁四库全书校印馆，宇霆等公同推举张汉卿先生为总裁，翟熙人先生为副总裁，金息侯先生为坐办，延揽专家，共襄盛业，敦聘硕学，润色鸿文。校勘全书，续修书目，同时并举，全书刻竣，再议续修。发扬国学，振兴文教，万国同文，车书一统，庶几复睹其盛，当亦为同人所共赞许，乐观厥成者也。（《奉天影印四库全书电》,《申报》,1929年1月4日，第3张第11版）

一说通启者有杨宇霆、张作相、袁金铠、常荫槐、刘尚清、莫德惠、刘哲、汤玉麟、汲金纯、万福麟、阚朝玺、张景惠、吕荣寰、邢士廉、王树翰等84人。（《奉天影印四库全书电》,《申报》,1929年1月4日，第3张第11版）

据《萃升丛刊》所载《学生姓名录》，首届学生人数实为48人，整理见表8。

表8　萃升书院首届学生姓名录

姓名	次章	籍贯	年龄	资格	通讯处
李季	宝儒	宽甸	32	宽甸县立师范毕业	宽甸县东阳岭邮寄代办所
张汝钦	济时	铁岭	31	旧制中学毕业，国立北大预科第一部修业	铁岭法院后身
白怀素	迺安	法库		新民旧制师范修业	法库叶茂台

续表

姓名	次章	籍贯	年龄	资格	通讯处
韩冈瑞	篁洲	金县		旅顺高等学堂师范科毕业	旅顺营城子后牧城驿
艾景恩	葛凤	锦县	30	锦县县立师范毕业	锦县北关原德永
李敏文	汉卿	法库		法库县立师范毕业	法库南大孤家子邮寄代办所
苏良桂	馨山	沈阳		北京交通行政讲习所毕业	辽宁鼓楼西德发斋转
敦立志	凝一	辽阳	29	省立第一师范毕业	辽阳东北尾明山天利公司转松树咀子
张连禧	晋祺	静海	28	河北省立第一师范毕业	津浦路独流镇南鱼市永丰号转
崔嵬	宗之	沈阳	27	奉天商业中学毕业	沈阳北沈旦堡邮寄代办所转交艾家荒地
王汝棠	荫南	海城	26	海城中学毕业	辽宁省城新亚日报社转
王维庭	实甫	牟平		芝罘私立谦受大学肄业	芝罘市源丰昌
刘鸣岐	逸桐	开原		开原中学毕业	开原南街塔子胡同
孙光世	敬修	海城		省立第一商科高中毕业	海城小码头
毕恩澍	雨华	法库		东北大学附属高中毕业	法库兴发成
陈海国	十洲	新民		新民师范毕业	新民屯长发和
杨德富	冠九	昌图	25	第一师范新师肄业	四平街人和兴
郝福民	光炎	盖平		省立第三师范毕业	大石桥东汤池德隆当转高士沟

续表

姓名	次章	籍贯	年龄	资格	通讯处
孟广誉	可平	新民		省立第三师范毕业	平顶山街东兴泉转下青河沟子村
裴警予	庆宾	沈阳		旧制中学肄业	县东二区祝家屯转裴家堡
朱光璧	玉忱	本溪		省立第一师范毕业	本溪小市邮局转下山城寨
荆宇澄	豫州	辽阳		辽阳高中毕业	辽阳东街天增福
于翔	景波	康平	24	辽宁农科中学肄业	法库义集恒转罗家屯
王正心	慕石	沈阳		奉天崇文书院毕业	都统胡同门牌一百二十号
鲁广勋	辅周	本溪		省立第二师范毕业	本溪城厂春雨昌
王言纶	言纶	海城	23	海城中学毕业	海城大感王寨邮务代办处转西屯
王静山	逸峰	锦县		锦县师范毕业	锦县东关县立第一小学校
张金声	玉振	绥中		省立第四师范毕业	绥中顺兴店
杨奇伟	参天	法库		法库县立师范毕业	铁岭西三面船交
刘奉璋	多三	福山		芝罘私立谦受大学肄业	芝罘市东顺银号
刘宪臣	子斌	海城		辽阳县立高中毕业	海城北胜鳌堡益昌交祥家屯
白殿邦	彦兮	辽阳		省立第二高中肄业	海城高坨子聚合顺
郭连勋	濂薰	辽阳		省立第一中学毕业	辽阳佟二堡转里仁屯
荣树杞	梓甫	伊通		西丰县立中学毕业	伊通叶赫镇
刘伟汉	云章	法库		省立商科中学肄业	法库丁家房身转刘家窝堡
江奠亚	警黎	彰武		彰武县立师范毕业	彰武哈镇德发全
廖志光	重宣	沈阳		直隶省立第一师范毕业	辽宁大南边门三圣庵胡同门牌一五一号

续表

姓名	次章	籍贯	年龄	资格	通讯处
潘家武	清源	盖平		营口县立师范毕业	大石桥东汤池永德厚
王至正	介夫	沈阳	22	东北大学修业	十里河转前黄花甸
于沛翰	浩斋	盖平		营口商科高中肄业	盖平宏泰号
朱宗儒	鲁詹	沈阳		东北大学附中肄业	沈北石台子小学校
张仲	次轩	锦县		省立第二高中毕业	锦县西关太平街车行路北门牌一零一号
孙凤麟	威祥	盖平	21	省立第三师范毕业	盖平万福庄西域昌
李宽	恕一	法库		法库师范毕业	法库东调兵山转江家屯学校
成世坚	士肩	永吉			北平西城马市桥沟沿澹园
刘常青	在东	桓仁	20	第一师范专科肄业	桓仁北拐磨子邮局交
王守先	梦轲	凤城		凤城中学肄业	凤城乾德昌转永安堡仁和长
冯国祥	祯甫	辽阳	19	辽阳马氏中学肄业	辽阳刘二堡河北兴盛和

依《萃升丛刊》所载《旁听学生姓名录》，旁听生实有16人。具体见表9。

表9　萃升书院旁听学生姓名录

姓名	次章	籍贯	年龄	资格	通讯处
宋九达	鹏云	海城	32	省立第三师范毕业	海城大感王寨本街
史中纲	允三	沈阳	31		沈阳城东古城子
邹鹏章	子升	复县	29		城子疃福合顺

续表

姓名	次章	籍贯	年龄	资格	通讯处
赵德澍	雨之	海城	28	旧制中学毕业	辽宁东北民众报社
梁克勤	守拙	法库	26	法库平治高中毕业	法库三面船小双台子
杨缙云	祜堂	山东掖县		山东省立第九中学毕业	辽宁小南门外通志馆
赵培源	滋圃	山东黄县	25	黄县县立中学毕业	黄县西巷子友竹堂
王正文	梦鑫	沈阳		前奉天崇文书院毕业	本城大东关华家胡同一〇七号
李宗熙	享九	沈阳		沈阳师范毕业	辽宁粮秣厂
宋蕴璞	潜石	昌图	24	昌图中学毕业	昌图县金家屯镇广裕和转
高德周	止仁	锦西	22	锦县师范毕业	锦县县立师中学校
李正达	明远	西安		省立第四高中毕业	西安虎山镇安乐堂
张奠国	禹川	营口		营口师范毕业	营口西双桥子街德升永
于宝桀		江苏江都	21		商埠地十一纬路一八一号
关日新		沈阳	20	旧制中学毕业	沈阳县东二区祝家屯
穆景富		锦县		锦县中学毕业	锦县东关第一小学校

　　萃升书院学生的待遇非常优厚，绝大部分是中等学校毕业，原本安心向学，但一个学期后渐渐感到学校制度的腐朽、教师思想的封建等，逐步发生反感。有的从东北大学转学而来，又转学而去，有的投考了黄埔军校，先后走了三个人。1929年，五六名同学参加

东北大学法学院的法律专修科、政治经济专修科。只有少数有社会经验的同学，在原有的学习基础上专为深造而来，埋头苦读。1929年下季，以学生会主席艾景恩为代表组成请愿团，提出改校名为东北国学院并呈请教育部立案，减少原有课程的比重，另聘知名教授讲授有关文学理论及批评的课程，并增添外语，适当增添哲学课和政治课，改建校舍，扩大范围，以便逐年招生等几项要求，都被张学良否决。（冯国祥：《萃升书院始末记》，中国人民政治协商会议全国委员会文史资料委员会编：《文史资料存稿选编》第24册"教育"，第231—233页）

12月11日　报载无锡国学专门学院列入江苏省教育经费津贴范围。

中央大学抄录合格公私立大学清单，训令江苏各县教育局贷金给大学或津贴，以国立大学及核准立案之私立大学为限。无锡国学专门学院属于私立专门以上学校受助之列。（《大学生贷金及津贴之范围》，《申报》，1928年12月11日，第3张第11版）

12月14日　清华大学中国文学会委员会第二次会议讨论主席报告关于增设"国故概要"科目事。（齐家莹编撰：《清华人文学科年谱》，第75页）

12月15日　持志大学国学系中国学会敦请巴黎大学文学博士、考古学家、持志大学考古学教授张凤演讲"由工具至钱币"。

"听讲者二百余人。历述工具至钱币之过程，旁引曲证，极具精彩云。"（《持志大学请张凤演讲》，《申报》，1928年12月17日，第3张第12版；《持大国学系演讲记略》，《新闻报》，1928年12月17日，第3张第11版）

此外，马相伯也曾受邀到持志大学中国学会演讲。12月23日，《时报·图画时报》第523期第3张第2版载有"马湘伯先生（右）

在持志大学中国学会演讲后与该校国学系主任胡朴安（左）合影"
一张。

12月21日　报载马叙伦"少邃国学"，著作《说文解字研究》
将由商务印书馆出版。

"说文解字研究，杭县马夷初先生者，先生名叙伦，少邃国学，
二十余年前，主《国粹学报》，所作已为海内争读。中岁潜心文字
之学，著述皆有本原。"马叙伦教授北京师范大学时，指示学者随
口讲说，录之成书，共71篇，条分缕析多所发明。"其诠发六书，
证明本字本义及说篆文之伪止说解之失，虽属举例，莫不厌当，诚
治说文者唯一津梁。"（《说文解字研究出版预告》，《申报》，1928年12月21
日，第4张第15版）

12月22日　清华研究院学生卫聚贤在《清华周刊》第448期
发表《晋文公生年考》一篇。后来合《左传的研究》《春秋的研究》
《国语的研究》（1927年秋作），印成一书，名为《古史研究》，由上
海新月书店出版。

12月31日　署名"颂生"者在《中华图书馆协会会报》刊载
《近两年来出版之国学书籍简目》，分为经、史、子、集四部。

经部有：《礼记正义》70卷，唐孔颖达等奉敕撰，十六年南海
潘氏影刻宋绍熙本，24册。《宋椠尚书正义》20卷，唐孔颖达撰，
日本昭和三年影印宫内省图书寮藏宋本，16册。《诗经通论》18卷，
清姚际恒撰，十六年成都书局据韩城王氏本重刻，8册。《诗义会通》
4卷，吴生撰，十六年文学社刻本，4册。《毛诗古音谐读》5卷，杨
恭桓撰，十七年铅印本，2册。《诗经学》，胡朴安撰，商务印书馆
国学小丛书本，1册。《穀梁斠注》，柯劭忞撰，家刻本，2册。《说

文解字段注考正十五卷》，清冯桂芬撰，十七年影印原稿本，8册。《说文解字诂林》不分卷，丁福保编，十六年印本，66册。《许学考》26卷，黎经诰撰，十六年铅印本，16册。《新出汉魏石经考》4卷，吴维孝撰，十六年石印本，2册。《集拓新出汉魏石经残字》不分卷，马衡，十七年拓印本，4册。《词诠》9卷，附录1卷，杨树达撰，十七年商务印书馆铅印本，1册。《江氏音学十书》，清江有诰撰，十七年中国书店影印嘉庆十九年本，8册。《晒忍堂摸刻唐开成石壁十二经》，十六年掖县张氏重刻本，74册。

史部有：《读记十表》10卷，清汪越辑，徐克范补，十六年南陵徐氏影印本，10册。《清史稿》，清史馆纂，铅印本，50册（尚缺50册）。《庚子西狩丛谈》4卷，刘治襄撰，十七年铅印本，2册。《清史列传》，中华书局铅印本。《东华琐录》不分卷，沈宗畸，十七年天津北洋广告公司铅印本，1册。《金学士国史循吏传稿》3卷，清朱锦、周爱谀、骆成襄等撰，十七年思贻堂刻本，1册。《名人生日表》不分卷，孙雄原辑、张惟骧增补，十六年小双寂庵刻本，1册。《陶靖节年谱》不分卷，古直撰，聚玲宋印本，1册。《金正希先生年谱》1卷，附录1卷，明程锡类撰，十七年思贻堂刻本，1册。《徐愚斋自叙年谱》不分卷，附《上海杂记》2篇，徐润撰，十六年香山徐氏校印本，1册。《畴隐居士自订年谱》不分卷，丁福保自撰，十六年铅印本，1册。《崔东壁年谱》不分卷，刘汝霖撰，十七年铅印本，1册。《剿奴议撮》1卷，附《建州考》1卷，明于燕芳撰，陈继儒考正，十七年中央大学国学图书馆铅印本，1册。《莫干山志》13卷，周庆云撰，十六年刻本，4册。《四库全书叙》附考证，不分卷，李时编，十六年北京慈祥工厂铅印本，1册。《四库全书答问》

3卷，任启珊撰，十七年铅印本，1册。《古文旧书考》4卷，附《访余录》1卷，日本岛田翰撰，十六年藻玉堂铅印本，5册。《国学用书类述》不分卷，支伟成撰，十六年铅印本，2册。《丛书书目汇编》不分卷，沈乾一撰，十七年铅印本，4册。《瓜圃丛刊叙录续编》1卷，金梁等撰，十七年铅印本，1册。《清闺秀艺文志》5卷，钱单士厘撰，十七年浙江图书馆铅印本，2册。《书目长编》2卷，邵瑞彭等编，十七年铅印本，2册。《清史稿艺文志》4卷，朱师辙撰，十七年铅印本，2册。《滂喜斋藏书记》3卷，清潘祖荫撰，十七年家刻本，2册。《书林余话》2卷，叶德辉撰，十七年上海澹园铅印本，2册。《郎园读书志》16卷，叶德辉撰，十七年澹园铅印本，16册。《铁云藏龟之余》不分卷，罗振玉撰，十六年铅印本，1册。《江苏金石志》26卷，待访目2卷，江苏通志局编，十六年影印钞本，26册。《梦坡室获古丛编》8卷，周庆云撰，十六年上海影印本，12册。《商卜文集联》1卷，附1卷，丁辅之撰，十七年印本，1册。《西周史征》57卷，李泰棻撰，十六年铅印本，6册。《殷卜文字例》，胡光炜撰，广东语言历史研究所石印本，1册。《孟姜女研究集》，顾颉刚撰，广州语言历史研究所石印本，1册。《中央大学国学图书馆小史》，柳诒徵撰，铅印本，1册。《魏石经斋古玺印影》，建德周氏影印，8册。《四译馆则》20卷，清吕维祺撰，日本昭和三年京都帝国大学文学部东洋史研究室重刊本，2册。

子部有：《湘绮楼日记》不分卷，王闿运撰，十六年铅印本，32册。《桐城吴先生日记》不分卷，清吴汝纶撰，十七年莲池书社刻本，10册。《读经救国论》6卷，孙雄撰，十六年铅印本，2册。《伤寒论条辨》8卷，明方有执撰，严式诲校，渭南严氏成都孝义家塾刻本，4册。《修事指南》不分卷，张叡撰，十六年杭州抱经堂印本，2册。《玉剑尊闻》10卷，清梁维枢撰，十六年魏城□氏养心斋刻本，4册。《榕堂续录》4卷，蒋超伯编，十六年刻本，2册。《墨海》10卷，明方瑞生撰，十六年武进陶氏涉园影印本，6册。《墨薮》4卷，附录1卷，清汪尔臧、汪惟高制，孙君蔚等辑，十七年武进陶氏重校影印本，3册。《天工开物卷》3卷，明宋应星撰，十六年武进陶氏影印本，3册。《髹饰录》不分卷，明黄成撰，扬明注，十六年朱氏重刻本，1册。《百梅集》不分卷，商务印书馆编，十六年影印本，2册。《赵松雪六体千字文》不分卷，元赵孟頫书，十六年周肇祥等影印本，1册。《邓析子五种合帙》，中国学会辑，十七年影印本，3册。《慎子三种合帙》，中国学会辑，十七年影印本。《宣炉汇释》不分卷，邵锐撰，十七年菰香馆铅印本，2册。《读雪斋印遗》不分卷，清孙汝梅藏，十七年拓印本，1册。《雪园藏印》不分卷，不著撰人名氏，十七年拓印本，3册。《建德周氏藏封泥拓影》附目录，十七年拓印本，2册。《澂秋馆藏古封泥》不分卷，陈宝琛藏，十七年拓印本，5册。《澂秋馆印存》不分卷，陈宝琛藏，拓印本，10册。《续封泥考略》6卷，《再续》4卷，周明泰撰，十七年京华书局铅印本，10册。《老子考》，王重民撰，十六年本会铅印本，2册。《老子集训》，陈柱撰，商务书馆铅印本，1册。《老子札记》，文字同盟社铅印本。《庄子札记》，文字同盟社铅印本。《宋儒与佛教》，林科棠撰，商务印书馆国学小丛书本，1册。《先秦自然学概论》，陈文涛，商务印书馆国学小丛书本，1册。《字例略说》，吕思勉，商务印书馆国学小丛书本，1册。《佛学大辞典》不分卷，丁福保编，十六年铅印本，16册。《说郛》100卷，明陶宗仪撰，十七年涵芬楼排印海宁张氏据明钞本，40 册。《荷闸丛谈》4 卷，明林时对撰，广东中山大学铅印本，1 册。《明清珍本小说集》，北京广业书社编，十七年铅印本，2 册。《重广会史》100 卷，宋佚名，日本昭和三年影印宋本，20 册。

集部有：《韩集笺正》，清方成珪撰，陈准校，影印本，2 册。《陶靖节诗笺》4 卷，附 2 卷，古直笺，聚珍仿宋印本，1 册。《经进三苏文集事略》84 卷，宋郎晔注，罗振常补辑，十七年上海蟫隐庐校印本，26 册。《漱玉集》5 卷，宋女史李清照撰，李文祷辑，十六年铅印本，2 册。《程雪楼集》30 卷，附录 1 卷，元程文海撰，阳湖陶氏涉园影刻明洪武本，10 册。《耿天台先生全书》14 卷，明耿定向撰，十六年铅印本，8 册。《咏怀堂诗》10 卷，明阮大铖撰，十七年国立中央大学图书馆铅印本，4 册。《黄公度先生诗笺》3 卷，清黄遵宪撰，聚珍仿宋印本，1 册。《雪压集》不分卷，清贺双卿，铅印本，1 册。《勩堂文集》8 卷，附 2 卷，清顾家相撰，聚珍仿宋印本，2 册。《勩堂日记类钞》2 卷，清顾家相撰，聚珍仿宋印本，1 册。《茹经堂文集》二号九卷，唐文治撰，十六年刻本，4 册。《方简肃公文集》，唐爵编，十六年涵江图书馆铅印本，2 册。《诗史阁丛刊》6 卷，孙雄撰，十六年铅印本，2 册。《陶鸿庆集》，文字同盟社印本，2 册。《稼谿文存》3 卷，《诗草》1 卷，黄维翰撰，十六年刻本，2 册。《寄庑楼诗》不分卷，查济忠撰，十六年铅印本，1 册。《环溪草堂诗存》8 卷，侯学愈撰，十六年铅印本，2 册。《蛰庚诗存》不分卷，曾习经，番禺叶氏影印原稿本，1 册。《丙寅稿》不分卷，罗振玉撰，十六年铅印本，1 册。《隅楼集》6 卷，古直撰，聚珍仿宋印本，1 册。《左盦集》8 卷，刘师培撰，十七年修绠堂刻本，6 册。

《墨耕园课画杂忆》不分卷，李濬之撰，十七年石印本，1册。《古诗选》24卷，清吴汝纶评选，十七年刻本，10册。《古文范》4卷，吴闿生评选，十六年文学社刊本，4册。《桐旧集》42卷，清徐璈辑，十六年影印咸丰元年刻本，24册。《荻溪章氏诗存》不分卷，章乃炜等篡，十七年铅印，4册。《清代名人手札》不分卷，不著编者名氏，十六年影印本，2册。《时代文录》不分卷，瞿兑之编，十七年铅印本，2册。《辽东三家诗钞》13卷，袁金铠编，十七年嘉业堂刘氏刻本，7册。《诗品注》3卷，附《诗选》，梁钟嵘选，陈延杰注，十六年上海开明书店铅印本，1册。《历代诗话》28种58卷，清何文焕撰，十六年无锡丁氏影印乾隆三十五年本，16册。《历代诗话续编》28种76卷，丁福保编，十六年无锡丁氏校印本，24册。《清诗话》43种51卷，丁福保编，十六年无锡丁氏校印本，11册。《诗史》，李维撰，铅印本，1册。《诗学纲要》不分卷，陈去病撰，十六年铅印本，2册。《辞赋学纲要》不分卷，陈出［去］病撰，十六年铅印本，2册。《文选类诂》不分卷，丁福保撰，铅印本，1册。《中国文学述评》不分卷，李笠，铅印本，1册。《瀛奎律髓》44卷，清吴汝纶评选，十七年南宫邢氏刻本，4册。《明周宪王乐府三种》，上海蟫隐庐影印明宣德五年本，2册。《幽闺记》4卷，元施君美撰，明凌延喜校，武进陶氏涉园影印本，2册。《红梨记》4卷，明徐复祚撰，武进陶氏涉园影印本，2册。《玉琴斋词》不分卷，清余怀撰，十七年影印本，4册。《昔梦词》不分卷，清王庆昌撰，十七年上海王氏铅印本，1册。《味辛词》不分卷，顾随撰，十七年铅印本，1册。《娇红记》2卷，明刘东生撰，日本昭和三年九皋会影印明宣德十年本，1册。《杂剧西游记》不分卷，日本盐谷温撰，昭和三年印本，1册。

丛书部有：《四部丛刊》第一集118种，第二集71种，第三集51种（尚缺一集），商务印书馆编，十六年重印本，1622册。《四部备要》第一集46种，中华书局编，聚珍仿宋印本，367册。《鸣沙石室佚书》，罗振玉编，十七年东方学会石印本，2册。《百川学海》10集，宋左圭编，十七年武进涉园影刻宋咸淳本，32册。《会稽郡故书杂集》8种，周作人编，十六年周氏刻本，1册。《周秦诸子斠注十种》16卷，中国学会辑，十七年影印本，10册。《高昌秘笈甲集》4种7卷，孙鉴编，十七年上海孙氏影印本，6册。《续古逸丛书》20种，商务书馆影编印本（印刷中）。《殷礼在斯堂丛书》，罗振玉编，铅印本，8册。《奢摩他室曲丛》第一集6种，第二集29种，吴梅辑，十七年涵芬楼影印本，24册。《海宁王忠悫公遗书》4集，王国维撰，十六年铅印本，42册。（颂生：《近两年来出版之国学书籍简目》，《中华图书馆协会会报》，第4卷第3期，1928年12月31日）

12月 巴黎大学中国学院监督韩汝甲往访梁启超，得其病中叮嘱注意发扬中国文化事业，并赞同有关影印《四库全书》、推广设立中国学院等建议。

先是，巴黎欧战和会期间，中国方面赴欧者有施肇基、王正廷、汪精卫、伍朝枢、叶恭绰、李石曾、梁启超等，与张君劢住巴黎附近。班乐卫、韩汝甲、汪精卫曾到梁启超处谈影印《四库全书》及创办中国学院一事，梁启超深表同意，回国后，亦曾发起中国文化学院，后因变故中止。近十年来，中国学院推设于欧美各国大学者已多，去年巴黎大学中国学院增设中学讲座，特别在巴黎大学法科讲演梁启超所著《先秦政治思想史》，在巴斯德学院演讲李石曾所著《大豆在欧美各国》。凡设有中国学院之处，均极重视中国著述，尤盼影印《四库全书》早日告成，以资研究。"此次韩仲曹初由法归来，往访任公，公虽在病中，犹以推设中国学院及影印《四库全书》事为问。并谓影印《四库全书》及推设中国学院，于发扬中国国粹，沟通中西文化，为最要之事业，对于国家和世界，均有裨益云云。"（《东北大学周刊》，第84号，1929年11月1日）

△　北平大学文理学院分院设立国学系。

尚小明根据1936年《国立北平大学一览》判断，北平大学女子学院曾于1928—1929年间短暂设置"国学系"，具体情况不详。（尚小明：《"五四"以后"国学"热的一个新动向》，牛大勇、欧阳哲生主编：《五四的历史与历史中的五四》，第553页）

兹据女子文理学院沿革概要，原国文系本月改设"国学系"。（《女子文理学院略史》，《国立北平大学一览》"沿革概要"，1934年5月，第12页）

△　无锡国学专门学院董事会添聘经济董事10人。（《本校大事记》，《国专校友会集刊》第1集，第4页）

是年　孙百急撰《国学与国家之关系》一文，认为国家维持根本在于国学，批评章太炎、梁启超等以政治为主，不以整理国学为重任，致使国学埋没。

孙百急总结汉朝通过文教发展隆盛，满蒙先后灭宋亡明，而中国衣冠依然不灭，最后同化于汉族的历史，分析国家维系久远的原因，不在兵戈之利、山溪之险、财货之丰，而在常新不朽之国学。不过，发扬国学必须改正经史为主的门户成见，平等看待各家学术。

惟国学云者，非一家所能专。而吾国治学之士，类皆重经轻子，门户之见，深若幽谷。不知夫百氏之书，皆昔之通人硕士，各出其生平阅历所得，成一家之言，其精语奥义，时足以辅群经之不逮。而铸句之工，炼意之巧，尤足以长益神明，发皇耳目。洽闻之士，亟宜撮其纲要，览华而食，实弃邪而采正，则国学既昌，而国运亦一新矣。不此之图，而惟秉承帝王之意，泥守一家之见，使古人发其端，而后人莫能竟其绪，古人拟其大，而后人未能议其精。上阻旧学之兴，下塞新知之路。无功于古人，无益于来者。此严几道所以有二千年来，士徇利禄，守阙残，无独辟之虑之叹也。

晚清以来，"学者如章太炎、梁任公辈，苟能肩整理国学之重任，发扬光大，继长增高，未尝不可以启迪后进，扶植绝业。而乃竞竞然以政见鸣高，依草附木，时与武人同祸福，敛其所长，暴其所短，致使无限国学，尽如岩石枯骨，埋没于地，可哀也"。希望后之学者引为殷鉴，"厚培植以固其根，勤灌溉以荣其华，温故知新，沿波溯源，则国家前途，庶乎有豸"。（孙百急：《国学与国家之关系》，《学生文艺丛刊》，1928 年第 4 卷第 10 期，1928 年 5 月）

△ 罗季常、曾鼎三在贵州省土城县文昌宫设立国学专修馆，自任馆长和教师。

土城国学专修馆属于私塾性质，经费由学生自筹。授课方式按学生年龄大小和程度高低分别辅导。课程以"五经"为主，兼授书画。至 1934 年停办。（禹明先：《土城国民小学·化园女校·国学专修馆·师范班》，贵州省习水县政协文史研究委员会编：《习水县文史资料选辑》第 8 辑，1989 年 8 月，第 133 页）

图书在版编目（CIP）数据

近代中国国学编年史. 第六卷, 1927—1928 / 桑兵，
关晓红主编；杨思机著. -- 北京：北京师范大学出版
社, 2025.4. -- ISBN 978-7-303-30558-2

Ⅰ. Z126.275

中国国家版本馆 CIP 数据核字第 20259BK052 号

JINDAI ZHONGGUO GUOXUE BIANNIANSHI. DILIUJUAN

出版发行：北京师范大学出版社 https://www.bnupg.com
　　　　　北京市西城区新街口外大街 12-3 号
　　　　　邮政编码：100088
印　　刷：北京盛通印刷股份有限公司
经　　销：全国新华书店
开　　本：787mm × 1092mm　1/32
印　　张：13
字　　数：286 千字
版　　次：2025 年 4 月第 1 版
印　　次：2025 年 4 月第 1 次印刷
定　　价：168.00 元

策划编辑：宋旭景　　　　责任编辑：孟繁强
美术编辑：书妆文化　　　　装帧设计：王齐云
责任校对：丁念慈　　　　责任印制：赵　龙

版权所有　侵权必究

读者服务电话：010-58806806
如发现印装质量问题，影响阅读，请联系印制管理部：010-58808284